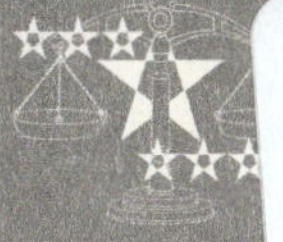

ACHTUNG!

Dieser Comic wird wie im Original gelesen:
von rechts nach links,
also fangt einfach von der anderen Seite des Buches an
und stürzt euch in die Welt von
PLUNDERER – DIE STERNENJÄGER!

PLUNDERER – DIE STERNENJÄGER erscheint bei **PANINI MANGA**, Rotebühlstr. 87, D-70178 Stuttgart. PLUNDERER - DIE STERNENJÄGER wird unter Lizenz in Deutschland von PANINI Verlags-GmbH veröffentlicht. Druck: LEGO PRINT S.p.A. Anzeigenverkauf: BLAUFEUER VERLAGSVERTRETUNGEN GmbH, info@blaufeuer.com. Es gilt die Anzeigenpreisliste Nr. 14 vom 01.10.2016. Direkt-Abos auf **www.paninicomics.de**. Geschäftsführer **Hermann Paul**, Publishing Director Europe **Marco M. Lupoi**, Finanzen **Felix Bauer**, Marketing Director **Holger Wiest**, Marketing **Rebecca Haar**, Vertrieb **Alexander Bubenheimer**, Logistik **Ronald Schäffer**, PR/Presse **Steffen Volkmer**, Publishing Manager **Lisa Pancaldi**, Redaktion **Matthias Korn**, **Oriol Schreibweis**, **Kristina Starschinski**, **Daniela Uhlmann**, Übersetzung **Markus Lange**, Proofreading **Ricarda Nugk**, grafische Gestaltung **Rudy Remitti**, **Nicola Spano**, Art Director **Mario Corticelli**, Redaktion Panini Comics **Beatrice Doti**, **Elisa Panzani**, Prepress **Francesca Aiello**, **Andrea Bisi**, Repro/Packager **Alessandro Nalli** (coordinator), **Mario Da Rin Zanco**, **Valentina Esposito**, **Luca Ficarelli**, **Paolo Garofalo**, **Simone Guidetti**, **Linda Leporati**, **Ivano Martin**, **Fabio Melatti**. ISBN 978-3-7416-0208-5

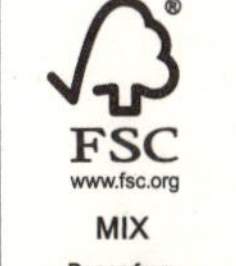

Bibliografische Information der Deutschen Nationalbibliothek
Die Deutsche Nationalbibliothek verzeichnet diese Publikation in der Deutschen Nationalbibliografie; detaillierte bibliografische Daten sind im Internet über http://dnb.d-nb.de abrufbar.

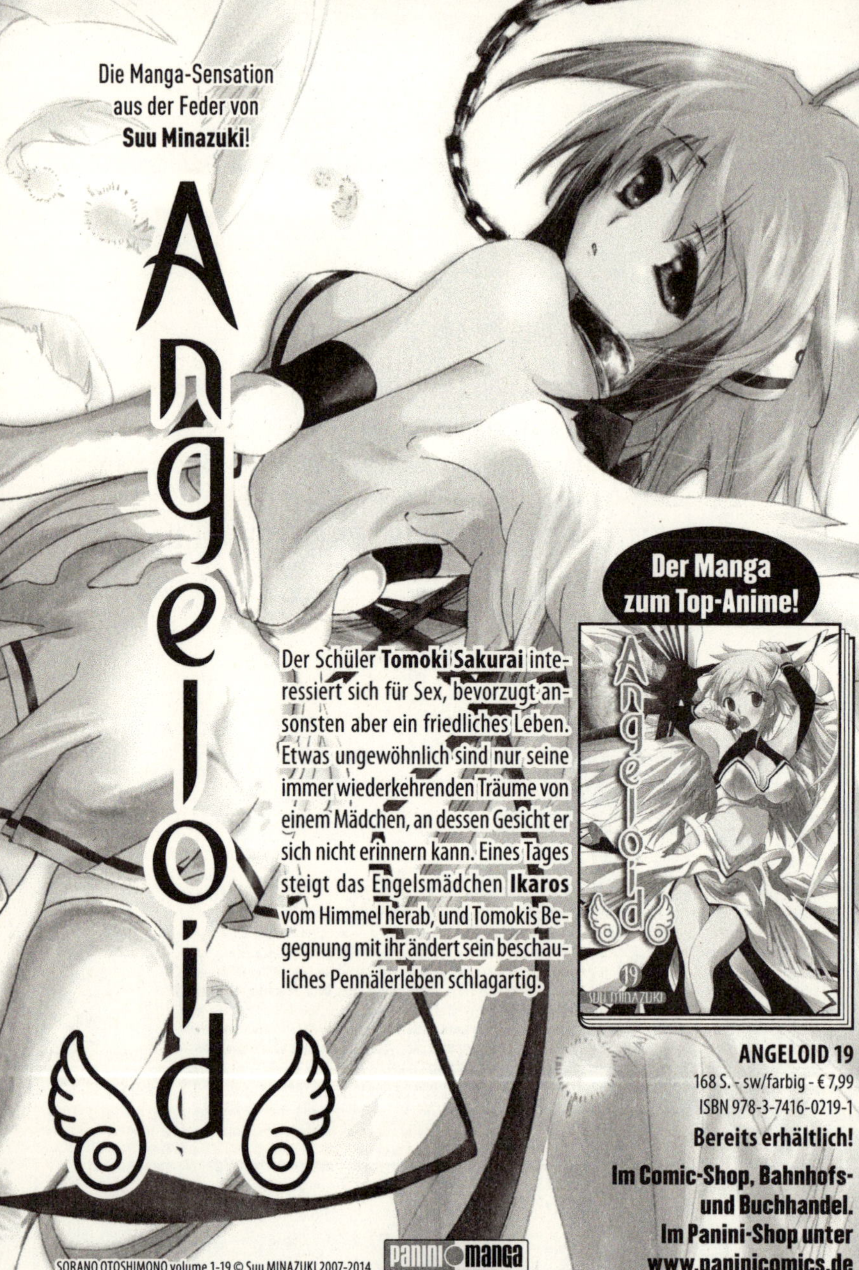
Die Manga-Sensation
aus der Feder von
Suu Minazuki!
Angeloid
Der Manga
zum Top-Anime!
Der Schüler Tomoki Sakurai interessiert sich für Sex, bevorzugt ansonsten aber ein friedliches Leben. Etwas ungewöhnlich sind nur seine immer wiederkehrenden Träume von einem Mädchen, an dessen Gesicht er sich nicht erinnern kann. Eines Tages steigt das Engelsmädchen Ikaros vom Himmel herab, und Tomokis Begegnung mit ihr ändert sein beschauliches Pennälerleben schlagartig.
ANGELOID 19
168 S. - sw/farbig - € 7,99
ISBN 978-3-7416-0219-1
Bereits erhältlich!
Im Comic-Shop, Bahnhofs- und Buchhandel.
Im Panini-Shop unter
www.paninicomics.de
SORANO OTOSHIMONO volume 1-19 © Suu MINAZUKI 2007-2014
panini manga

Nächste Nummer

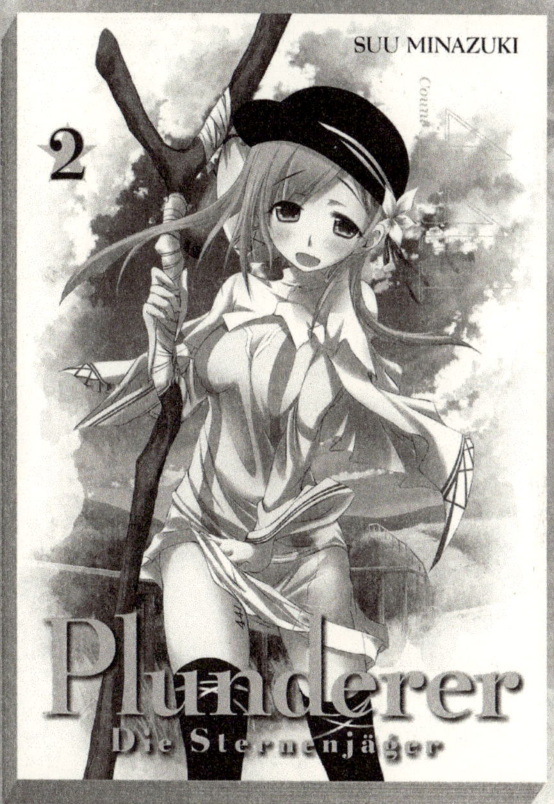

Vorläufiges Cover

Ab Juni

◉CHARAKTER

OBERLEUTNANT JAIL MURDOCK

count: ???

◉*BESCHREIBUNG*

RUFNAME „IRON JAIL“. SEINE FÄHIGKEIT IST DIE MANIPULATION VON EISEN. DAS VON IHM ERSCHAFFENE EISEN IST DAFÜR BEKANNT, VON KEINER KLINGE DURCHSTOSSEN WERDEN ZU KÖNNEN. WENN SEIN WILLE WANKT, DANN WIRD AUCH SEIN EISEN ZERBRECHLICH. ER IST MIR SCHEINBAR NOCH ZUGEKNÖPFTER GERATEN ALS SUGATA AUS „ANGELOID“ (LACH).

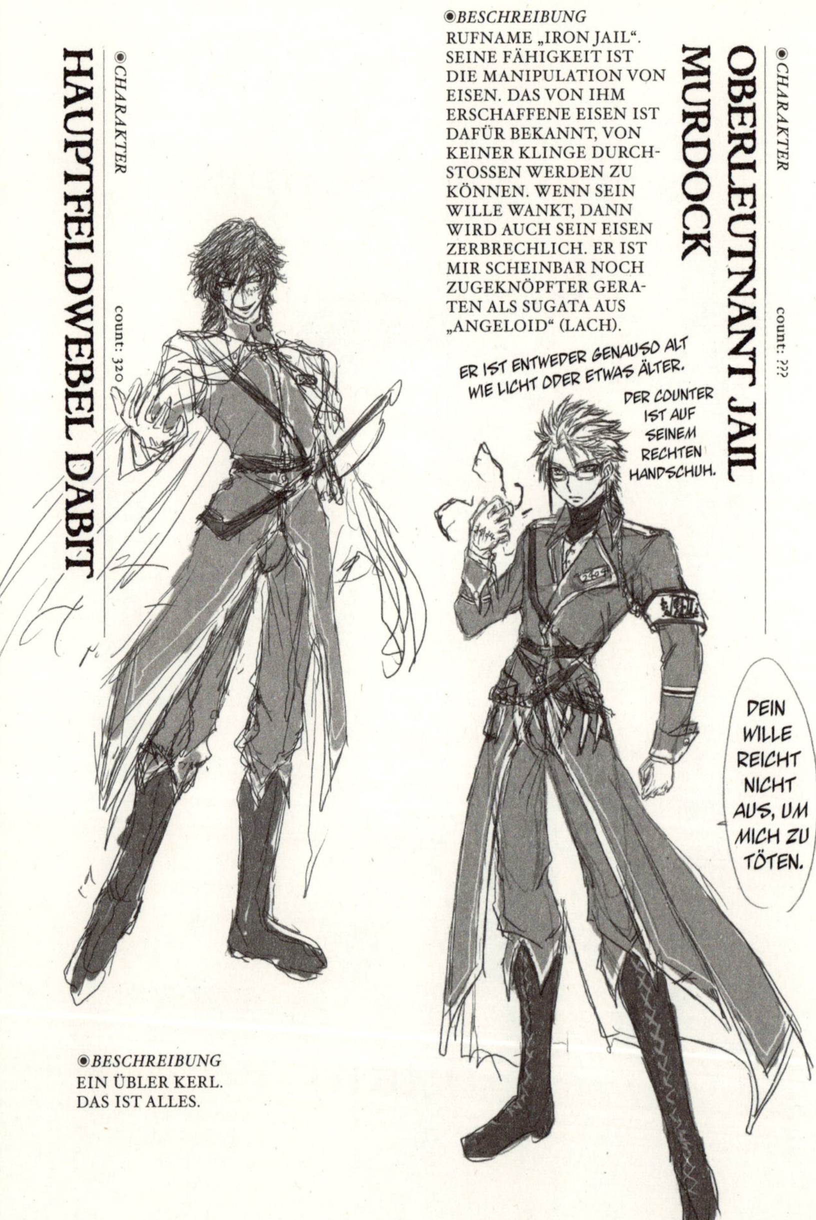

◉CHARAKTER

HAUPTFELDWEBEL DABIT

count: 320

◉*BESCHREIBUNG*

EIN ÜBLER KERL. DAS IST ALLES.

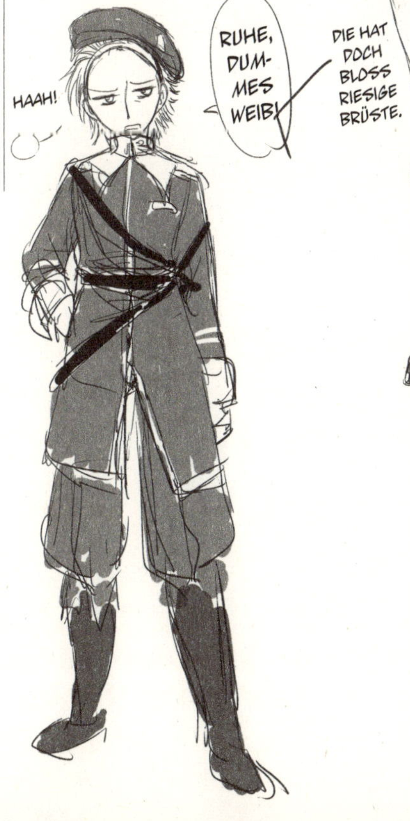

◉CHARAKTER

HAUPTFELDWEBEL LYNN MEI

count: 410

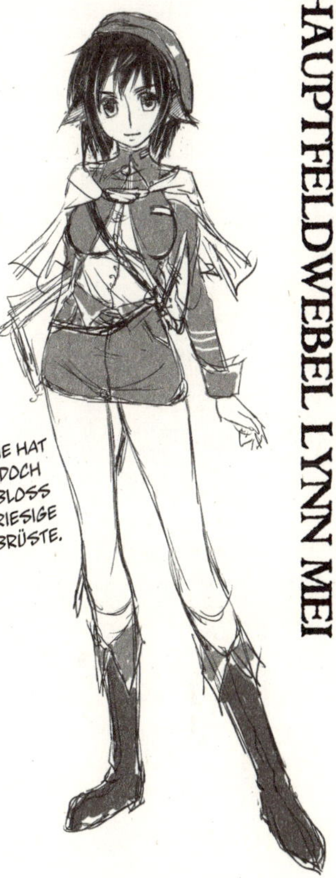

◉*BESCHREIBUNG*

EINE HILFSBEREITE SOLDATIN, DIE FÜR DIE KLIPPENSTADT HOMHOH VERANTWORTLICH IST. JAIL UND ANDERE VORGESETZTE BEFEHLEN IHR OFT, IHNEN DIE SCHULTERN ZU MASSIEREN, WEIL SIE SO UNGLAUBLICH GUT DARIN IST. OB SIE SICH WOHL AUF DEN ERSTEN BLICK IN DEN FLÜCHTIGEN LICHT VERGUCKT HAT? SAH JEDENFALLS GANZ DANACH AUS. SIE TRÄUMT VON EINER BEFÖRDERUNG, MIT DER SIE DEN MINIROCK HINTER SICH LASSEN KÖNNTE.

◉CHARAKTER

FELDWEBEL PELÉ

count: 120

◉*BESCHREIBUNG*

LYNNS EINZIGER UNTERGEBENER. DIESE UNBEFANGENE UND ÜBERMÜTIGE PERSON HAT TATSÄCHLICH AUCH EINE KOMPETENTE SEITE. IST ER IN WIRKLICHKEIT XXXX?

◉*CHARAKTER*

HINA

◉*BESCHREIBUNG*

EIN MÄDCHEN, DAS SICH, DEN LETZTEN WORTEN IHRER MUTTER FOLGEND, AUF DIE SUCHE NACH DEM ROTEN BARON GEMACHT HAT. SIE WURDE IN DEN BERGEN GEBOREN UND DORT VON IHRER MUTTER LIEBEVOLL AUFGEZOGEN. IHRE HAARE GEHEN IHR BIS ZUR HÜFTE, ABER SIE PACKT SIE IMMER UNTER IHREN HUT. UNTER DEM MANTEL REIST SIE MIT KLEIDUNG, DIE IM BRUSTBEREICH RECHT FREIGIEBIG IST.

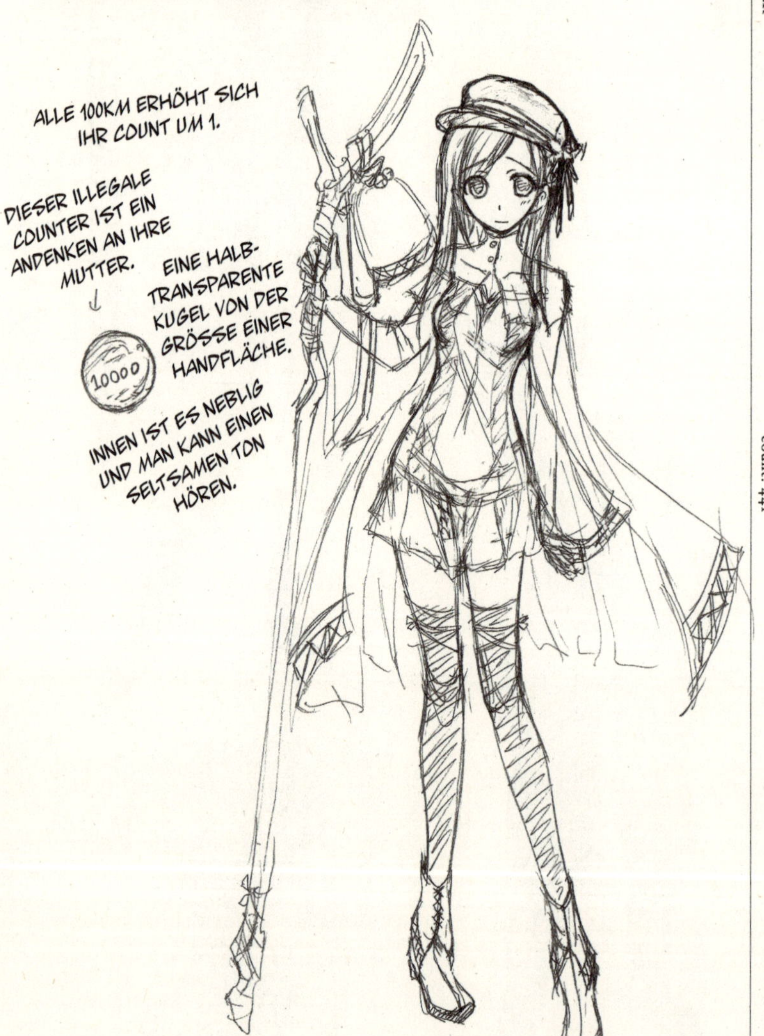

count: 441

◉*CHARAKTER*

LICHT BACH

◉*BESCHREIBUNG*

DER HELD DIESES BANDES. EINE NOCH SEHR MYSTERIÖSE PERSON. WURDE ZUR ZEIT DES „ABSCHAFFUNGSKRIEGS“ AUCH „STÄRKSTER (UND GRAUSAMSTER) BARON“ GENANNT. WEISS SEIN MANNSHOHES LANGSCHWERT SEHR ZU SCHÄTZEN. „WARUM HAST DU GERADE DIESE WAFFE GEWÄHLT?“ „WEIL ICH DAMIT MÖGLICHST VIELE GEGNER XXXX XXXXEN KANN…“

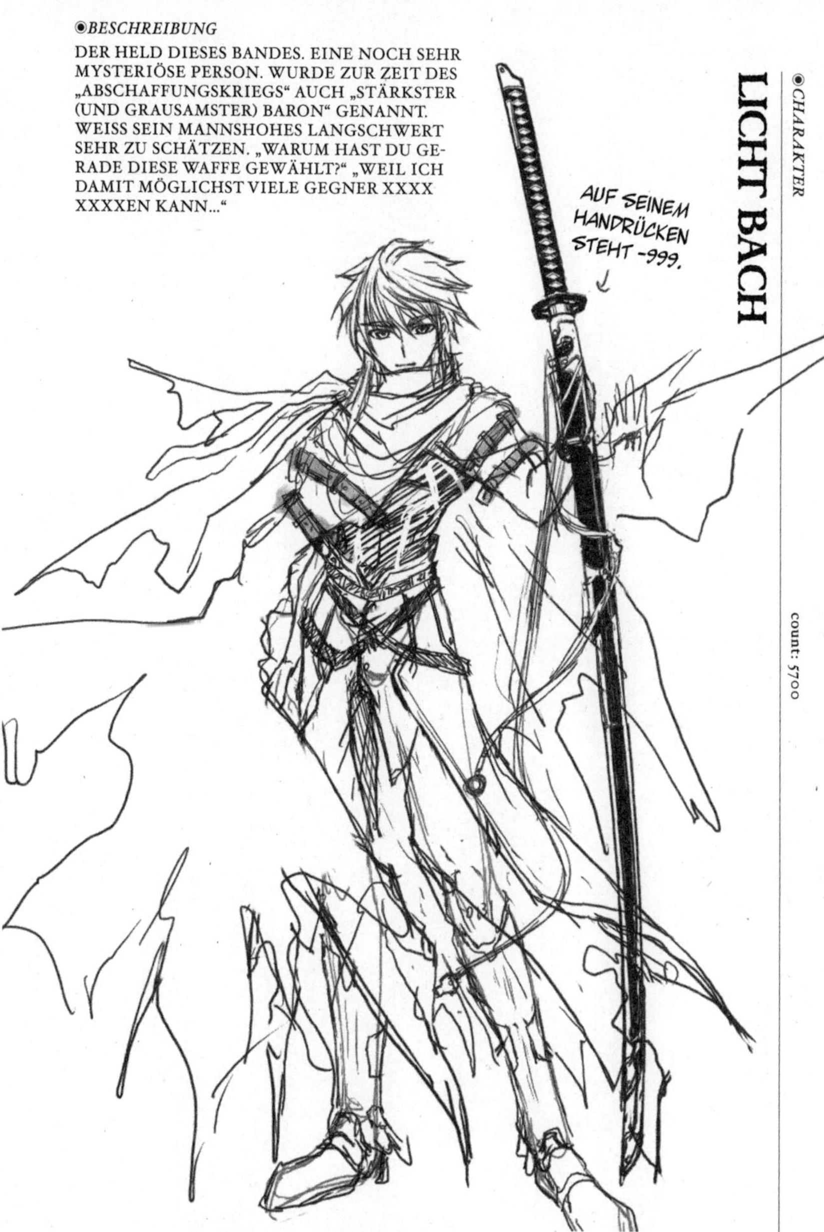

count: 5700

Plunderer
Die Sternenjäger

EXTRA-GALERIE

Plunderer

Die Sternenjäger

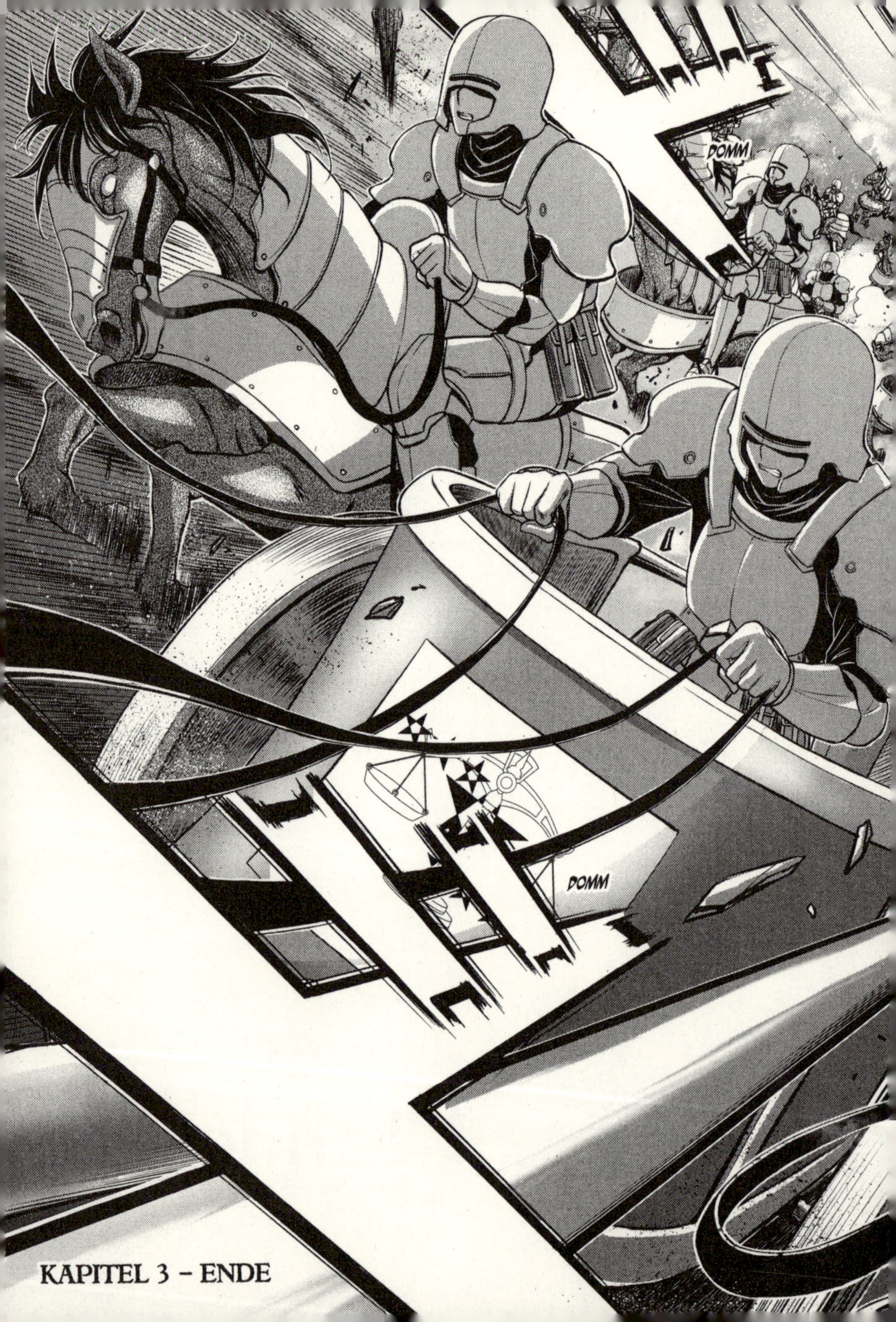
DOMM
DOMM
KAPITEL 3 – ENDE

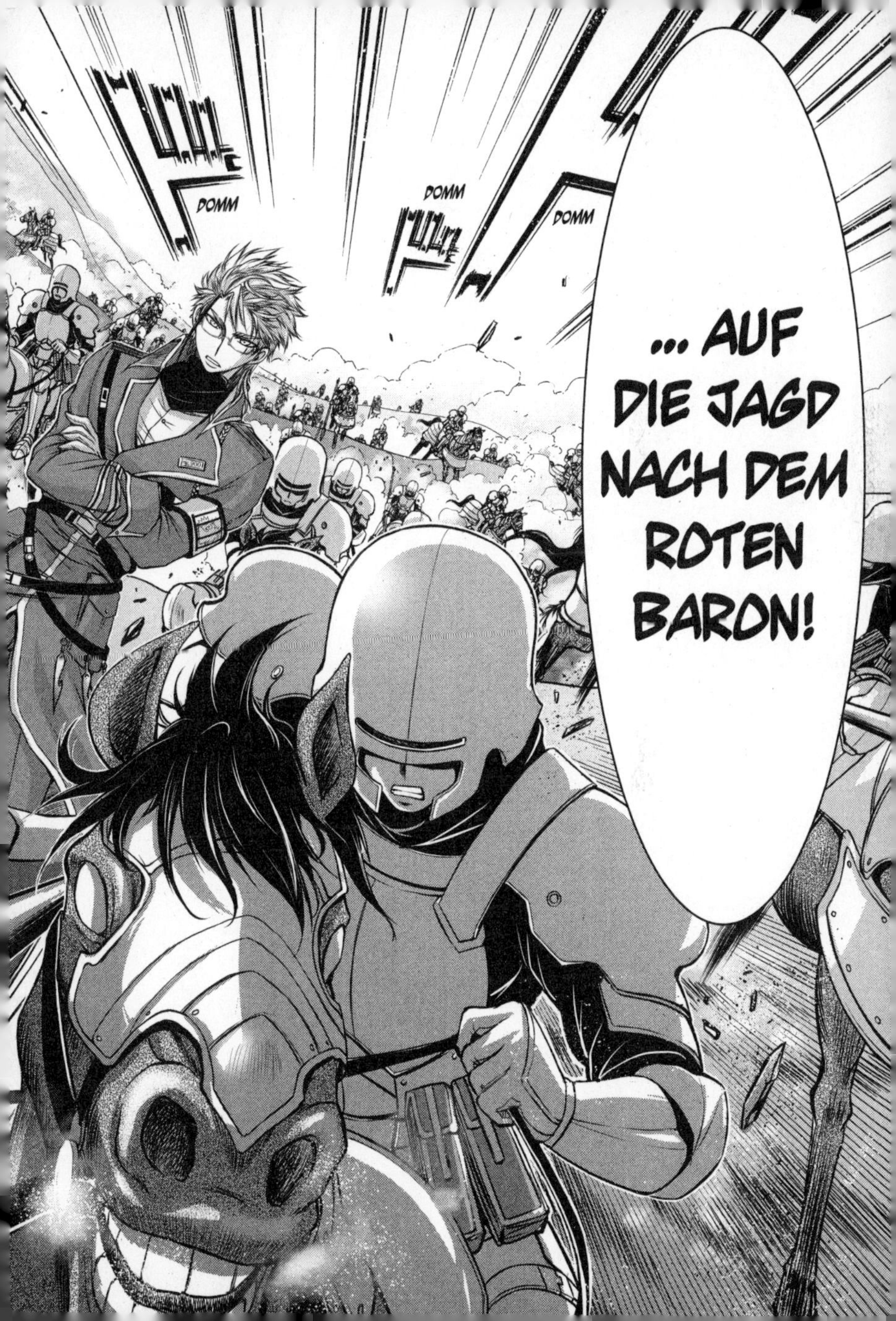
... AUF DIE JAGD NACH DEM ROTEN BARON!
DOMM
DOMM
DOMM

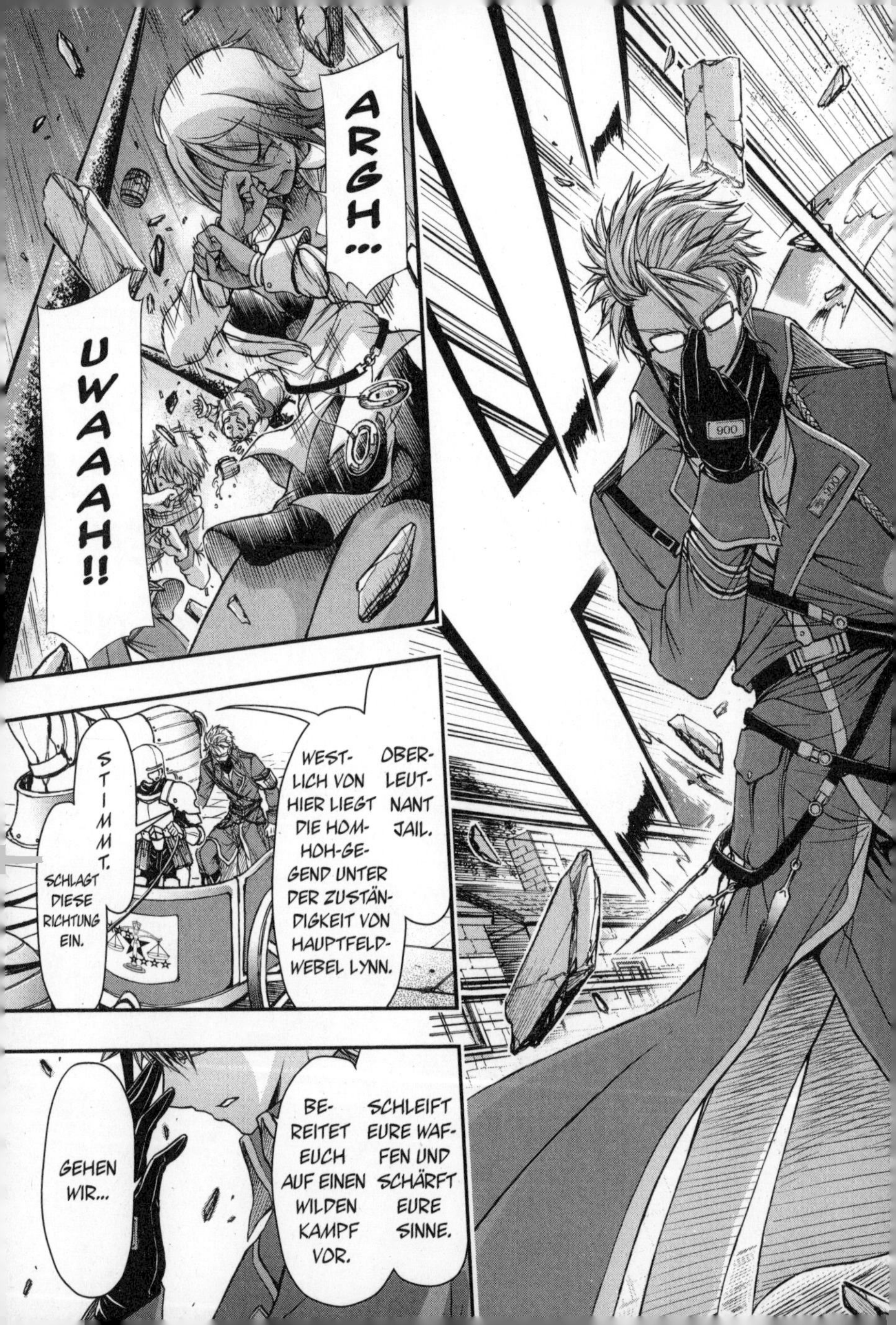ARGH...
UWAAAAH!!
WEST-LICH VON HIER LIEGT DIE HOM-HOH-GE-GEND UNTER DER ZUSTÄN-DIGKEIT VON HAUPTFELD-WEBEL LYNN.
OBER-LEUT-NANT JAIL.
STIMMT. SCHLAGT DIESE RICHTUNG EIN.
SCHLEIFT EURE WAF-FEN UND SCHÄRFT EURE SINNE.
BE-REITET EUCH AUF EINEN WILDEN KAMPF VOR.
GEHEN WIR...

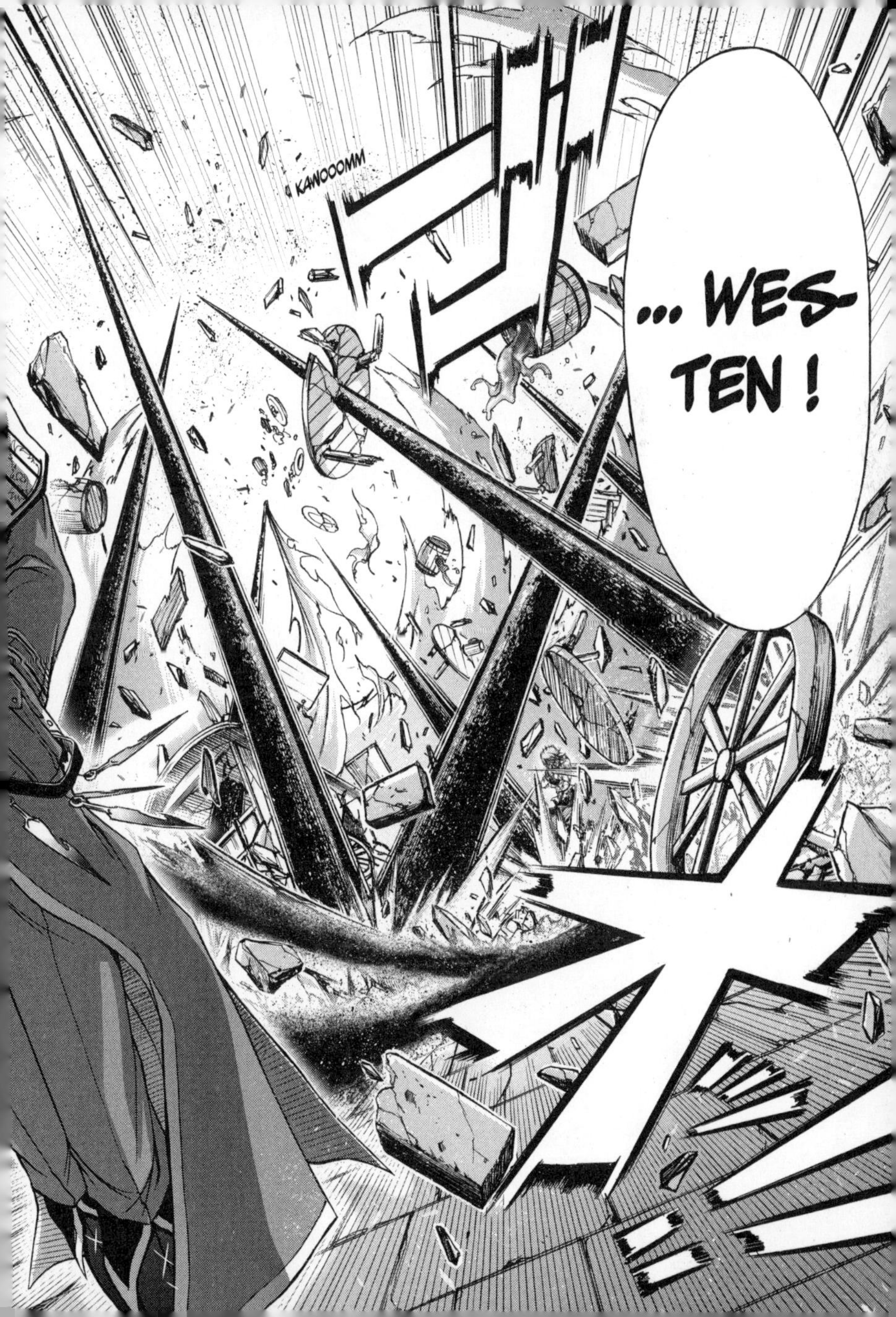
KAWOOOMM
... WES-
TEN !

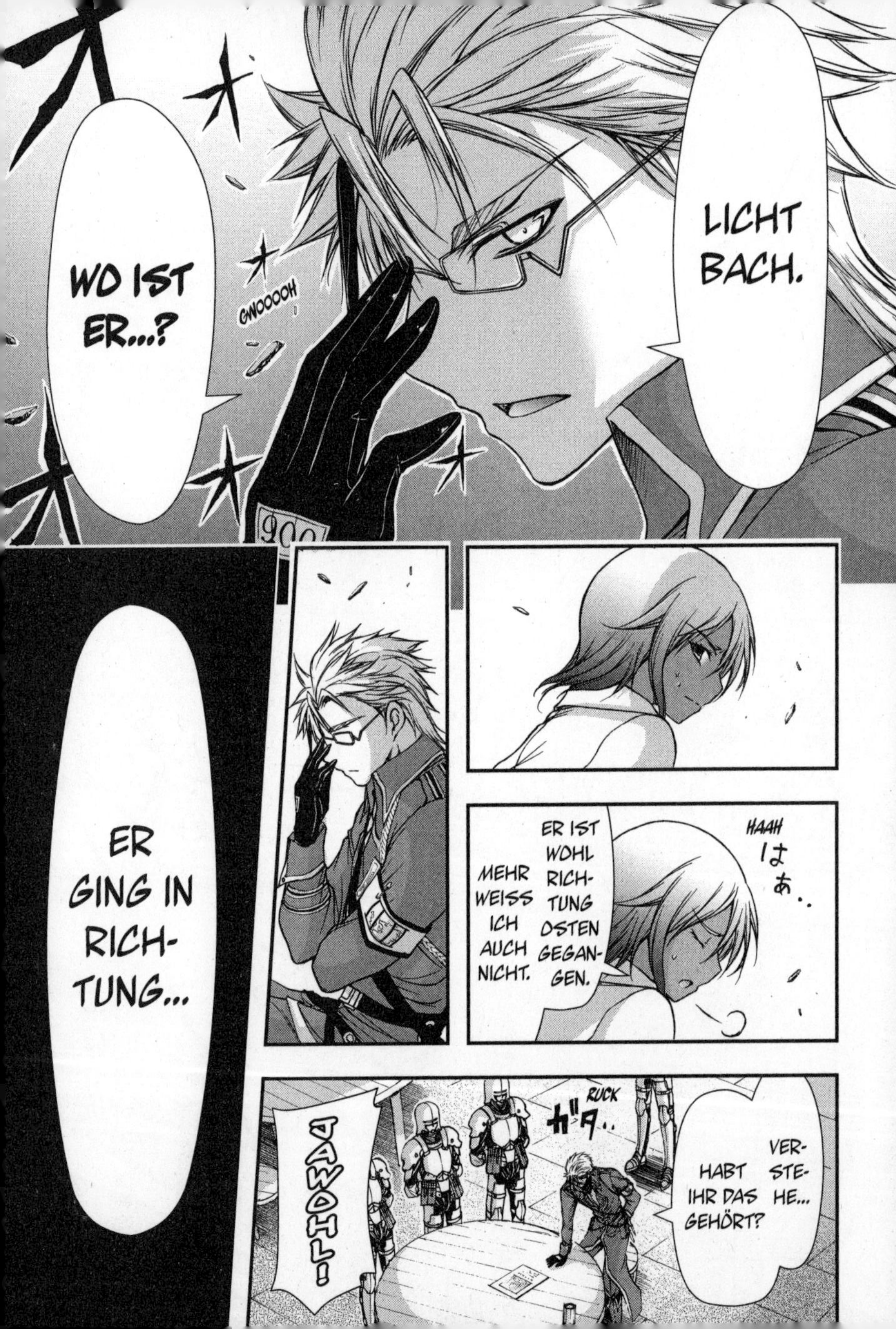
LICHT BACH.
WO IST ER...?
GWOOOOH
ER GING IN RICHTUNG...
ER IST WOHL RICHTUNG OSTEN GEGANGEN.
MEHR WEISS ICH AUCH NICHT.
HAAH
はぁ..
VERSTEHE...
HABT IHR DAS GEHÖRT?
RUCK
ガタ..
JAWOHL!

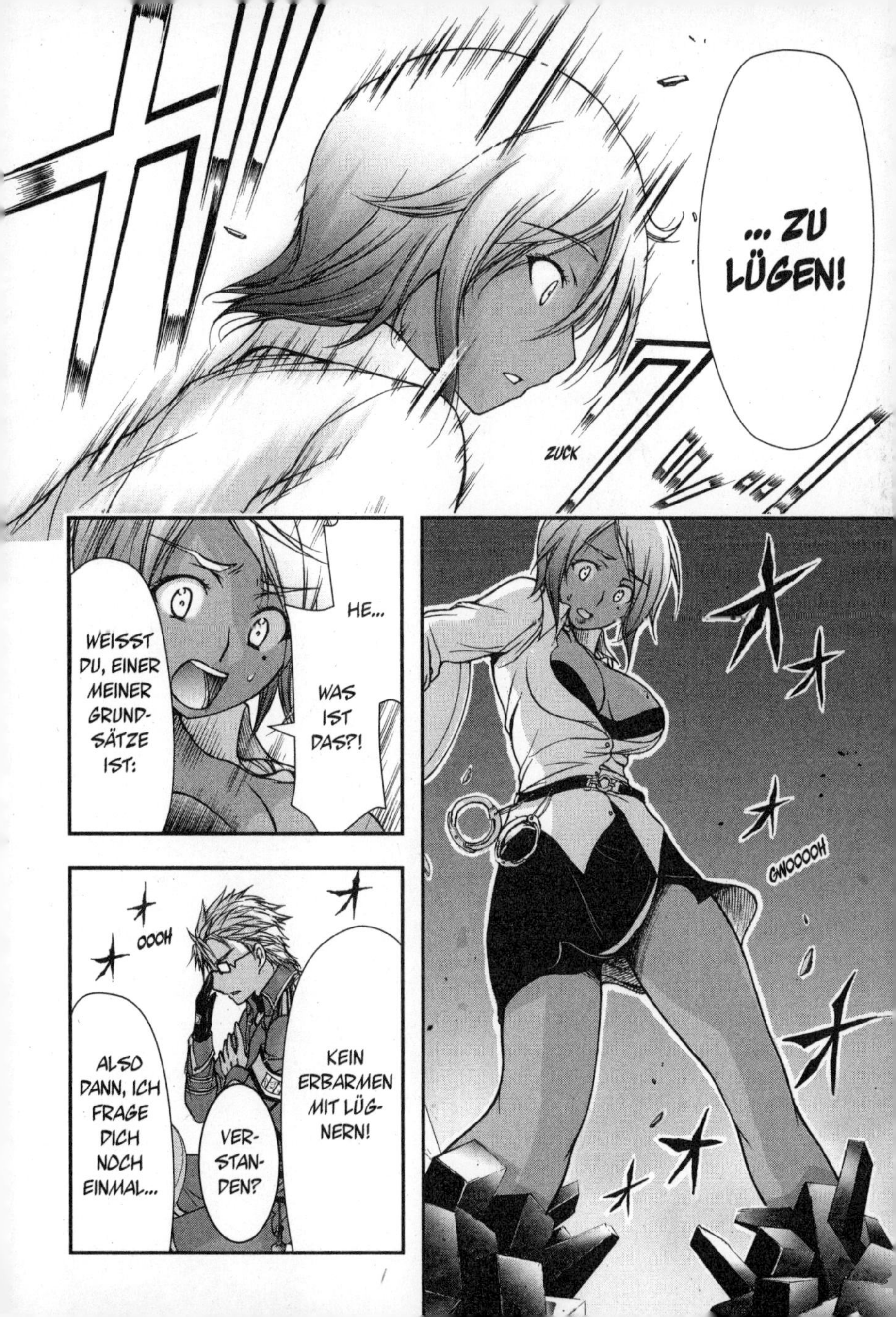
... ZU LÜGEN!
ZUCK
HE...
WAS IST DAS?!
WEISST DU, EINER MEINER GRUND-SÄTZE IST:
GWOOOOH
OOOH
KEIN ERBARMEN MIT LÜG-NERN!
VER-STAN-DEN?
ALSO DANN, ICH FRAGE DICH NOCH EINMAL...

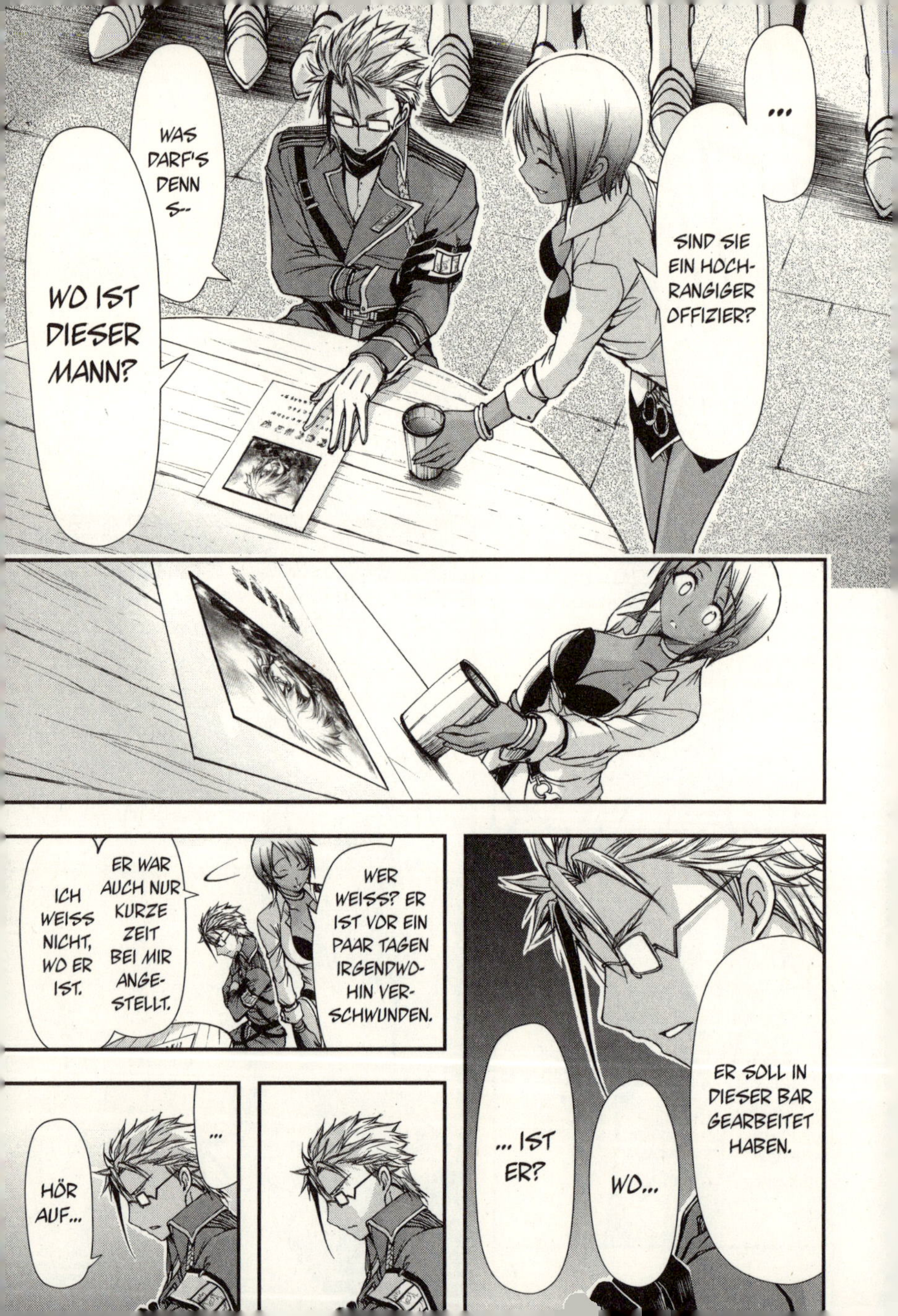

...

SIND SIE EIN HOCH-RANGIGER OFFIZIER?

WAS DARF'S DENN S--

WO IST DIESER MANN?

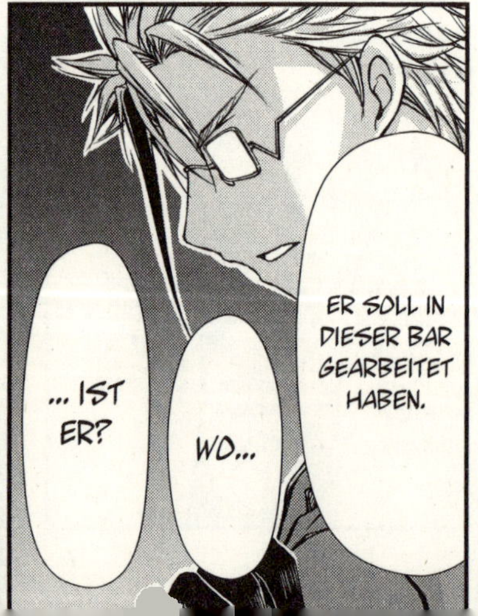

WER WEISS? ER IST VOR EIN PAAR TAGEN IRGENDWOHIN VERSCHWUNDEN.

ER WAR AUCH NUR KURZE ZEIT BEI MIR ANGESTELLT.

ICH WEISS NICHT, WO ER IST.

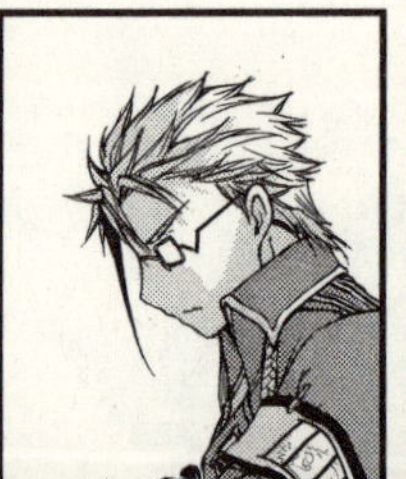

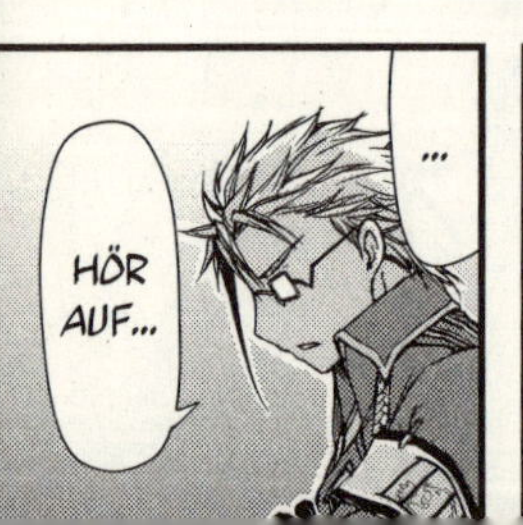

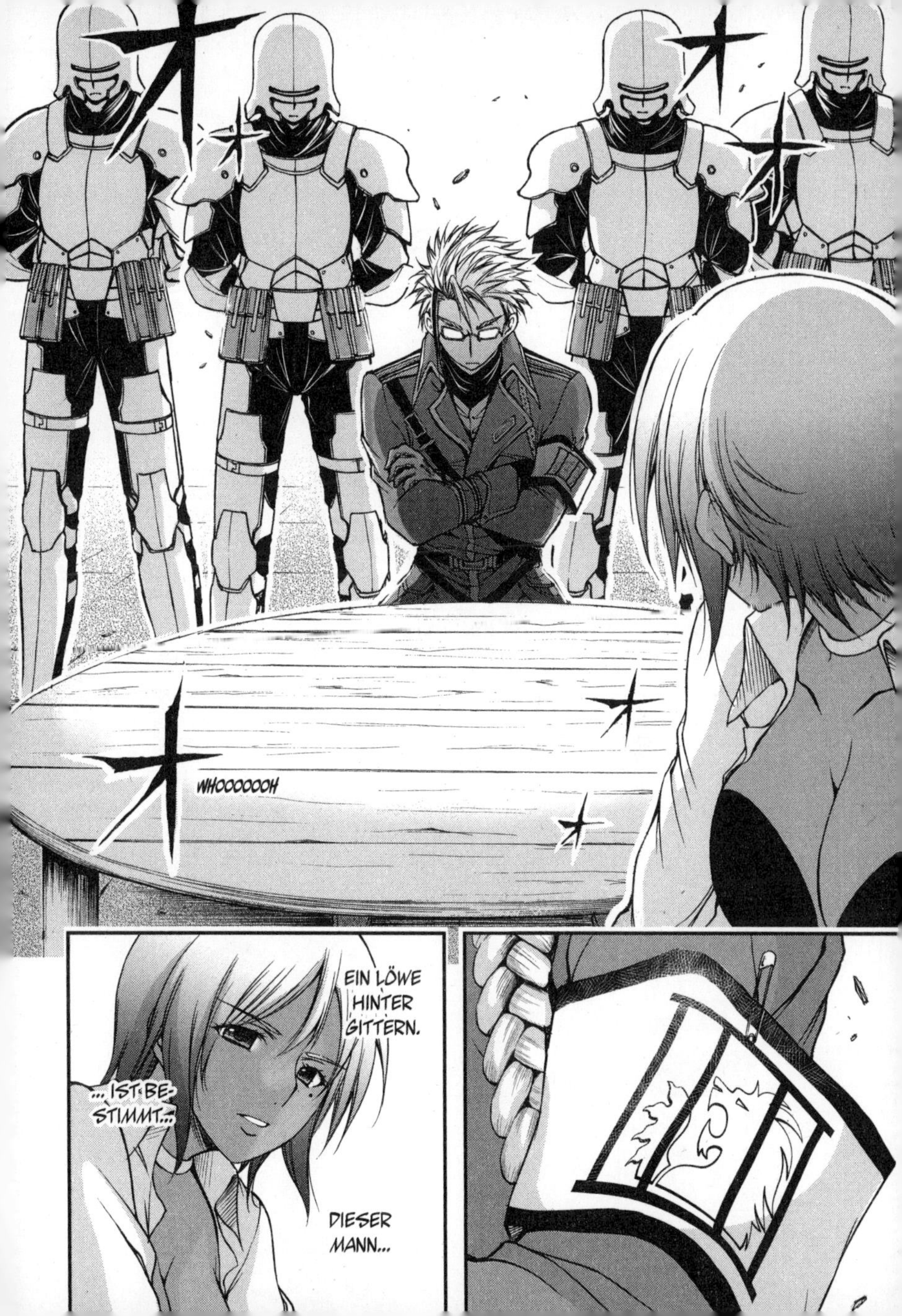
WHOOOOOOH
EIN LÖWE HINTER GITTERN.
...IST BE-STIMMT...
DIESER MANN...

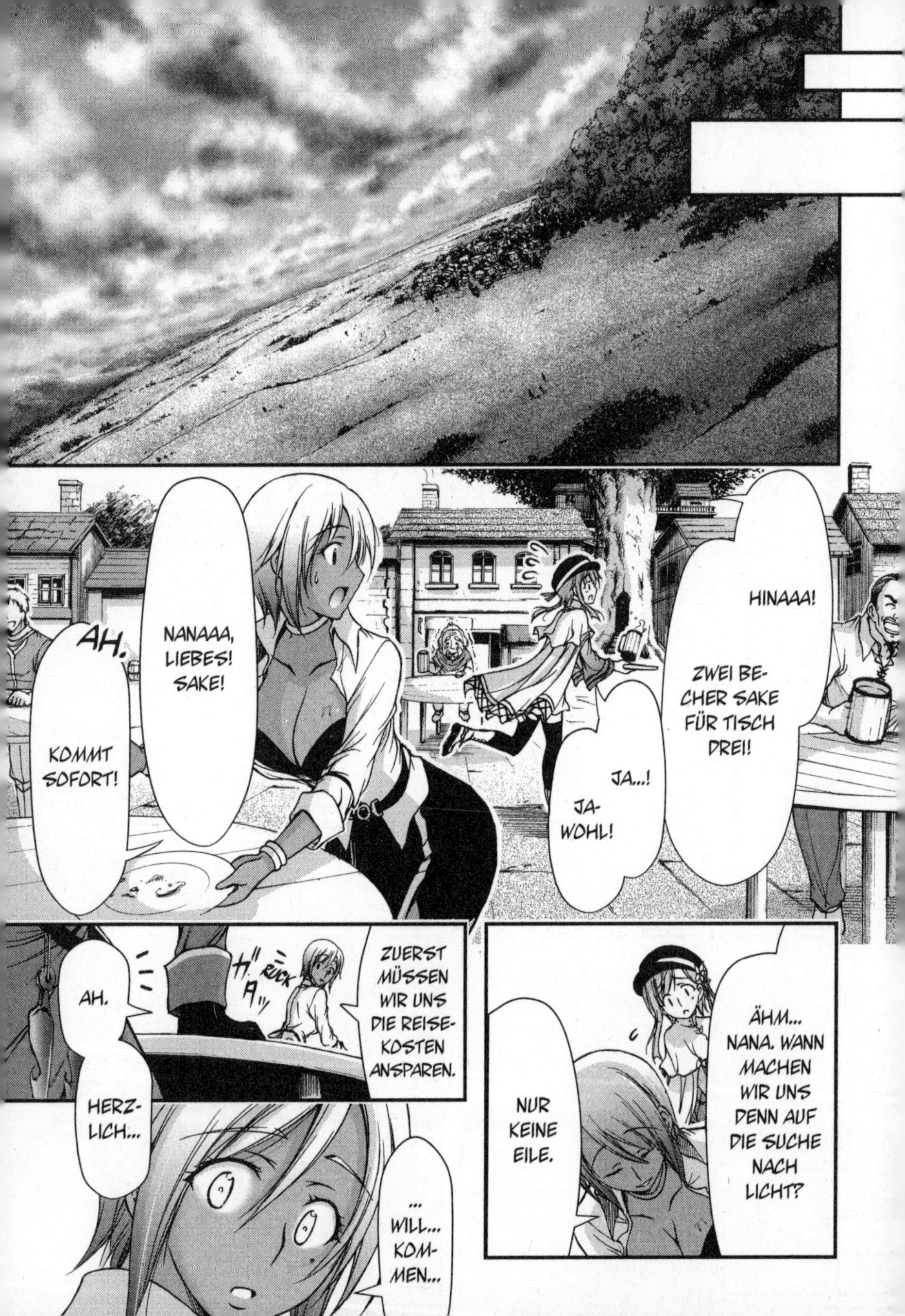
HINAAA!
ZWEI BECHER SAKE FÜR TISCH DREI!
JA...!
JAWOHL!
NANAAA, LIEBES! SAKE!
AH.
KOMMT SOFORT!
ÄHM... NANA. WANN MACHEN WIR UNS DENN AUF DIE SUCHE NACH LICHT?
NUR KEINE EILE.
ZUERST MÜSSEN WIR UNS DIE REISEKOSTEN ANSPAREN.
RUCK
AH.
HERZLICH...
... WILL... KOMMEN...

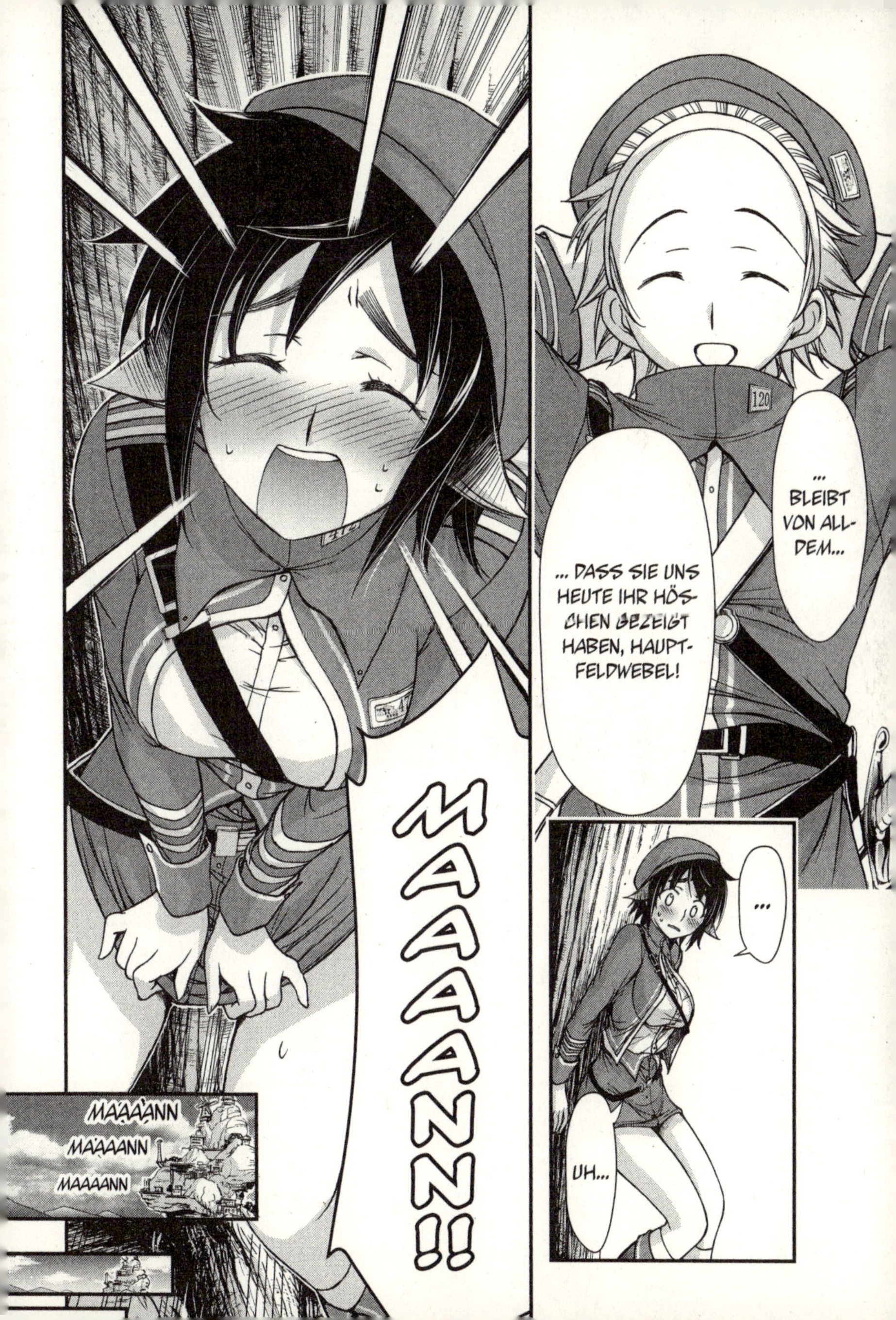
... BLEIBT VON ALL-DEM...
... DASS SIE UNS HEUTE IHR HÖS-CHEN GEZEIGT HABEN, HAUPT-FELDWEBEL!
...
UH...
MAAAAAN!!
MAAAANN
MAAAANN
MAAAANN

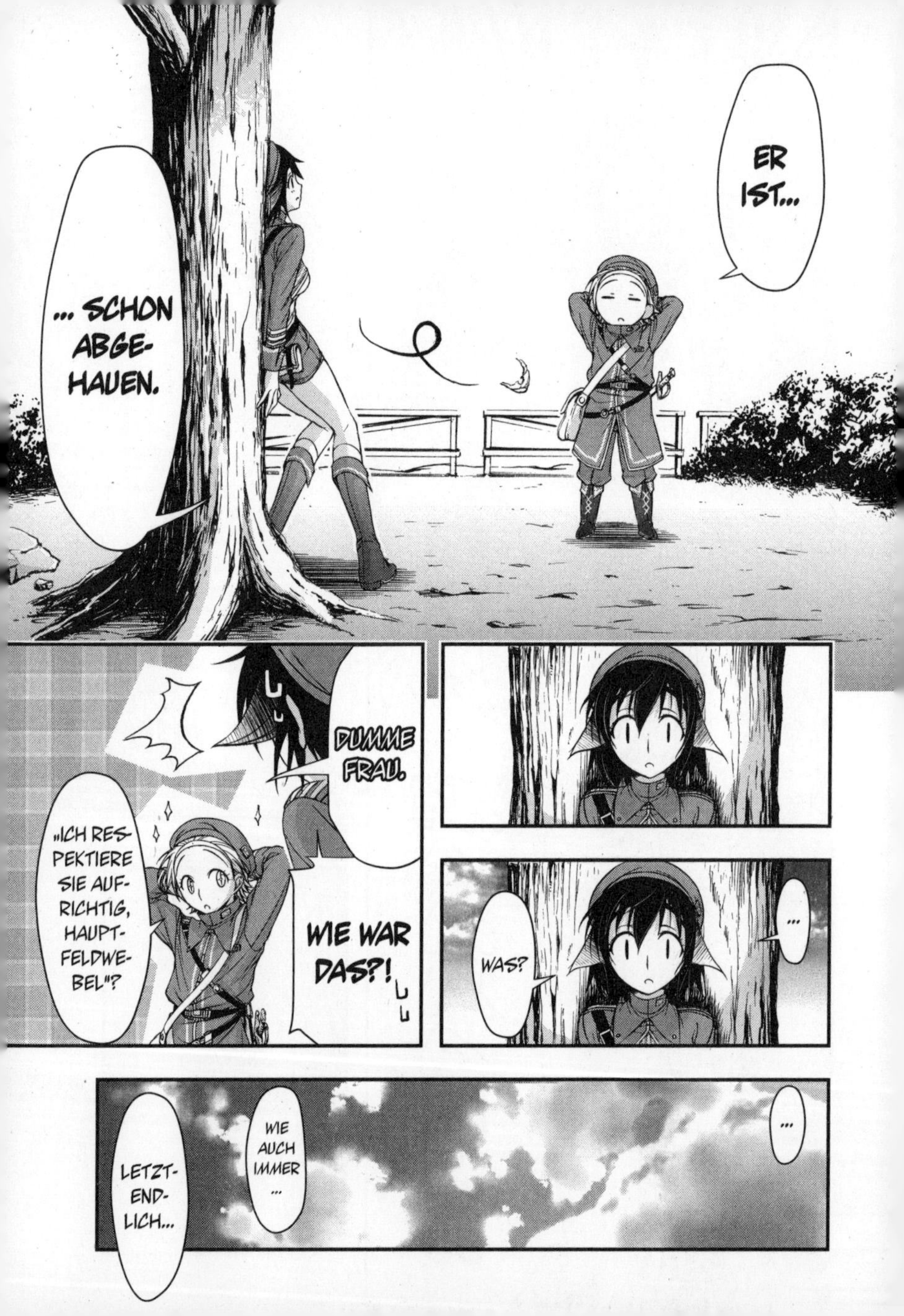

ER IST...

... SCHON ABGE-HAUEN.

DUMME FRAU.

WIE WAR DAS?!

„ICH RESPEKTIERE SIE AUFRICHTIG, HAUPTFELDWEBEL"?

...

WAS?

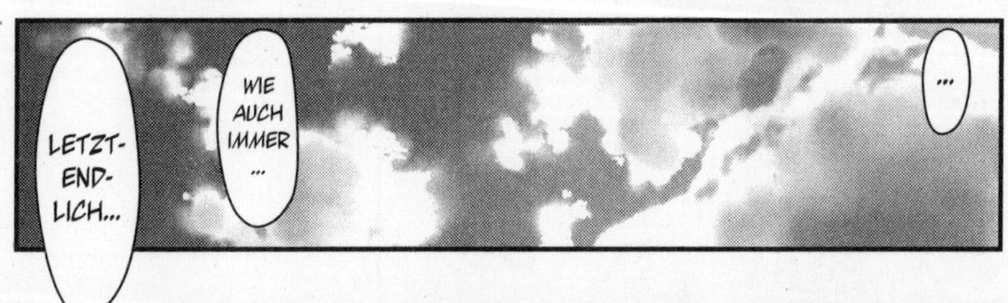

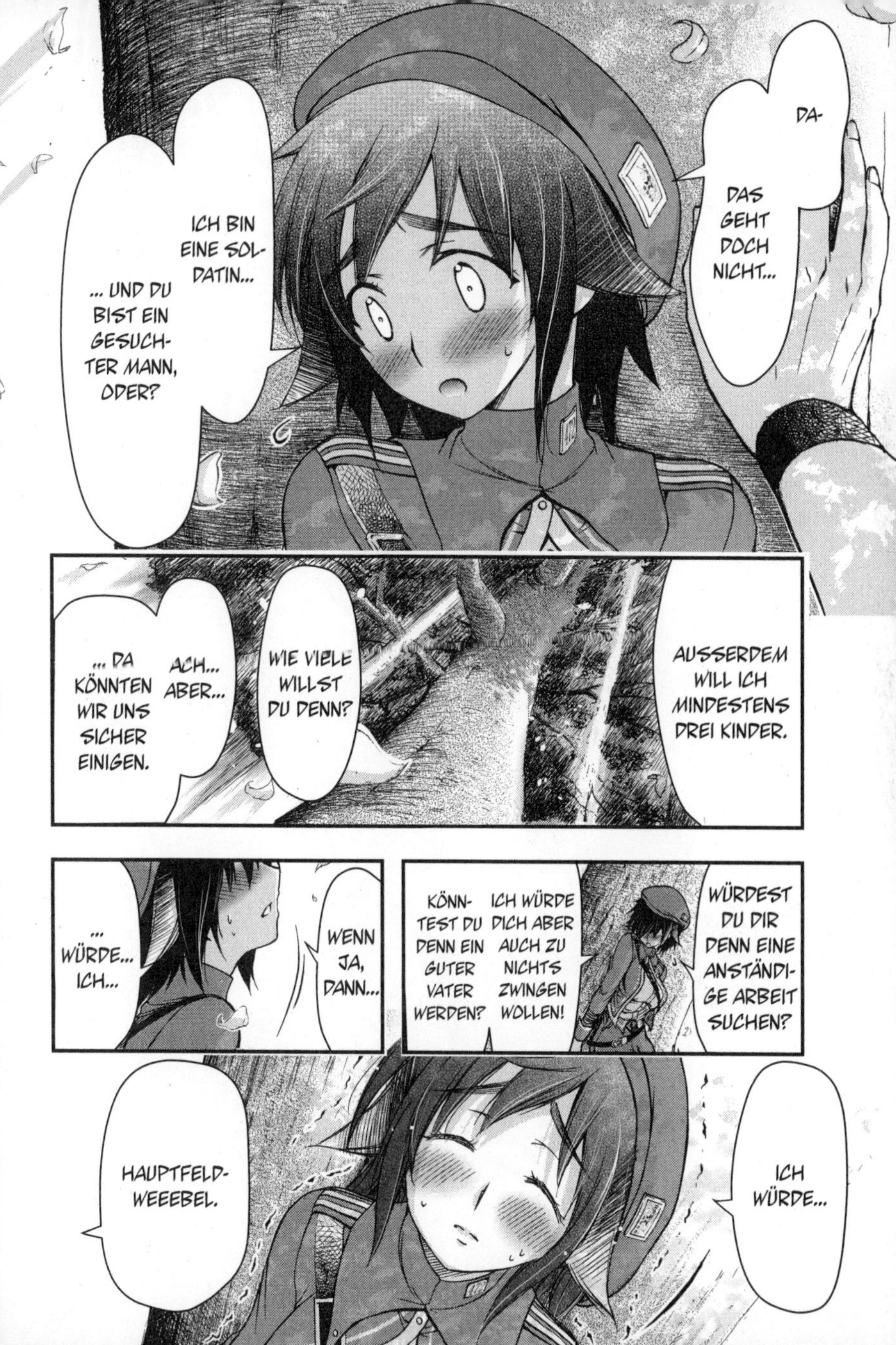
DA-
DAS GEHT DOCH NICHT...
ICH BIN EINE SOL-DATIN...
... UND DU BIST EIN GESUCH-TER MANN, ODER?
AUSSERDEM WILL ICH MINDESTENS DREI KINDER.
WIE VIELE WILLST DU DENN?
ACH... ABER...
... DA KÖNNTEN WIR UNS SICHER EINIGEN.
WÜRDEST DU DIR DENN EINE ANSTÄNDI-GE ARBEIT SUCHEN?
ICH WÜRDE DICH ABER AUCH ZU NICHTS ZWINGEN WOLLEN!
KÖNN-TEST DU DENN EIN GUTER VATER WERDEN?
WENN JA, DANN...
... WÜRDE... ICH...
ICH WÜRDE...
HAUPTFELD-WEEEBEL.

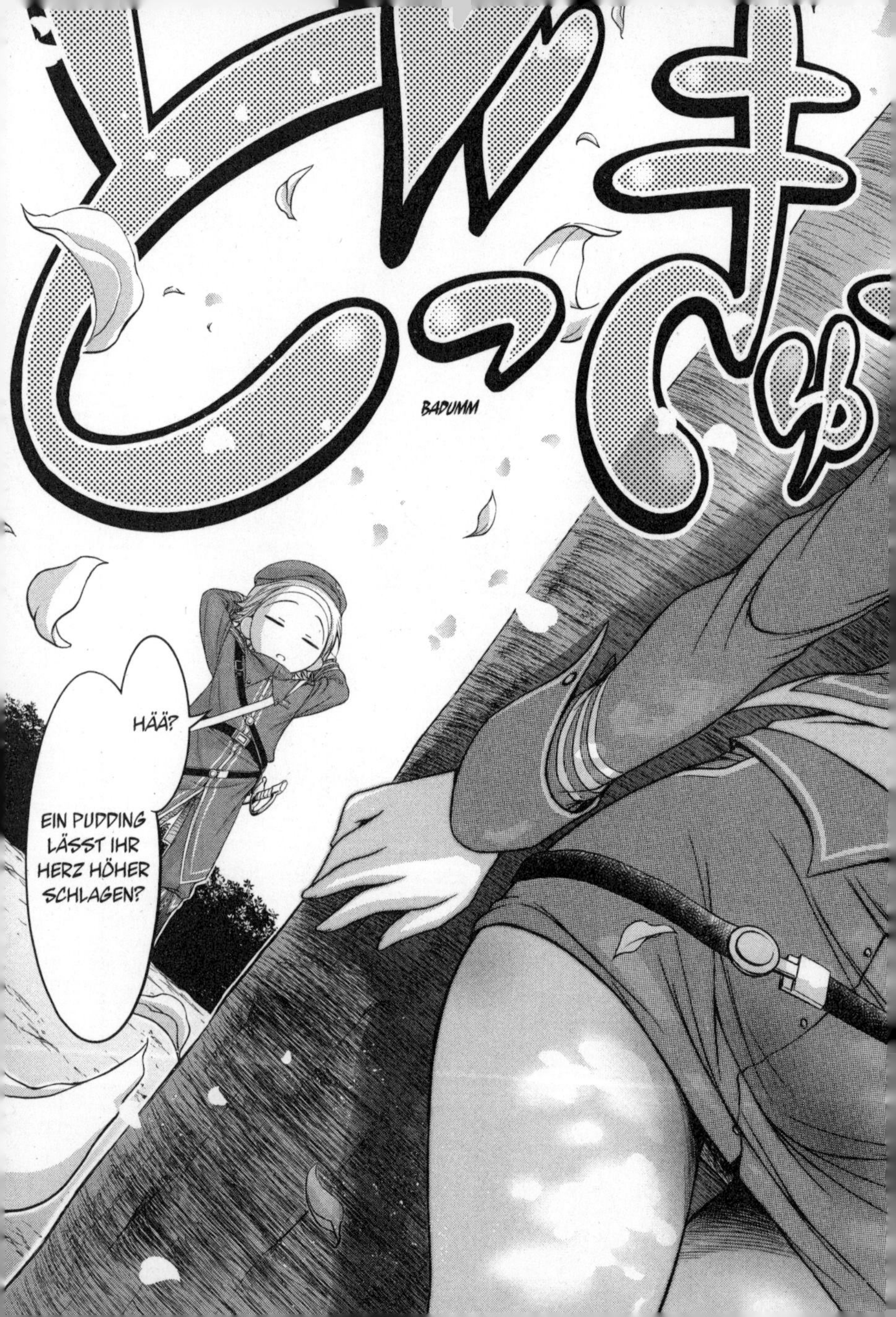
BADUMM
HÄÄ?
EIN PUDDING LÄSST IHR HERZ HÖHER SCHLAGEN?

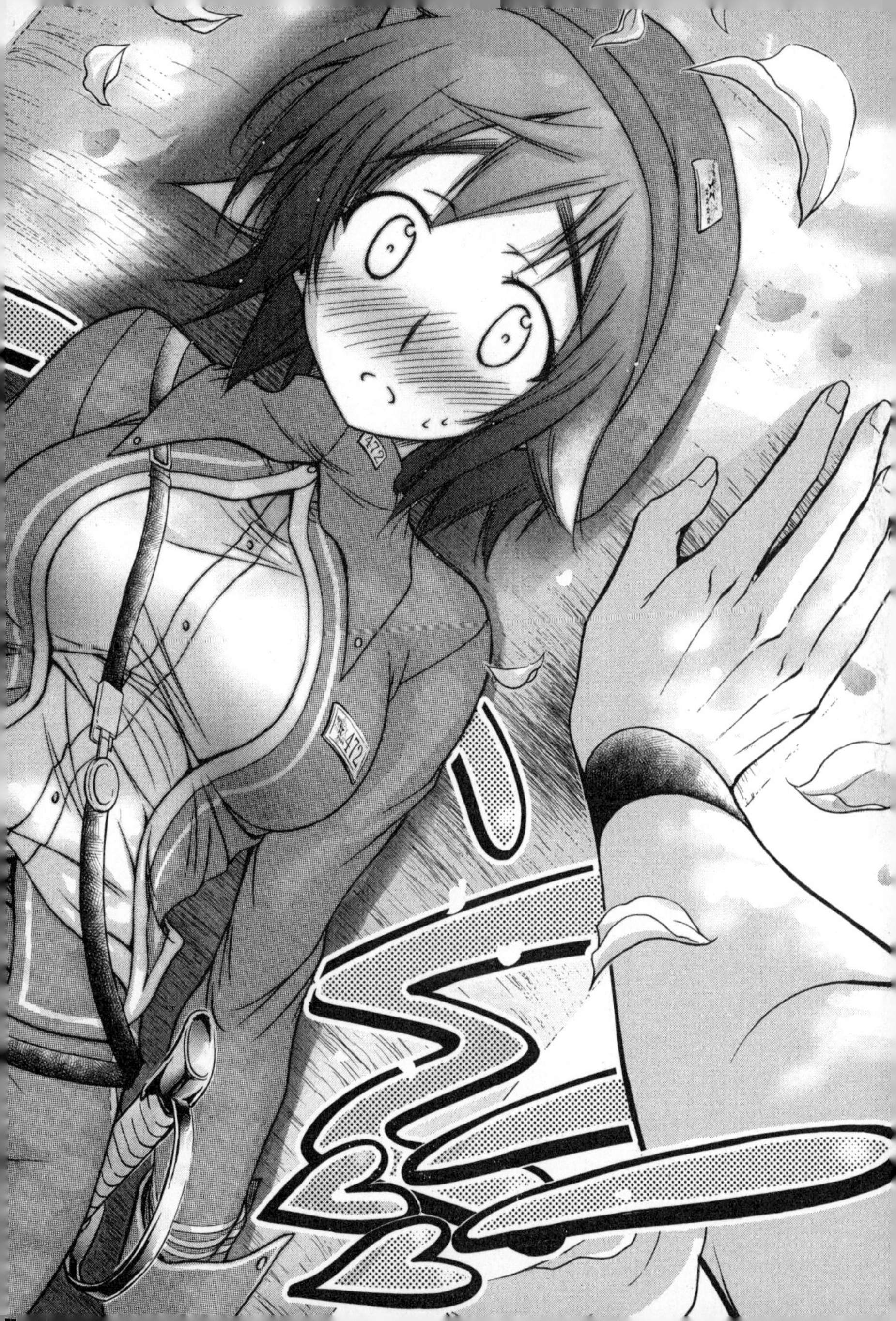

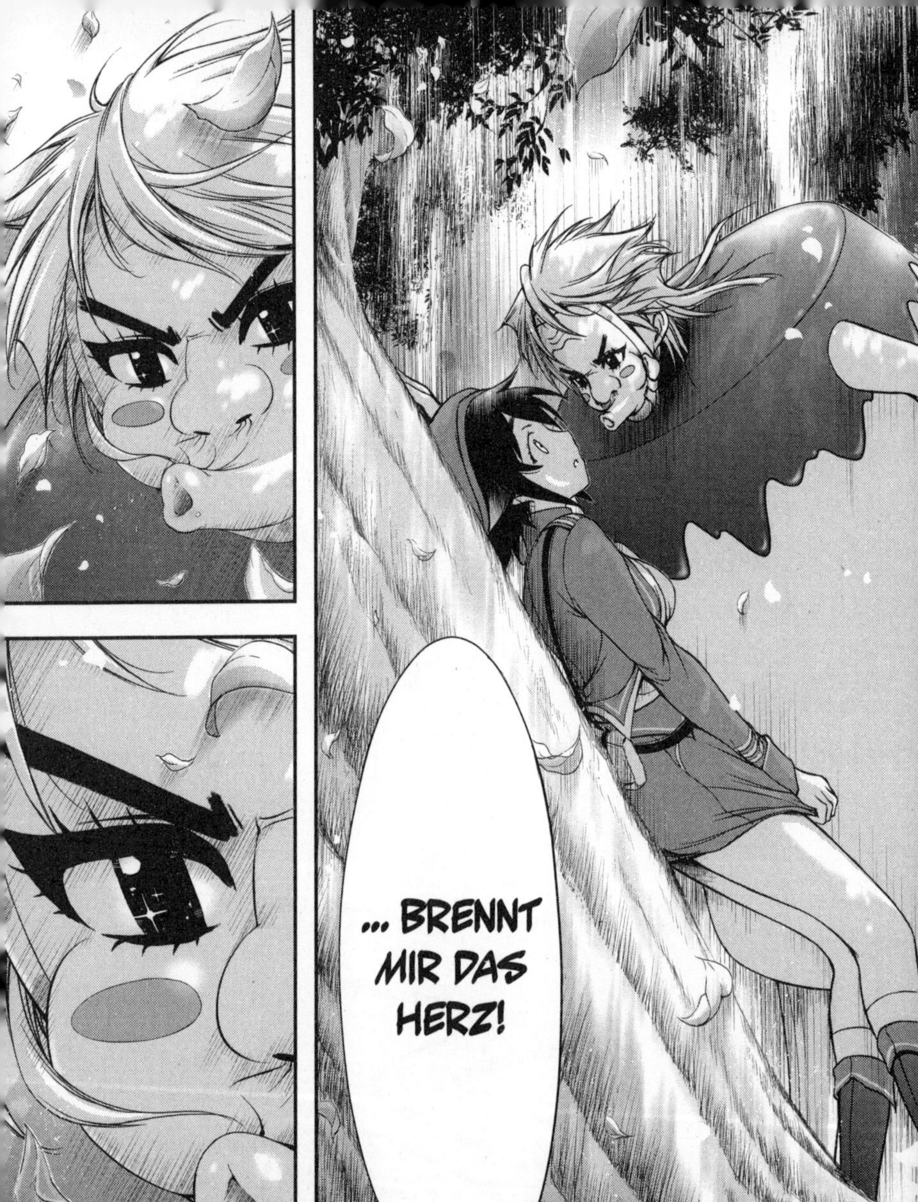

... BRENNT MIR DAS HERZ!

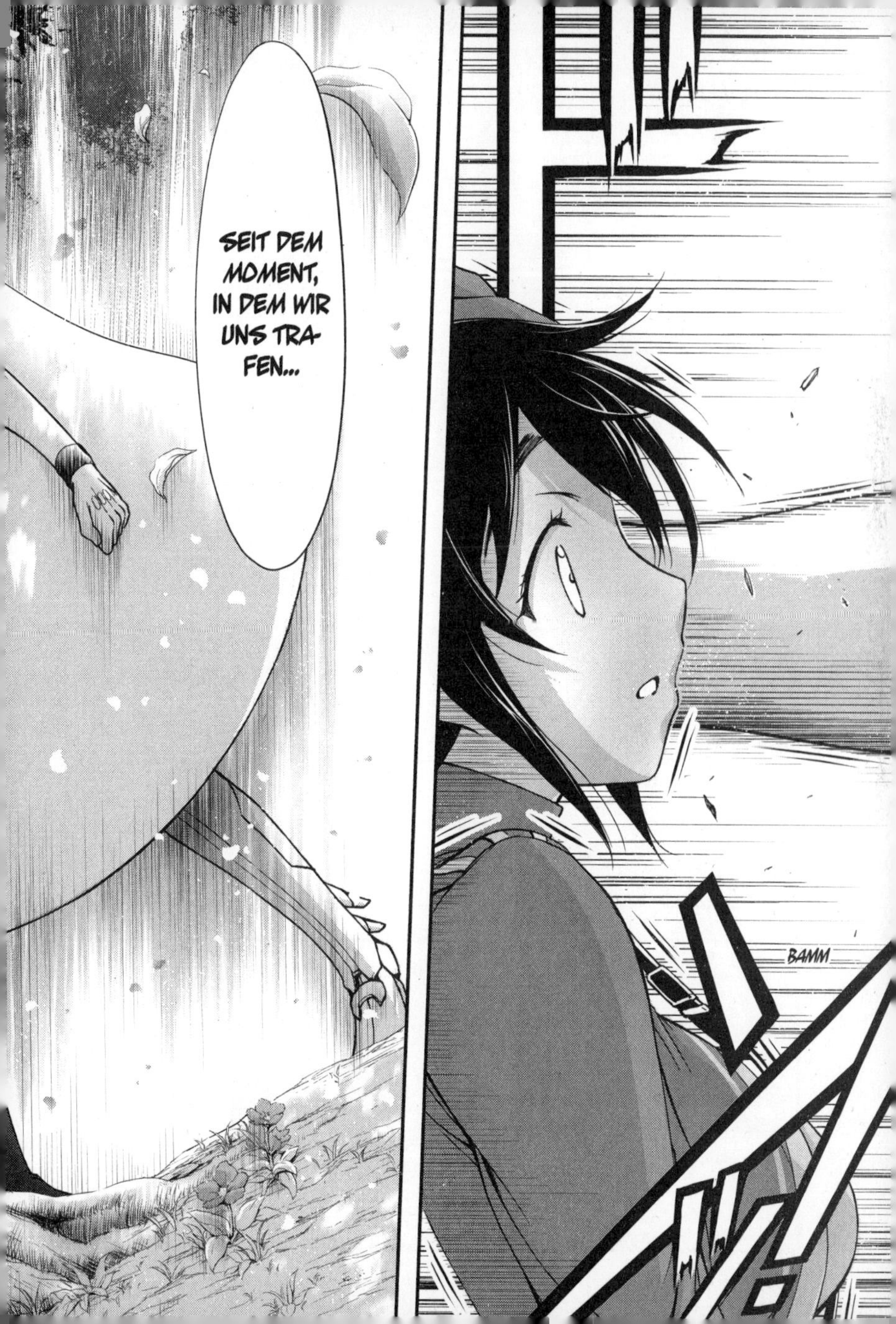
SEIT DEM MOMENT, IN DEM WIR UNS TRA-FEN...
BAMM

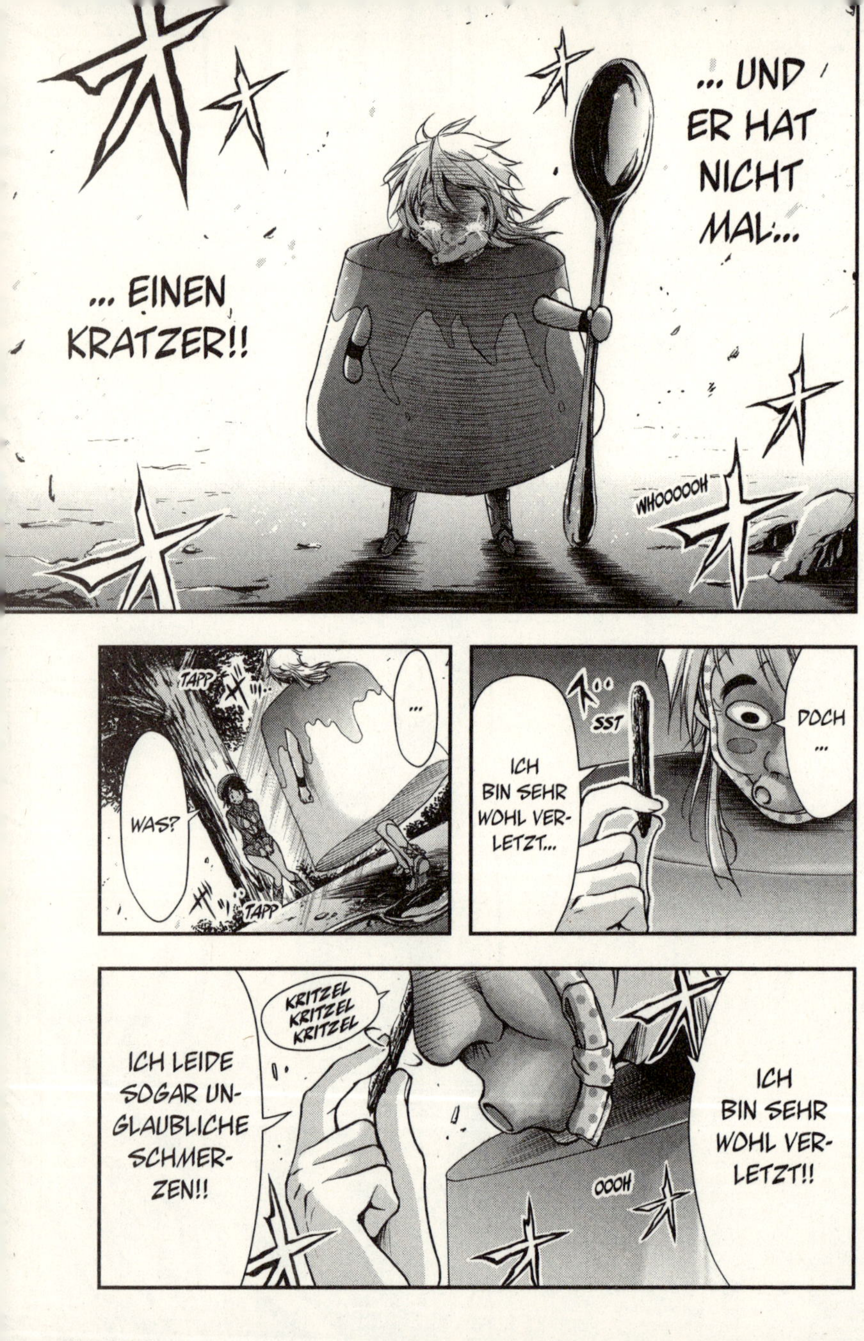

... UND ER HAT NICHT MAL ...

WHOOOOOH

... EINEN KRATZER!!

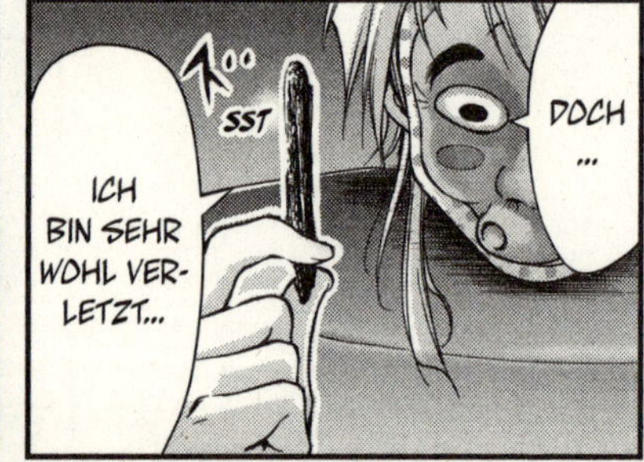

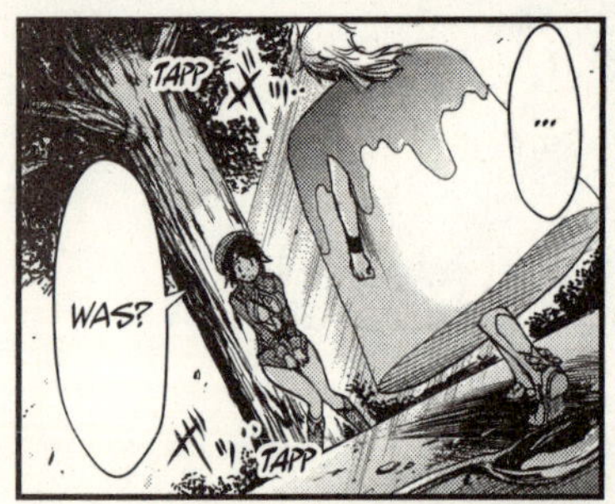

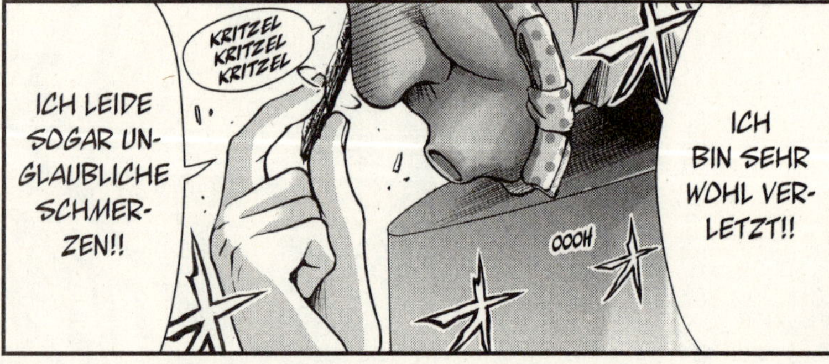

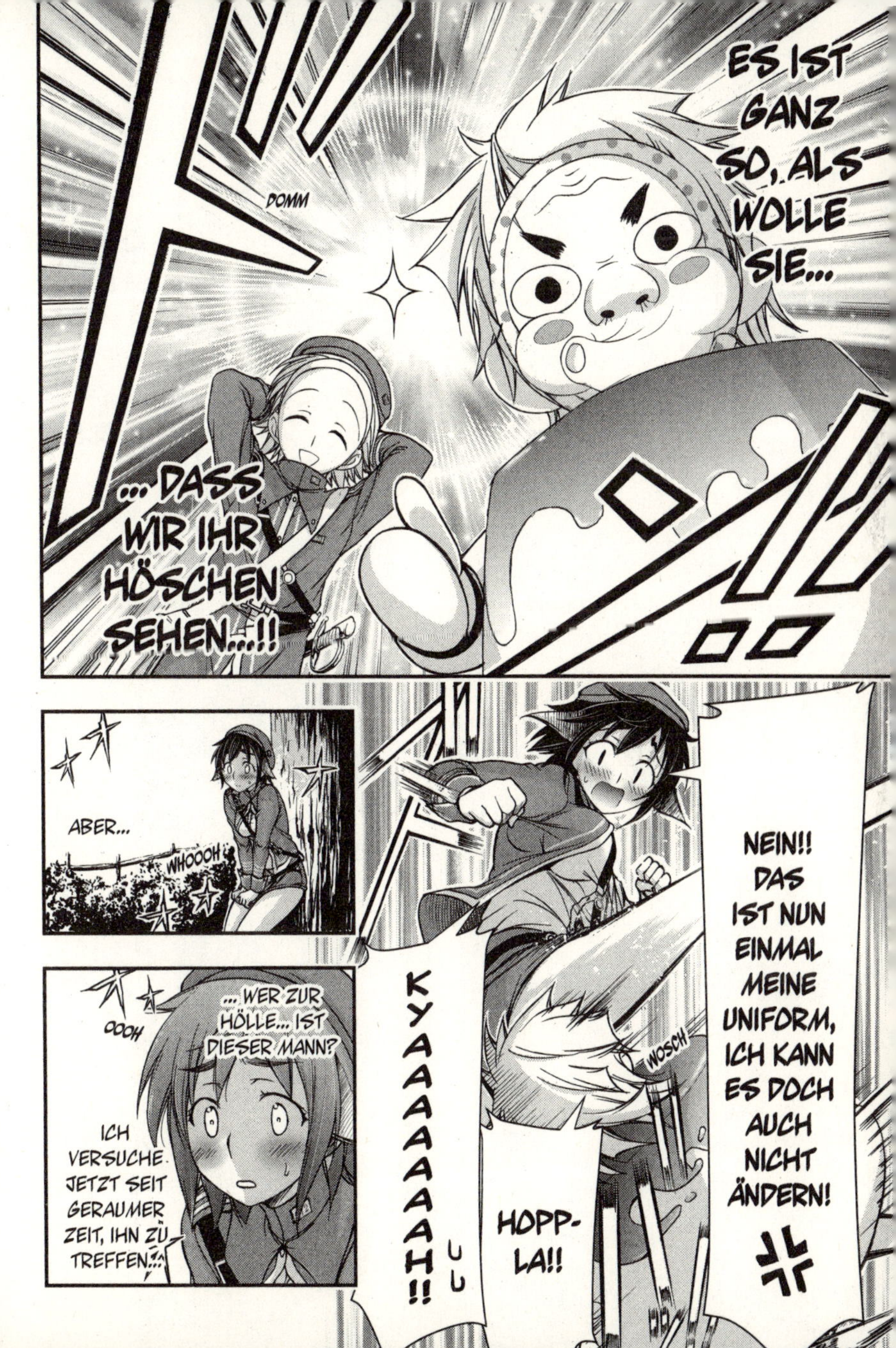
ES IST GANZ SO, ALS WOLLE SIE...
DOMM
... DASS WIR IHR HÖSCHEN SEHEN...!!
NEIN!! DAS IST NUN EINMAL MEINE UNIFORM, ICH KANN ES DOCH AUCH NICHT ÄNDERN!
ABER...
WHOOOH
KYAAAAAAAAH!!
HOPP-LA!!
WOSCH
... WER ZUR HÖLLE... IST DIESER MANN?
OOOH
ICH VERSUCHE JETZT SEIT GERAUMER ZEIT, IHN ZU TREFFEN...

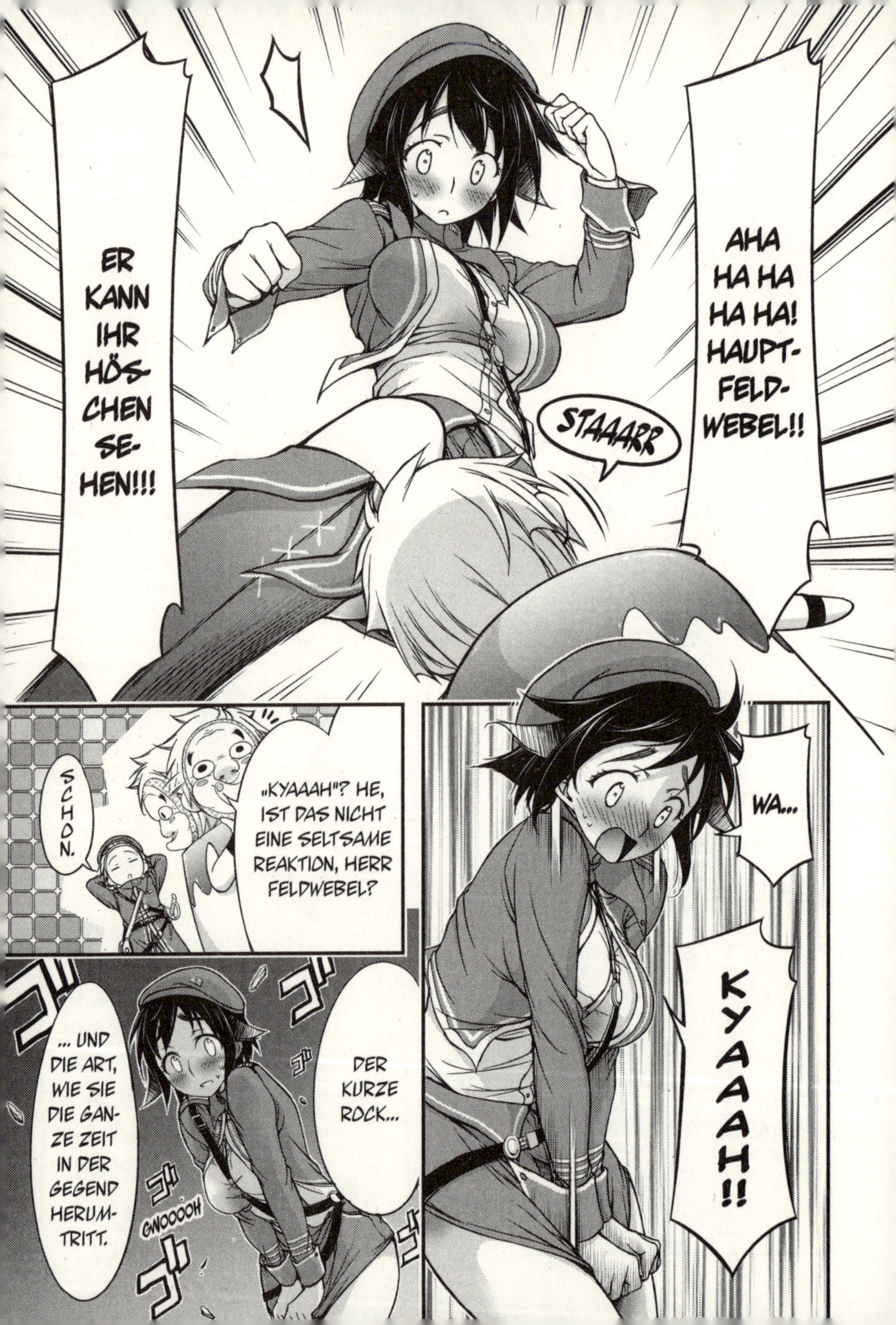
AHA HA HA HA HA! HAUPT-FELD-WEBEL!!
ER KANN IHR HÖS-CHEN SE-HEN!!!
STAAARR
WA...
KYAAAAH!!
"KYAAAH"? HE, IST DAS NICHT EINE SELTSAME REAKTION, HERR FELDWEBEL?
SCHON.
DER KURZE ROCK...
... UND DIE ART, WIE SIE DIE GANZE ZEIT IN DER GEGEND HERUMTRITT.
GWOOOOH

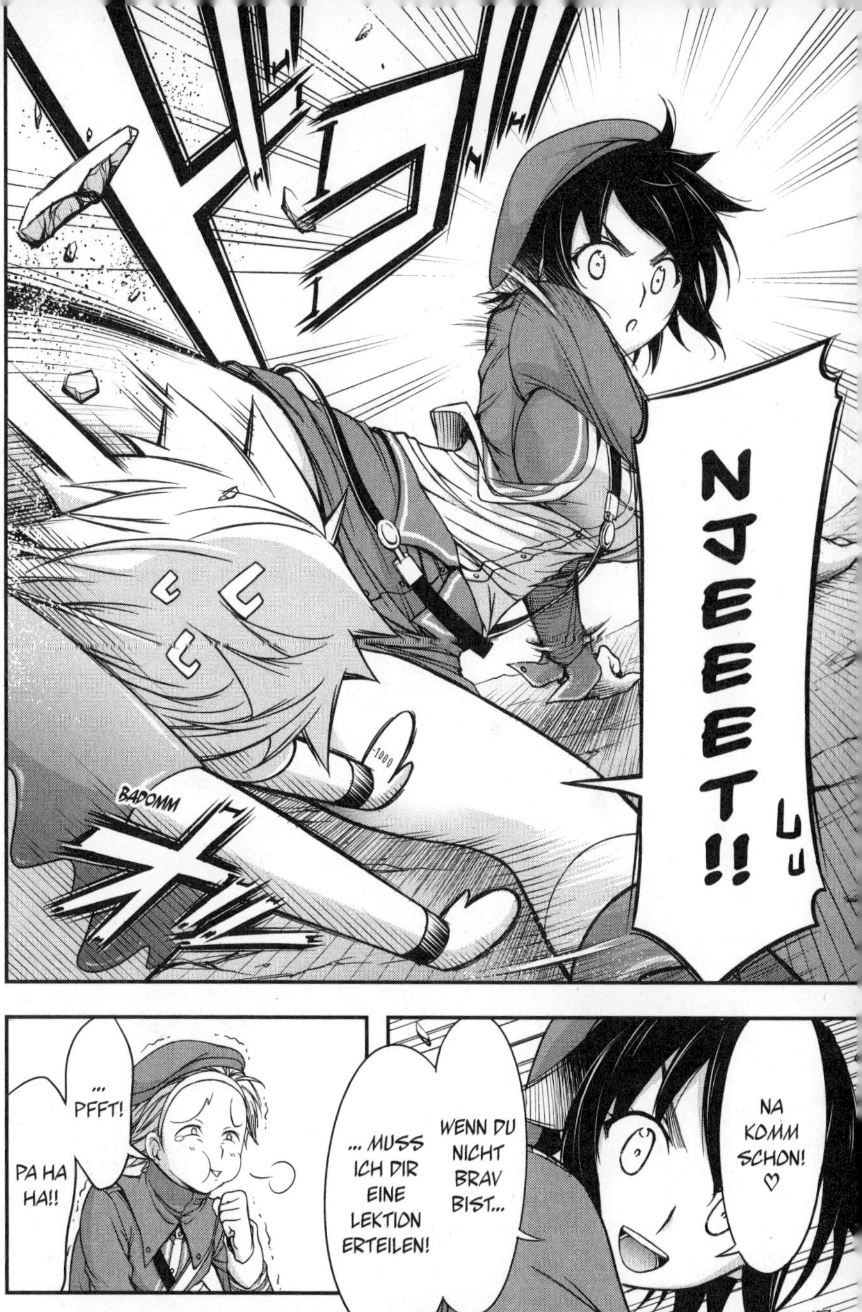

NJEEEET!!
UUU
-1000
BADOMM

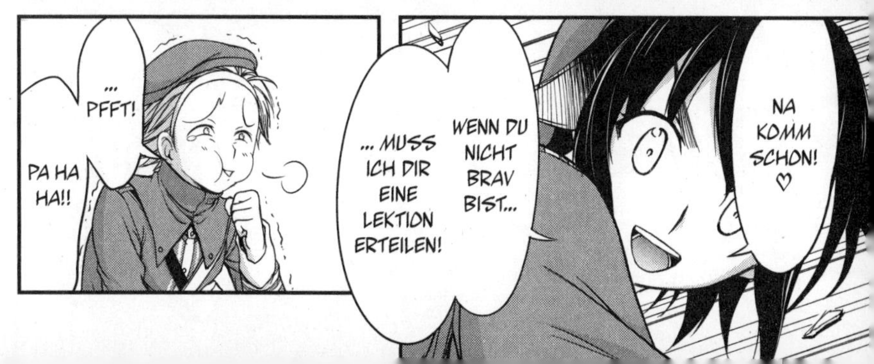

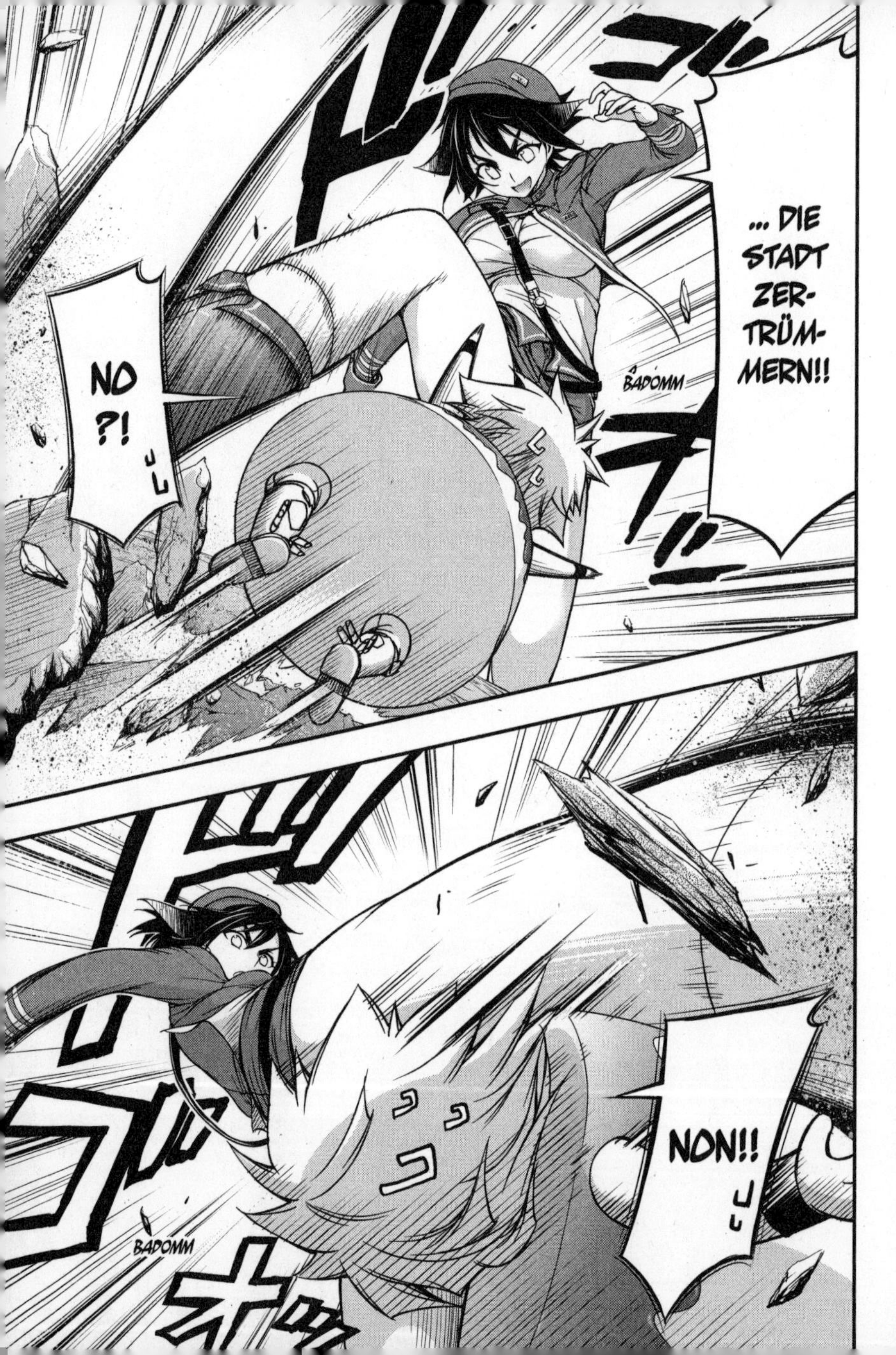

... DIE STADT ZER-TRÜM-MERN!!
BADOMM
NO ?!
NON!!
BADOMM

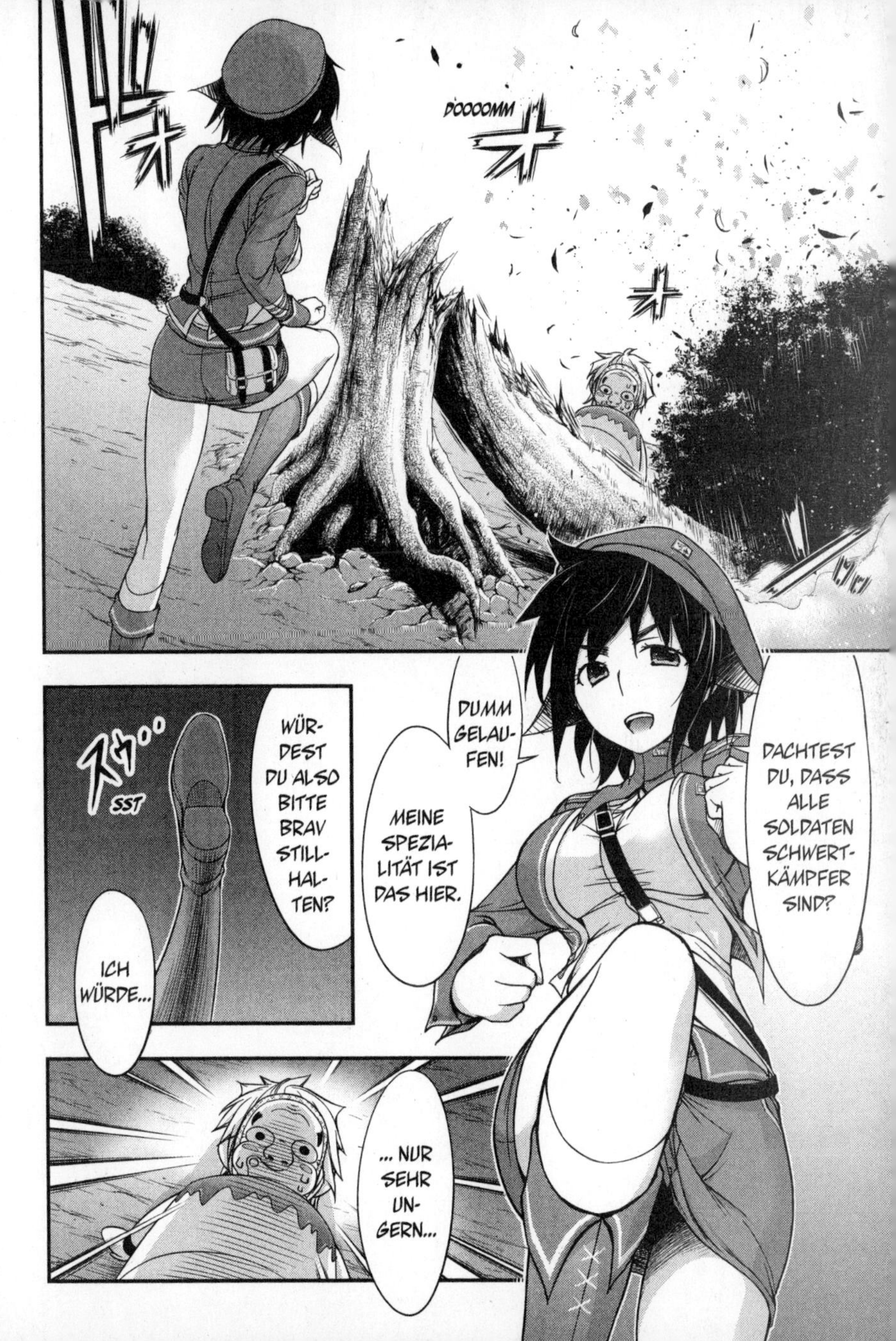

DOOOOMM
DACHTEST DU, DASS ALLE SOLDATEN SCHWERT-KÄMPFER SIND?
DUMM GELAU-FEN!
MEINE SPEZIA-LITÄT IST DAS HIER.
WÜR-DEST DU ALSO BITTE BRAV STILL-HAL-TEN?
SST
ICH WÜRDE...
... NUR SEHR UN-GERN...

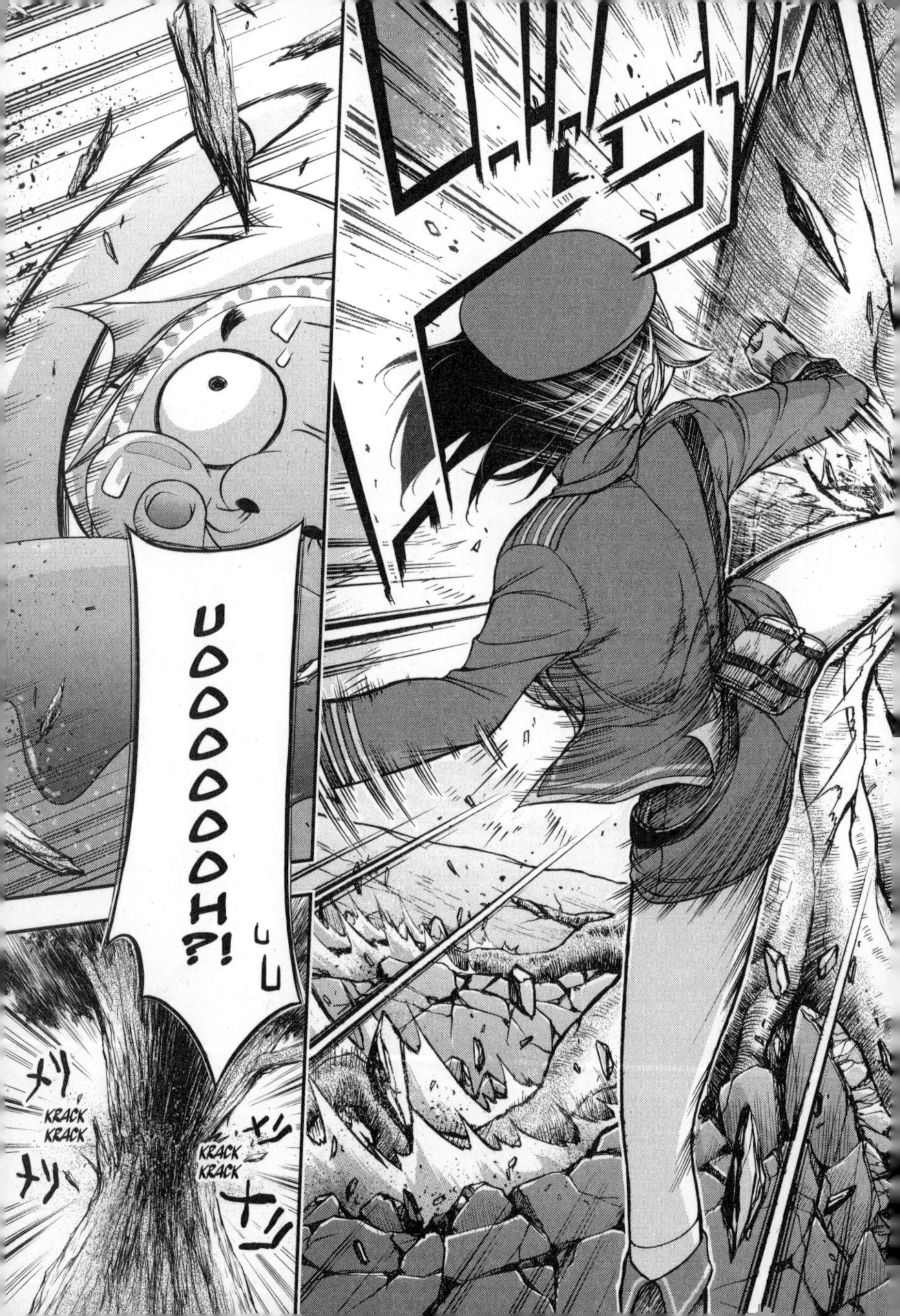

UOOOOOOOOH?!
メリ
KRACK KRACK
メリ
メリ
KRACK KRACK
メリ

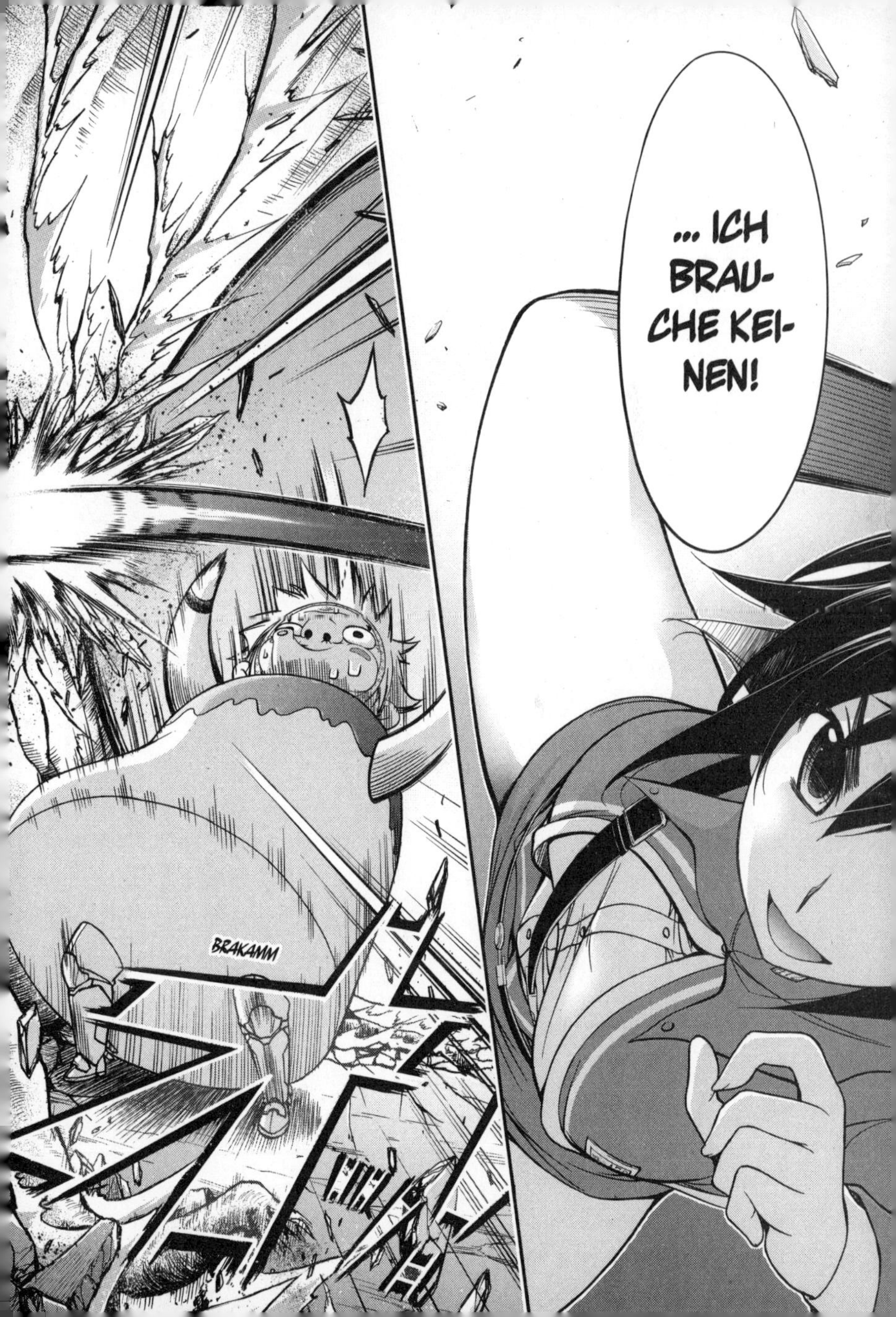
... ICH BRAUCHE KEINEN!
BRAKAMM

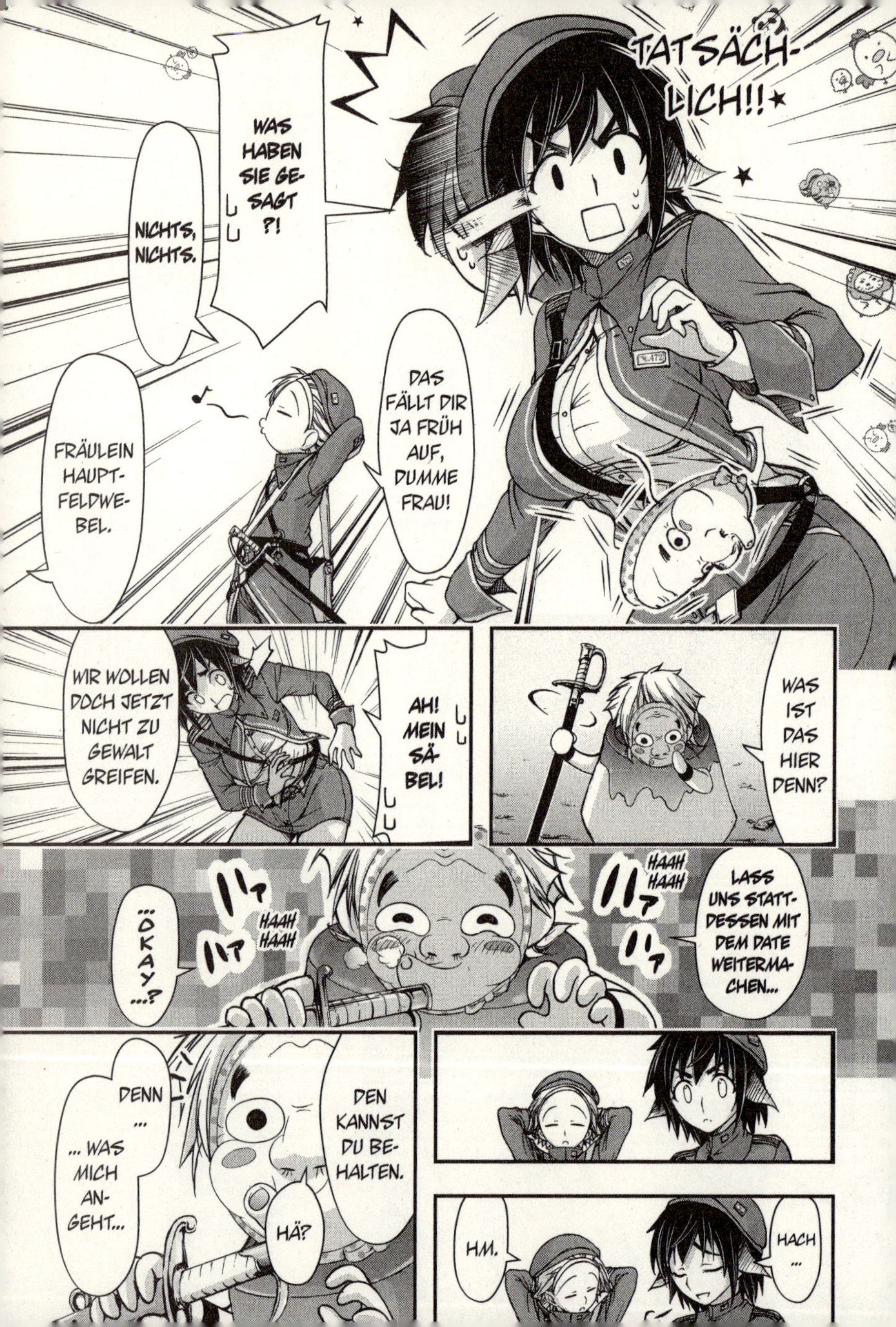

TATSÄCH-LICH!!
WAS HABEN SIE GE-SAGT?!
NICHTS, NICHTS.
DAS FÄLLT DIR JA FRÜH AUF, DUMME FRAU!
FRÄULEIN HAUPT-FELDWE-BEL.
WAS IST DAS HIER DENN?
AH! MEIN SÄ-BEL!
WIR WOLLEN DOCH JETZT NICHT ZU GEWALT GREIFEN.
LASS UNS STATT-DESSEN MIT DEM DATE WEITERMA-CHEN...
HAAH HAAH
HAAH HAAH
...OKAY...?
HÄ?
DEN KANNST DU BE-HALTEN.
DENN ...
... WAS MICH AN-GEHT...
HACH ...
HM.

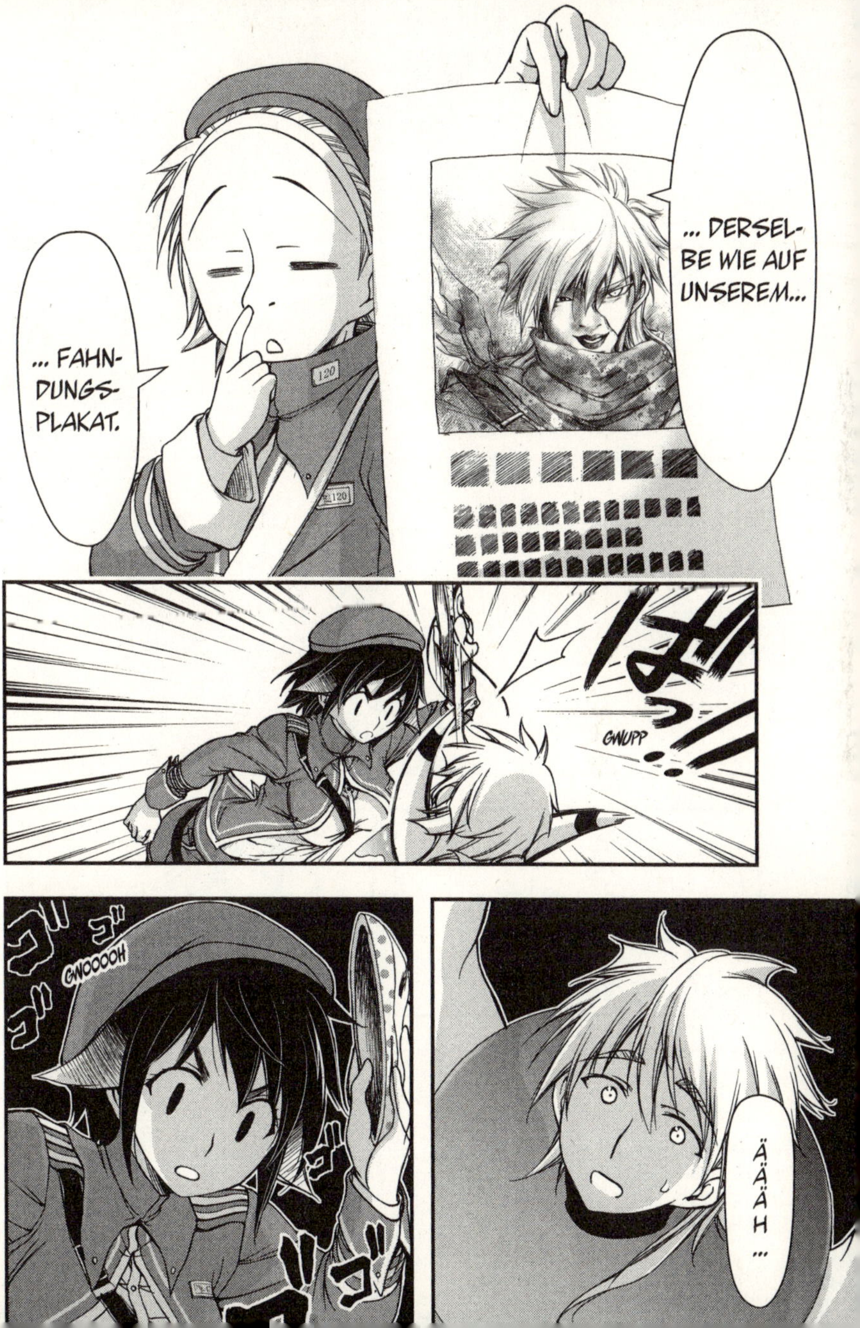

... DERSEL-BE WIE AUF UNSEREM...

... FAHNDUNGS-PLAKAT.

GNUPP

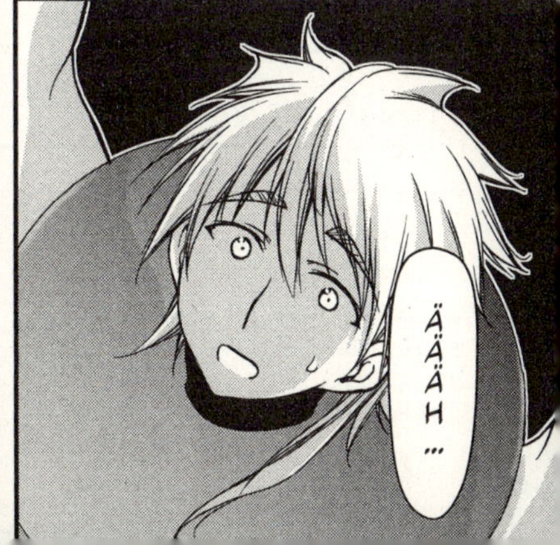

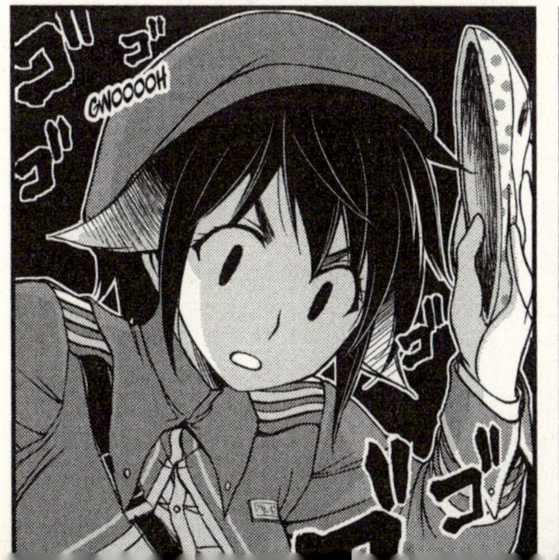

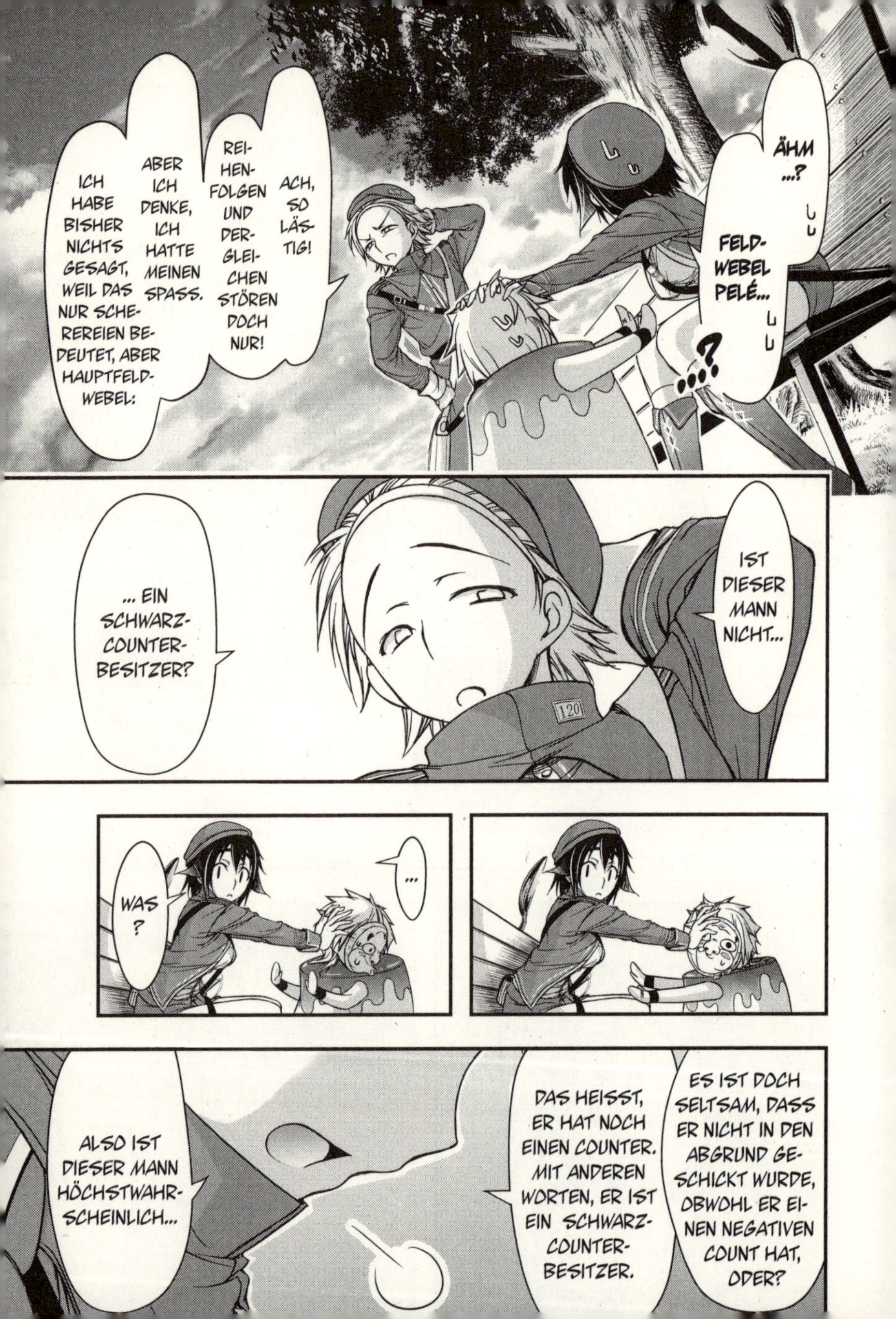

ÄHM ...?

FELD-WEBEL PELÉ...

...?

ACH, SO LÄS-TIG!

REI-HEN-FOLGEN UND DER-GLEI-CHEN STÖREN DOCH NUR!

ABER ICH DENKE, ICH HATTE MEINEN SPASS.

ICH HABE BISHER NICHTS GESAGT, WEIL DAS NUR SCHE-REREIEN BE-DEUTET, ABER HAUPTFELD-WEBEL:

IST DIESER MANN NICHT...

... EIN SCHWARZ-COUNTER-BESITZER?

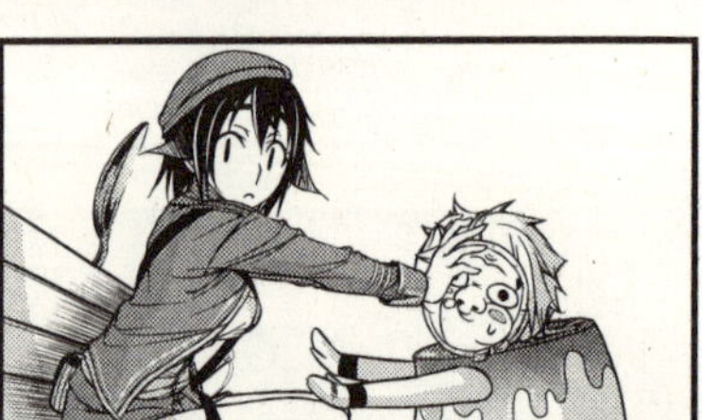

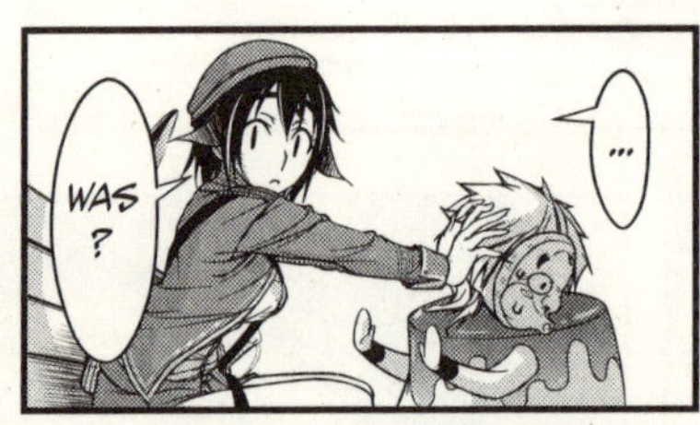

ES IST DOCH SELTSAM, DASS ER NICHT IN DEN ABGRUND GE-SCHICKT WURDE, OBWOHL ER EI-NEN NEGATIVEN COUNT HAT, ODER?

DAS HEISST, ER HAT NOCH EINEN COUNTER. MIT ANDEREN WORTEN, ER IST EIN SCHWARZ-COUNTER-BESITZER.

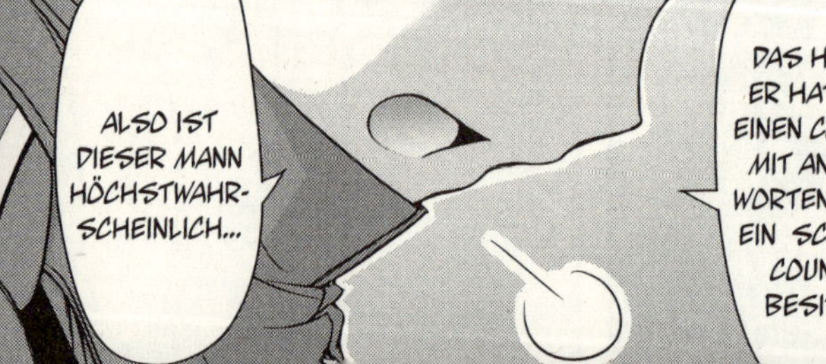

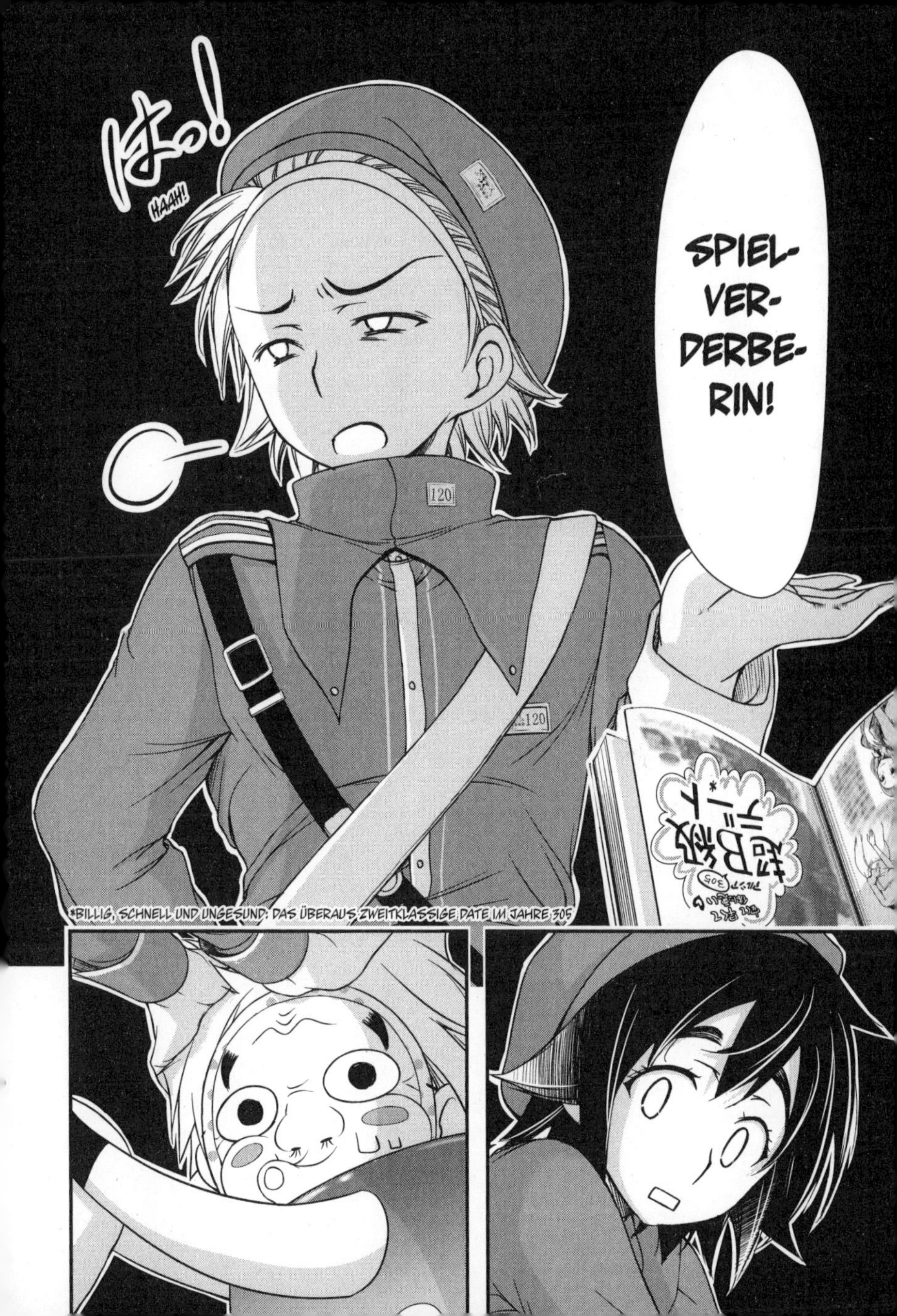
SPIEL-VER-DERBE-RIN!
はっ!
HAAH!
*BILLIG, SCHNELL UND UNGESUND: DAS ÜBERAUS ZWEITKLASSIGE DATE IM JAHRE 305

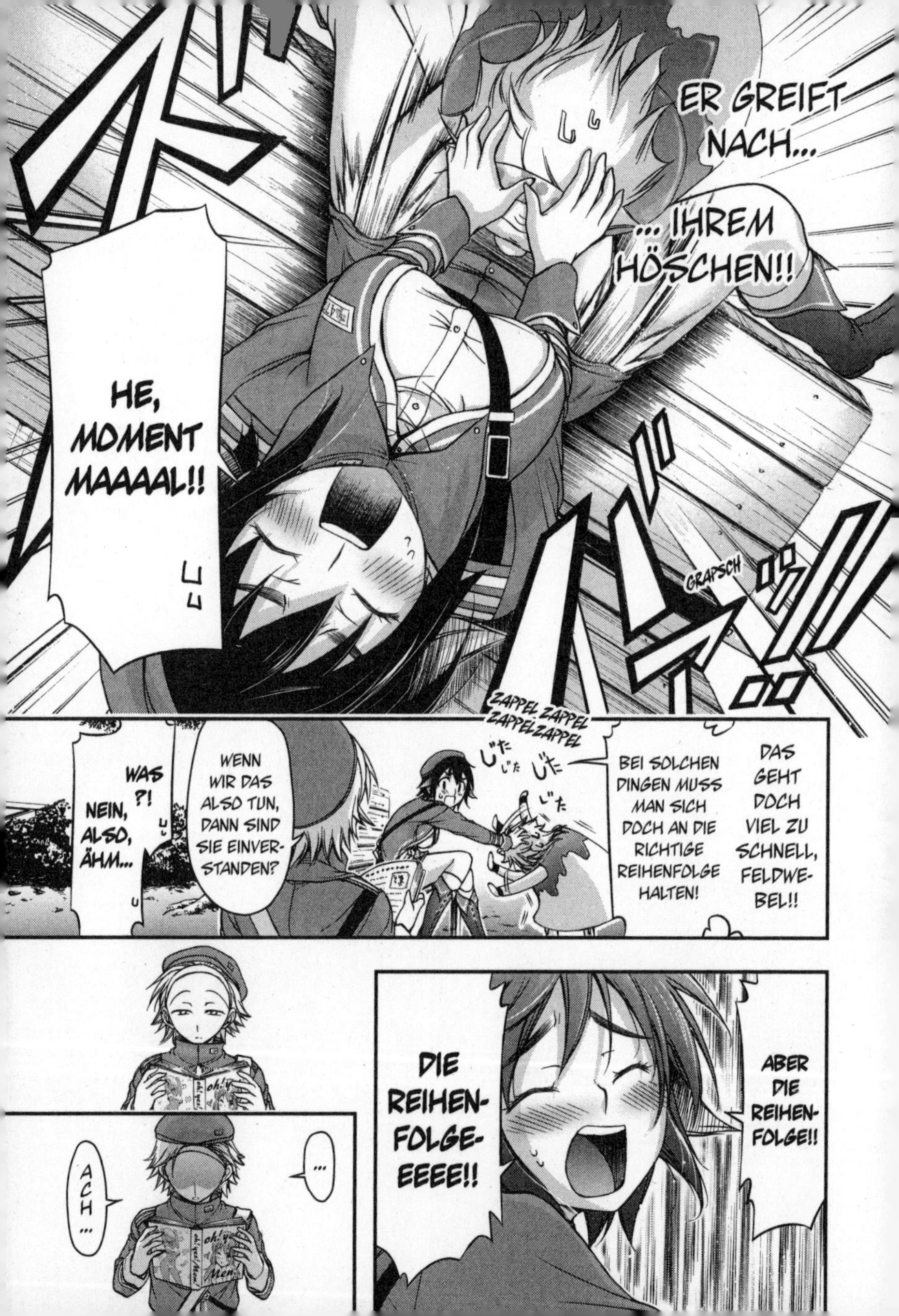

ER GREIFT NACH...

... IHREM HÖSCHEN!!

HE, MOMENT MAAAAL!!

GRAPSCH

DAS GEHT DOCH VIEL ZU SCHNELL, FELDWEBEL!!

BEI SOLCHEN DINGEN MUSS MAN SICH DOCH AN DIE RICHTIGE REIHENFOLGE HALTEN!

ZAPPEL ZAPPEL ZAPPEL ZAPPEL

WENN WIR DAS ALSO TUN, DANN SIND SIE EINVERSTANDEN?

WAS?! NEIN, ALSO, ÄHM...

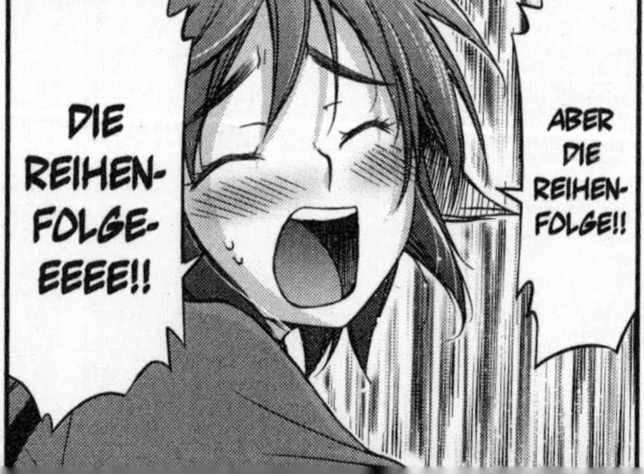

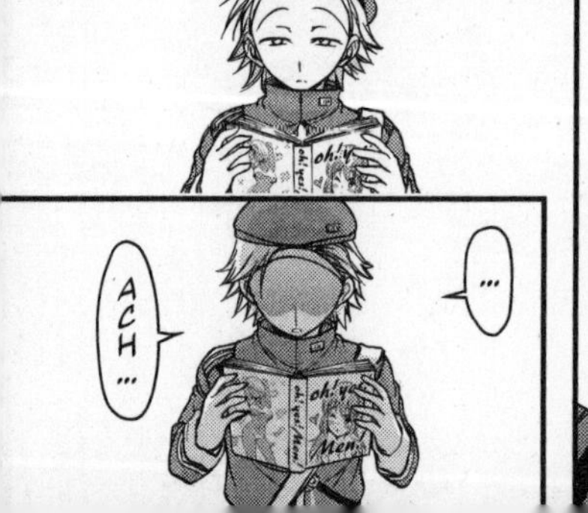

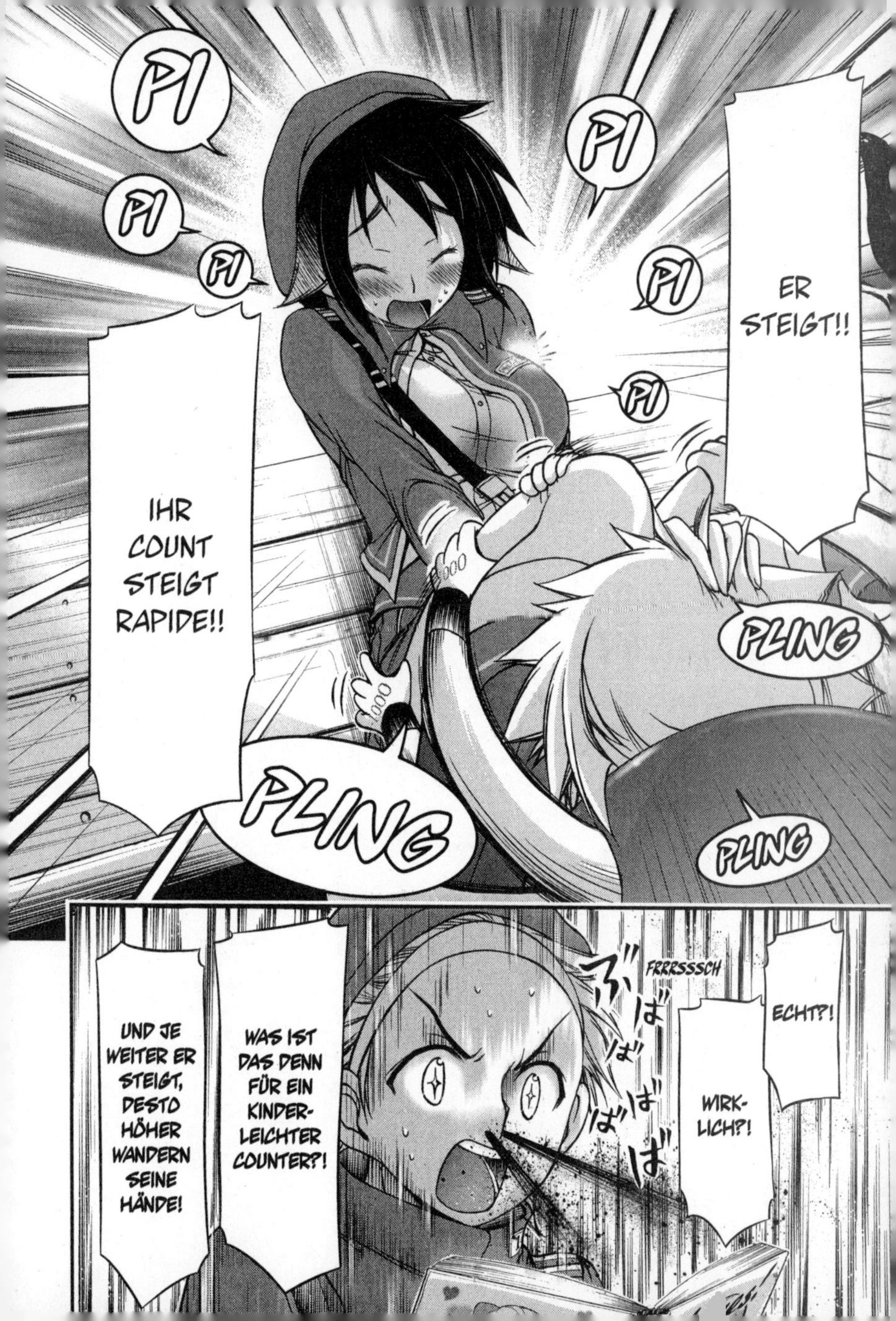
PI
PI
PI
PI
PI
PI
PI
ER STEIGT!!
IHR COUNT STEIGT RAPIDE!!
PLING
PLING
PLING
FRRRSSSCH
ECHT?!
WIRK-LICH?!
WAS IST DAS DENN FÜR EIN KINDER-LEICHTER COUNTER?!
UND JE WEITER ER STEIGT, DESTO HÖHER WANDERN SEINE HÄNDE!

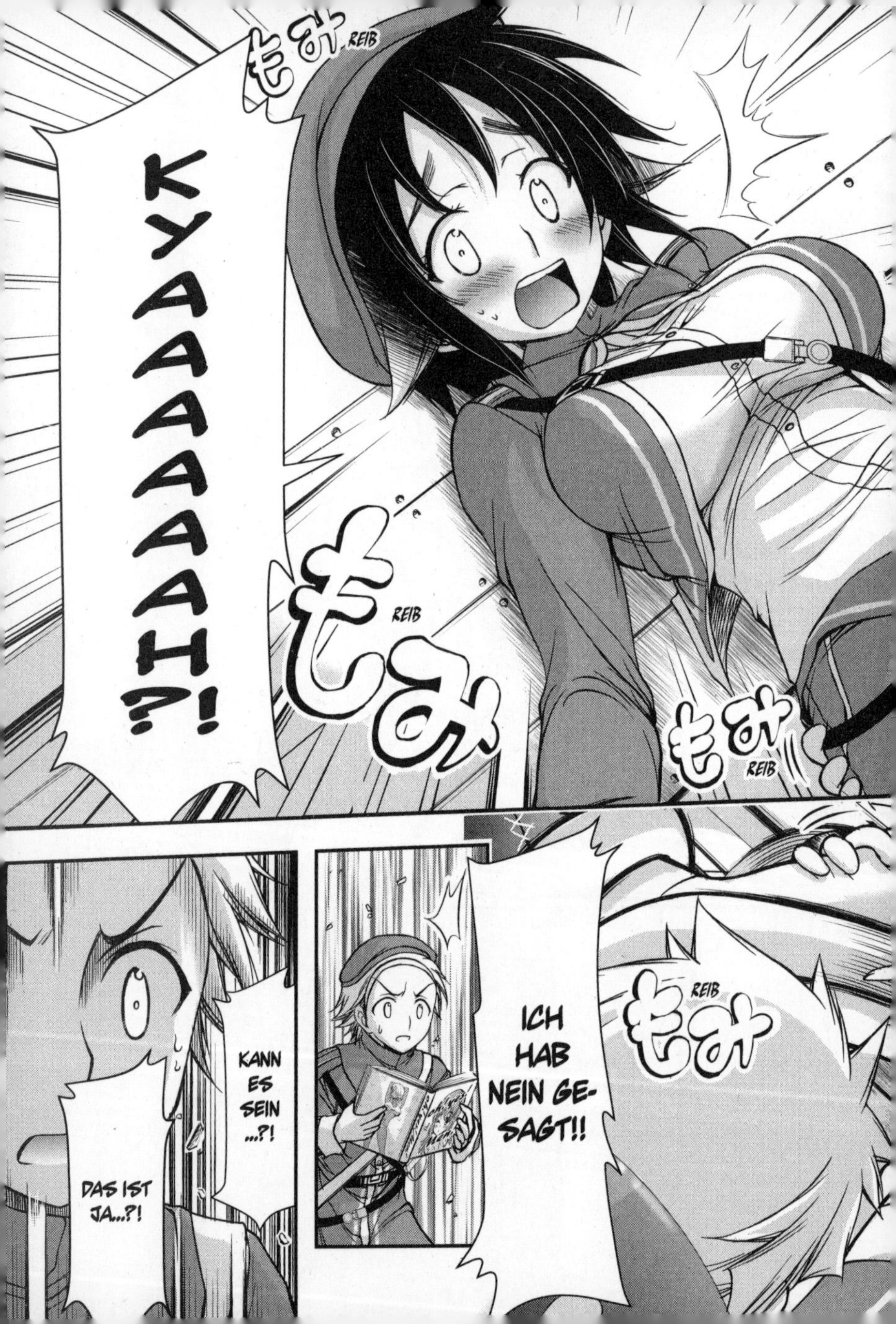

もみ REIB
KYAAAAAAAH?!
もみ REIB
もみ REIB
ICH HAB NEIN GE-SAGT!!
もみ REIB
KANN ES SEIN ...?!
DAS IST JA...?!

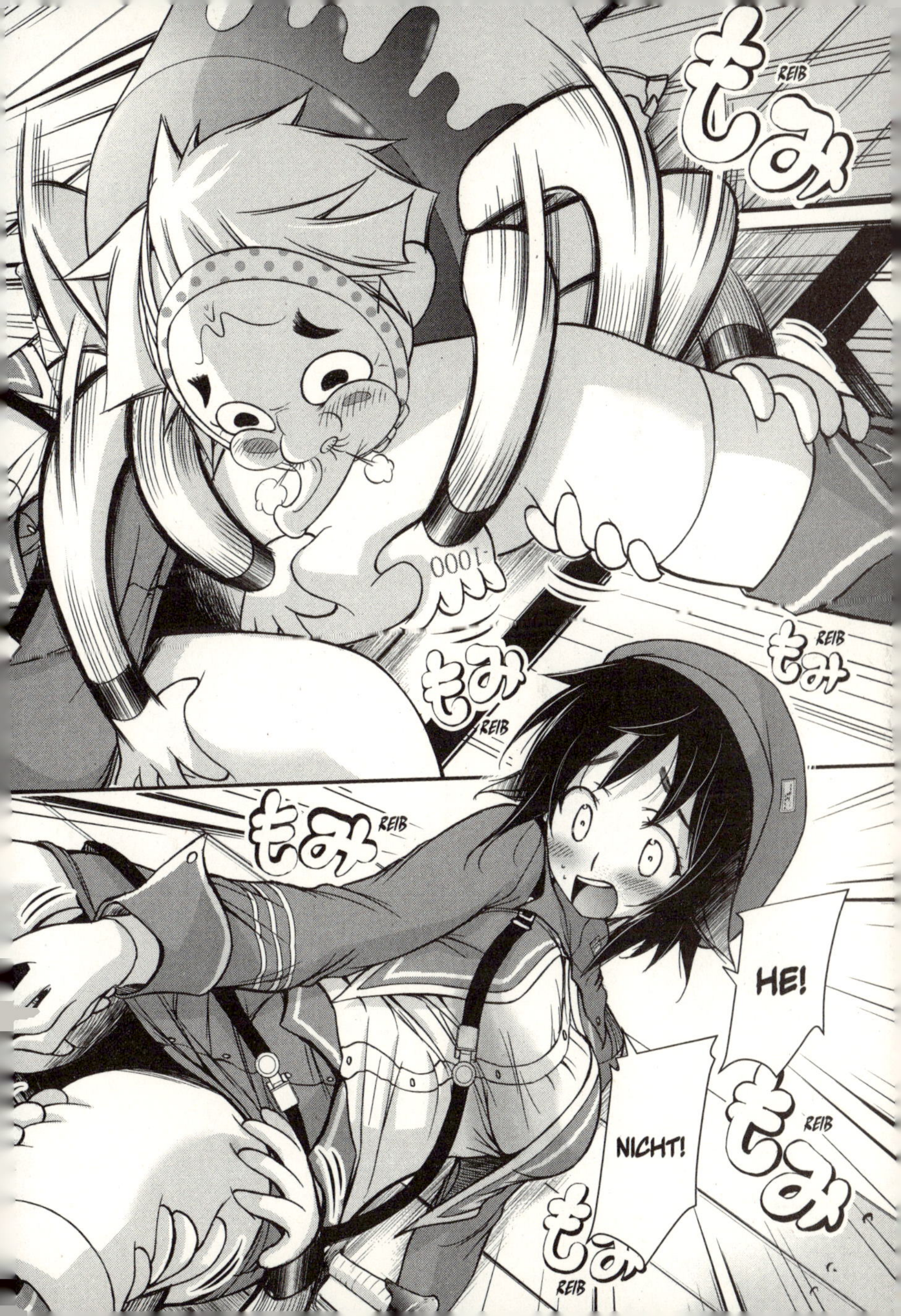
もみ
REIB
もみ
REIB
もみ
REIB
HE!
もみ
REIB
NICHT!
もみ
REIB
もみ
REIB

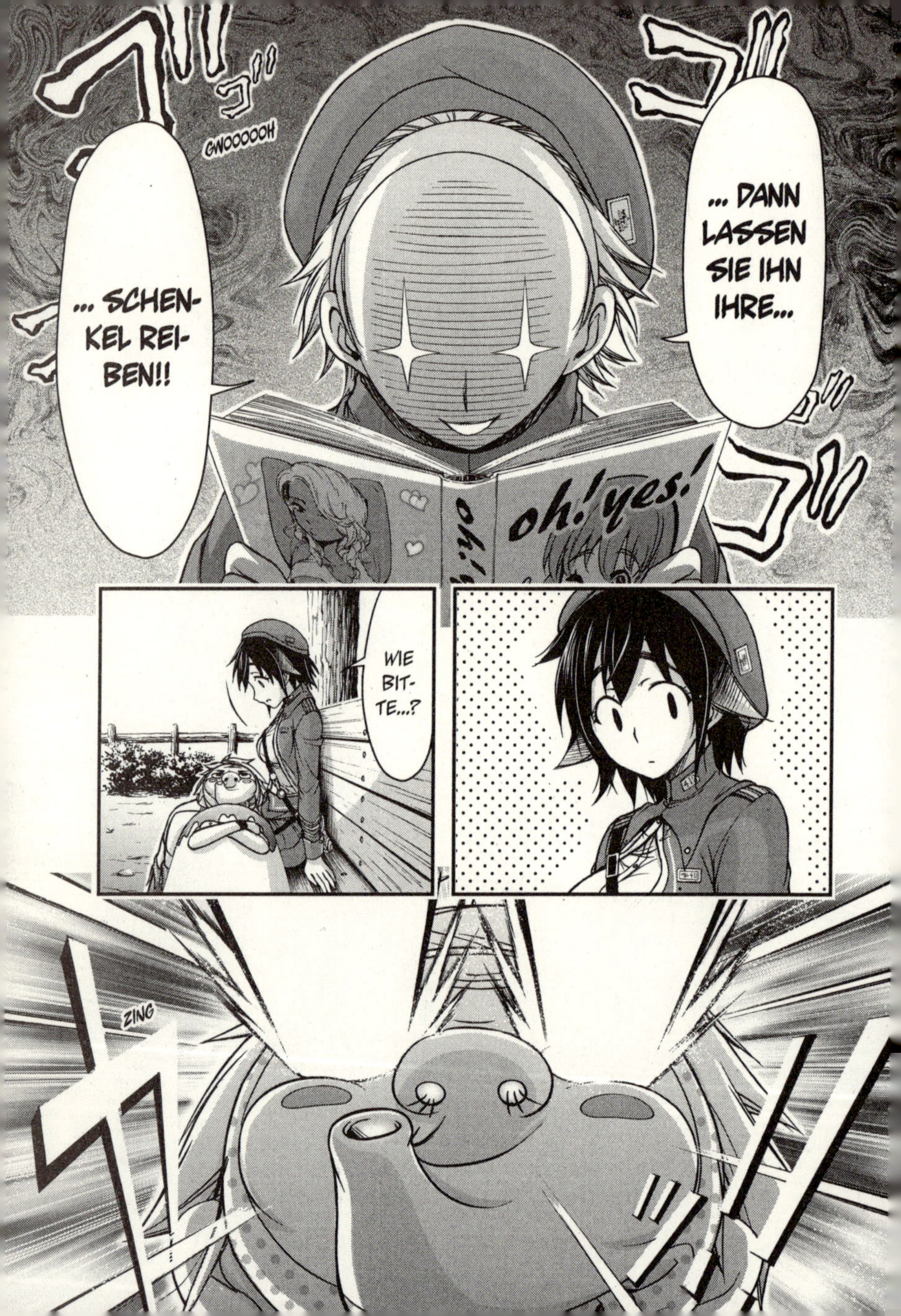
... DANN LASSEN SIE IHN IHRE...
GWOOOOOH
... SCHENKEL REIBEN!!
oh! yes.!
WIE BITTE...?
ZING

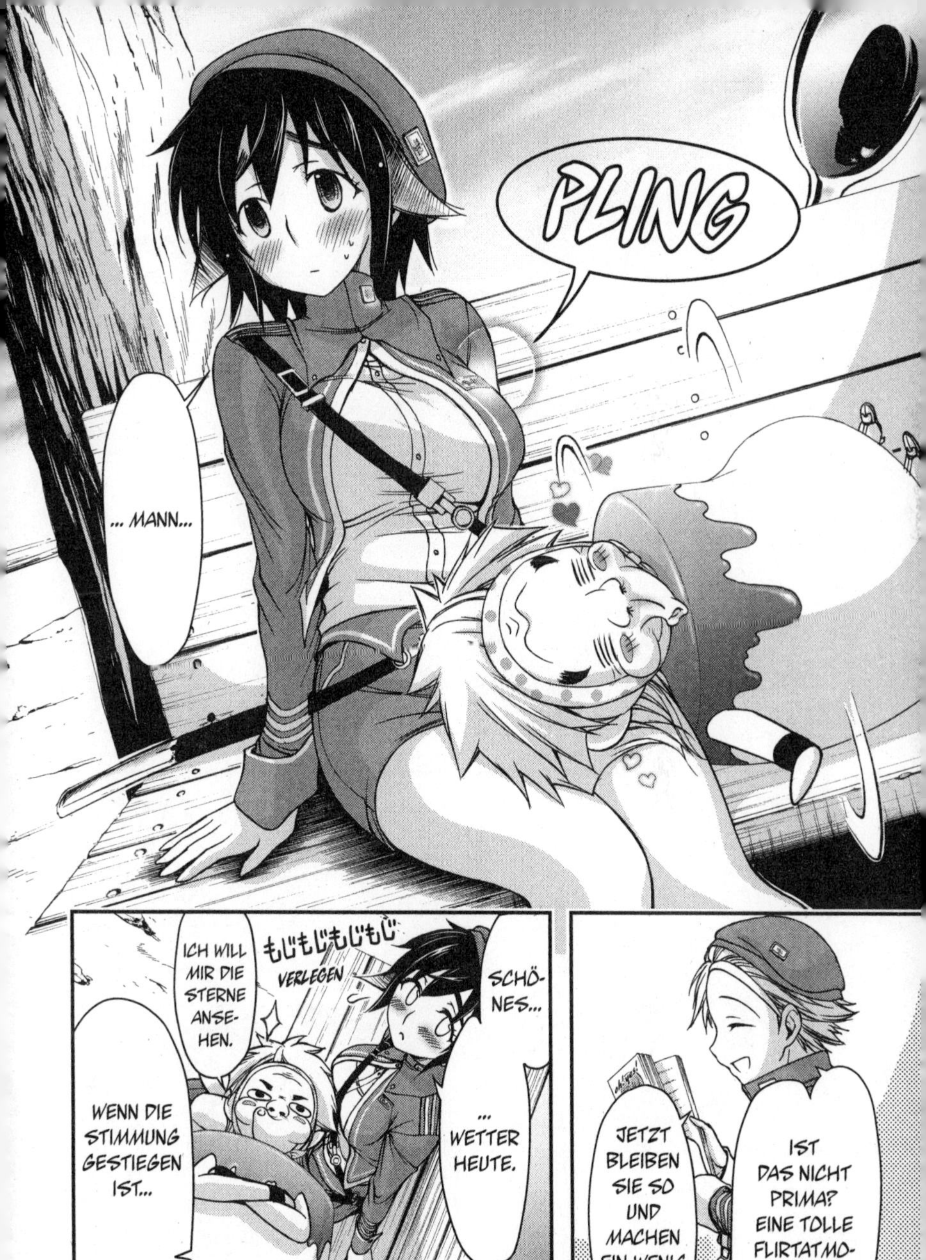
PLING
... MANN...
IST DAS NICHT PRIMA? EINE TOLLE FLIRTATMOSPHÄRE.
JETZT BLEIBEN SIE SO UND MACHEN EIN WENIG SMALLTALK.
SCHÖNES...
... WETTER HEUTE.
もじもじもじもじ
VERLEGEN
ICH WILL MIR DIE STERNE ANSEHEN.
WENN DIE STIMMUNG GESTIEGEN IST...

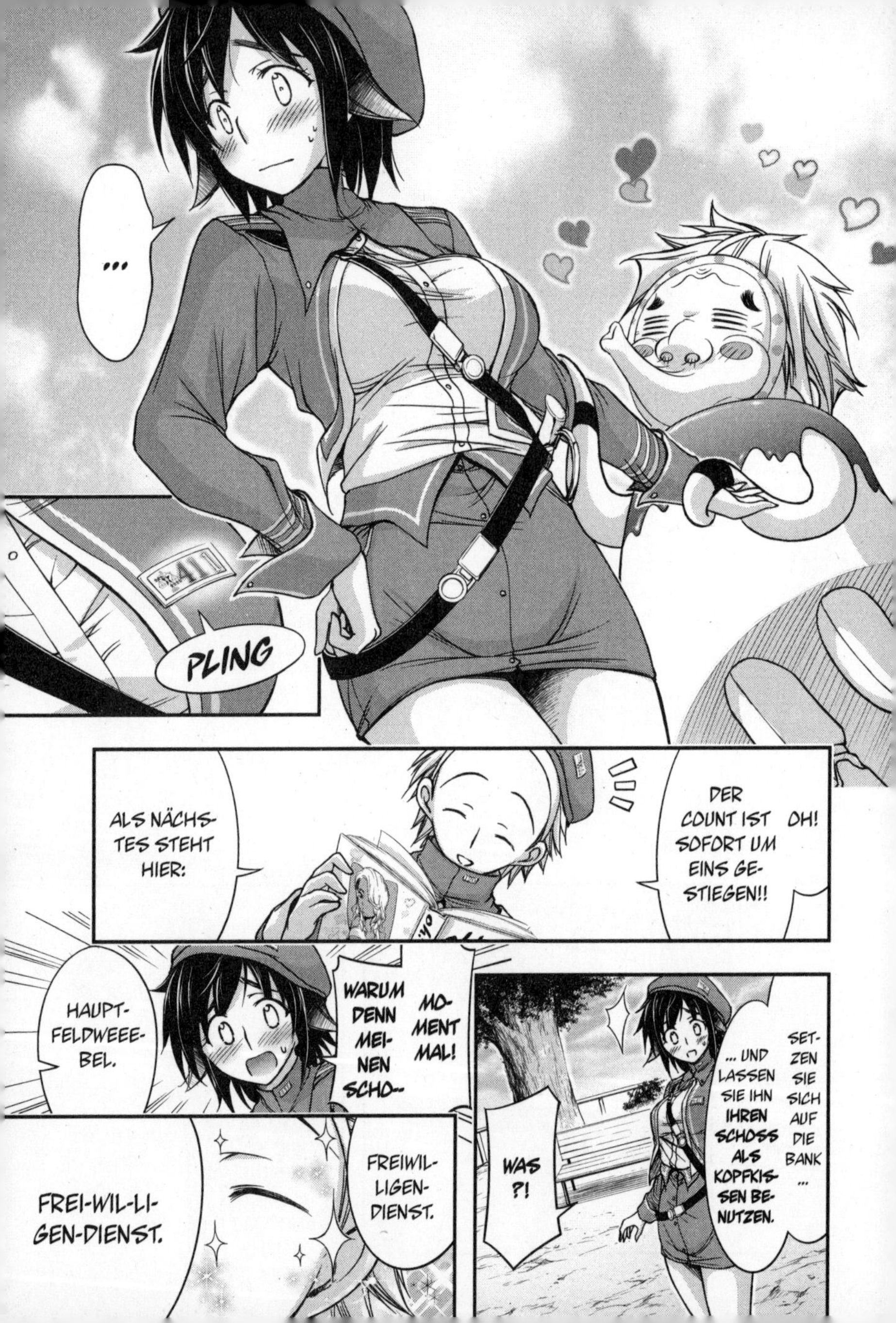
...
PLING
OH!
DER COUNT IST SOFORT UM EINS GESTIEGEN!!
ALS NÄCHSTES STEHT HIER:
SETZEN SIE SICH AUF DIE BANK ...
... UND LASSEN SIE IHN IHREN SCHOSS ALS KOPFKISSEN BENUTZEN.
WAS ?!
MOMENT MAL!
WARUM DENN MEINEN SCHO--
HAUPTFELDWEEEBEL.
FREIWILLIGENDIENST.
FREI-WIL-LI-GEN-DIENST.

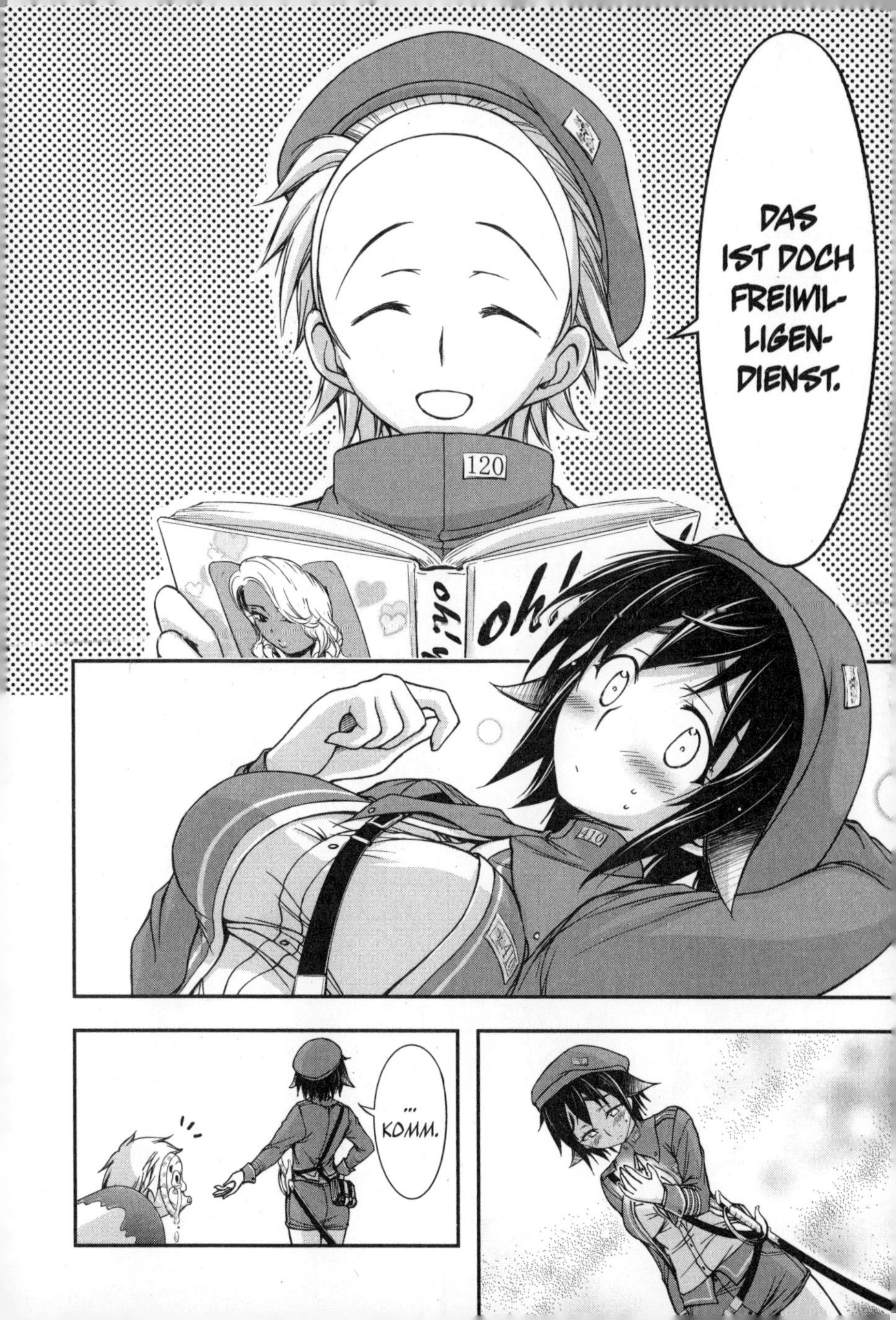

DAS IST DOCH FREIWIL-LIGEN-DIENST.

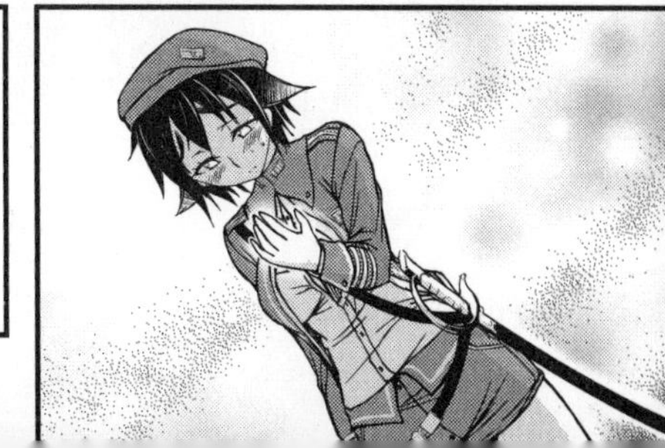

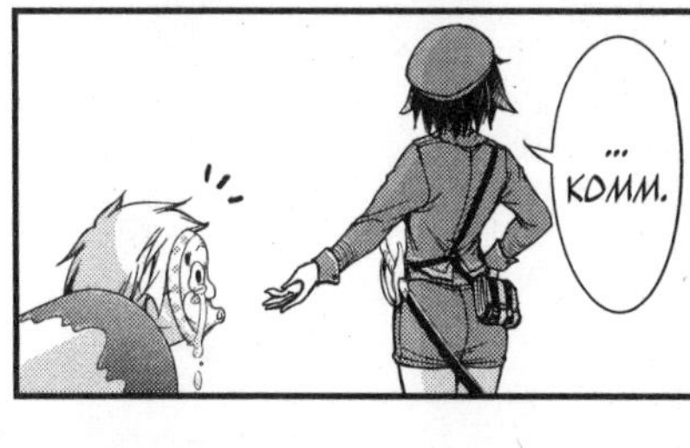

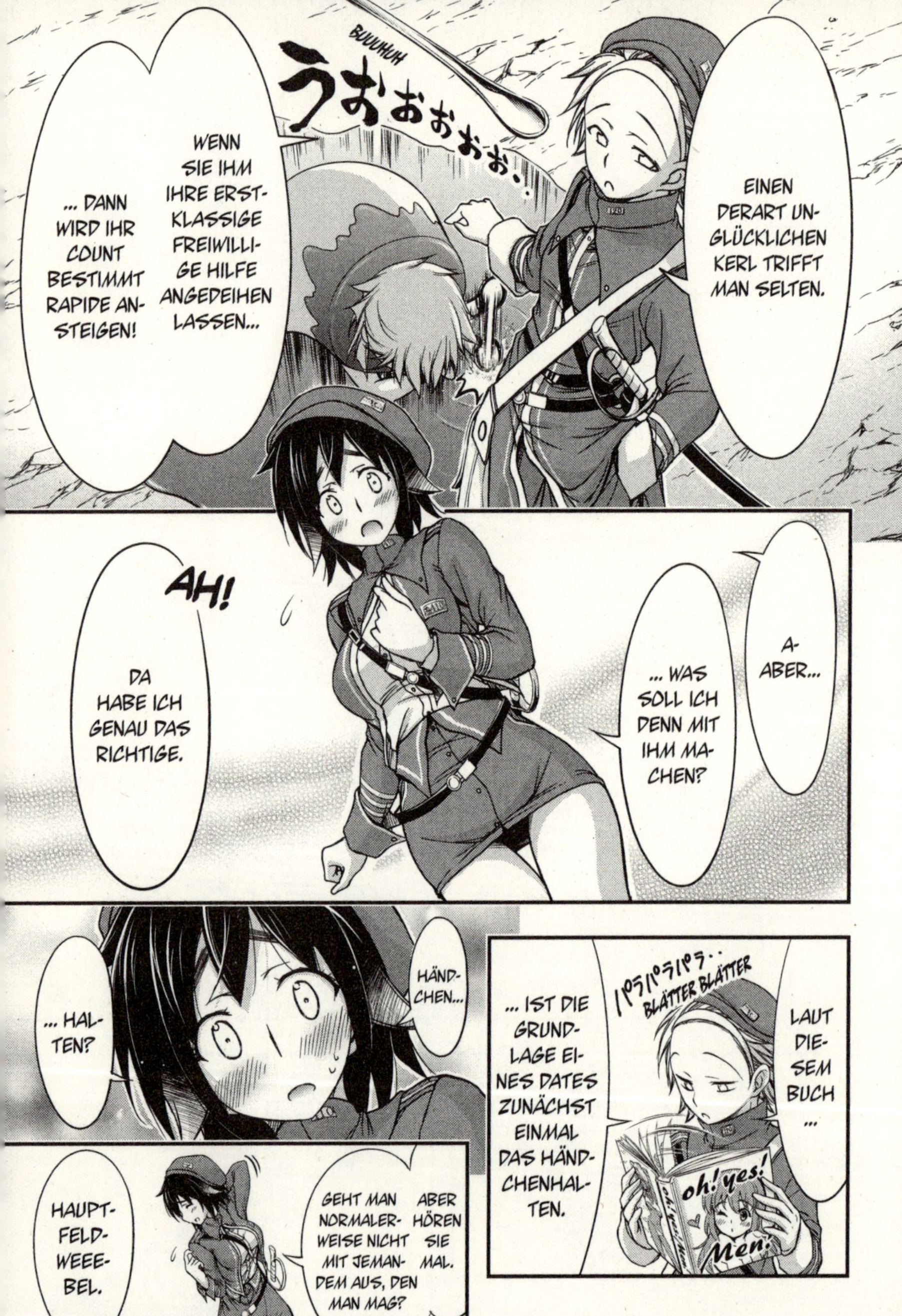

BUUUHUH
うおおおお..
EINEN DERART UNGLÜCKLICHEN KERL TRIFFT MAN SELTEN.
WENN SIE IHM IHRE ERSTKLASSIGE FREIWILLIGE HILFE ANGEDEIHEN LASSEN...
... DANN WIRD IHR COUNT BESTIMMT RAPIDE ANSTEIGEN!
A-ABER...
... WAS SOLL ICH DENN MIT IHM MACHEN?
AH!
DA HABE ICH GENAU DAS RICHTIGE.
パラパラパラ..
BLÄTTER BLÄTTER
LAUT DIESEM BUCH ...
... IST DIE GRUNDLAGE EINES DATES ZUNÄCHST EINMAL DAS HÄNDCHENHALTEN.
oh! yes! Men.
HÄNDCHEN...
... HALTEN?
ABER HÖREN SIE MAL.
GEHT MAN NORMALERWEISE NICHT MIT JEMANDEM AUS, DEN MAN MAG?
HAUPTFELDWEEEBEL.

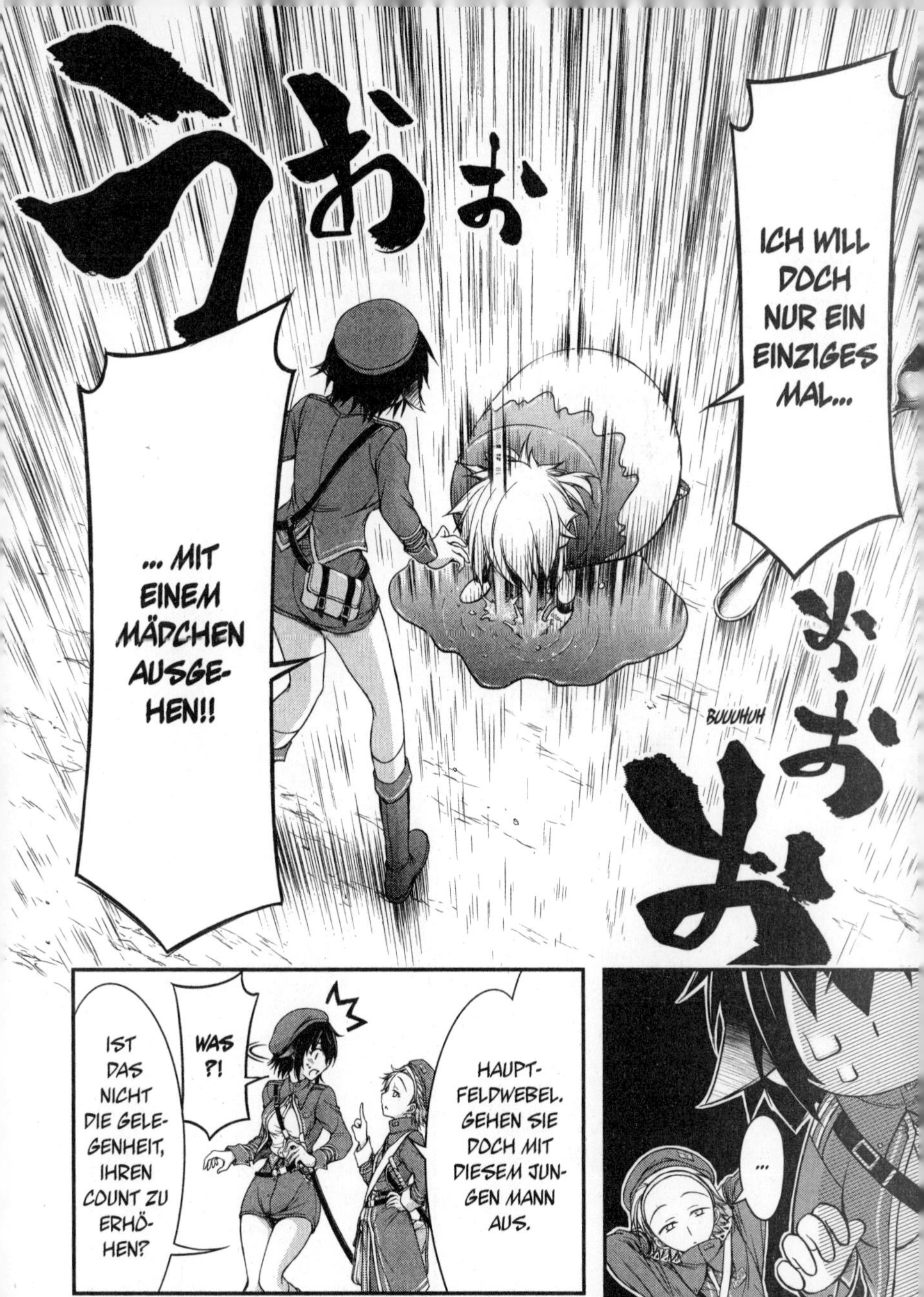
ICH WILL DOCH NUR EIN EINZIGES MAL...
... MIT EINEM MÄDCHEN AUSGE-HEN!!
BUUUHUH
...
HAUPT-FELDWEBEL. GEHEN SIE DOCH MIT DIESEM JUN-GEN MANN AUS.
WAS ?!
IST DAS NICHT DIE GELE-GENHEIT, IHREN COUNT ZU ERHÖ-HEN?

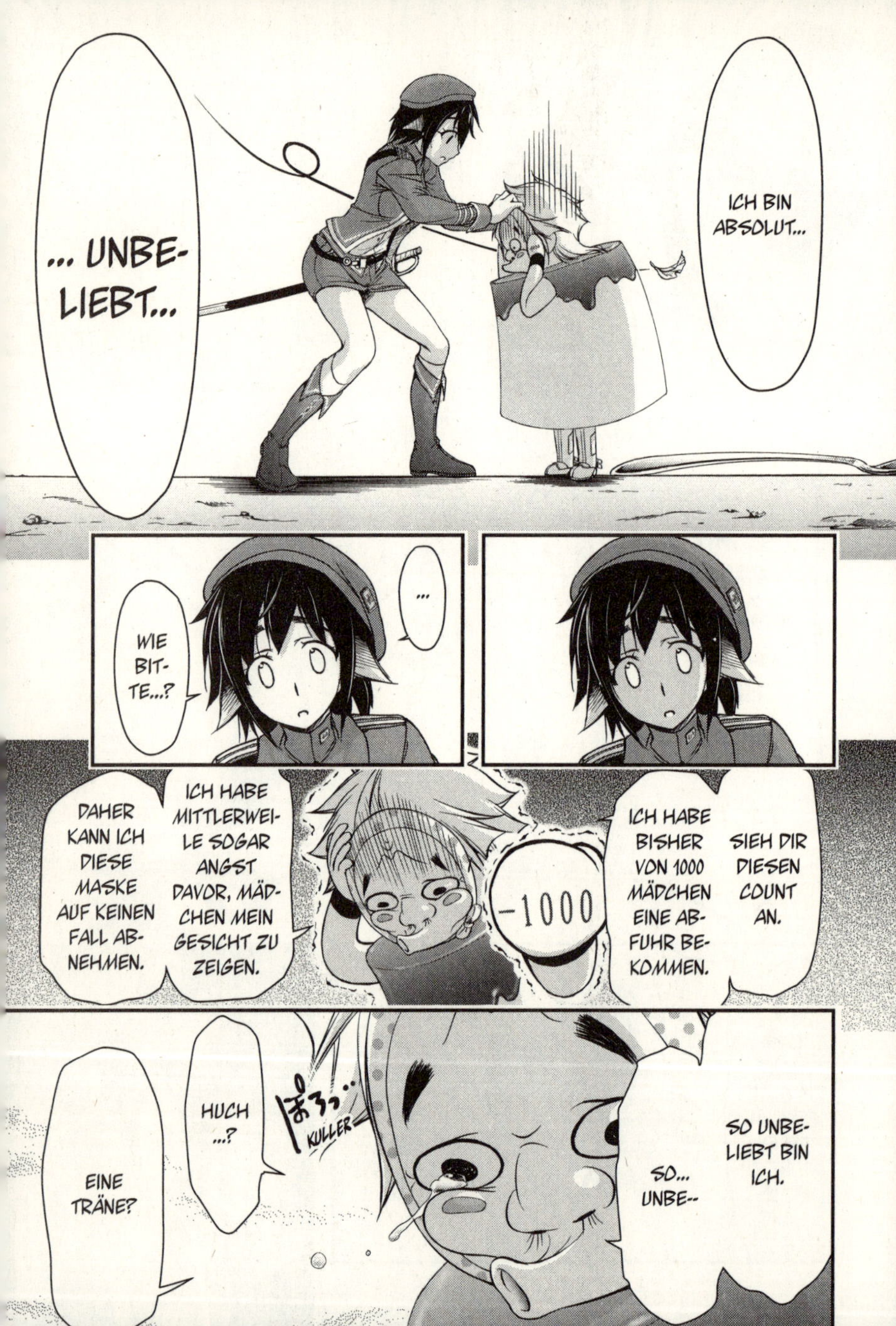
ICH BIN ABSOLUT...
... UNBE-LIEBT...
...
WIE BIT-TE...?
SIEH DIR DIESEN COUNT AN.
ICH HABE BISHER VON 1000 MÄDCHEN EINE AB-FUHR BE-KOMMEN.
-1000
ICH HABE MITTLERWEI-LE SOGAR ANGST DAVOR, MÄD-CHEN MEIN GESICHT ZU ZEIGEN.
DAHER KANN ICH DIESE MASKE AUF KEINEN FALL AB-NEHMEN.
SO UNBE-LIEBT BIN ICH.
SO... UNBE--
ぽろっ...
KULLER
HUCH ...?
EINE TRÄNE?

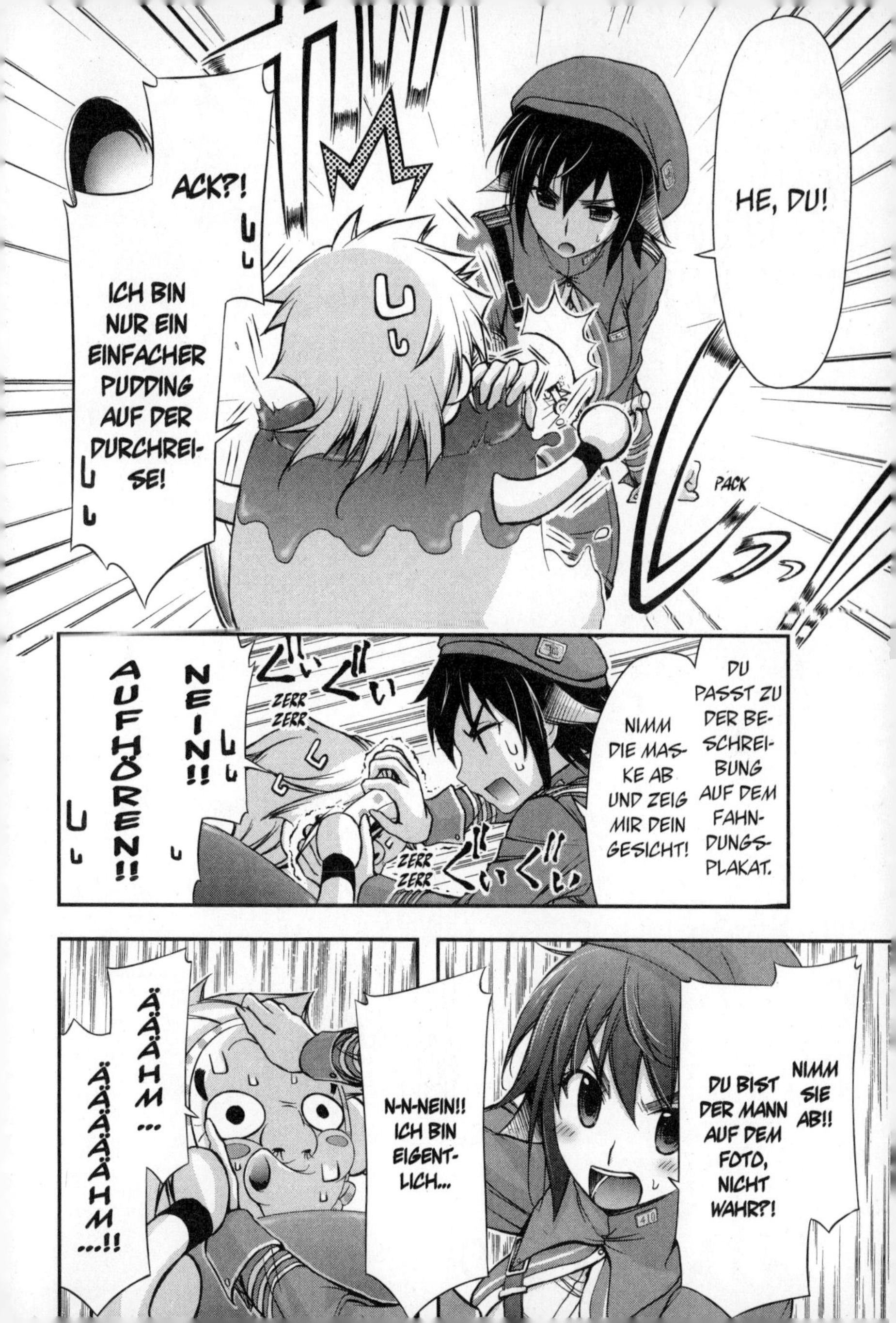

HE, DU!

PACK

ACK?!

ICH BIN NUR EIN EINFACHER PUDDING AUF DER DURCHREI-SE!

DU PASST ZU DER BE-SCHREI-BUNG AUF DEM FAHN-DUNGS-PLAKAT.

NIMM DIE MAS-KE AB UND ZEIG MIR DEIN GESICHT!

ZERR ZERR

ZERR ZERR

NEIN!!

AUFHÖREN!!

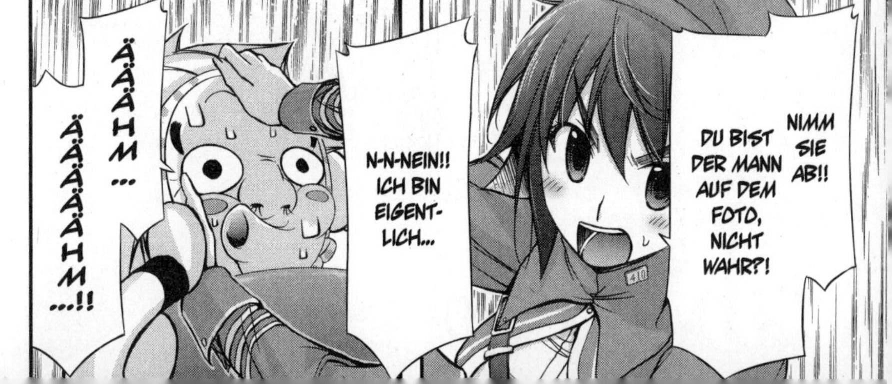

DA IST...

...SO EINER.

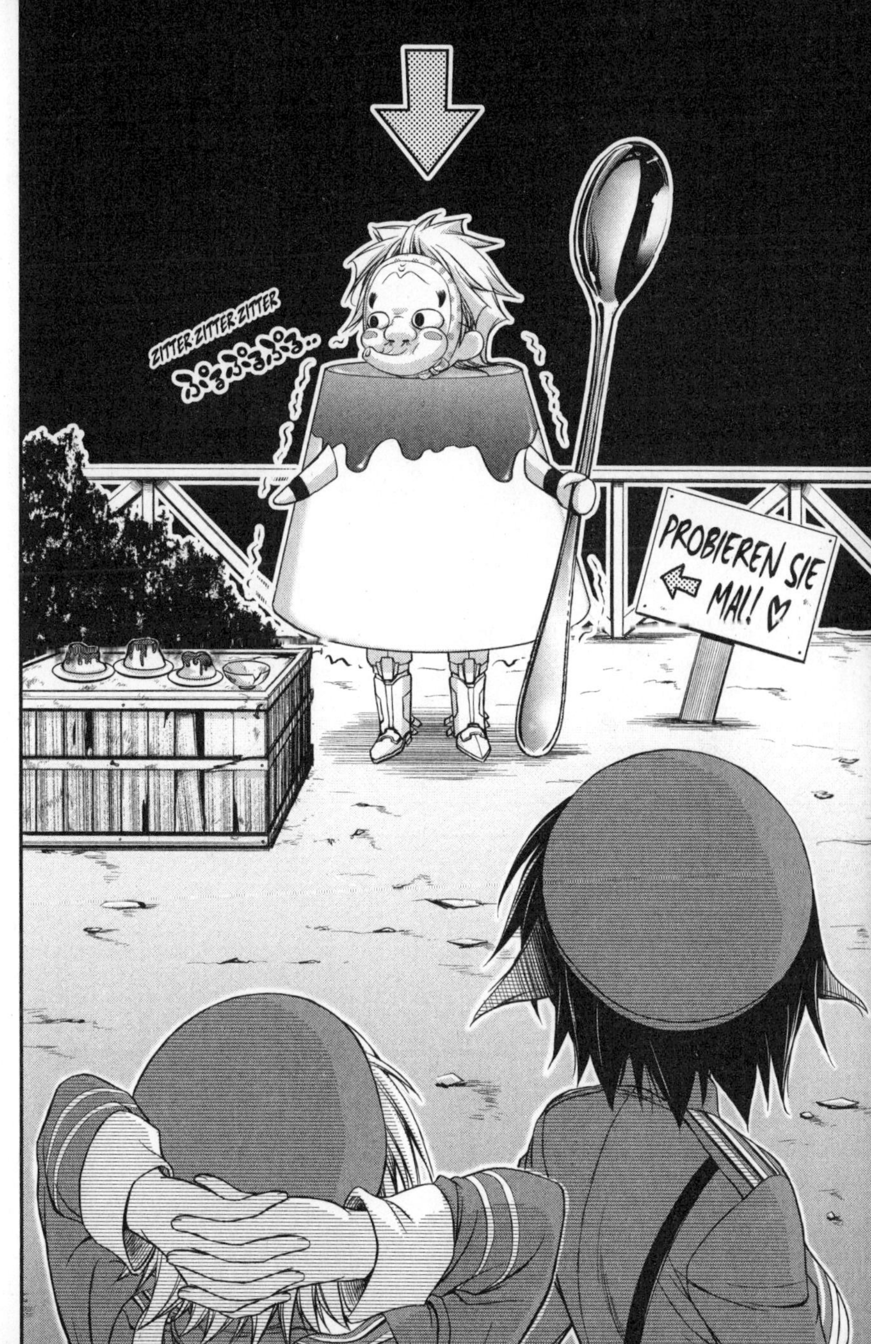
ZITTER ZITTER ZITTER
ぷるぷるぷる‥
PROBIEREN SIE MAL! ♡

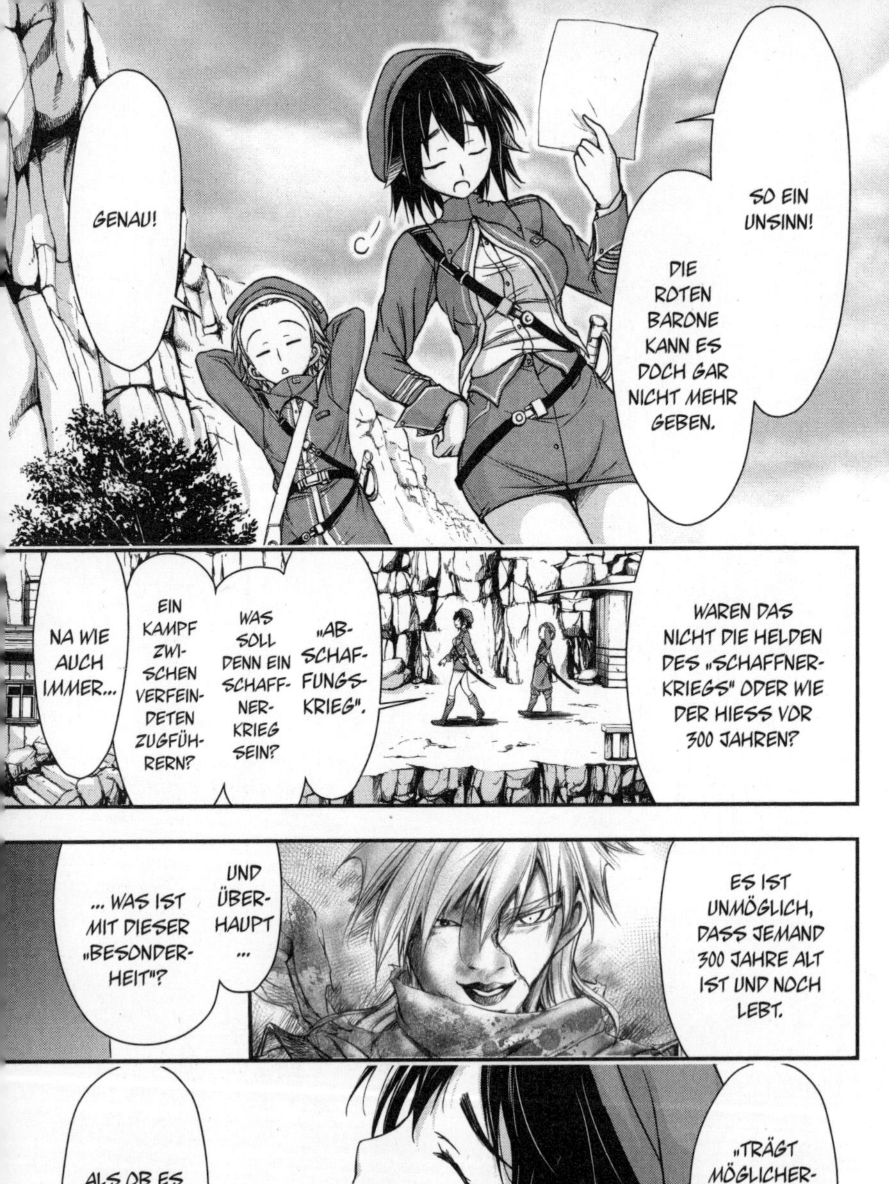
SO EIN UNSINN!
DIE ROTEN BARONE KANN ES DOCH GAR NICHT MEHR GEBEN.
GENAU!
WAREN DAS NICHT DIE HELDEN DES „SCHAFFNER-KRIEGS" ODER WIE DER HIESS VOR 300 JAHREN?
„AB-SCHAF-FUNGS-KRIEG".
WAS SOLL DENN EIN SCHAFF-NER-KRIEG SEIN?
EIN KAMPF ZWI-SCHEN VERFEIN-DETEN ZUGFÜH-RERN?
NA WIE AUCH IMMER...
ES IST UNMÖGLICH, DASS JEMAND 300 JAHRE ALT IST UND NOCH LEBT.
UND ÜBER-HAUPT ...
... WAS IST MIT DIESER „BESONDER-HEIT"?
„TRÄGT MÖGLICHER-WEISE EINE SELTSAME MASKE"?
ALS OB ES SO JEMAN-DEN GEBEN--

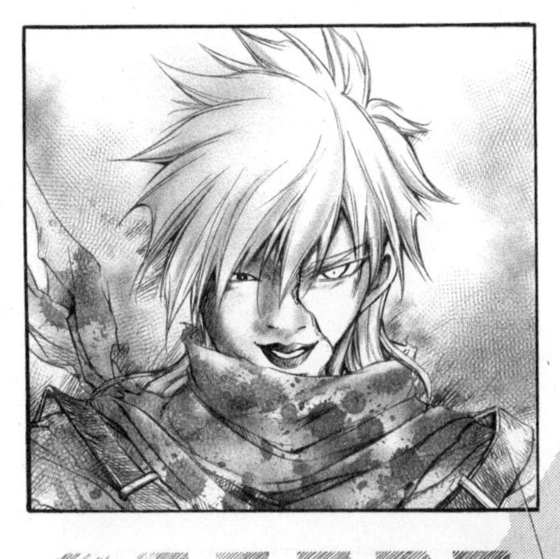

WAS STEHT DA?
„DIESER MANN, LICHT BACH, IST BEI SICHT-KONTAKT UNVERZÜGLICH FESTZUNEHMEN."

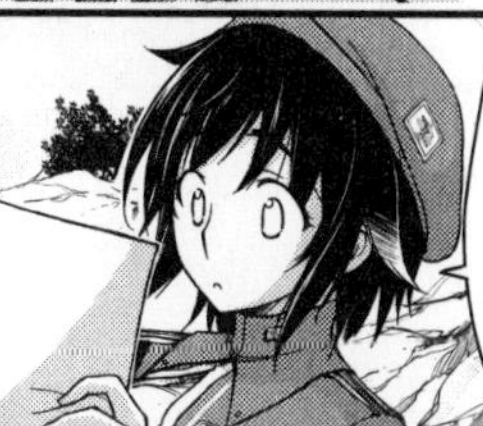
„ER IST ZUDEM EINER DER LEGENDÄR-EN ROTEN BARONE."

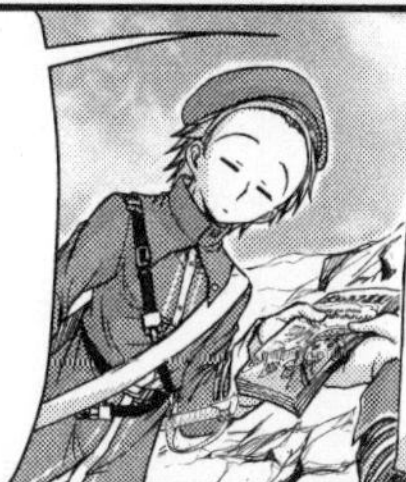
„BESON-DERHEI-TEN: TRÄGT MÖGLI-CHERWEI-SE EINE SELTSAME MASKE."

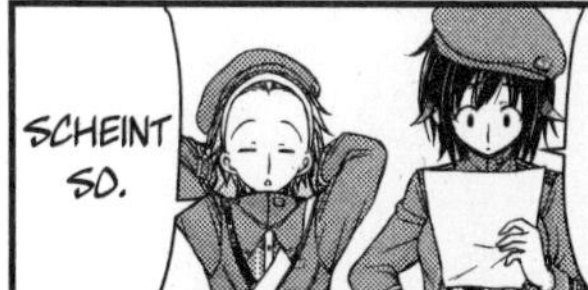
...
EIN LEGEN-DÄRER ROTER BARON?
SCHEINT SO.

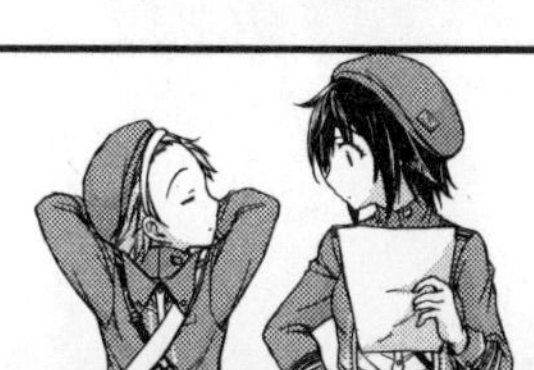

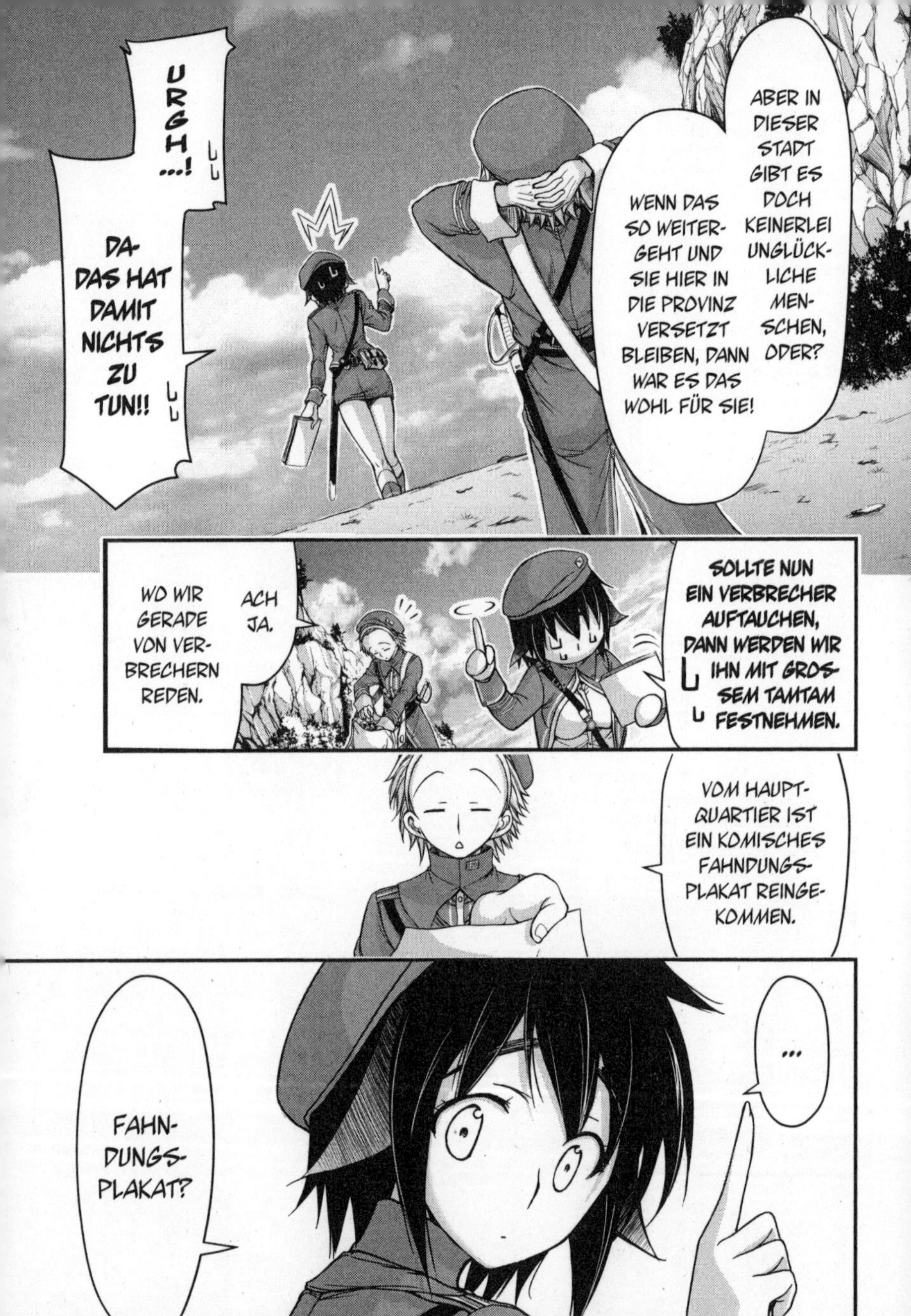
ABER IN DIESER STADT GIBT ES DOCH KEINERLEI UNGLÜCKLICHE MENSCHEN, ODER?
WENN DAS SO WEITERGEHT UND SIE HIER IN DIE PROVINZ VERSETZT BLEIBEN, DANN WAR ES DAS WOHL FÜR SIE!
URGH ...!
DA- DAS HAT DAMIT NICHTS ZU TUN!!
SOLLTE NUN EIN VERBRECHER AUFTAUCHEN, DANN WERDEN WIR IHN MIT GROSSEM TAMTAM FESTNEHMEN.
ACH JA.
WO WIR GERADE VON VERBRECHERN REDEN.
VOM HAUPTQUARTIER IST EIN KOMISCHES FAHNDUNGSPLAKAT REINGEKOMMEN.
...
FAHNDUNGSPLAKAT?

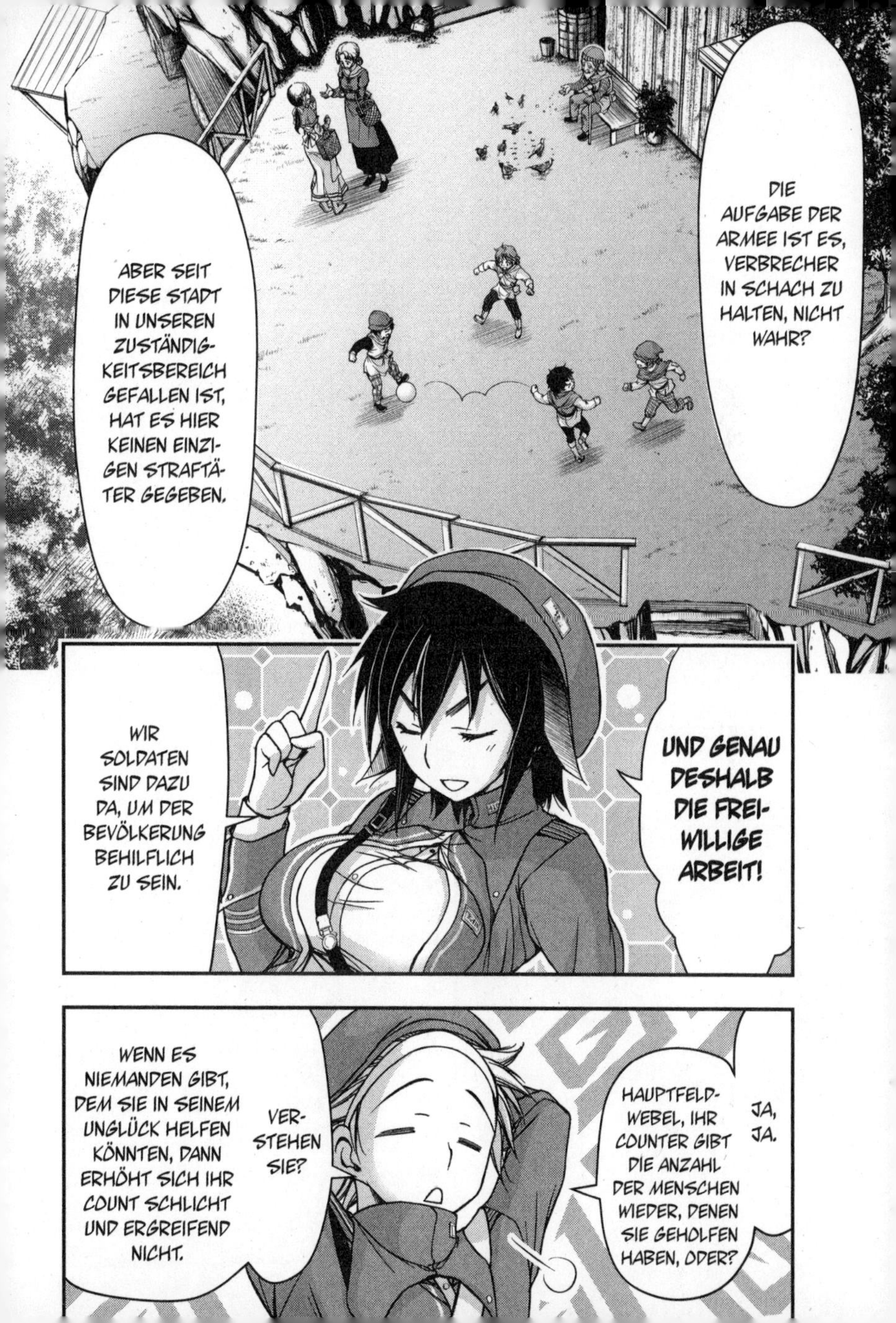

DIE AUFGABE DER ARMEE IST ES, VERBRECHER IN SCHACH ZU HALTEN, NICHT WAHR?

ABER SEIT DIESE STADT IN UNSEREN ZUSTÄNDIGKEITSBEREICH GEFALLEN IST, HAT ES HIER KEINEN EINZIGEN STRAFTÄTER GEGEBEN.

UND GENAU DESHALB DIE FREIWILLIGE ARBEIT!

WIR SOLDATEN SIND DAZU DA, UM DER BEVÖLKERUNG BEHILFLICH ZU SEIN.

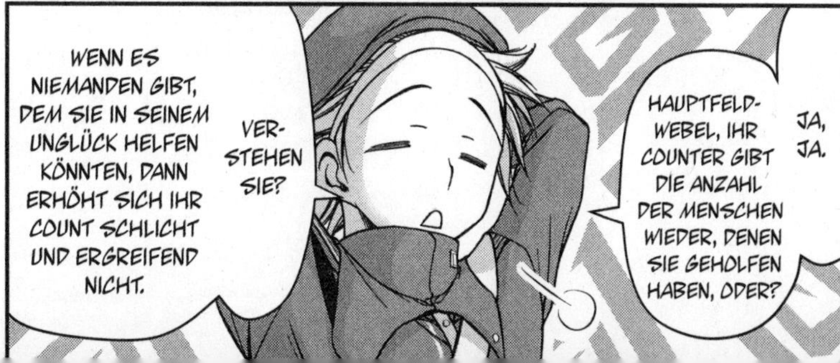

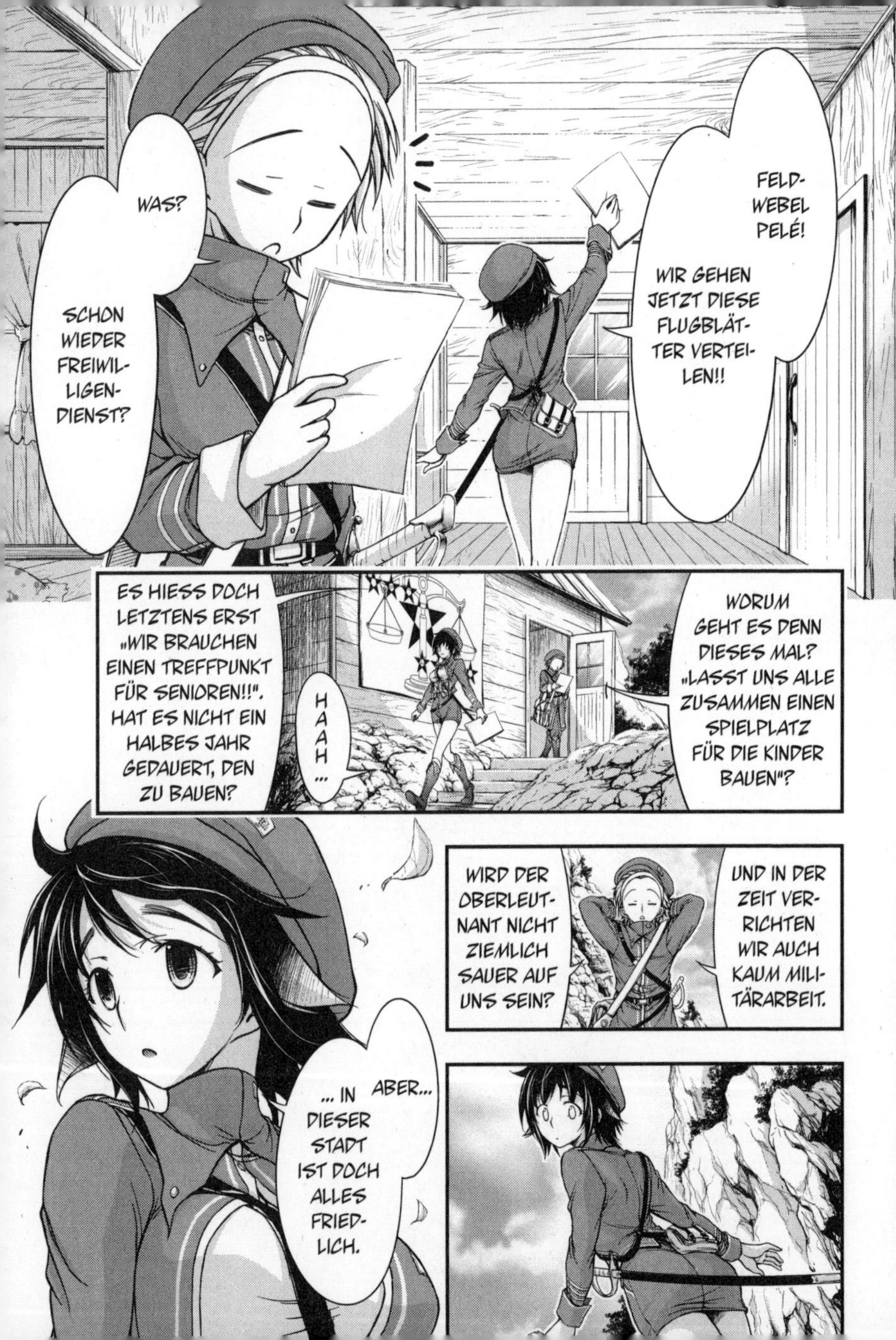

FELD-WEBEL PELÉ!
WIR GEHEN JETZT DIESE FLUGBLÄTTER VERTEILEN!!
WAS?
SCHON WIEDER FREIWILLIGENDIENST?
WORUM GEHT ES DENN DIESES MAL? „LASST UNS ALLE ZUSAMMEN EINEN SPIELPLATZ FÜR DIE KINDER BAUEN"?
HAAH ...
ES HIESS DOCH LETZTENS ERST „WIR BRAUCHEN EINEN TREFFPUNKT FÜR SENIOREN!!". HAT ES NICHT EIN HALBES JAHR GEDAUERT, DEN ZU BAUEN?
UND IN DER ZEIT VERRICHTEN WIR AUCH KAUM MILITÄRARBEIT.
WIRD DER OBERLEUTNANT NICHT ZIEMLICH SAUER AUF UNS SEIN?
ABER...
... IN DIESER STADT IST DOCH ALLES FRIEDLICH.

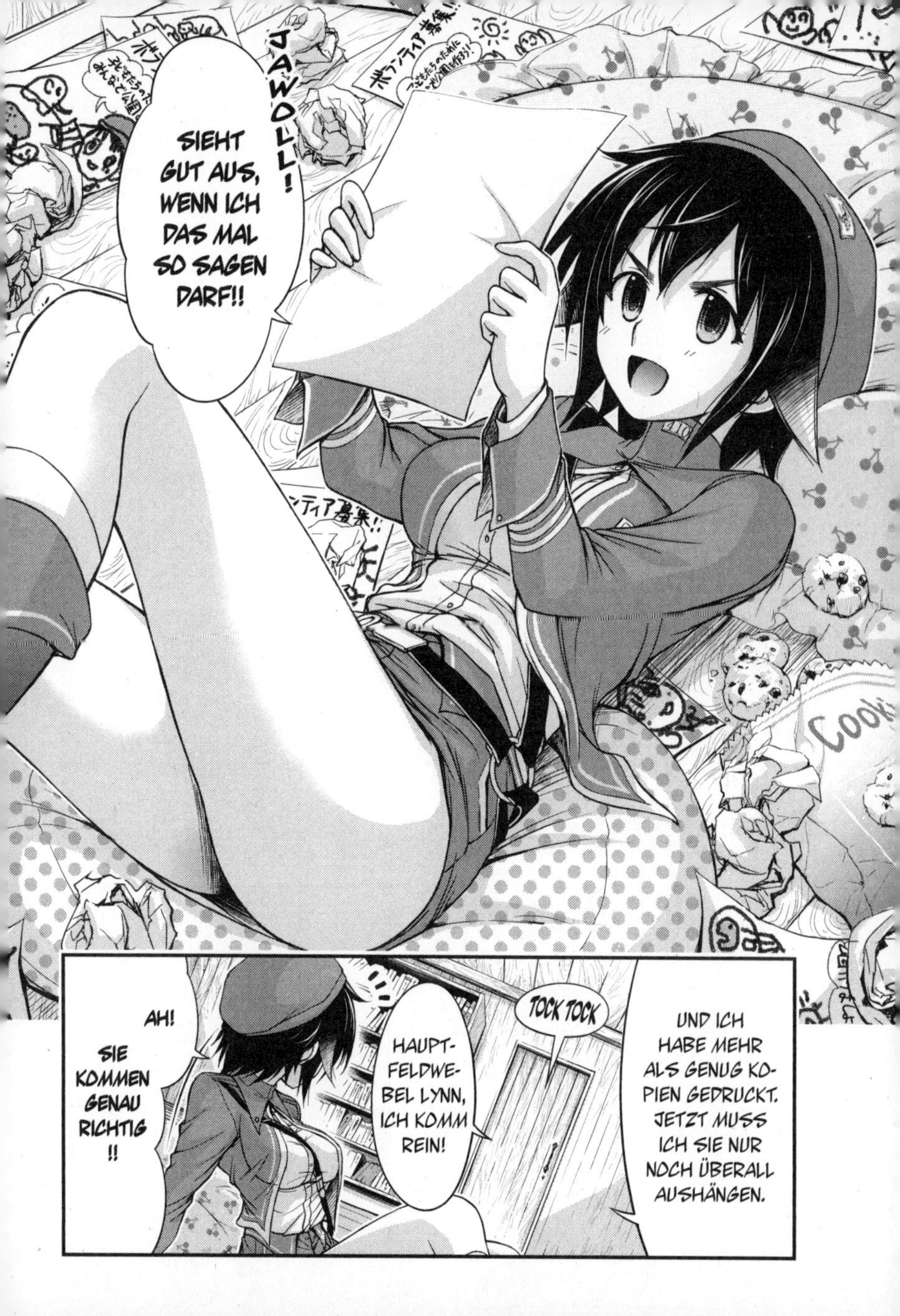
JAWOLL!
SIEHT GUT AUS, WENN ICH DAS MAL SO SAGEN DARF!!
UND ICH HABE MEHR ALS GENUG KOPIEN GEDRUCKT. JETZT MUSS ICH SIE NUR NOCH ÜBERALL AUSHÄNGEN.
TOCK TOCK
HAUPTFELDWEBEL LYNN, ICH KOMM REIN!
AH!
SIE KOMMEN GENAU RICHTIG!!

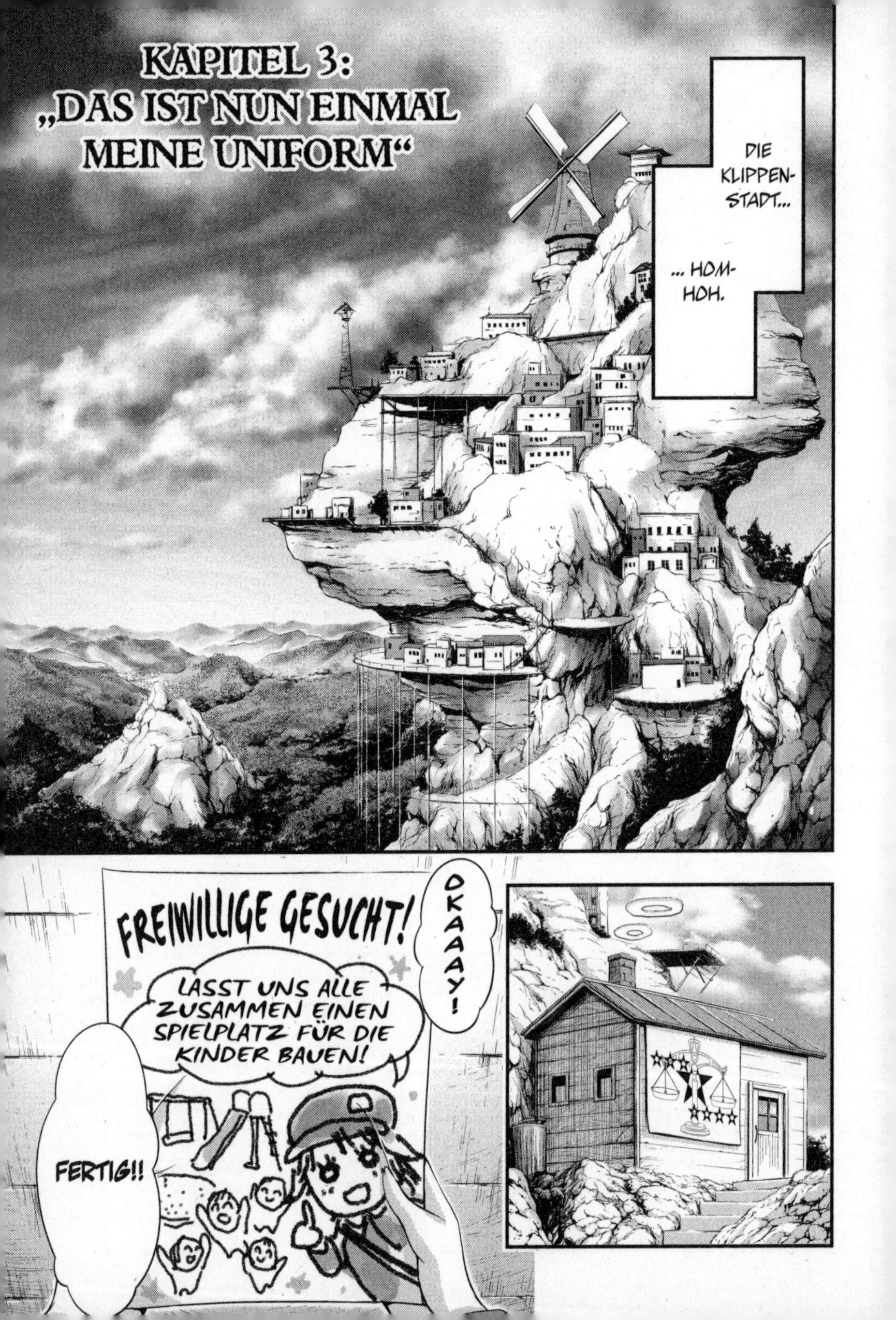

KAPITEL 3:
„DAS IST NUN EINMAL MEINE UNIFORM“

DIE KLIPPEN-STADT...

... HOM-HOH.

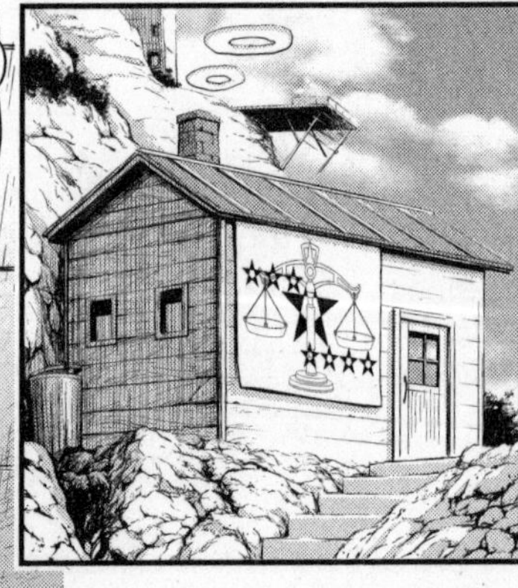

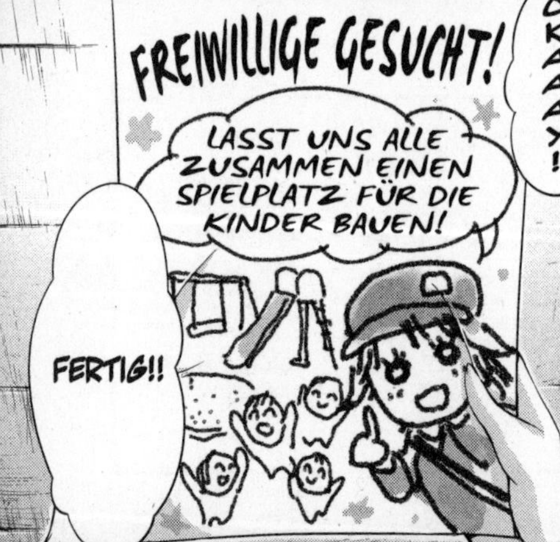

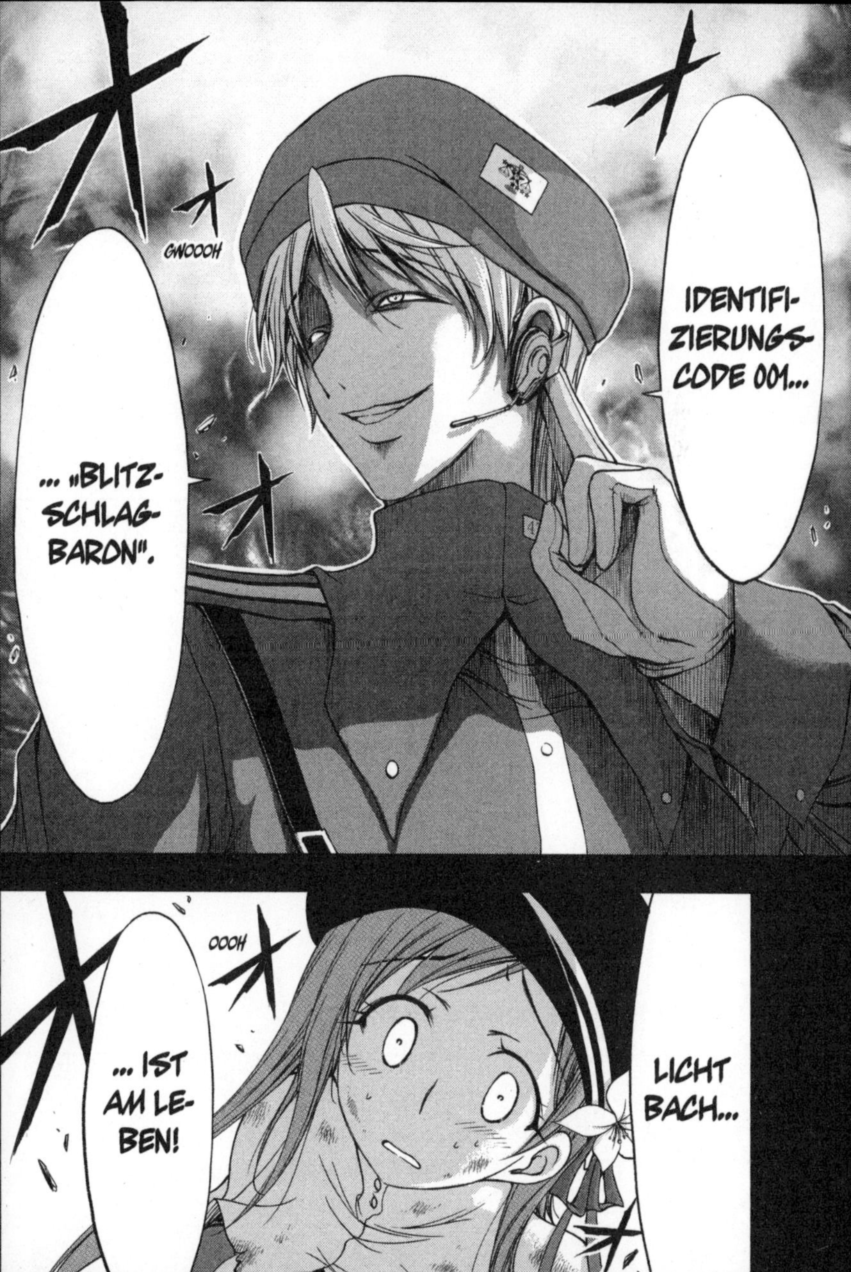

KAPITEL 2 – ENDE

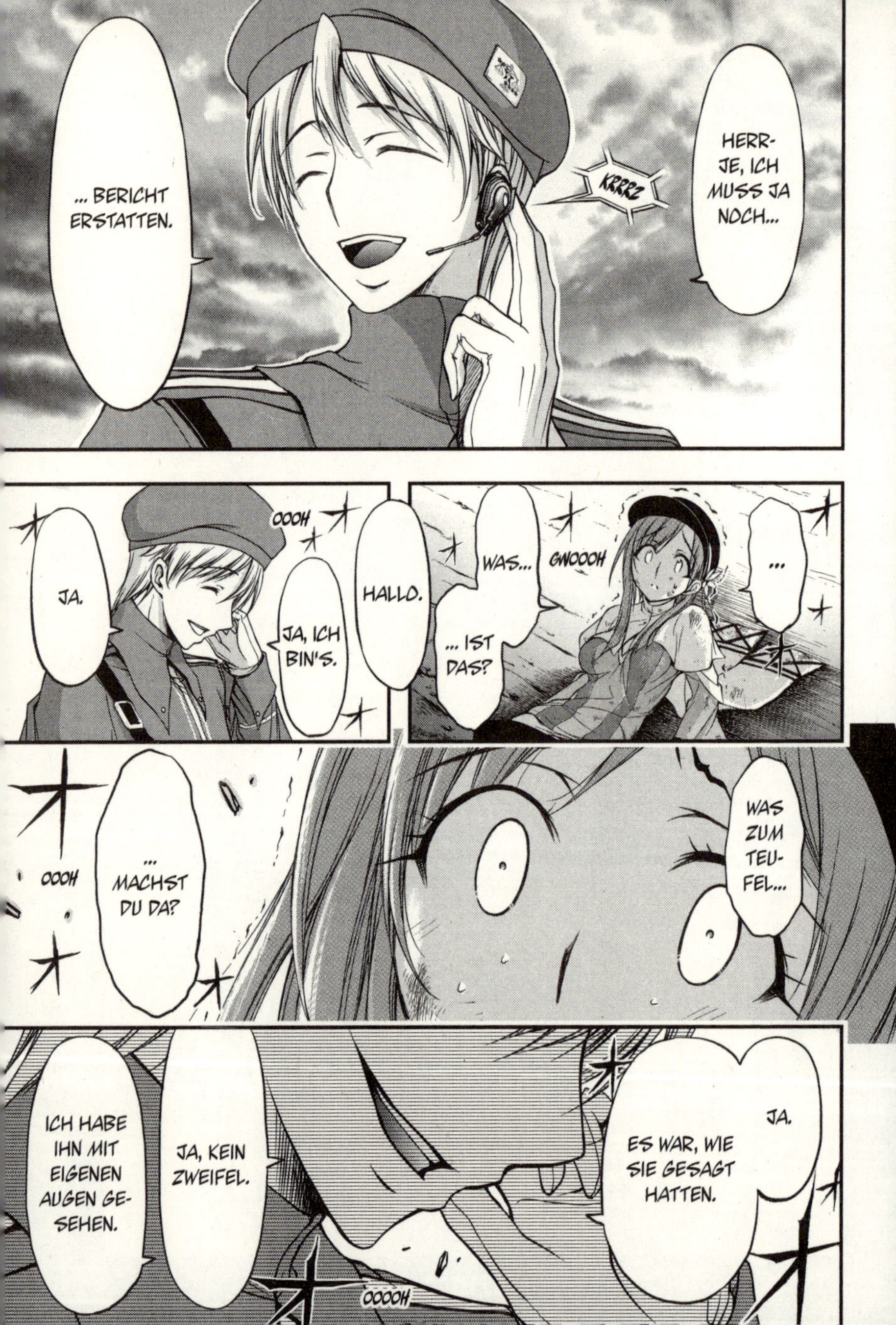
HERRJE, ICH MUSS JA NOCH...
KRRRZ
... BERICHT ERSTATTEN.
...
WAS...
GWOOOH
... IST DAS?
HALLO.
JA, ICH BIN'S.
OOOH
JA.
WAS ZUM TEUFEL...
... MACHST DU DA?
OOOH
JA.
ES WAR, WIE SIE GESAGT HATTEN.
JA, KEIN ZWEIFEL.
ICH HABE IHN MIT EIGENEN AUGEN GESEHEN.
OOOOH

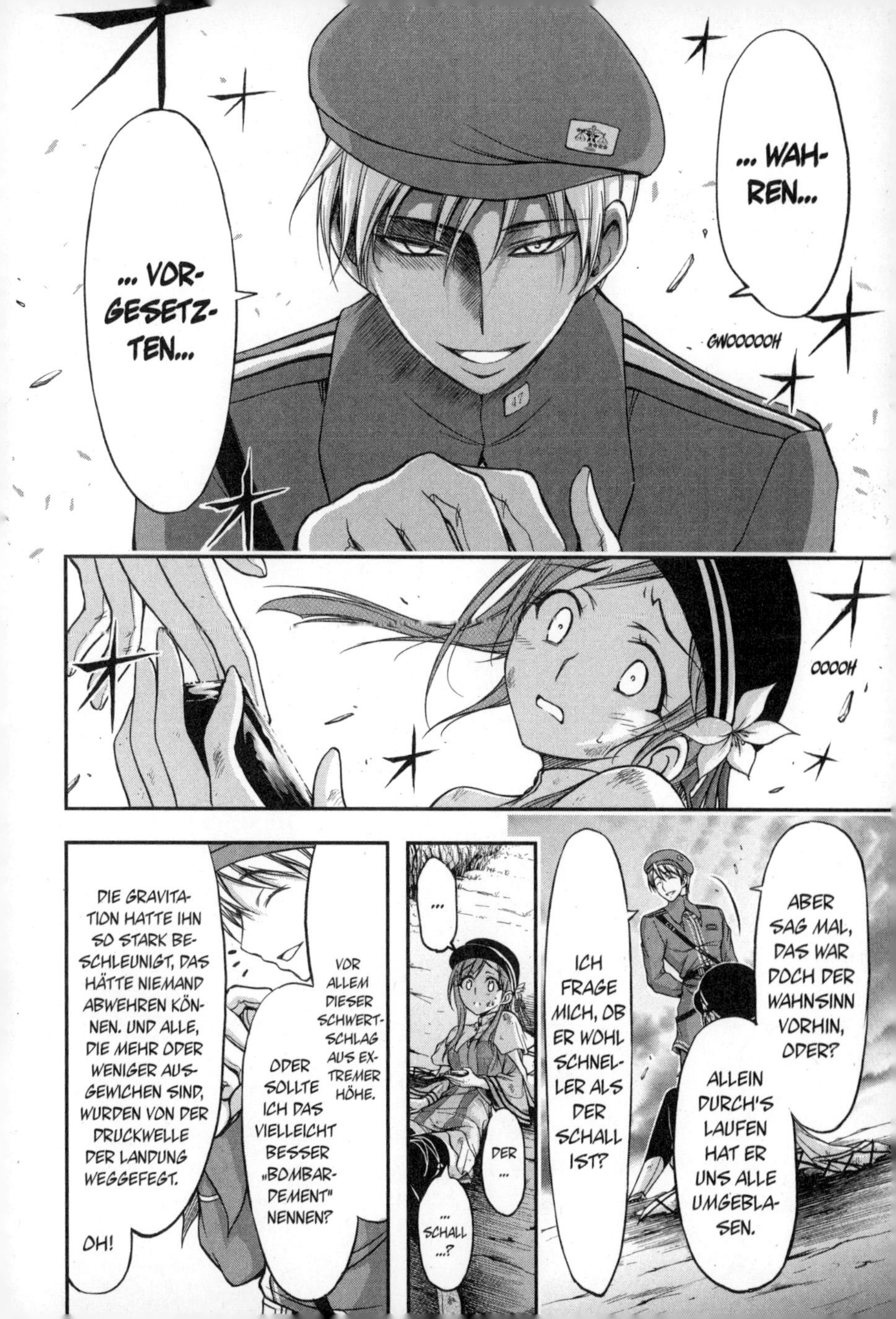

... WAHREN...

... VORGESETZTEN...

GWOOOOOH

OOOOH

ABER SAG MAL, DAS WAR DOCH DER WAHNSINN VORHIN, ODER?

ALLEIN DURCH'S LAUFEN HAT ER UNS ALLE UMGEBLASEN.

ICH FRAGE MICH, OB ER WOHL SCHNELLER ALS DER SCHALL IST?

...

DER ...

... SCHALL ...?

VOR ALLEM DIESER SCHWERTSCHLAG AUS EXTREMER HÖHE.

ODER SOLLTE ICH DAS VIELLEICHT BESSER »BOMBARDEMENT« NENNEN?

DIE GRAVITATION HATTE IHN SO STARK BESCHLEUNIGT, DAS HÄTTE NIEMAND ABWEHREN KÖNNEN. UND ALLE, DIE MEHR ODER WENIGER AUSGEWICHEN SIND, WURDEN VON DER DRUCKWELLE DER LANDUNG WEGGEFEGT.

OH!

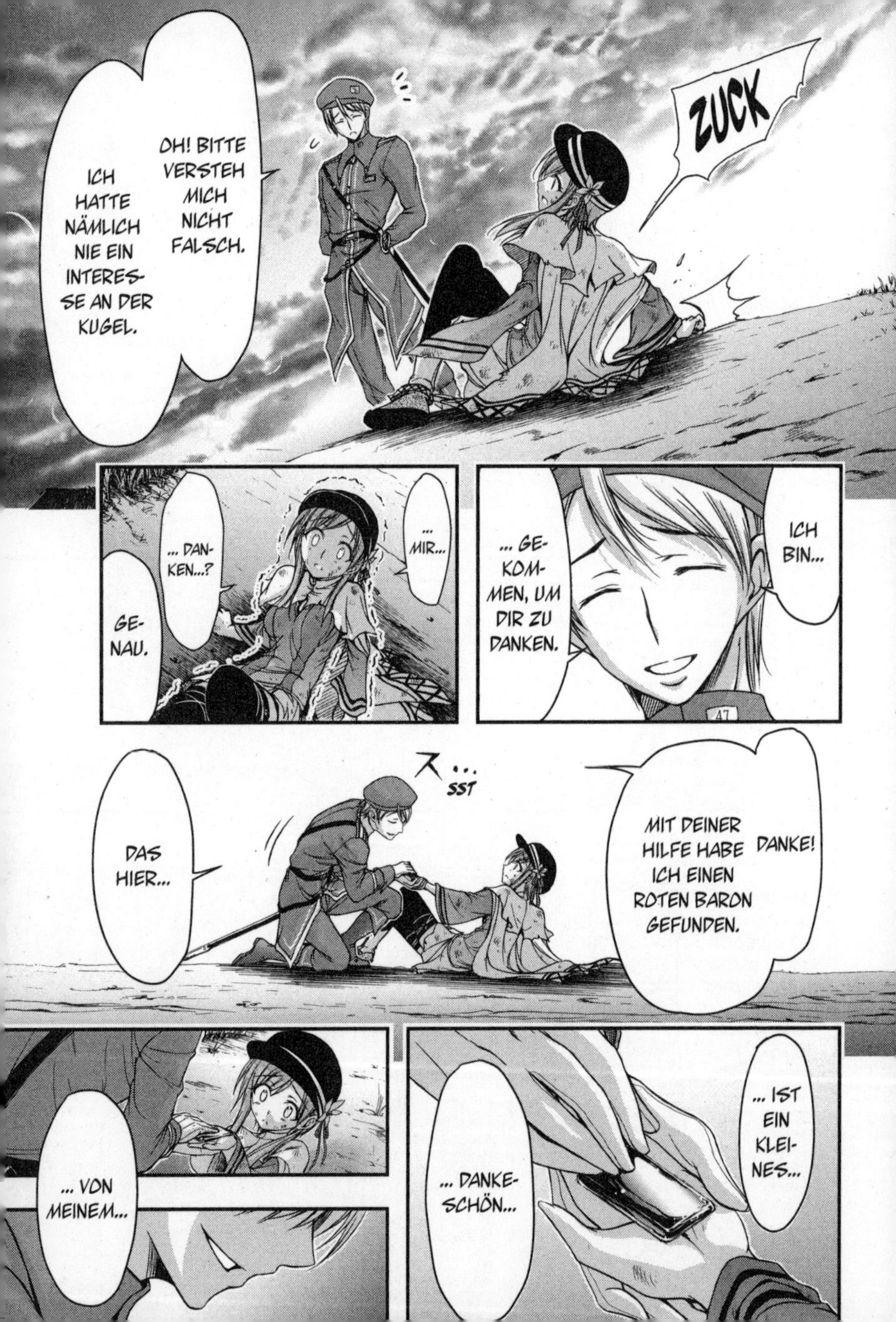
ZUCK
OH! BITTE VERSTEH MICH NICHT FALSCH.
ICH HATTE NÄMLICH NIE EIN INTERES-SE AN DER KUGEL.
ICH BIN...
... GE-KOM-MEN, UM DIR ZU DANKEN.
... MIR...
... DAN-KEN...?
GE-NAU.
DANKE!
MIT DEINER HILFE HABE ICH EINEN ROTEN BARON GEFUNDEN.
SST
DAS HIER...
... IST EIN KLEI-NES...
... DANKE-SCHÖN...
... VON MEINEM...

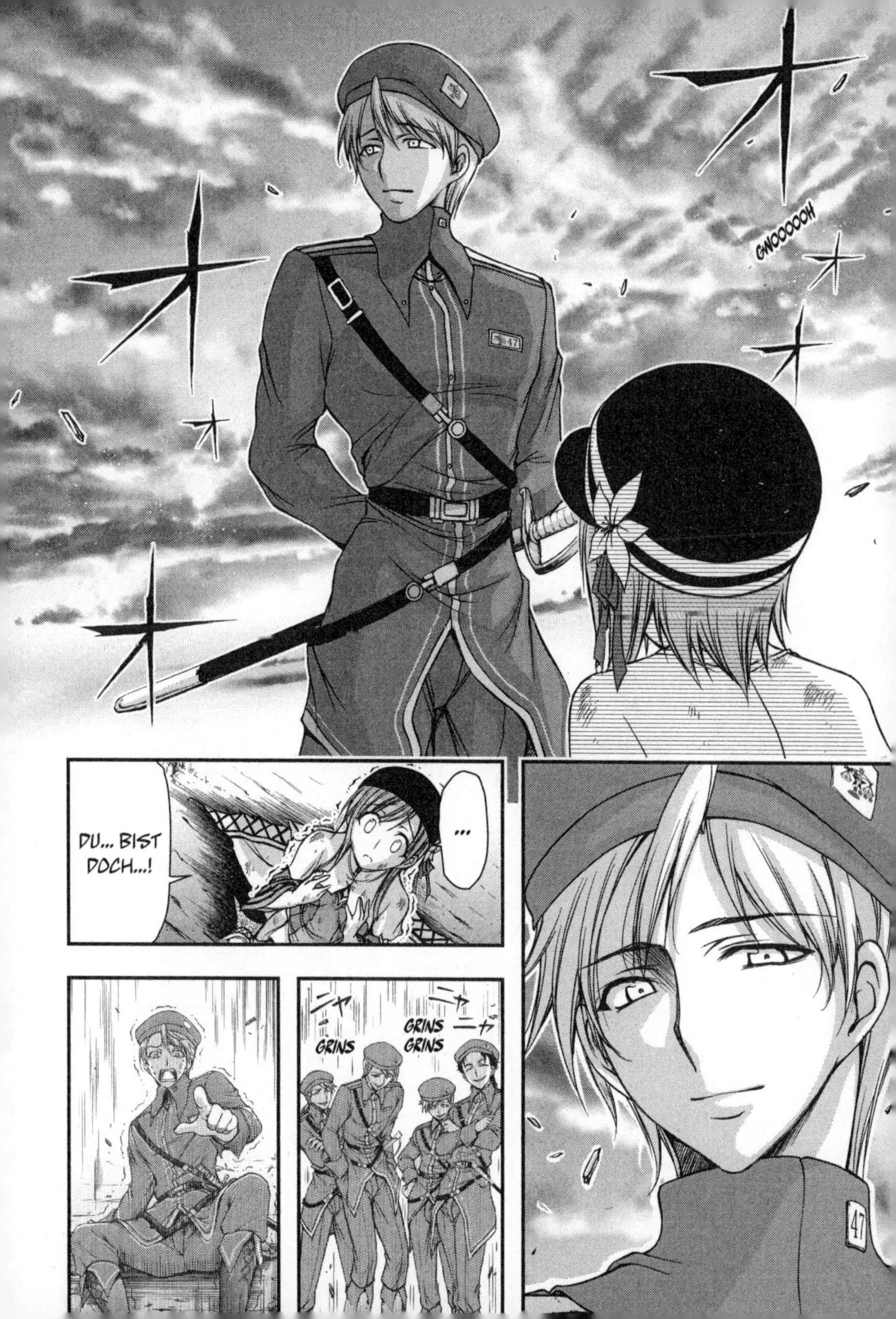

オオ
オオオ
GWOOOOOH

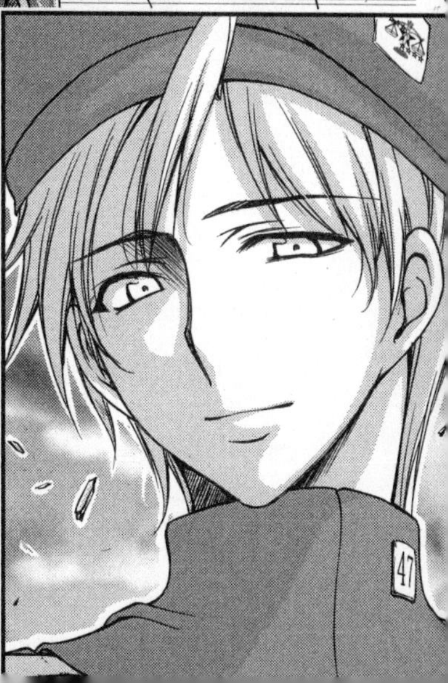

...
DU... BIST DOCH...!

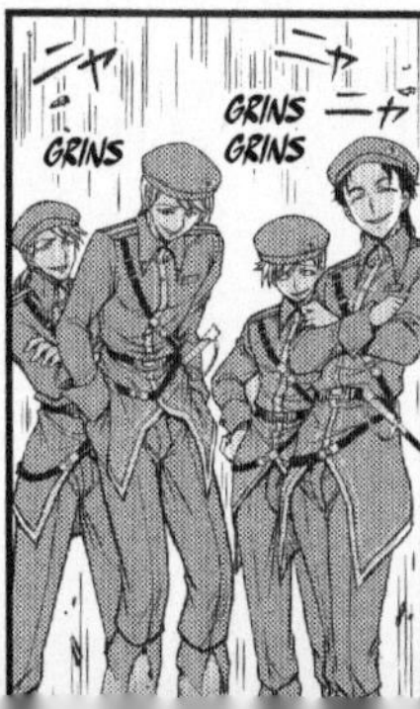
ニヤ
GRINS
ニヤ ニヤ
GRINS
GRINS

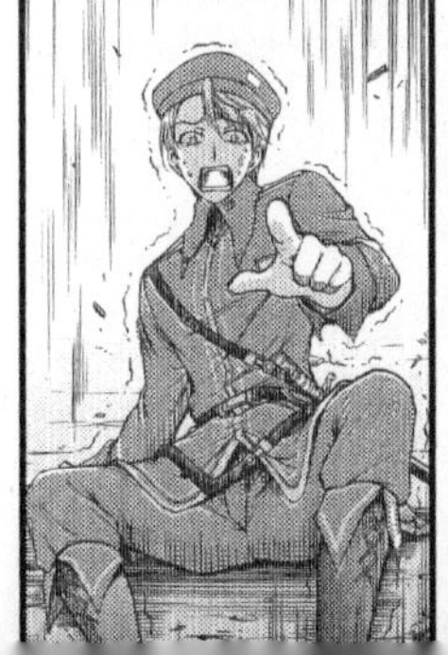

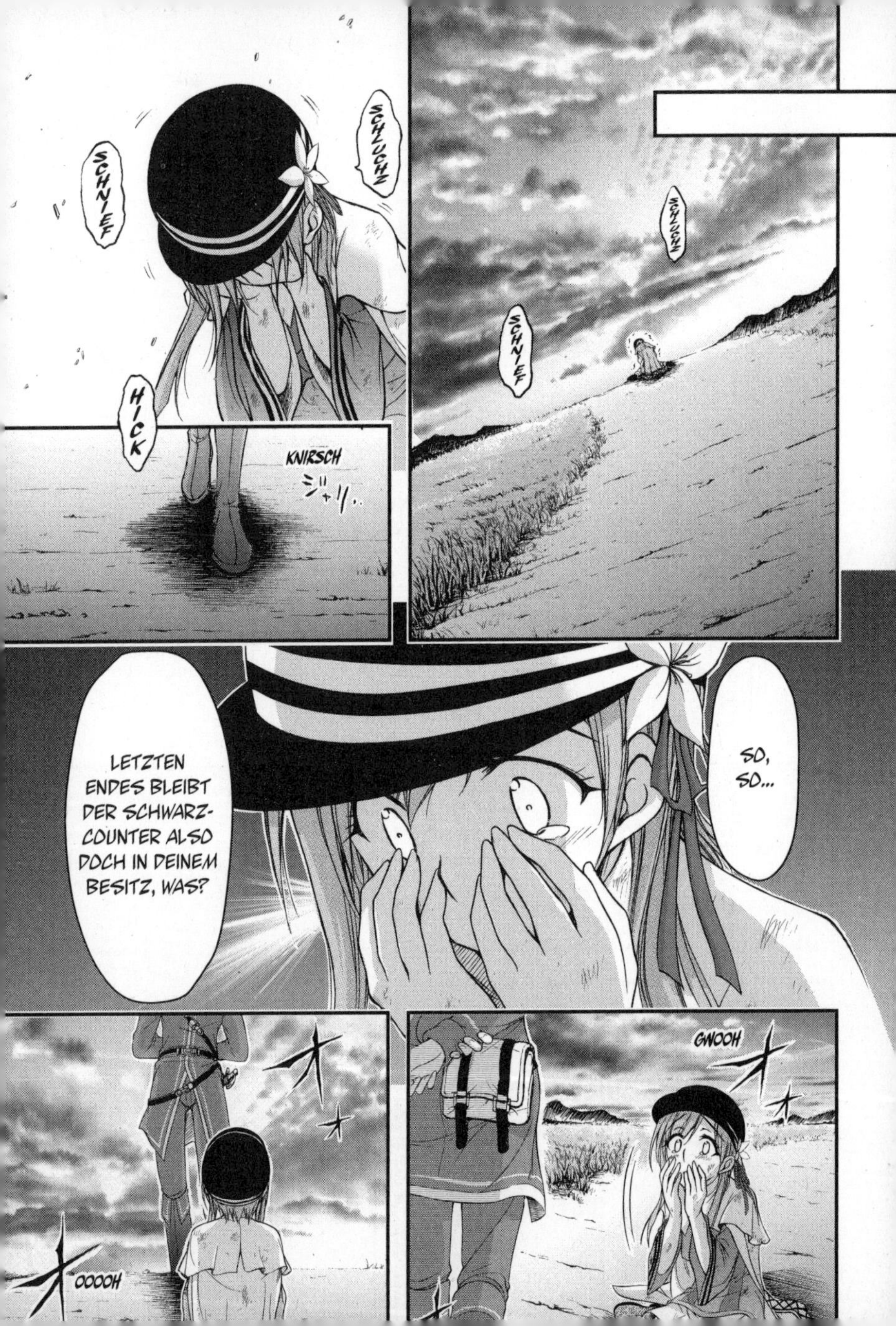
SCHLUCHZ
SCHNIEF
SCHLUCHZ
SCHNIEF
HICK
KNIRSCH
ジャリ..
SO, SO...
LETZTEN ENDES BLEIBT DER SCHWARZ-COUNTER ALSO DOCH IN DEINEM BESITZ, WAS?
GWOOH
OOOOH

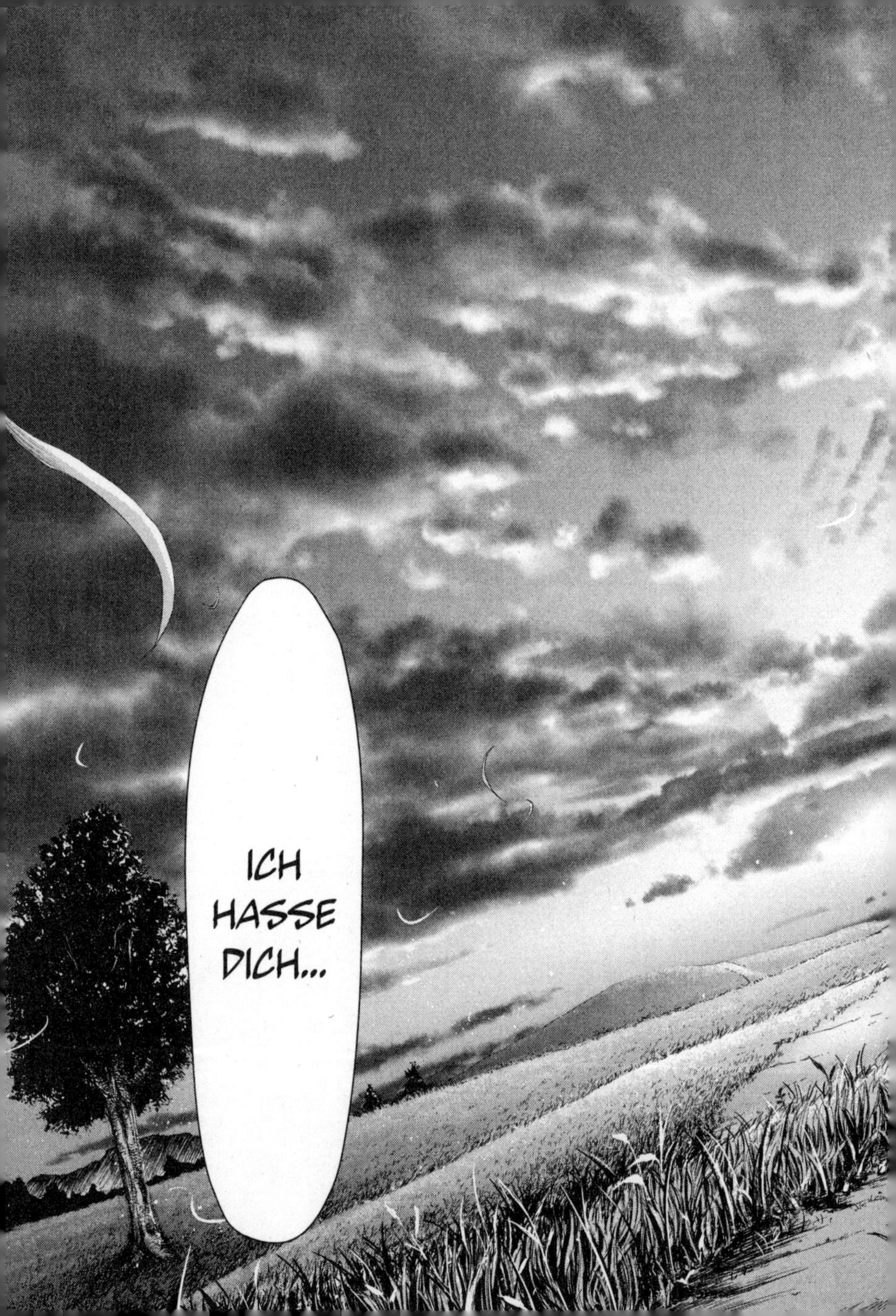
ICH HASSE DICH...

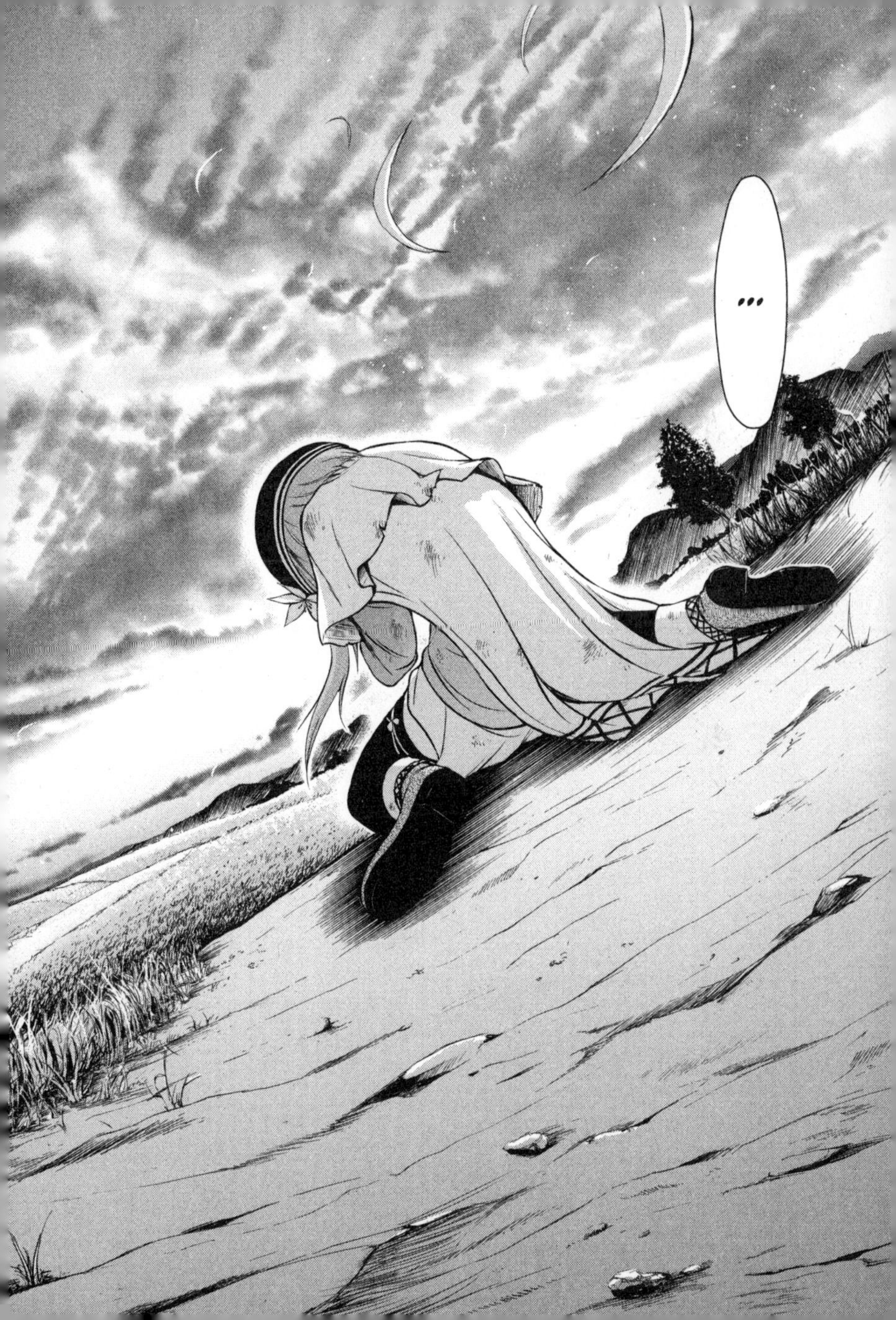

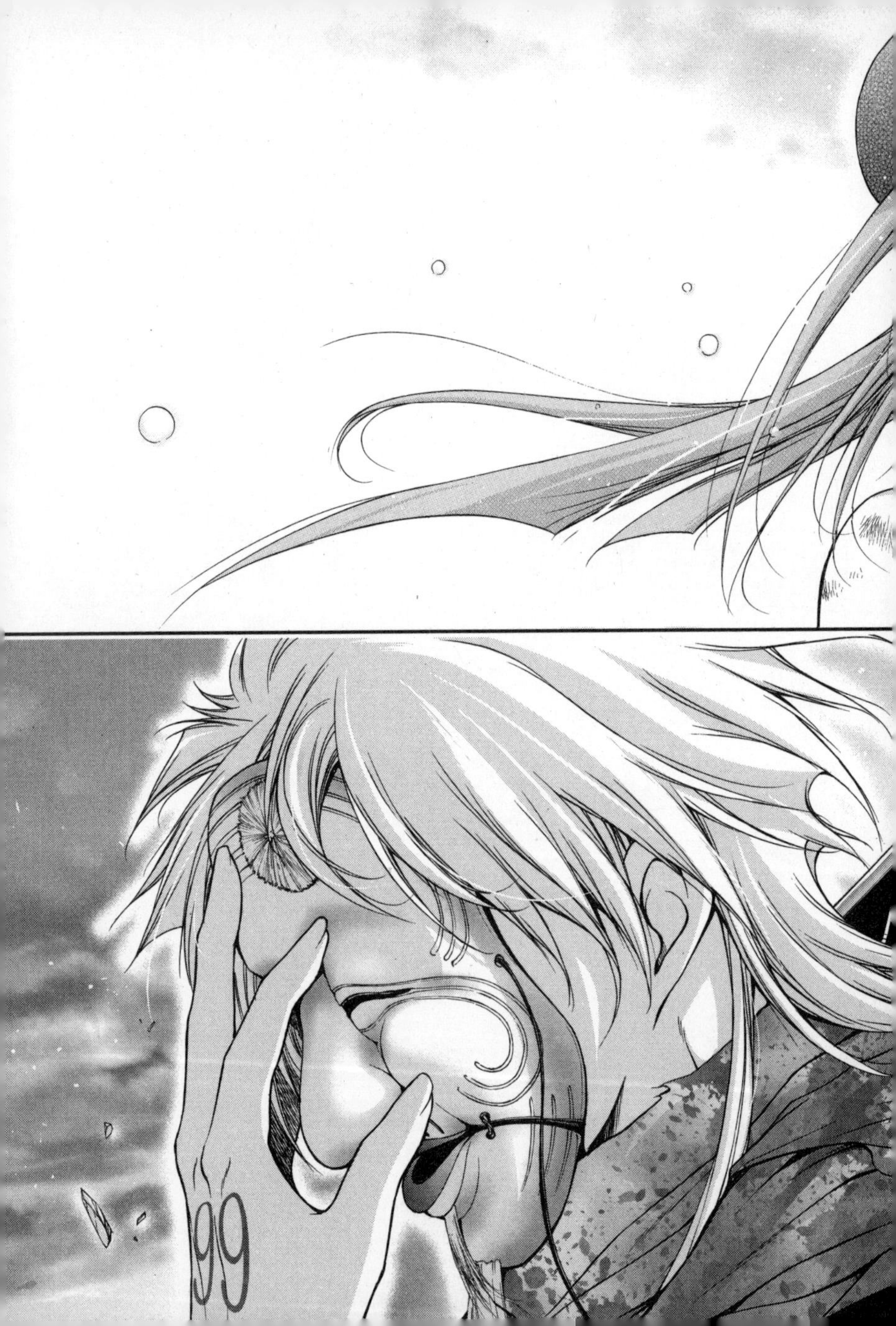
99

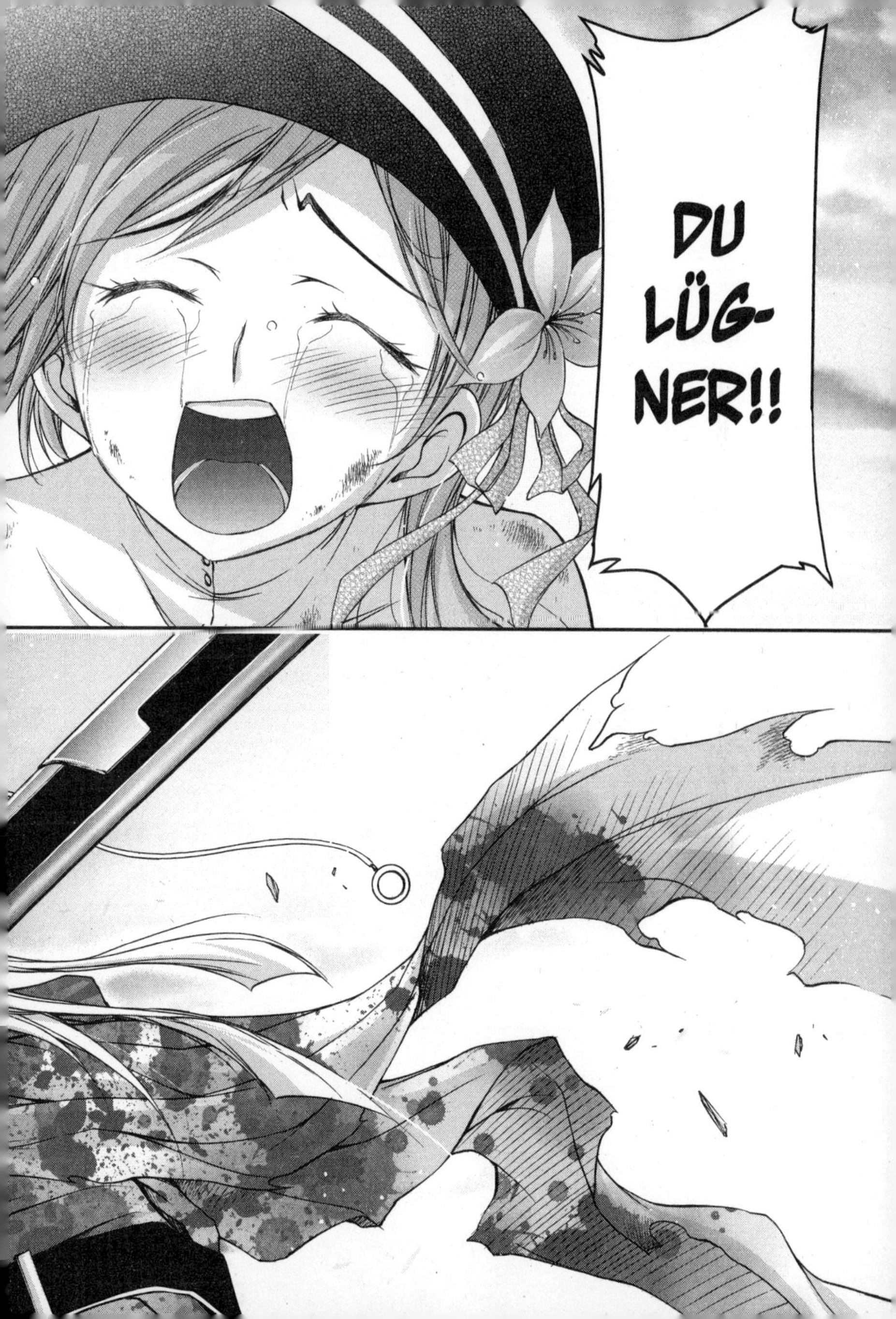
DU LÜG-
NER!!

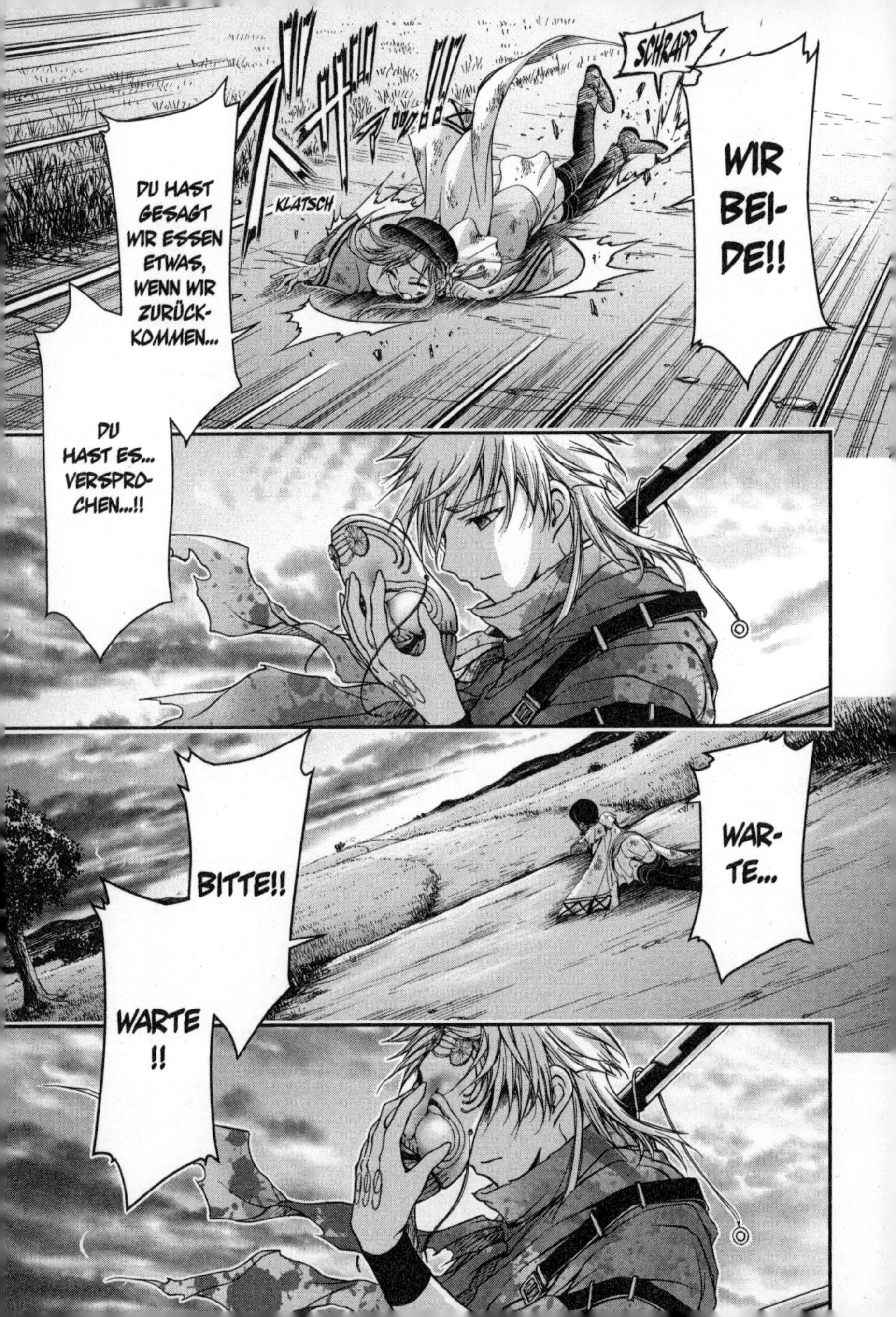
SCHRAPP
WIR BEI-DE!!
KLATSCH
DU HAST GESAGT WIR ESSEN ETWAS, WENN WIR ZURÜCK-KOMMEN...
DU HAST ES... VERSPRO-CHEN...!!
WAR-TE...
BITTE!!
WARTE !!

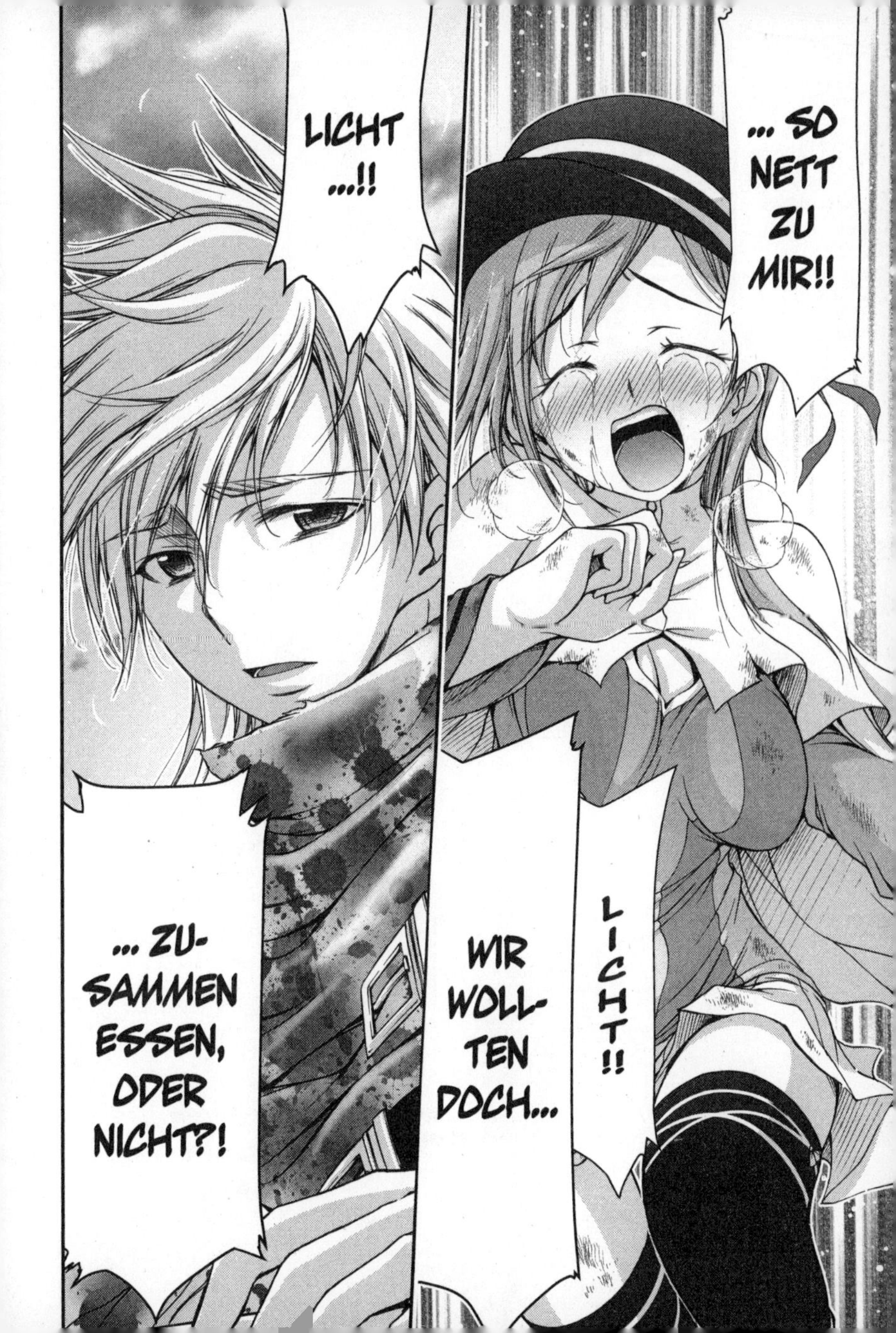

... SO NETT ZU MIR!!
LICHT ...!!
LICHT!!
WIR WOLL-TEN DOCH...
... ZU-SAMMEN ESSEN, ODER NICHT?!

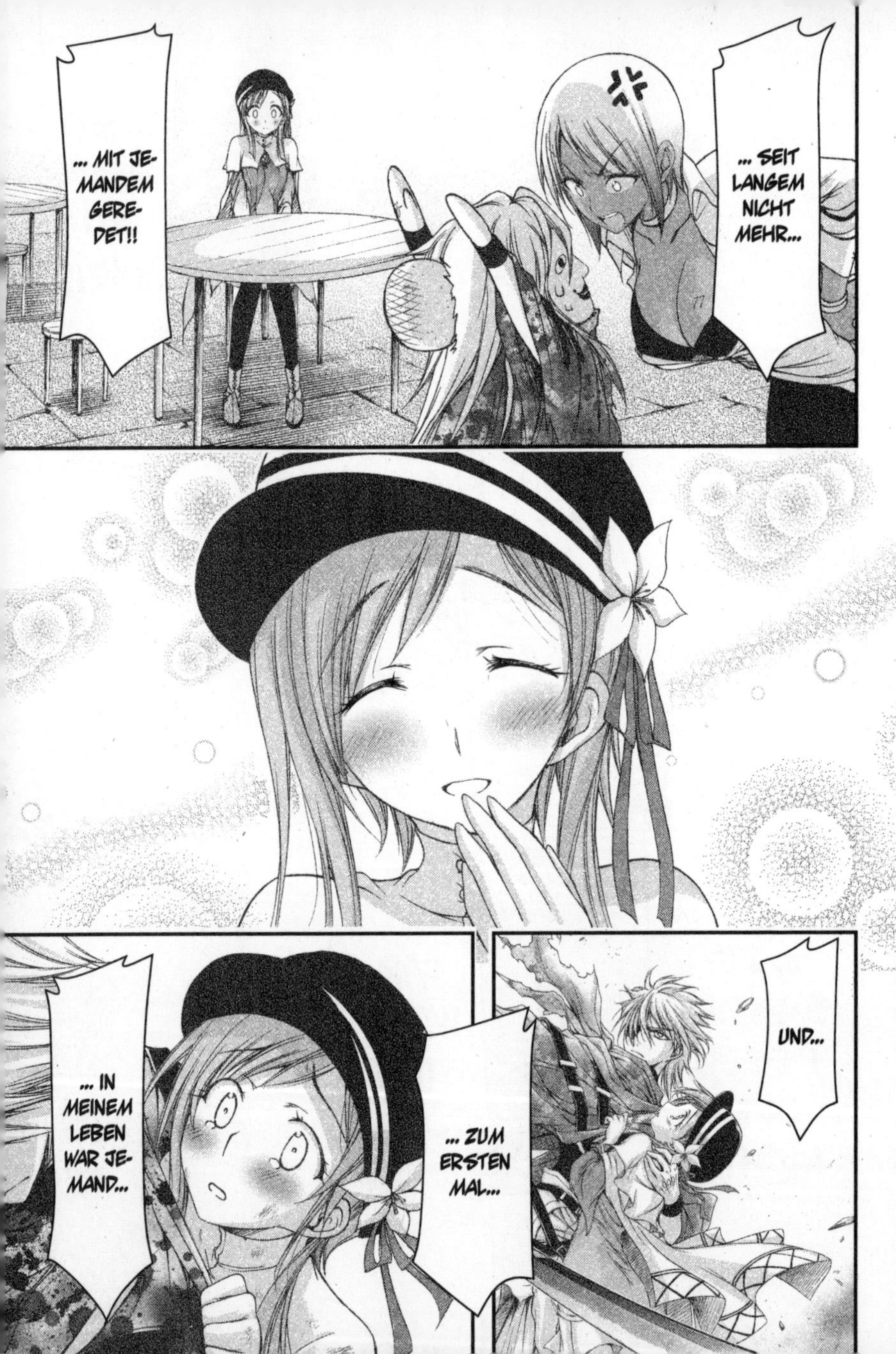
... SEIT LANGEM NICHT MEHR...
... MIT JEMANDEM GEREDET!!
UND...
... ZUM ERSTEN MAL...
... IN MEINEM LEBEN WAR JEMAND...

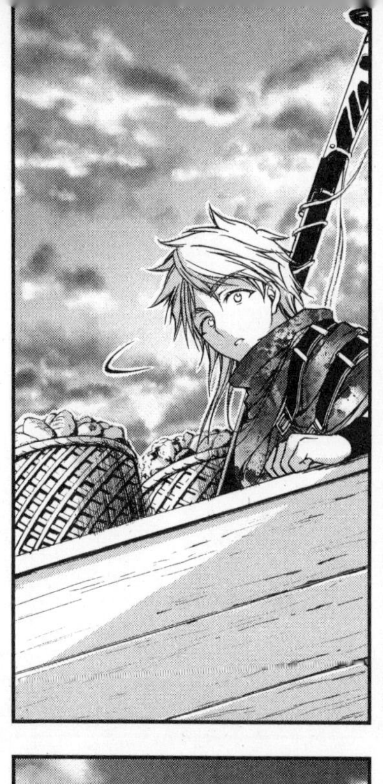

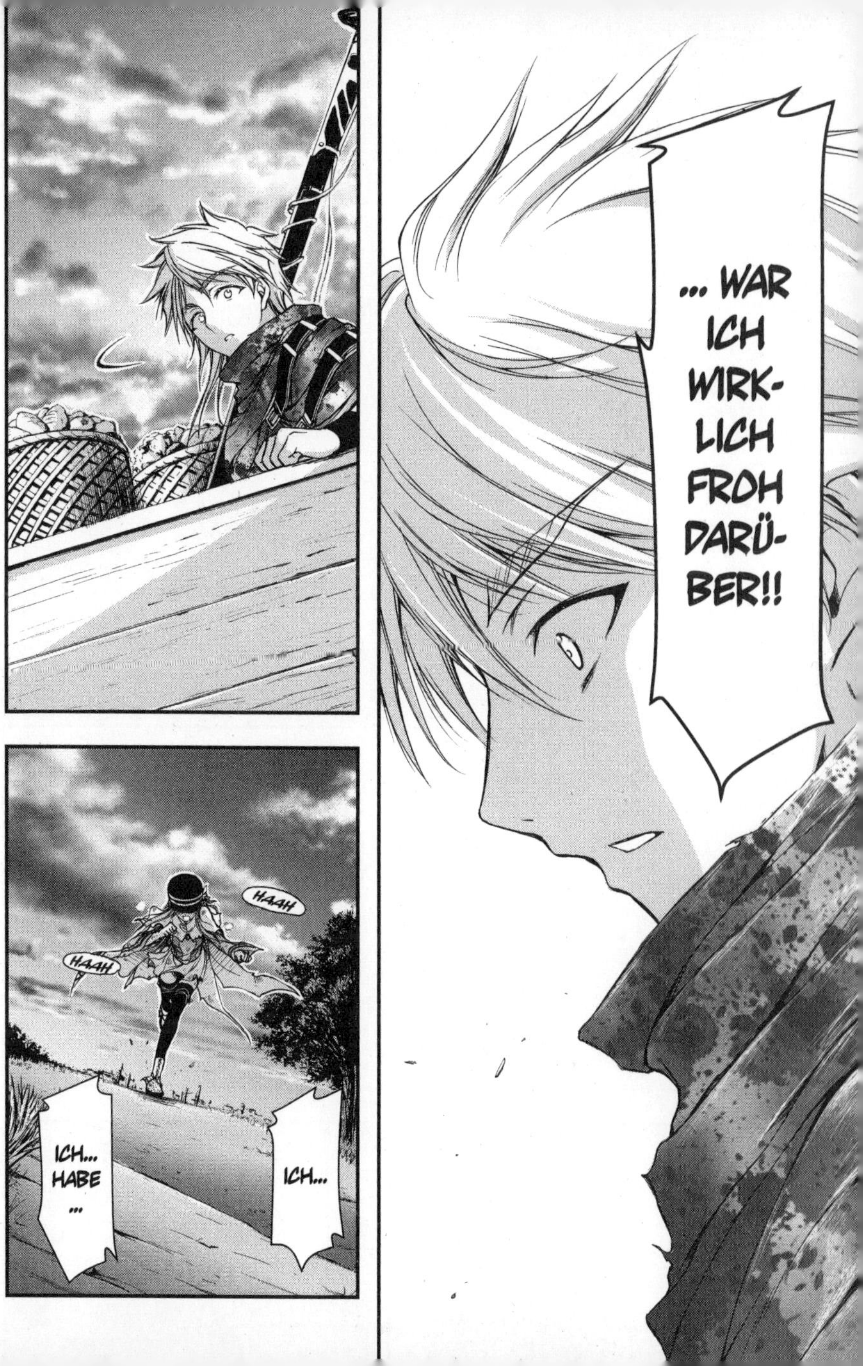

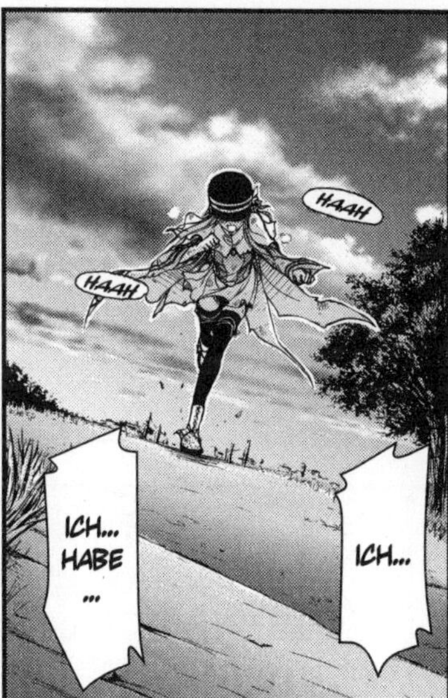
HAAH
HAAH
ICH...
ICH... HABE ...

... WAR ICH WIRKLICH FROH DARÜBER!!

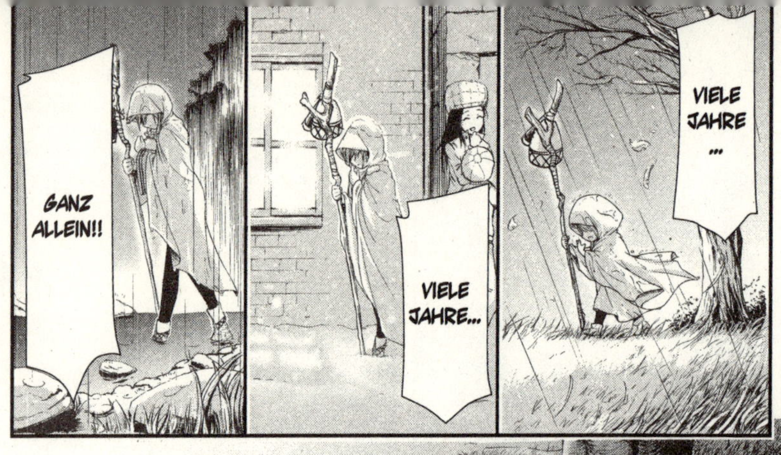
VIELE JAHRE ...
VIELE JAHRE...
GANZ ALLEIN!!

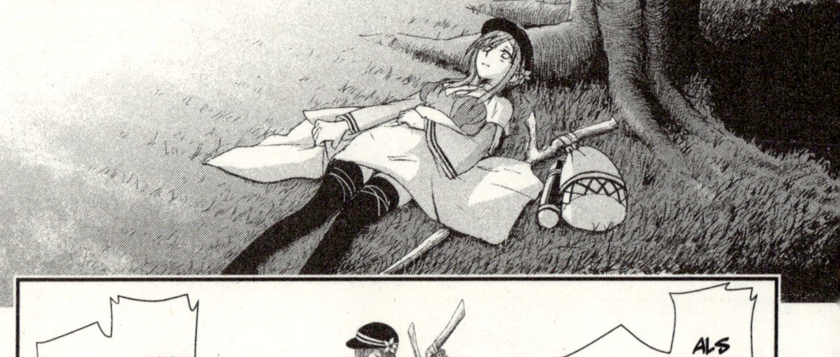

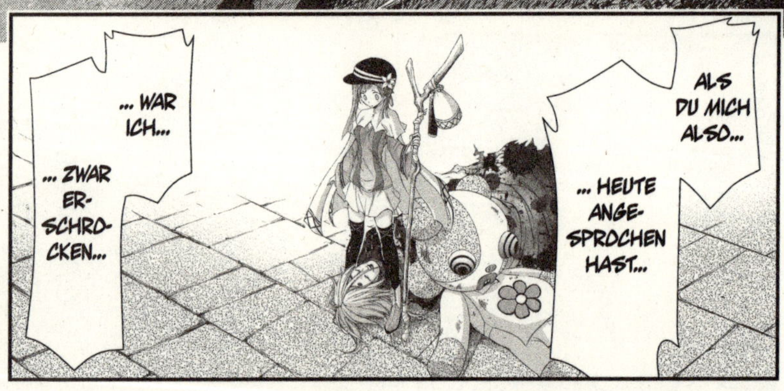
ALS DU MICH ALSO...
... HEUTE ANGE-SPROCHEN HAST...
... WAR ICH...
... ZWAR ER-SCHRO-CKEN...

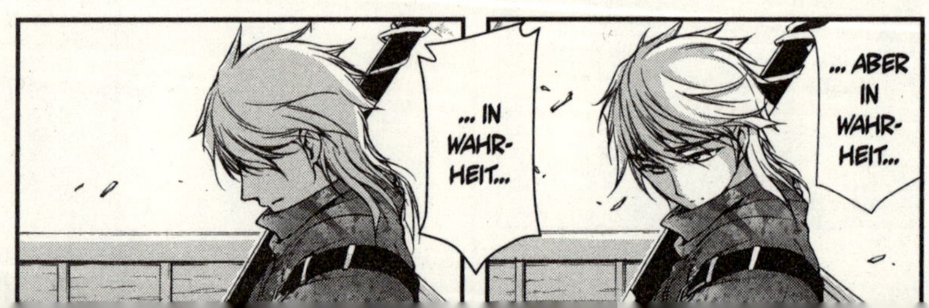
... ABER IN WAHR-HEIT...
... IN WAHR-HEIT...

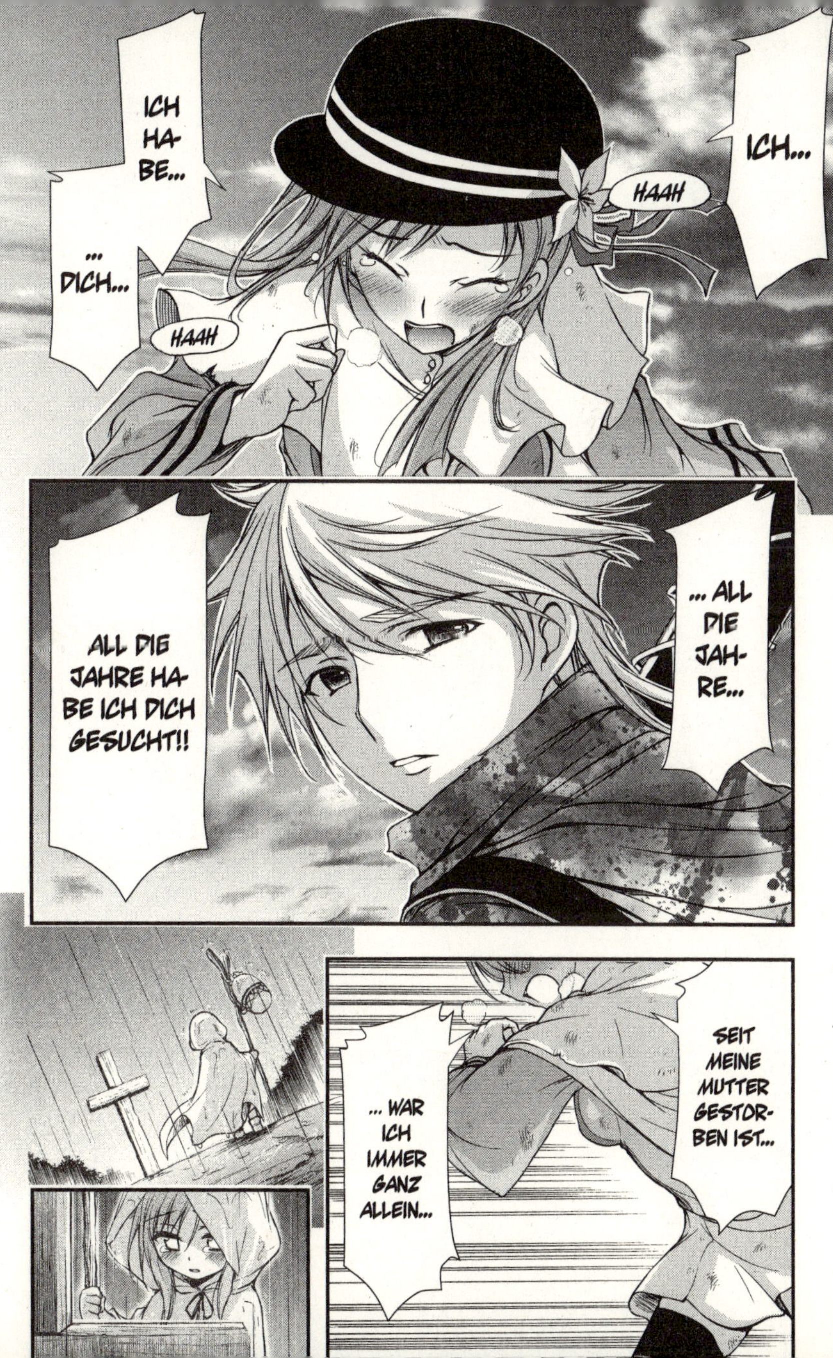
ICH...
HAAH
ICH HA-BE...
... DICH...
HAAH
... ALL DIE JAH-RE...
ALL DIE JAHRE HA-BE ICH DICH GESUCHT!!
SEIT MEINE MUTTER GESTOR-BEN IST...
... WAR ICH IMMER GANZ ALLEIN...

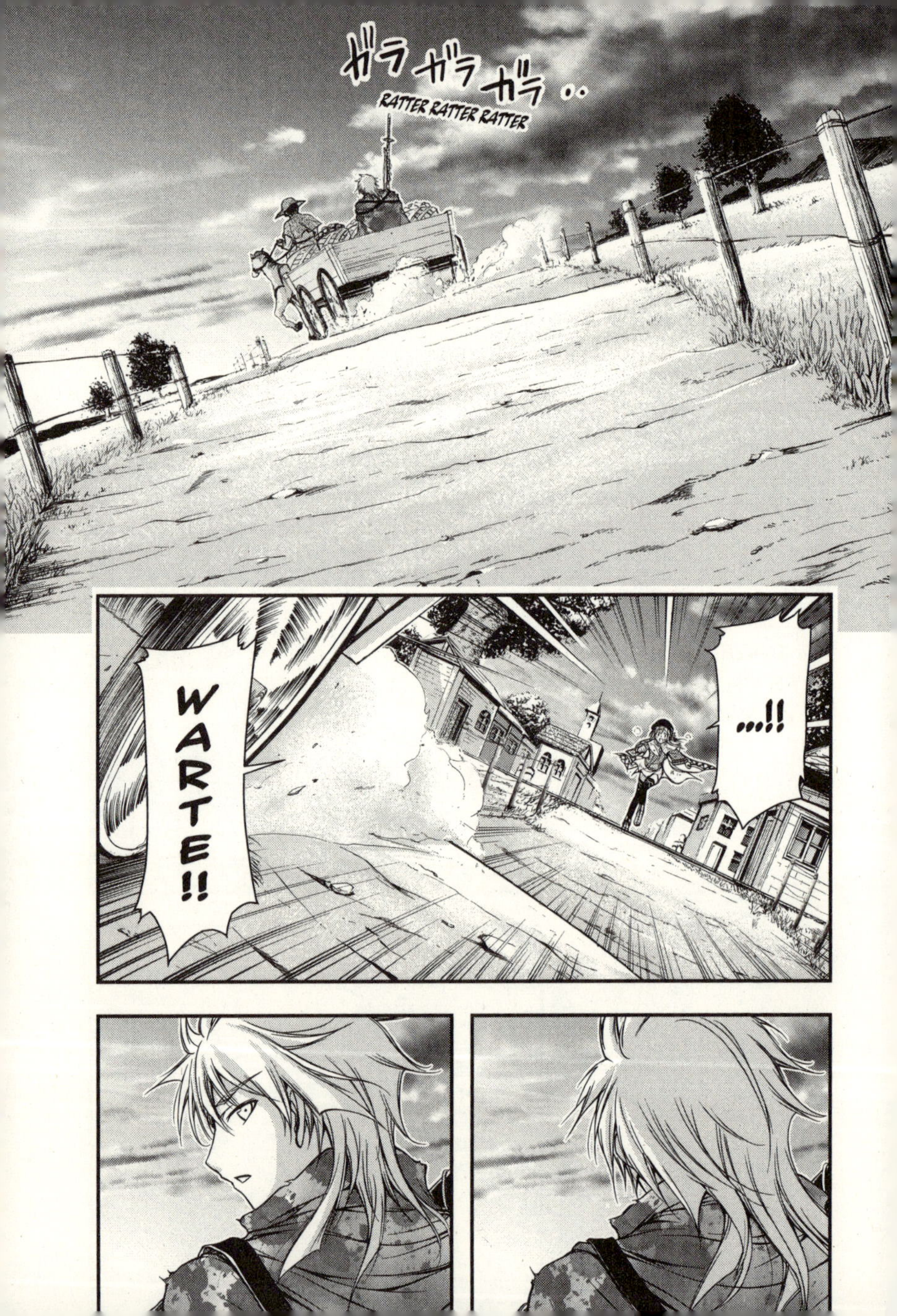

ガラ ガラ ガラ ..
RATTER RATTER RATTER

...!!

WARTE!!

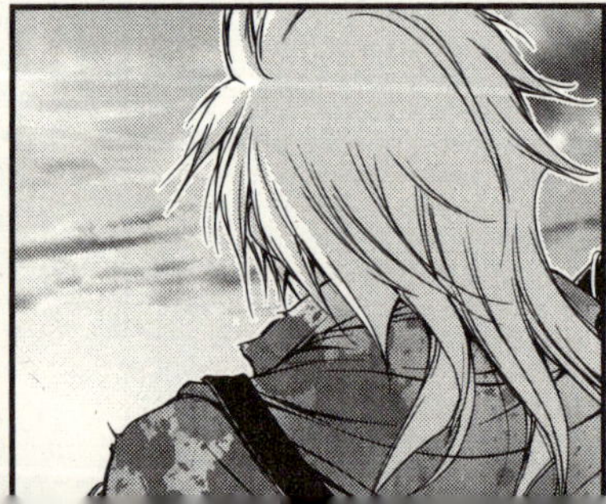

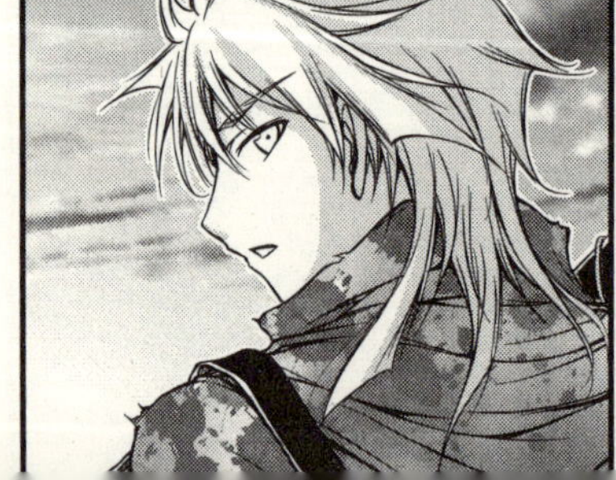

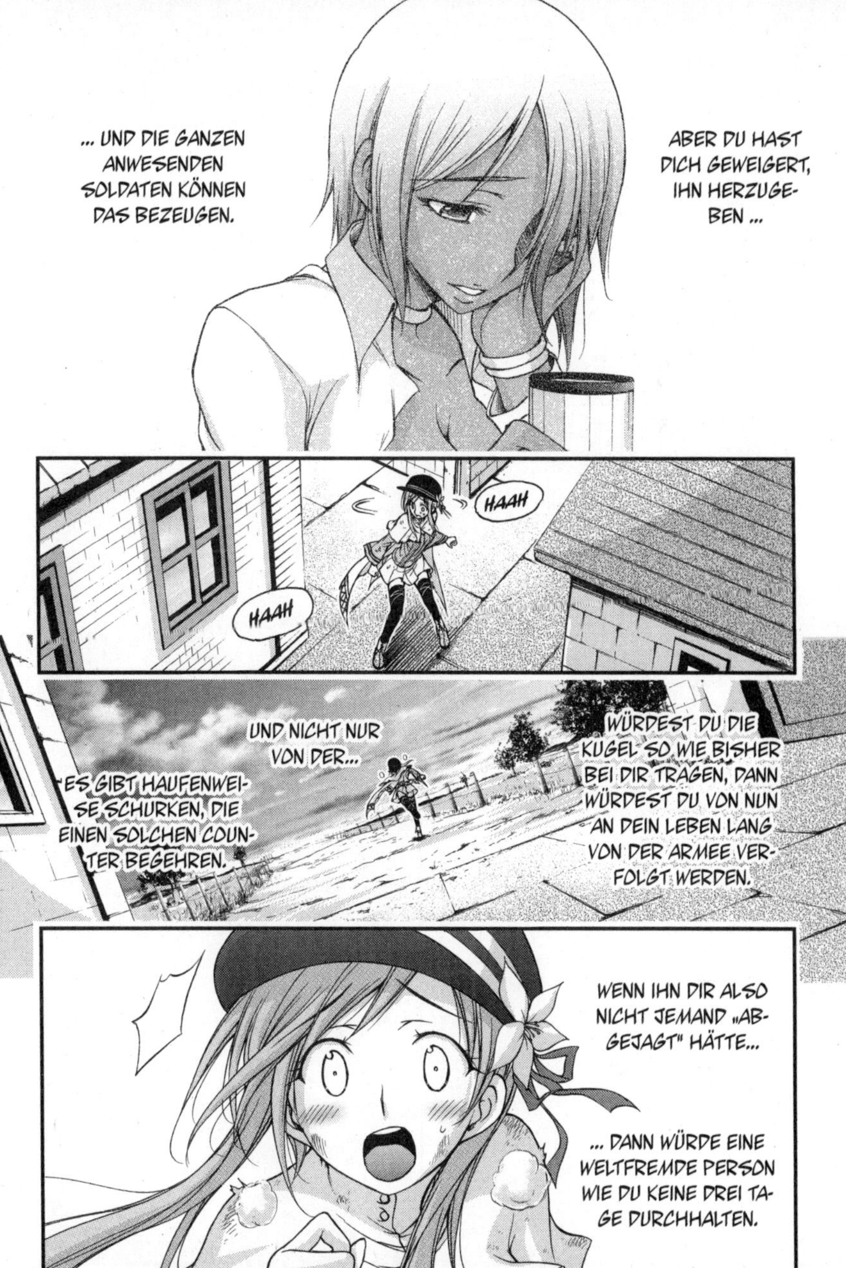
ABER DU HAST DICH GEWEIGERT, IHN HERZUGE-BEN ...
... UND DIE GANZEN ANWESENDEN SOLDATEN KÖNNEN DAS BEZEUGEN.
HAAH
HAAH
WÜRDEST DU DIE KUGEL SO WIE BISHER BEI DIR TRAGEN, DANN WÜRDEST DU VON NUN AN DEIN LEBEN LANG VON DER ARMEE VER-FOLGT WERDEN.
UND NICHT NUR VON DER...
ES GIBT HAUFENWEI-SE SCHURKEN, DIE EINEN SOLCHEN COUN-TER BEGEHREN.
WENN IHN DIR ALSO NICHT JEMAND „AB-GEJAGT" HÄTTE...
... DANN WÜRDE EINE WELTFREMDE PERSON WIE DU KEINE DREI TA-GE DURCHHALTEN.

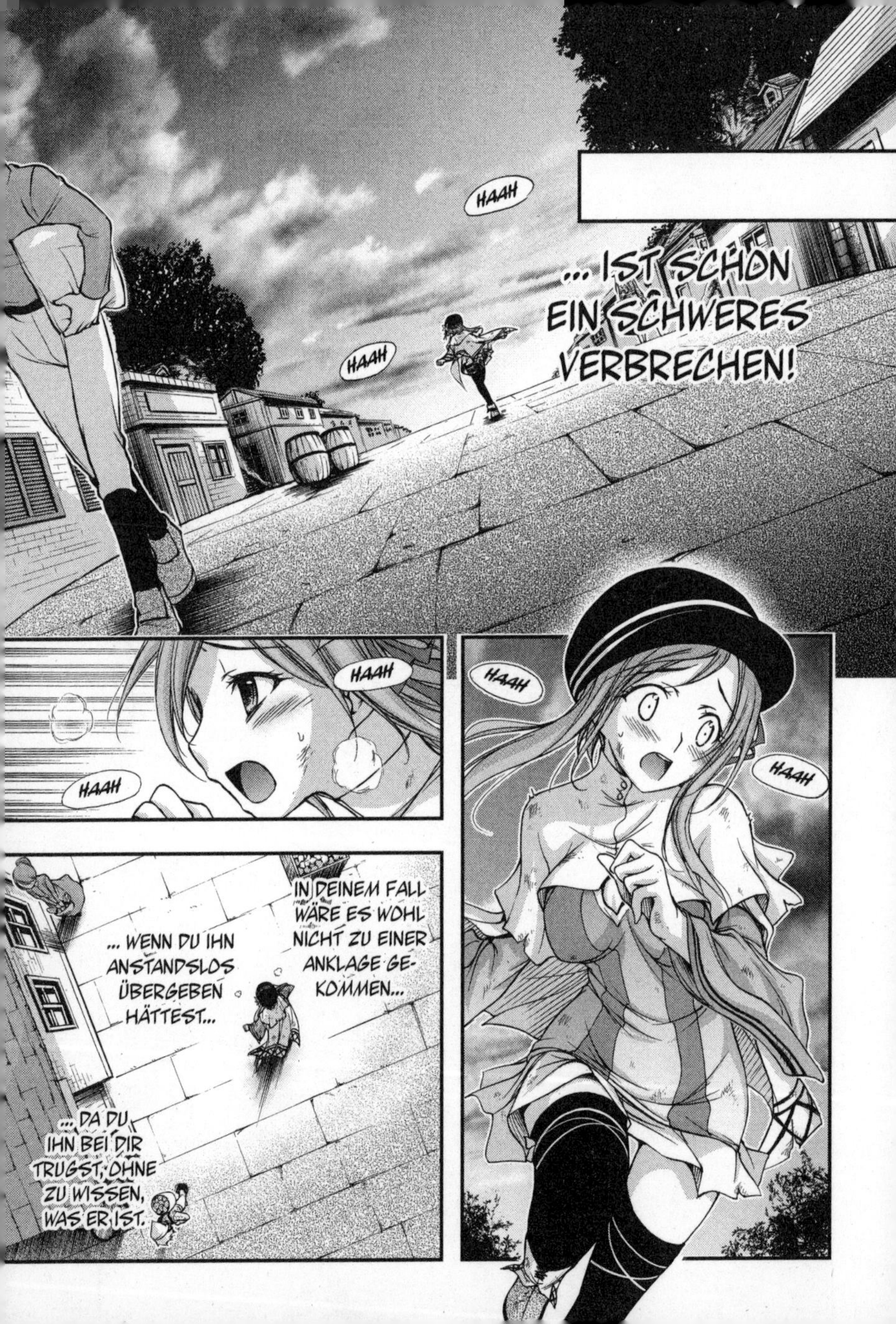
... IST SCHON EIN SCHWERES VERBRECHEN!
HAAH
HAAH
HAAH
HAAH
HAAH
HAAH
IN DEINEM FALL WÄRE ES WOHL NICHT ZU EINER ANKLAGE GE-KOMMEN...
... WENN DU IHN ANSTANDSLOS ÜBERGEBEN HÄTTEST...
... DA DU IHN BEI DIR TRUGST, OHNE ZU WISSEN, WAS ER IST.

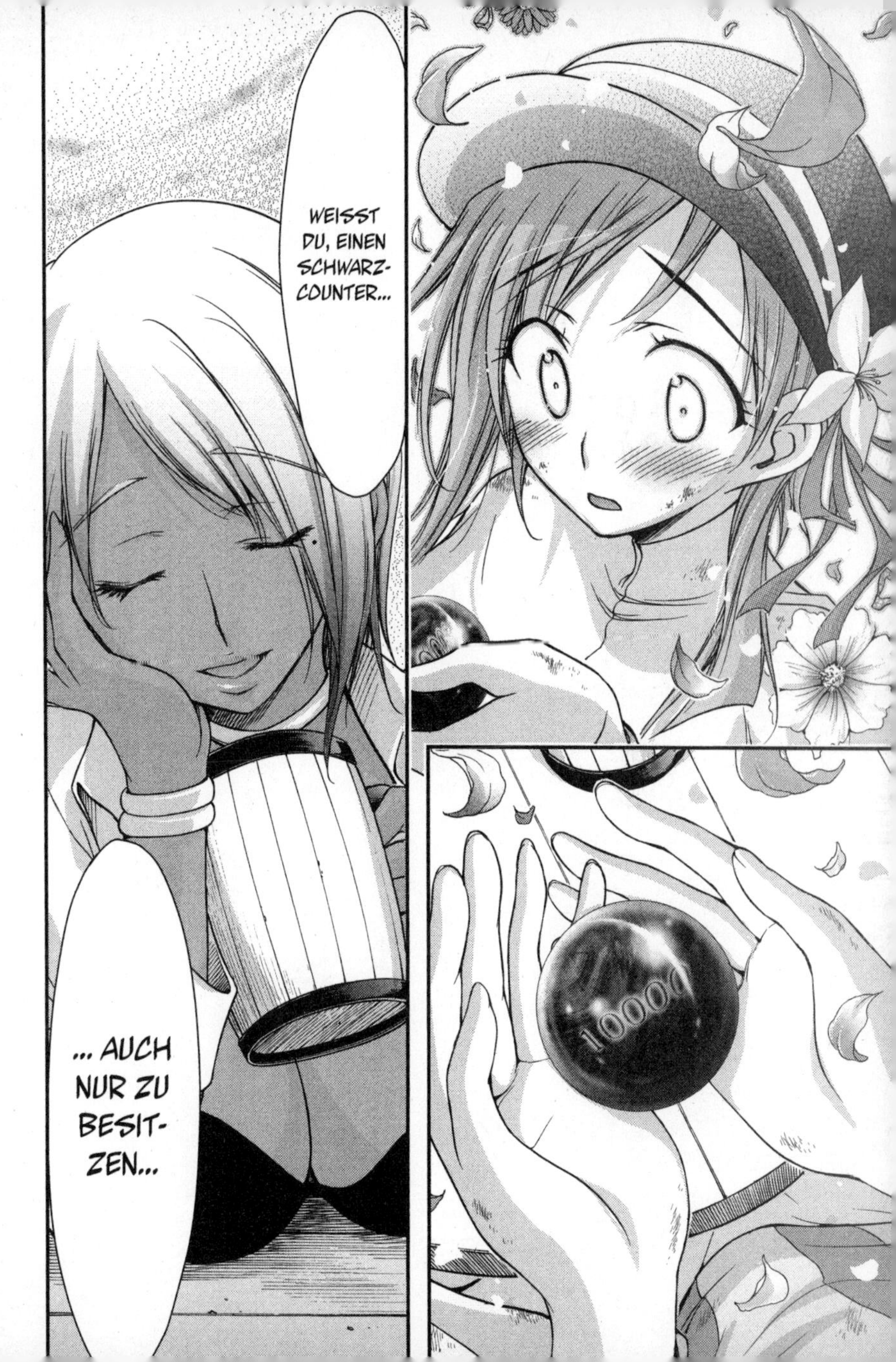
WEISST DU, EINEN SCHWARZ-COUNTER...
... AUCH NUR ZU BESIT-ZEN...

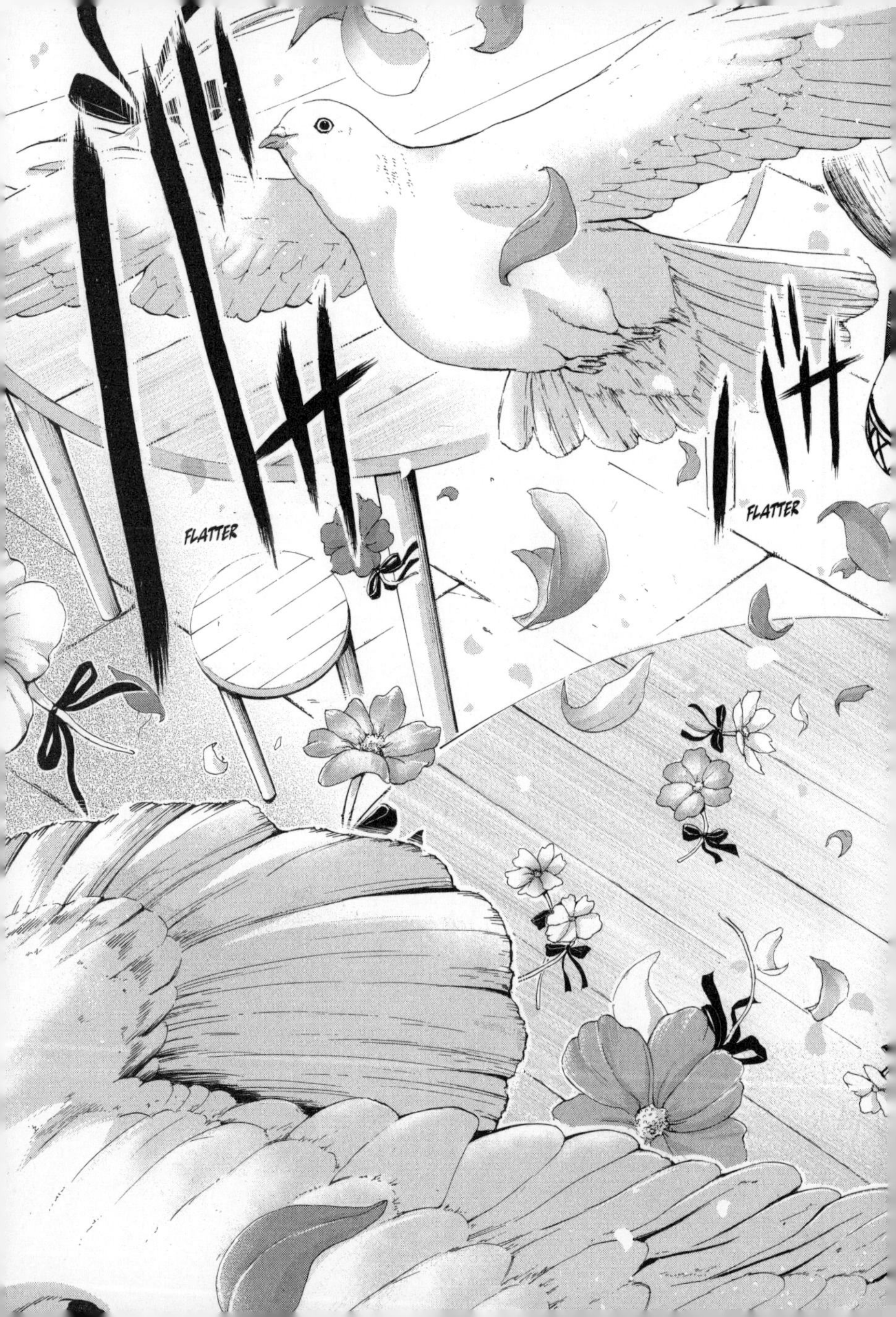
FLATTER
FLATTER

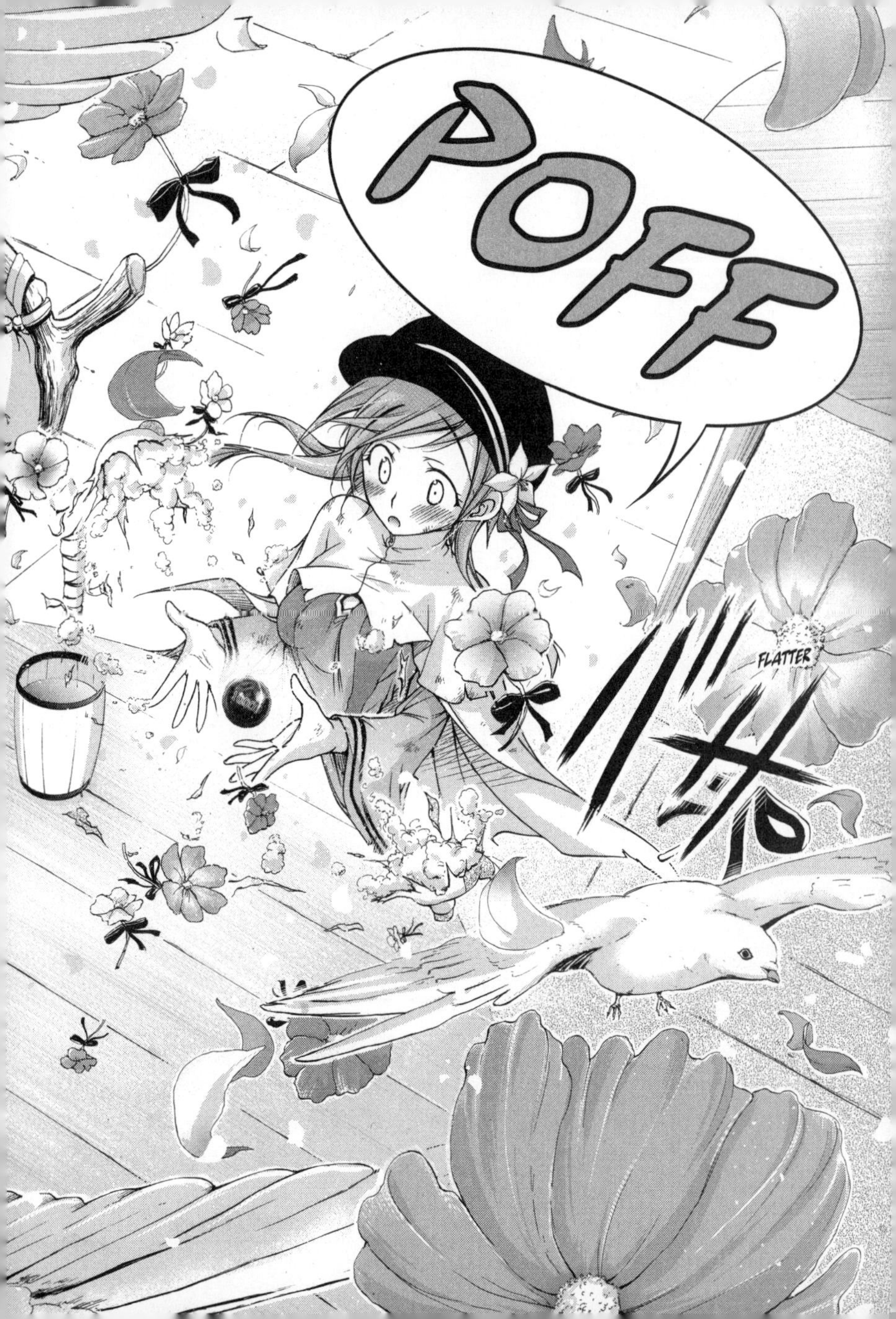
POFF
FLATTER

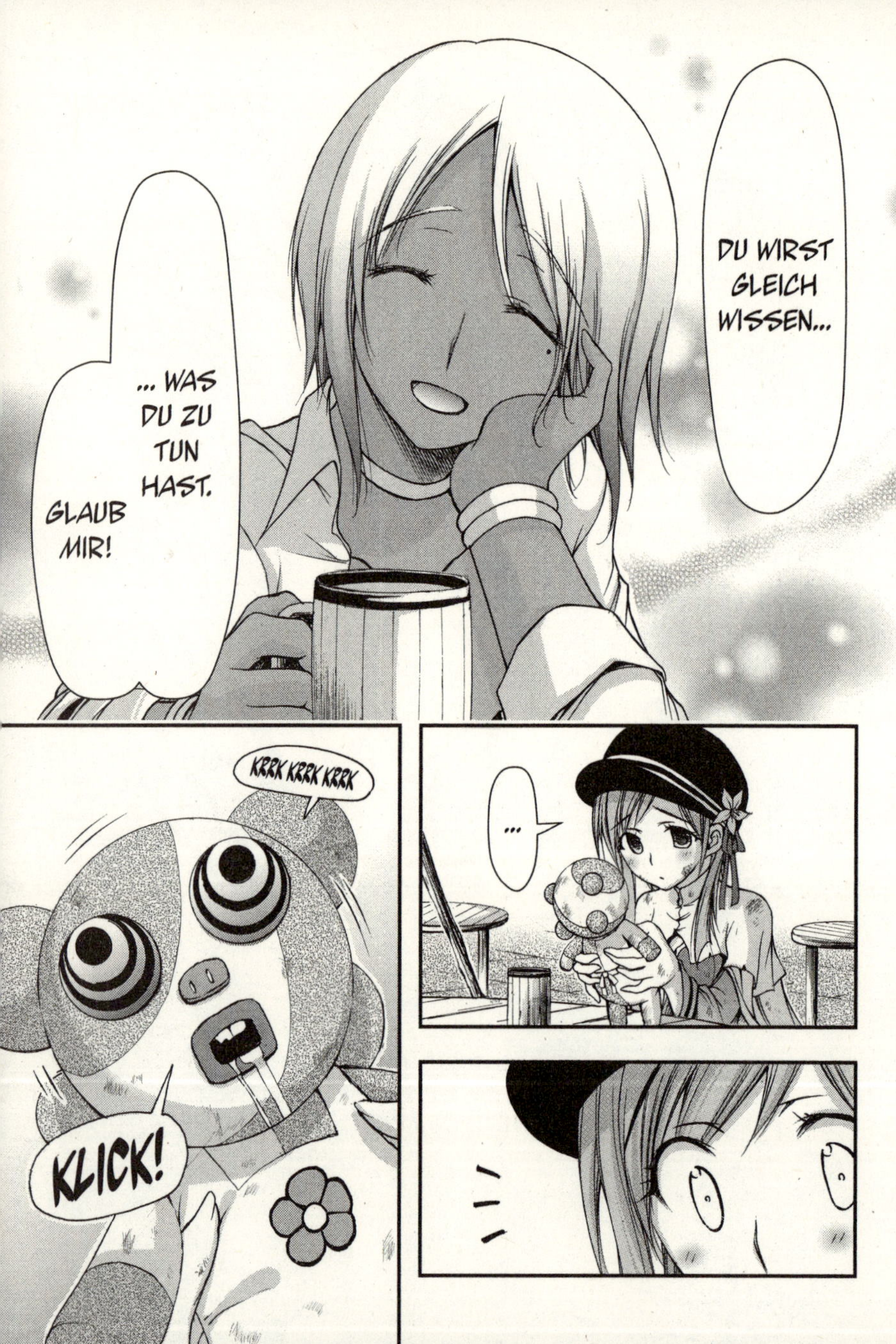
DU WIRST GLEICH WISSEN...
... WAS DU ZU TUN HAST.
GLAUB MIR!
...
KRRK KRRK KRRK
KLICK!

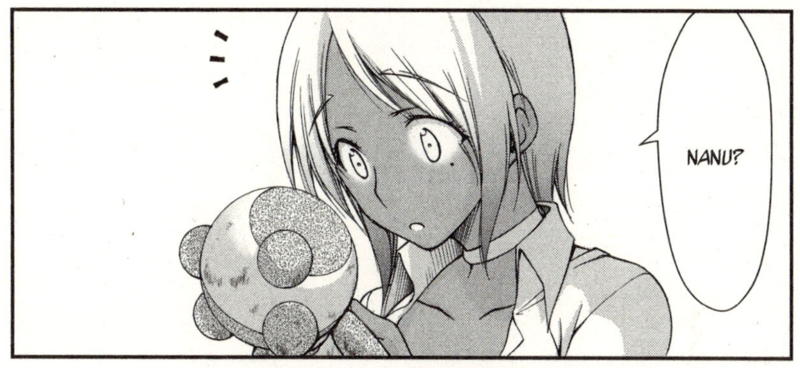

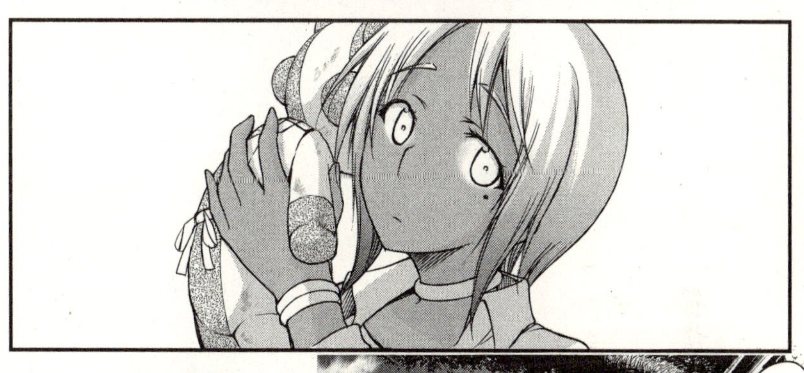

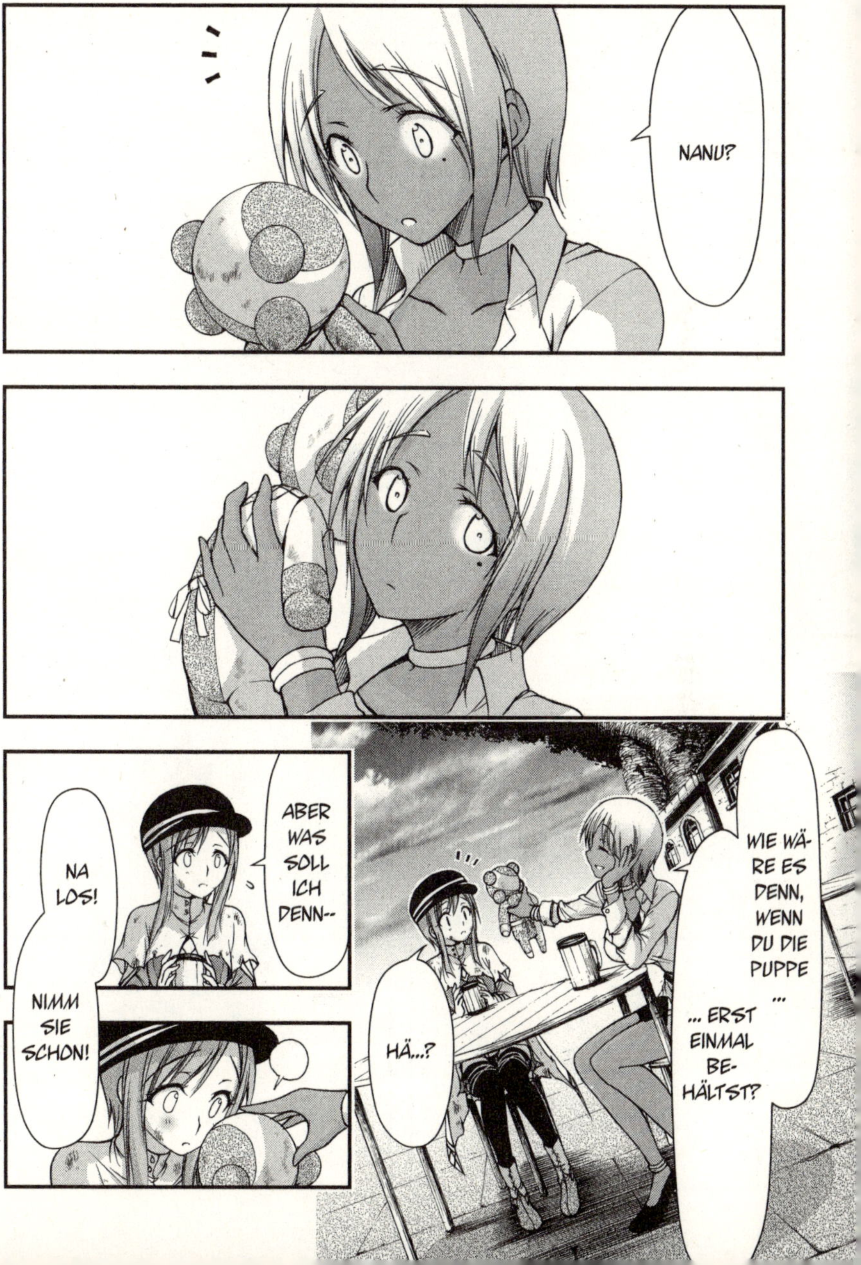

WIE WÄRE ES DENN, WENN DU DIE PUPPE ...

... ERST EINMAL BEHÄLTST?

HÄ...?

ABER WAS SOLL ICH DENN--

NA LOS!

NIMM SIE SCHON!

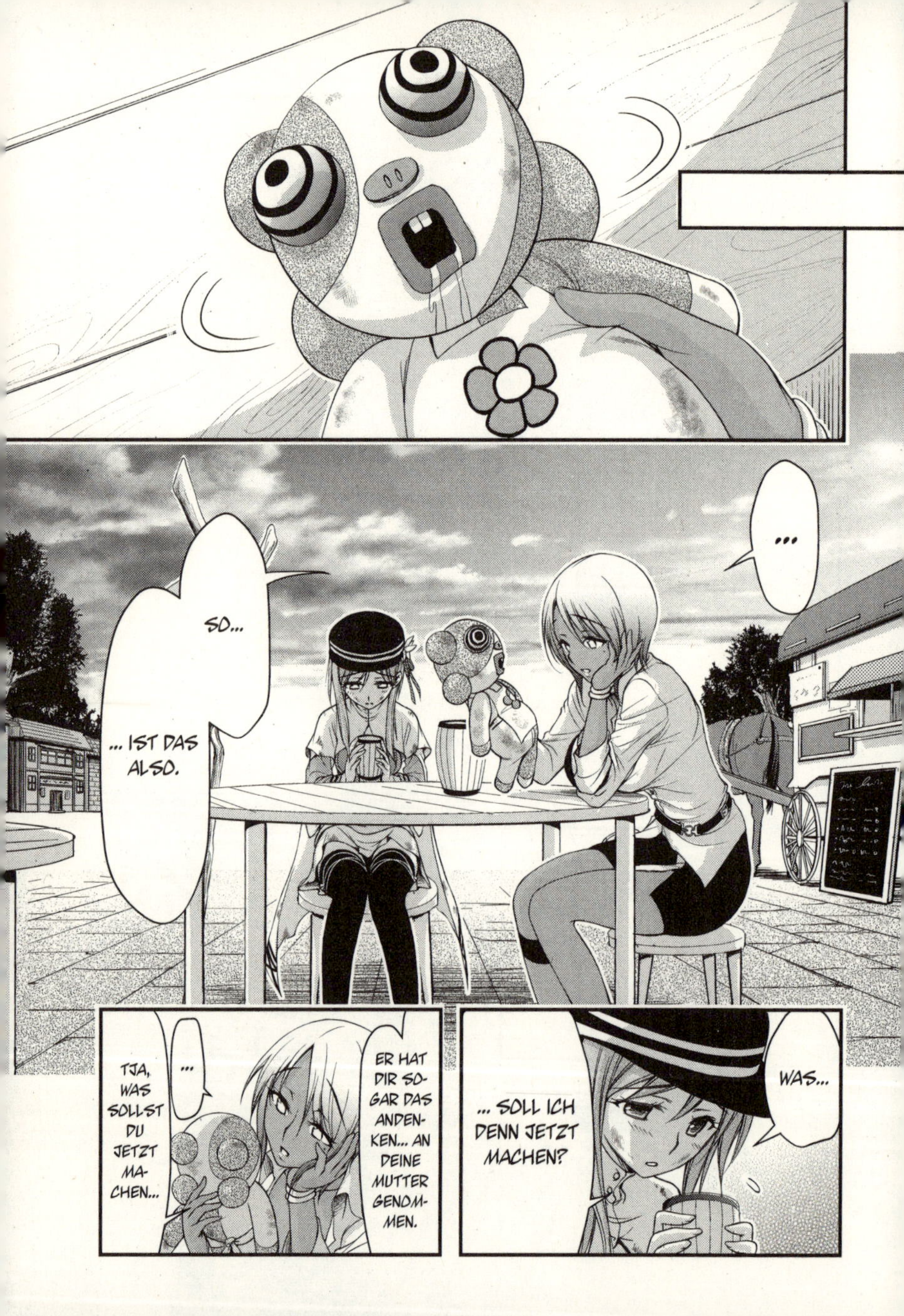

...
SO...
... IST DAS ALSO.
WAS...
... SOLL ICH DENN JETZT MACHEN?
ER HAT DIR SOGAR DAS ANDENKEN... AN DEINE MUTTER GENOMMEN.
...
TJA, WAS SOLLST DU JETZT MACHEN...

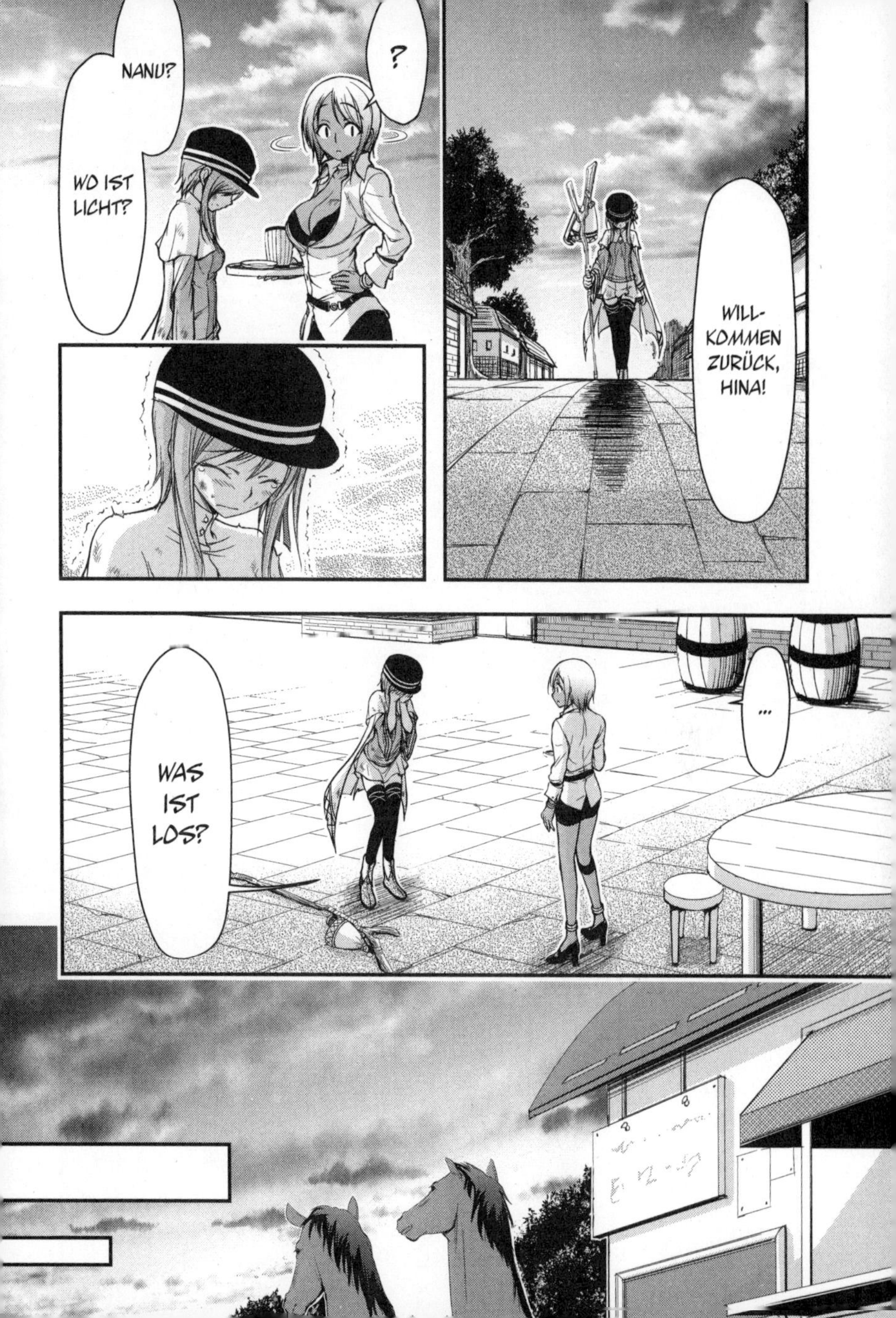
WILL-KOMMEN ZURÜCK, HINA!
?
NANU? WO IST LICHT?
...
WAS IST LOS?

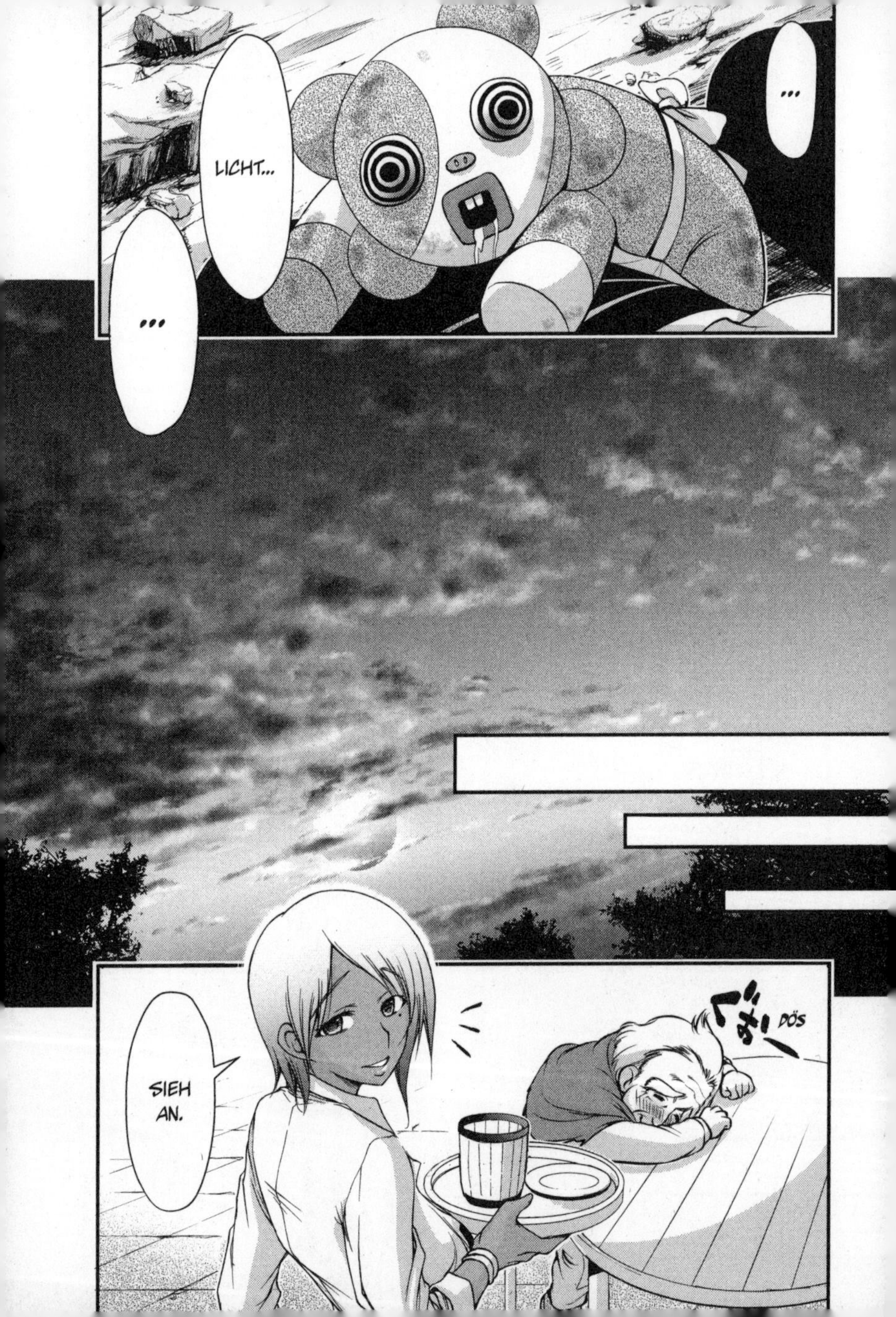
...
LICHT...
...
SIEH AN.
DÖS

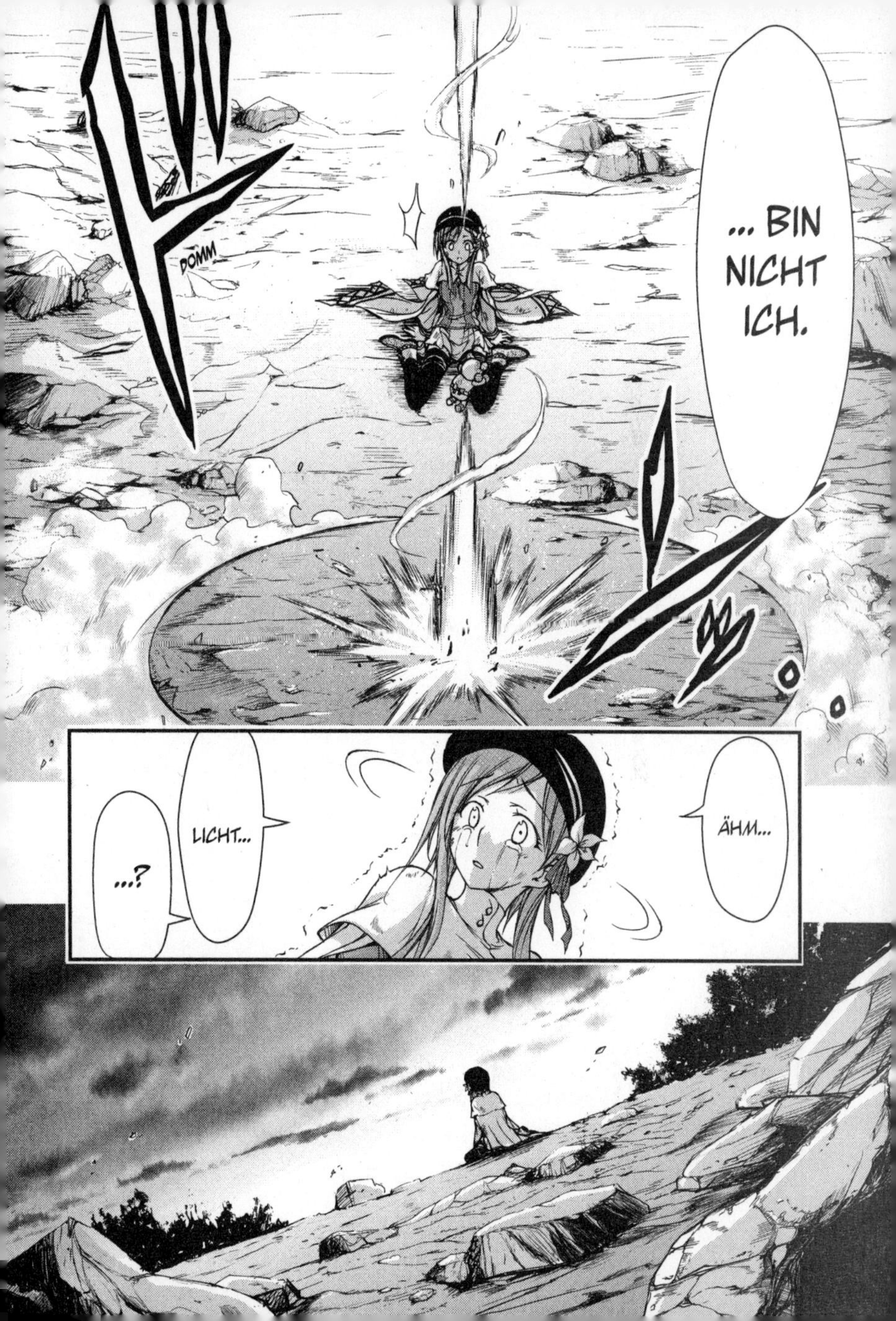
... BIN NICHT ICH.
DOMM
ÄHM...
LICHT...
...?

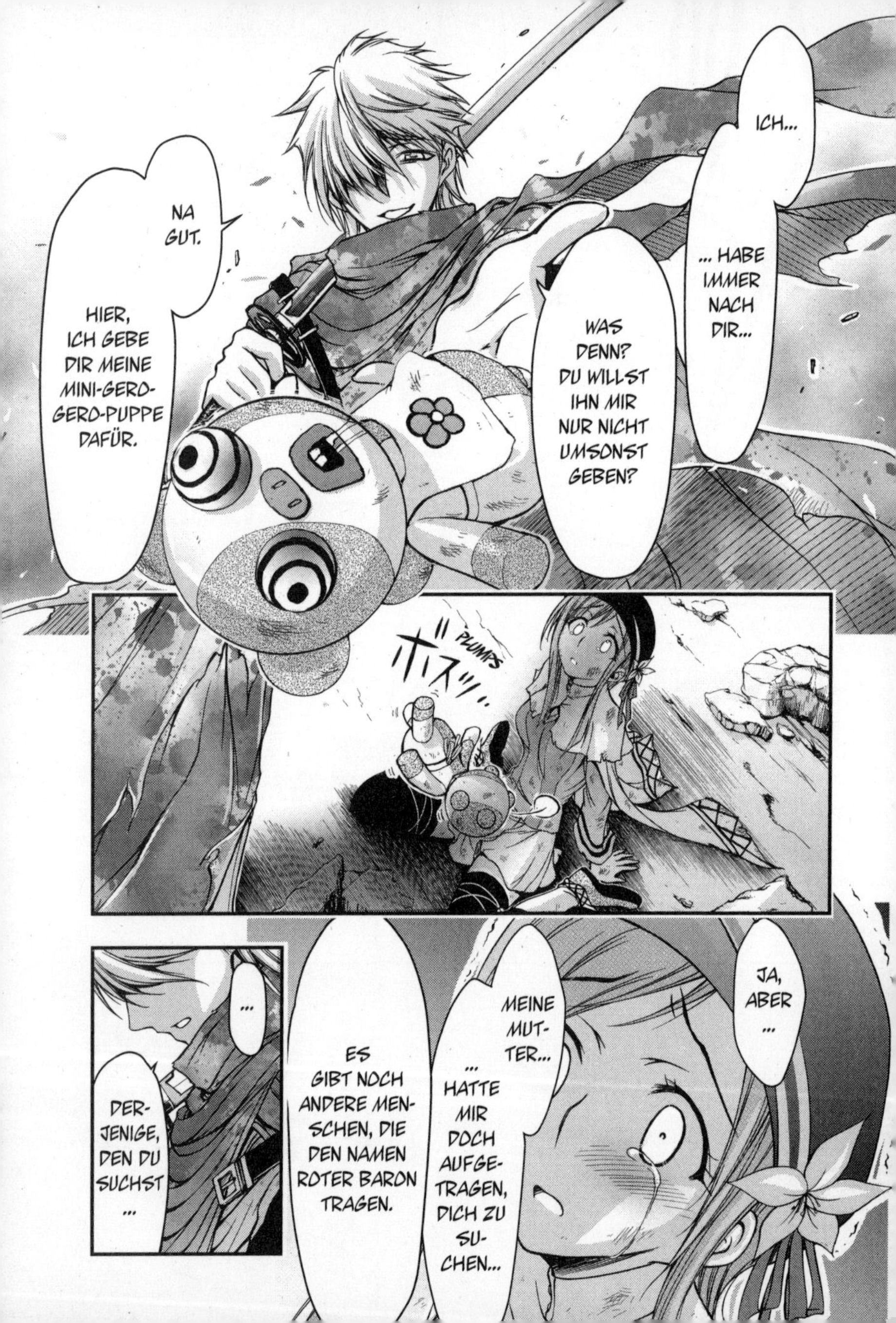
ICH...
... HABE IMMER NACH DIR...
WAS DENN? DU WILLST IHN MIR NUR NICHT UMSONST GEBEN?
NA GUT.
HIER, ICH GEBE DIR MEINE MINI-GERO-GERO-PUPPE DAFÜR.
ボスッ
PLUMPS
JA, ABER ...
MEINE MUT-TER...
... HATTE MIR DOCH AUFGE-TRAGEN, DICH ZU SU-CHEN...
ES GIBT NOCH ANDERE MEN-SCHEN, DIE DEN NAMEN ROTER BARON TRAGEN.
...
DER-JENIGE, DEN DU SUCHST ...

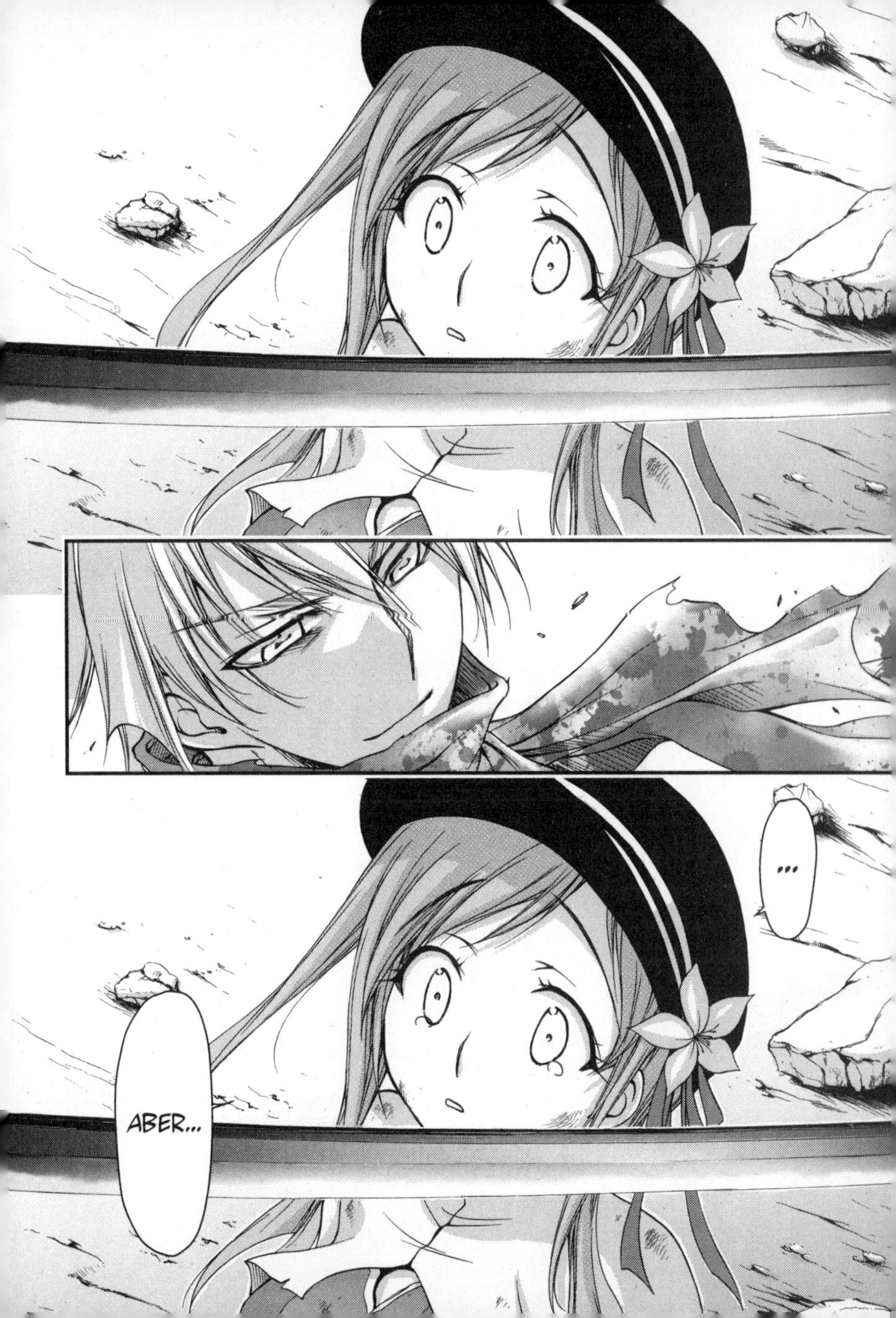
...
ABER...

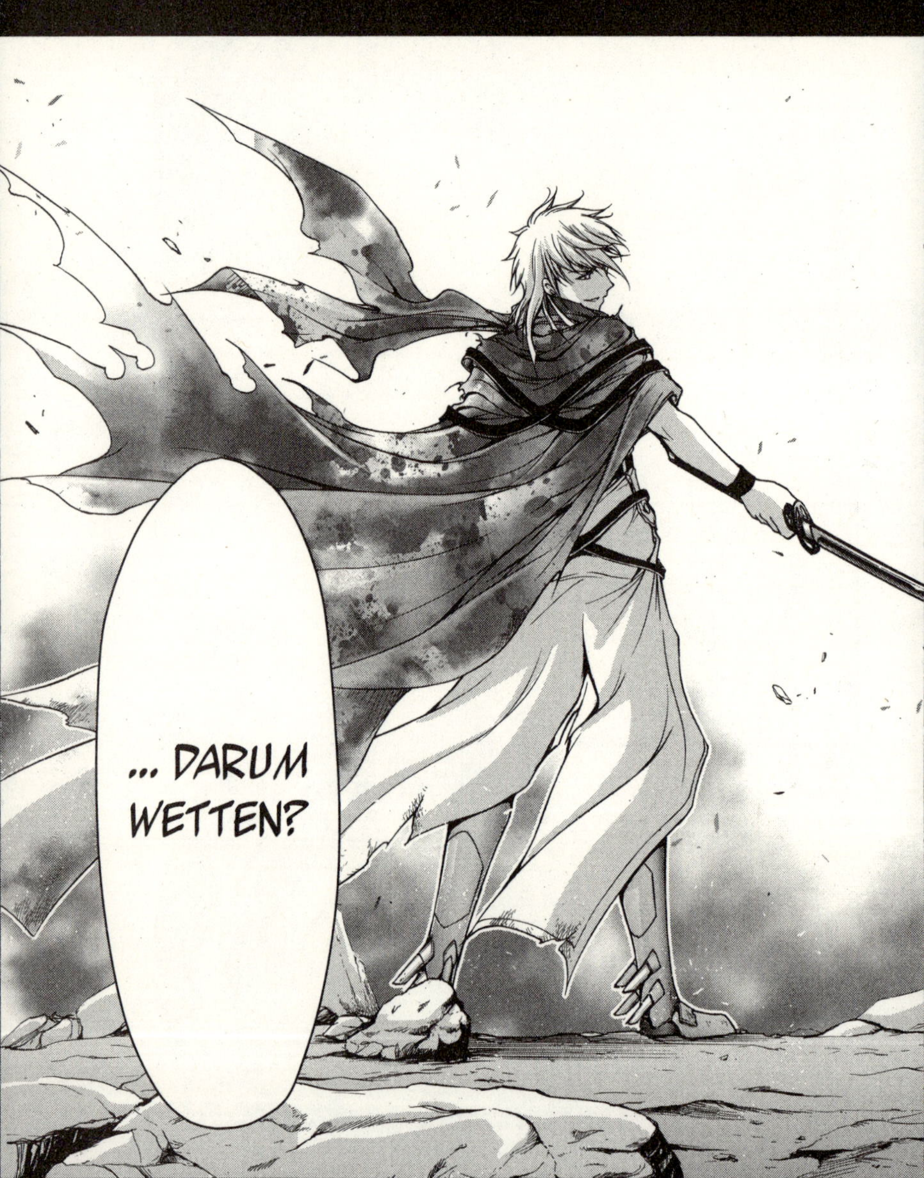
... DARUM WETTEN?

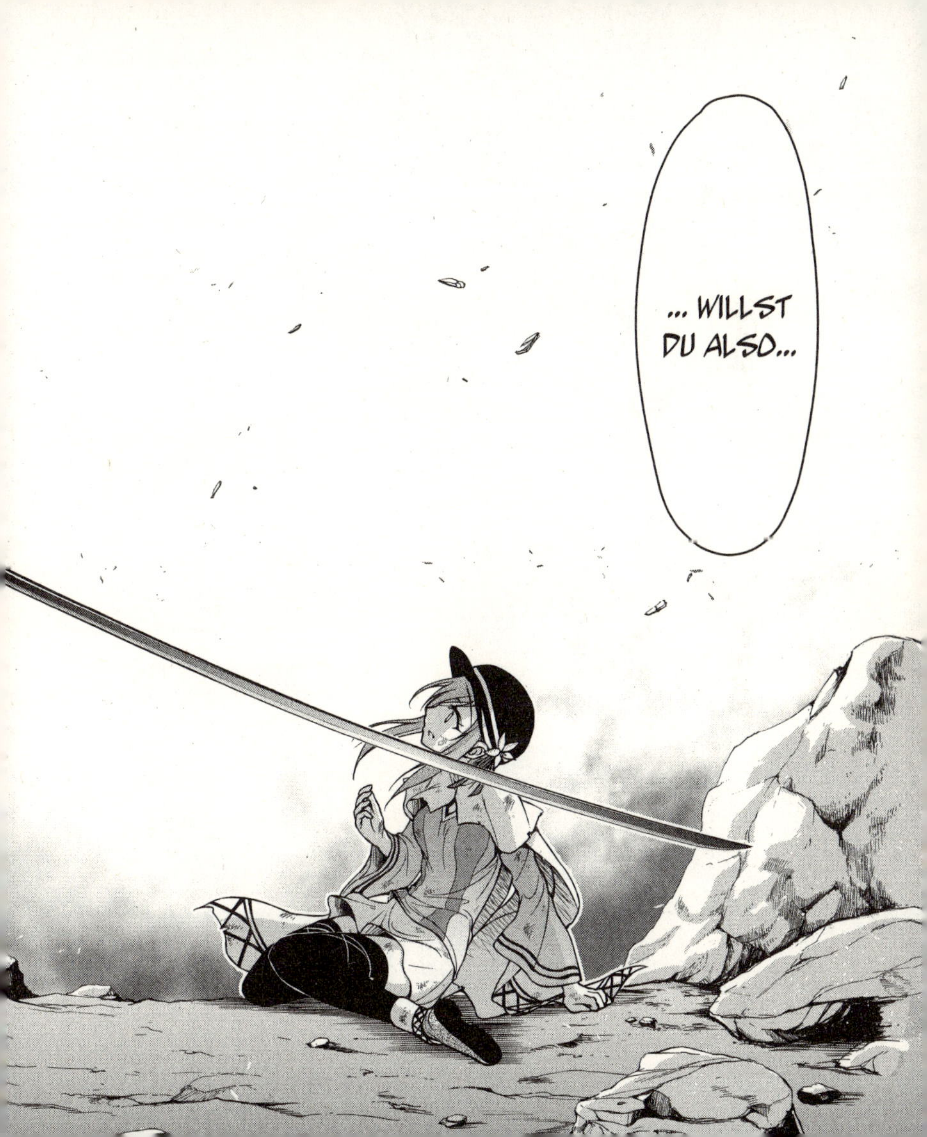
... WILLST
DU ALSO...

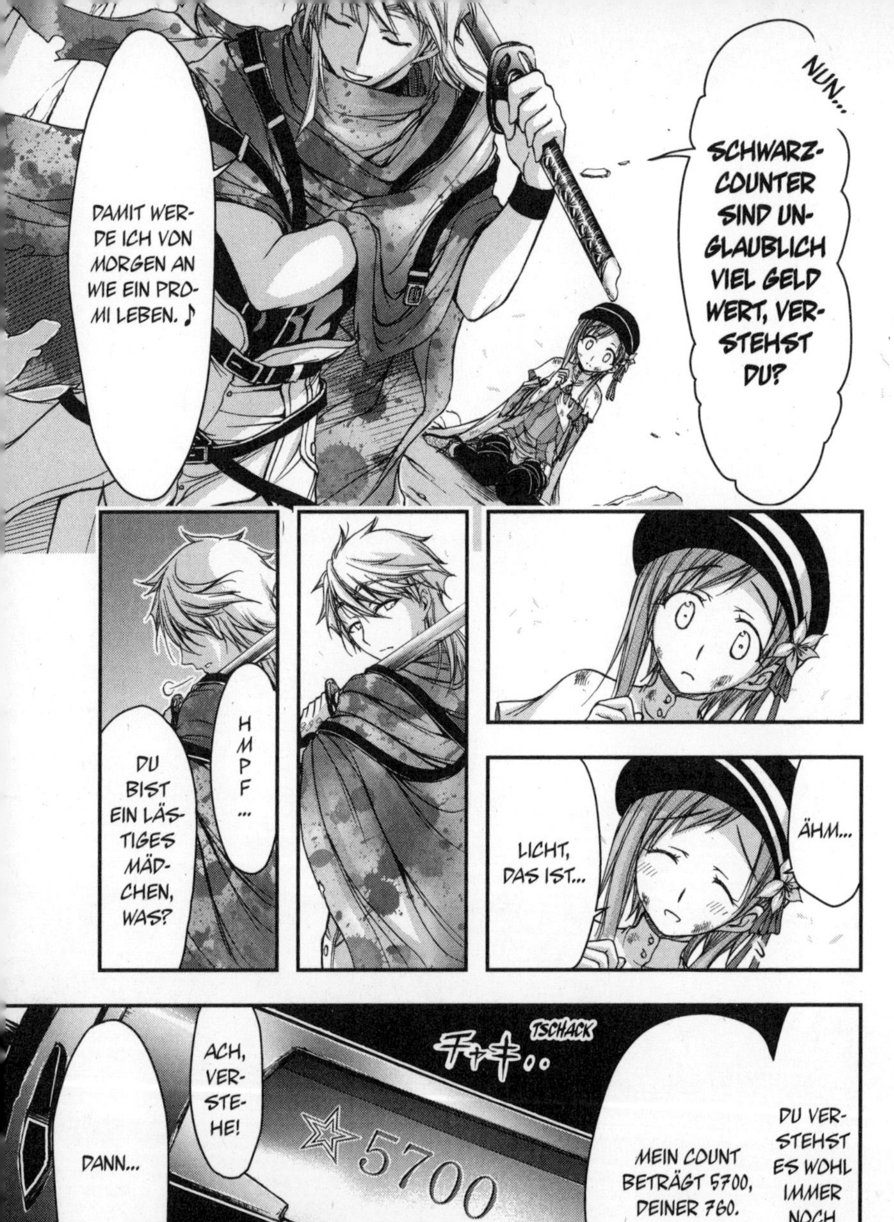
NUN...
SCHWARZ-COUNTER SIND UNGLAUBLICH VIEL GELD WERT, VERSTEHST DU?
DAMIT WERDE ICH VON MORGEN AN WIE EIN PROMI LEBEN. ♪
ÄHM...
LICHT, DAS IST...
HMPF ...
DU BIST EIN LÄSTIGES MÄDCHEN, WAS?
TSCHACK
チャキ。。
DU VERSTEHST ES WOHL IMMER NOCH NICHT.
MEIN COUNT BETRÄGT 5700, DEINER 760.
ACH, VERSTEHE!
DANN...
5700

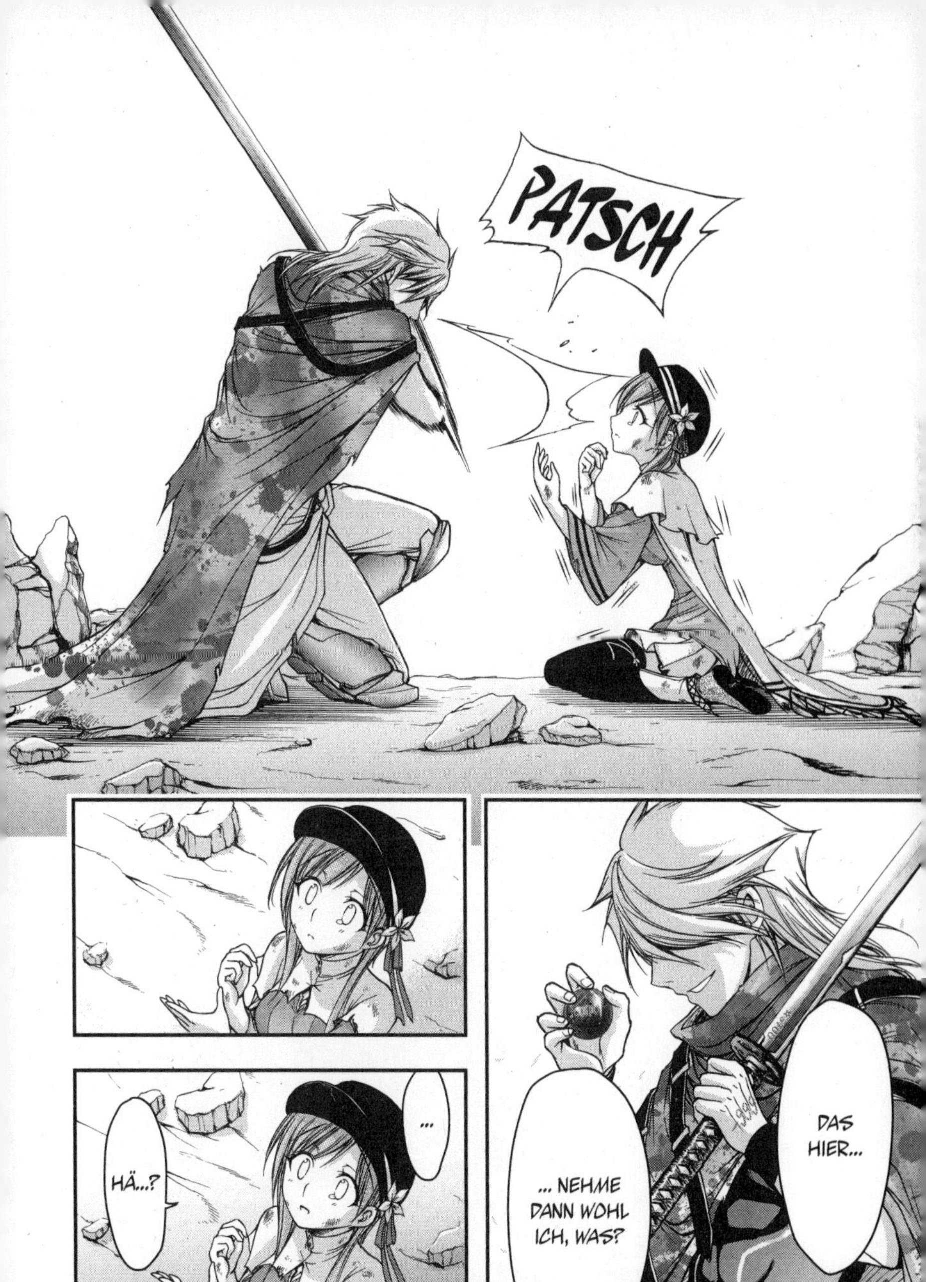
PATSCH
DAS HIER...
... NEHME DANN WOHL ICH, WAS?
...
HÄ...?

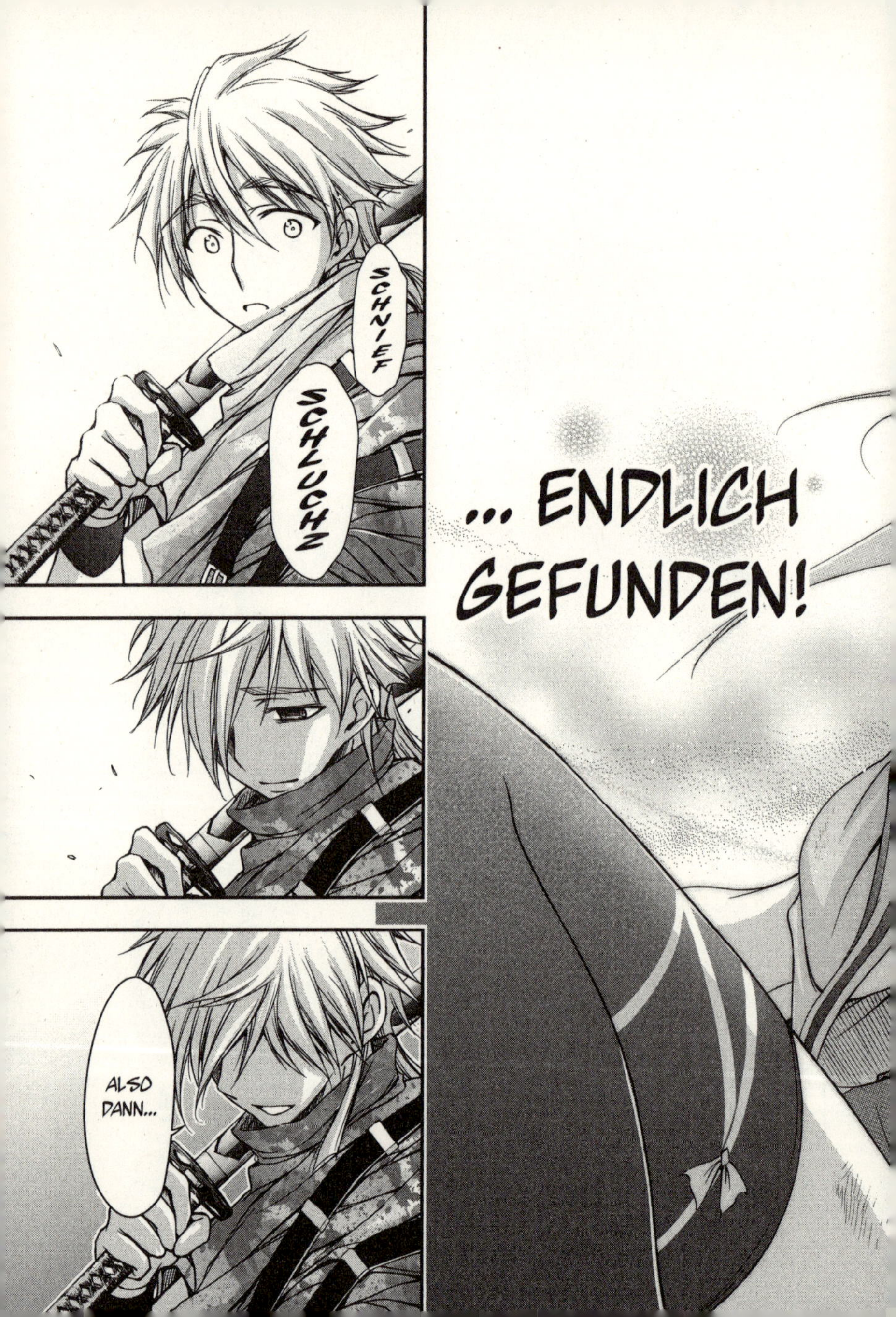

... ENDLICH GEFUNDEN!

SCHNIEF

SCHLUCHZ

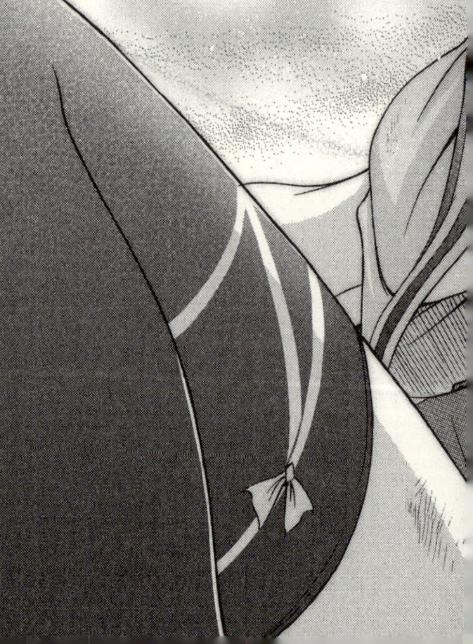

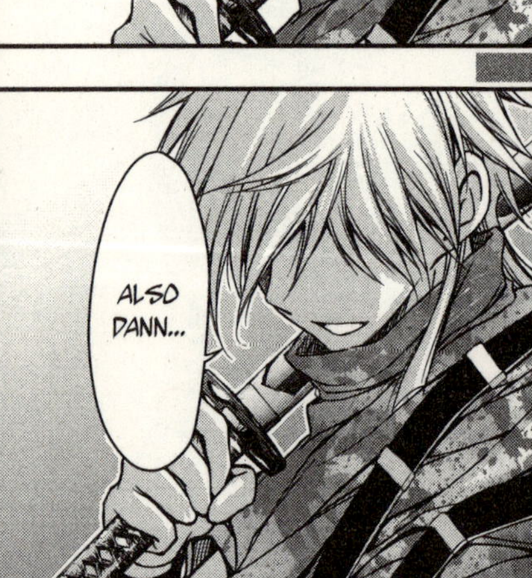

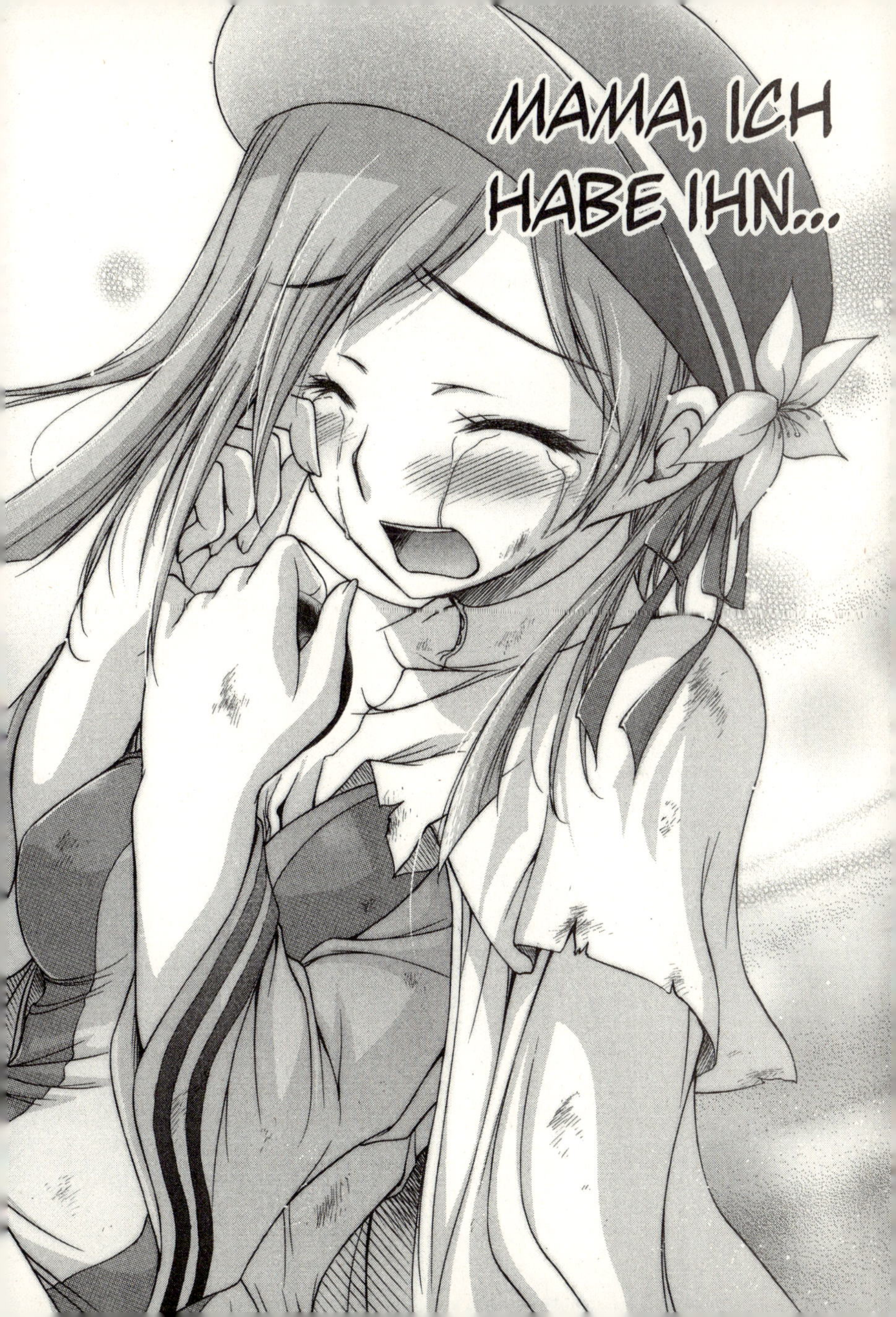
MAMA, ICH HABE IHN...

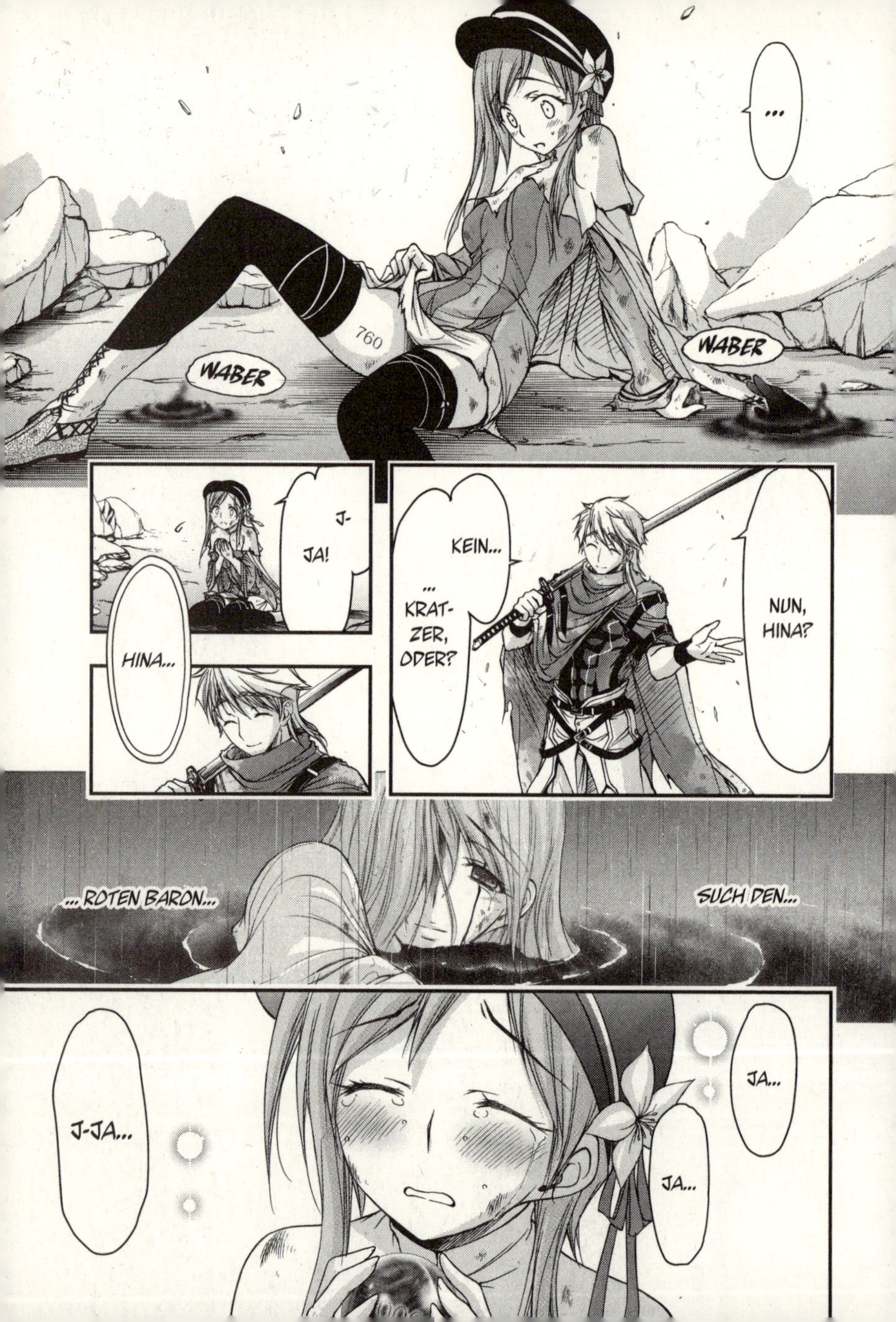
...
WABER
760
WABER
NUN, HINA?
KEIN...
... KRATZER, ODER?
J-JA!
HINA...
SUCH DEN...
... ROTEN BARON...
JA...
JA...
J-JA...

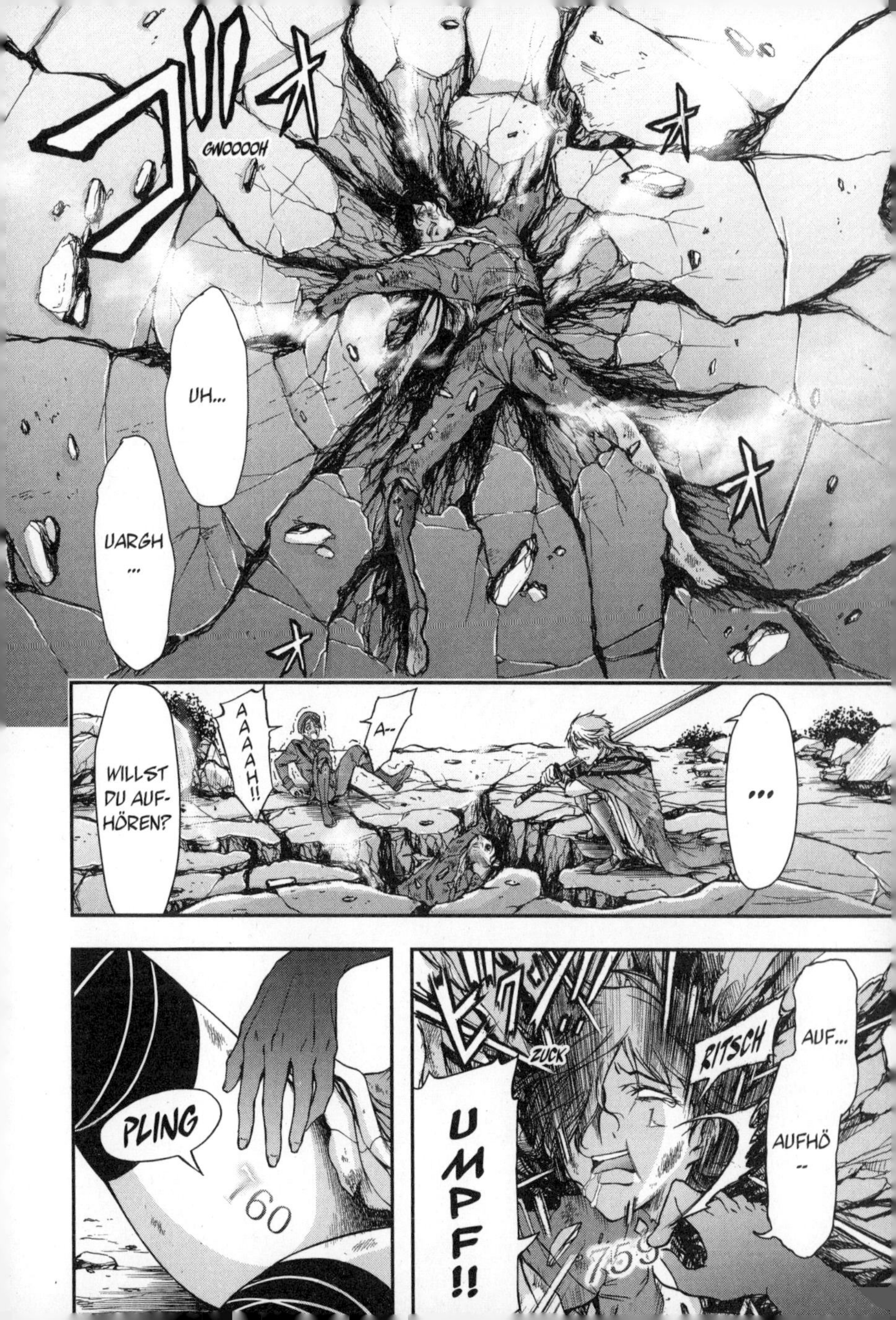

GWOOOOH
UH...
UARGH ...

...
A-
AAAAAH!!
WILLST DU AUFHÖREN?

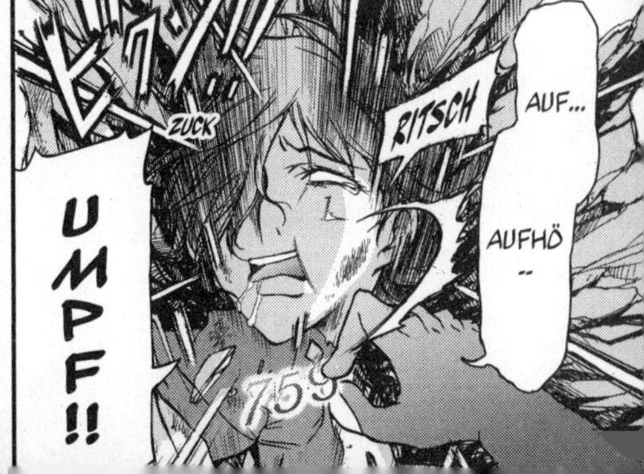

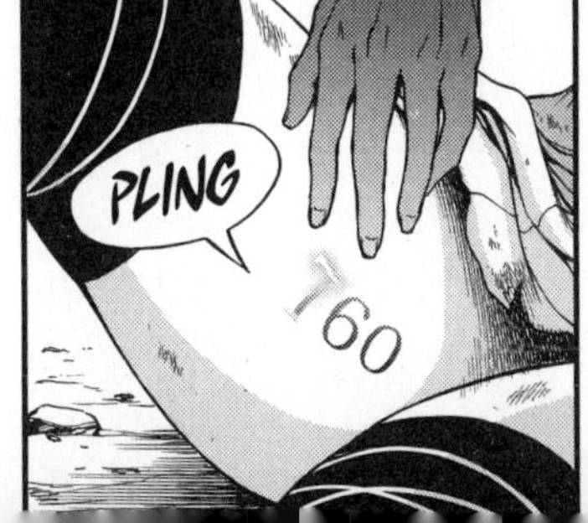

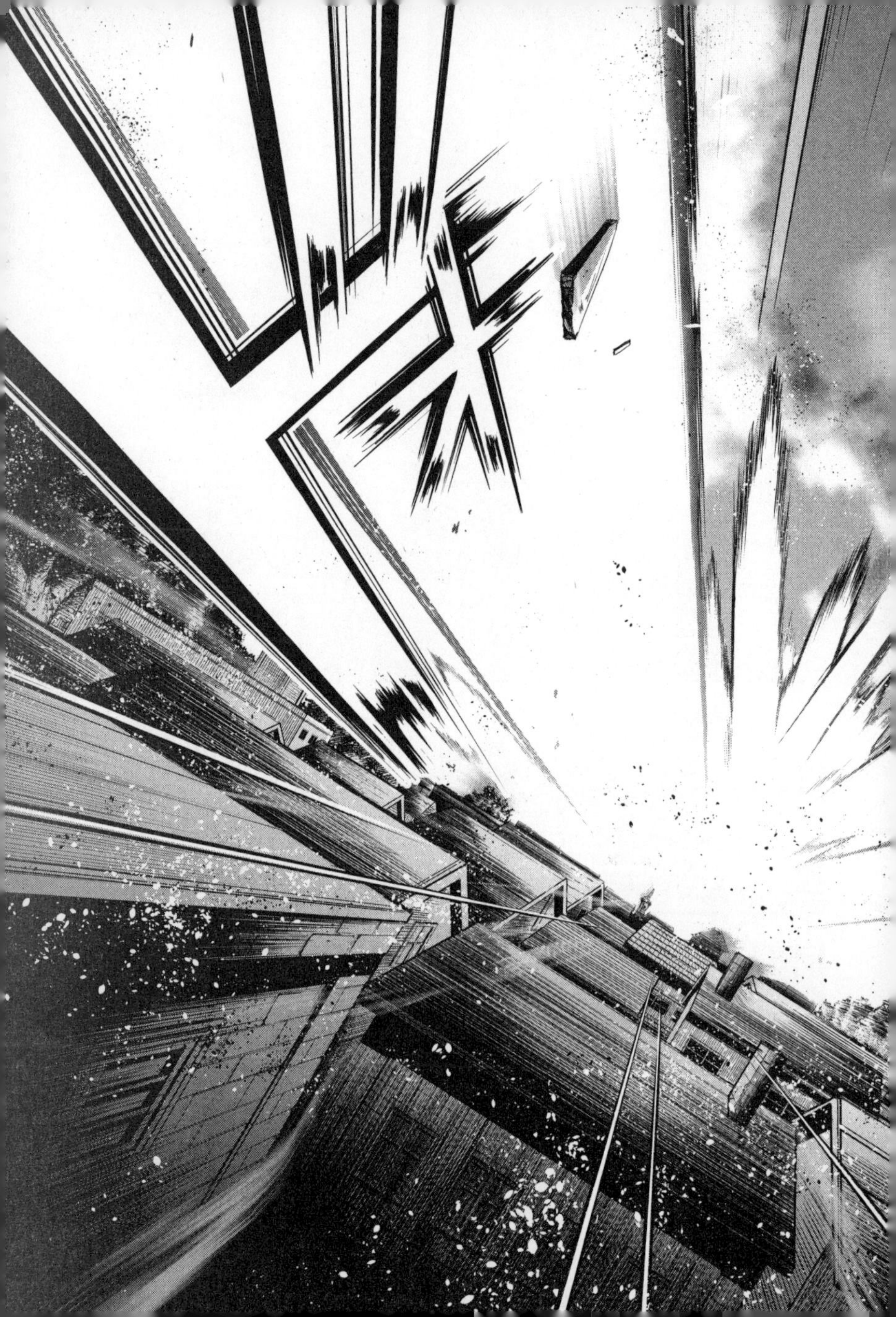

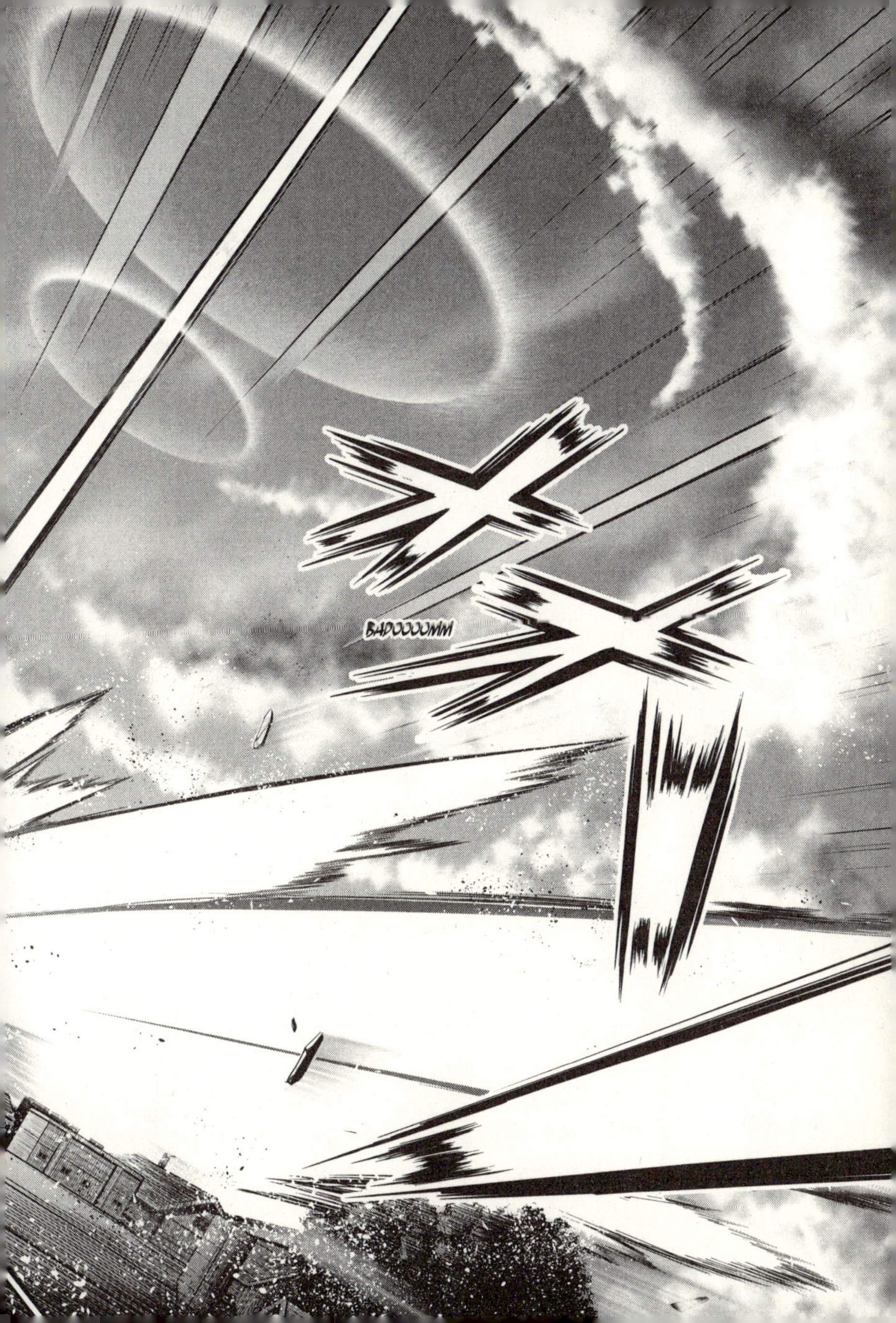
BADOOOOMM

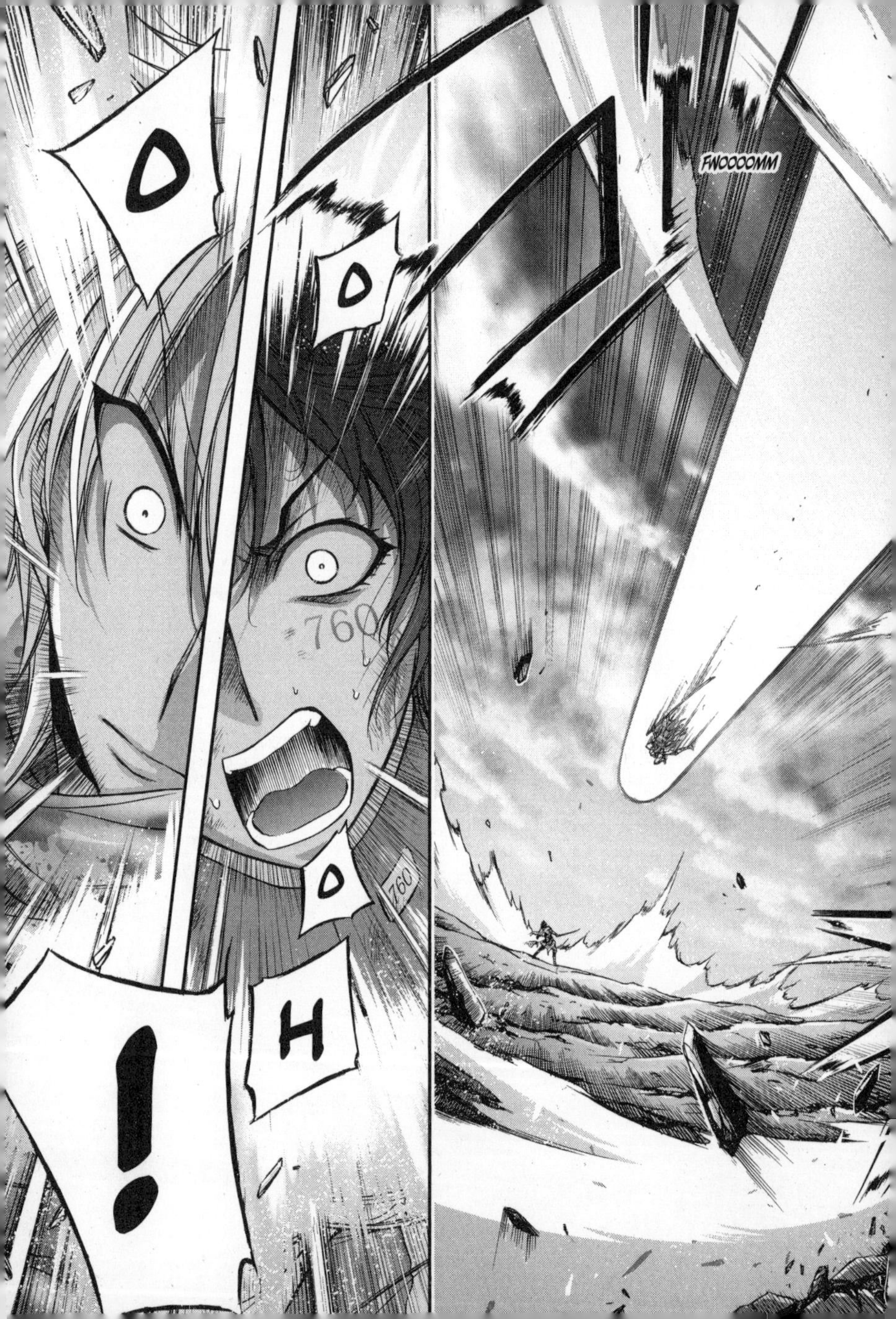
FWOOOOMM
OOOH!

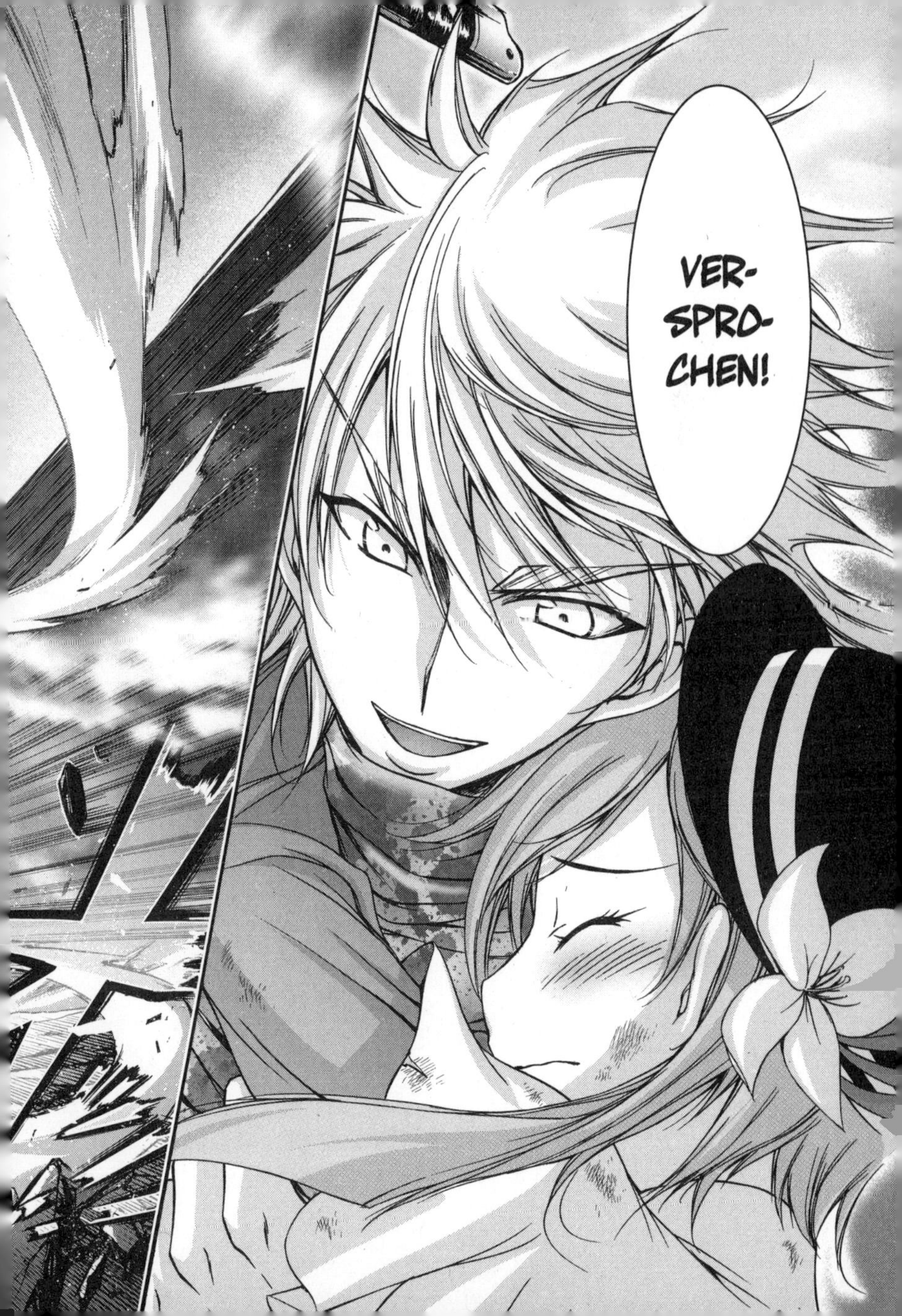
VER-
SPRO-
CHEN!

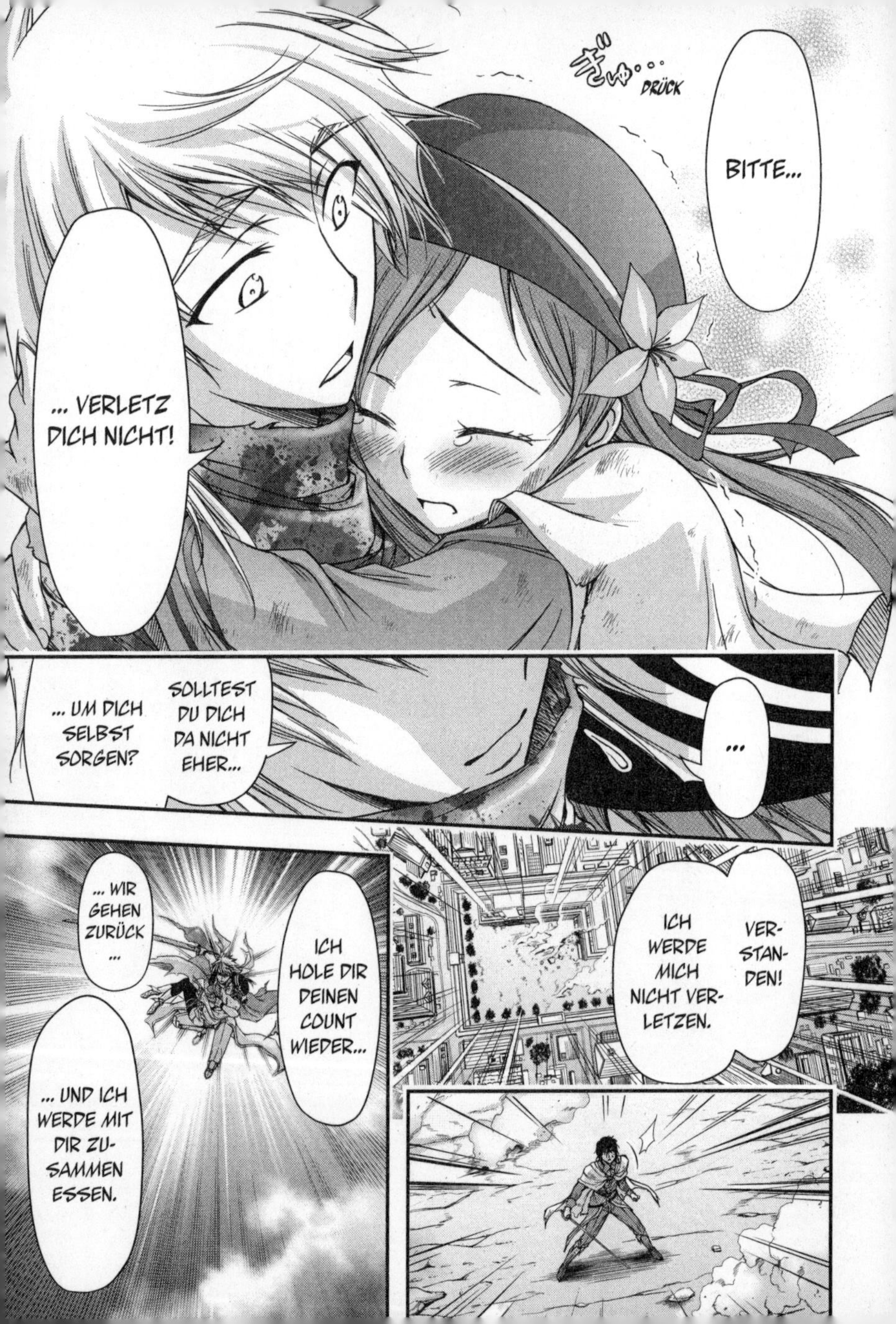
ぎゅ・・・ DRÜCK
BITTE...
... VERLETZ DICH NICHT!
...
SOLLTEST DU DICH DA NICHT EHER...
... UM DICH SELBST SORGEN?
VER-STAN-DEN!
ICH WERDE MICH NICHT VER-LETZEN.
ICH HOLE DIR DEINEN COUNT WIEDER...
... WIR GEHEN ZURÜCK ...
... UND ICH WERDE MIT DIR ZU-SAMMEN ESSEN.

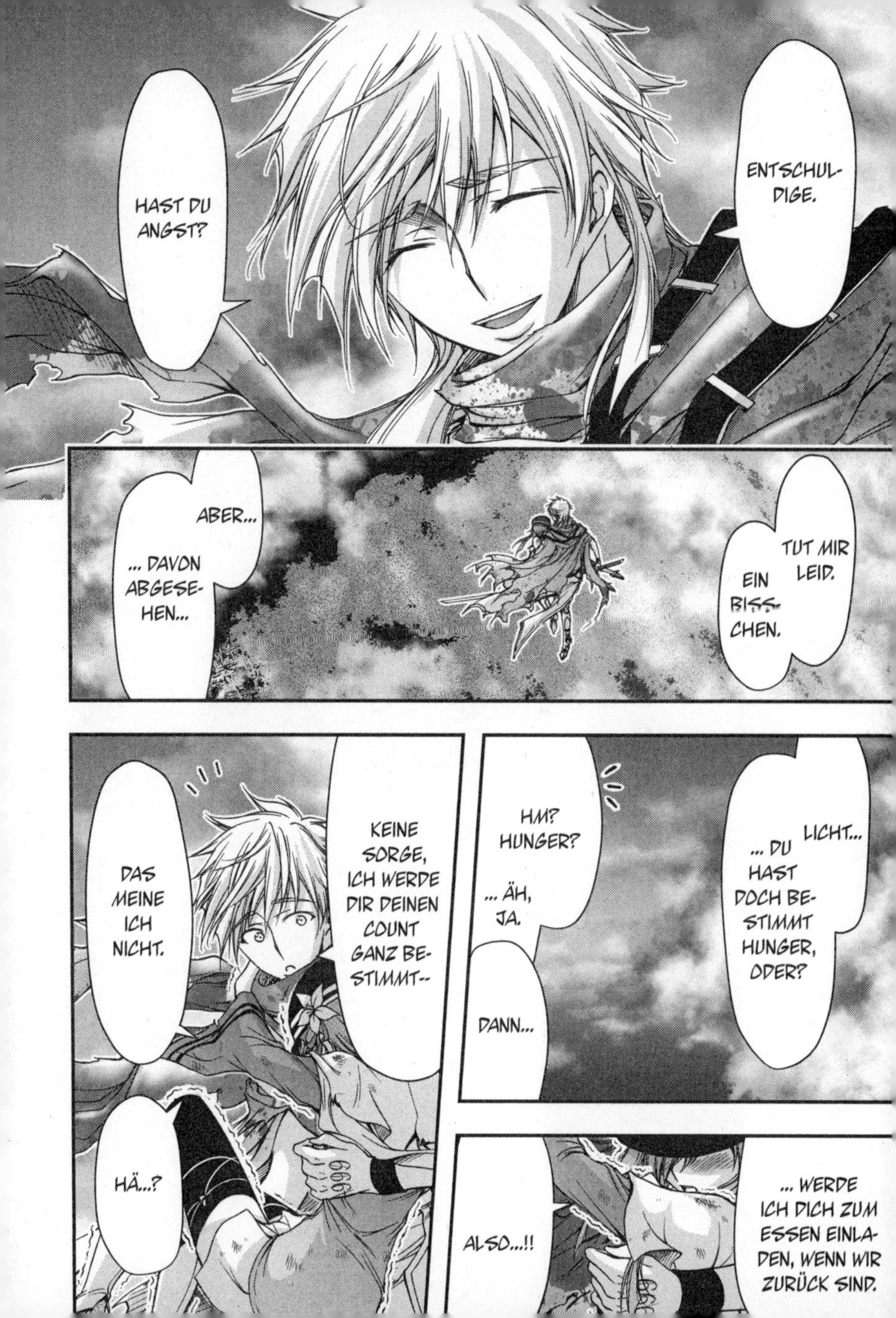

ENTSCHULDIGE.
HAST DU ANGST?
TUT MIR LEID.
EIN BISSCHEN.
ABER...
... DAVON ABGESEHEN...

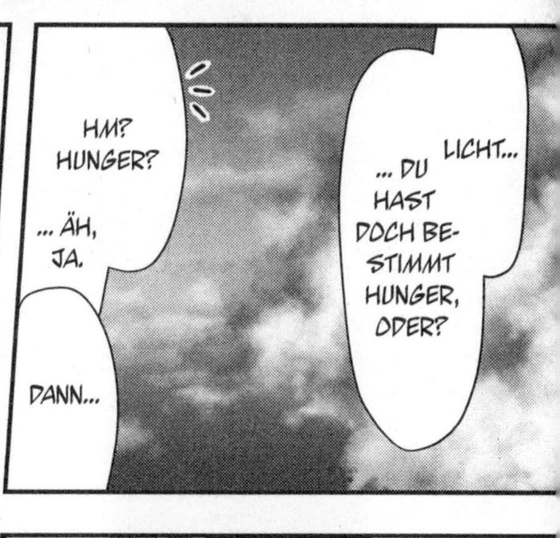

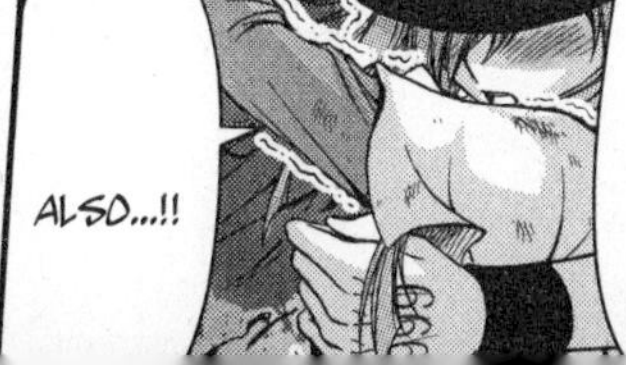

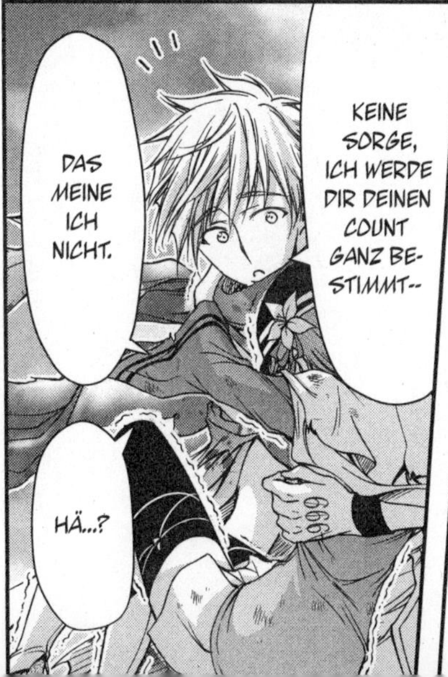

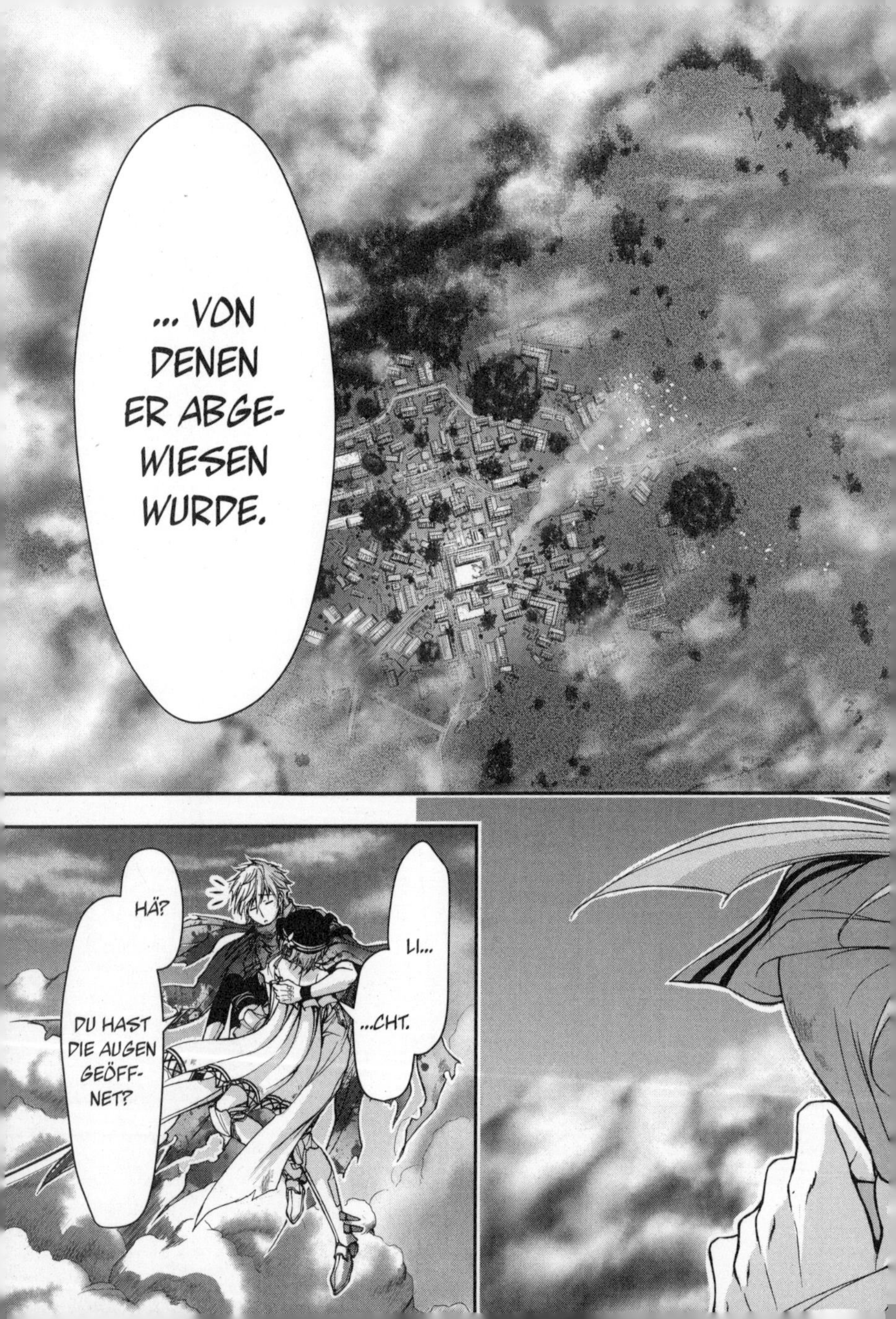

... VON DENEN ER ABGE- WIESEN WURDE.

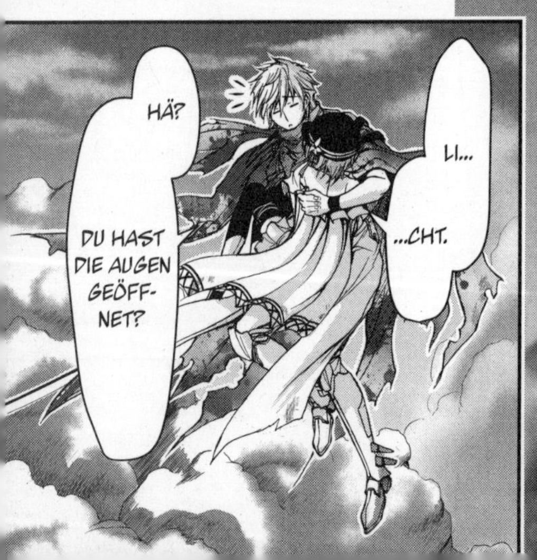

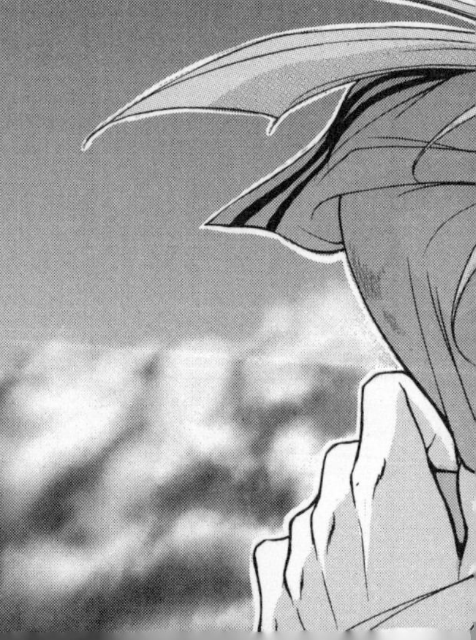

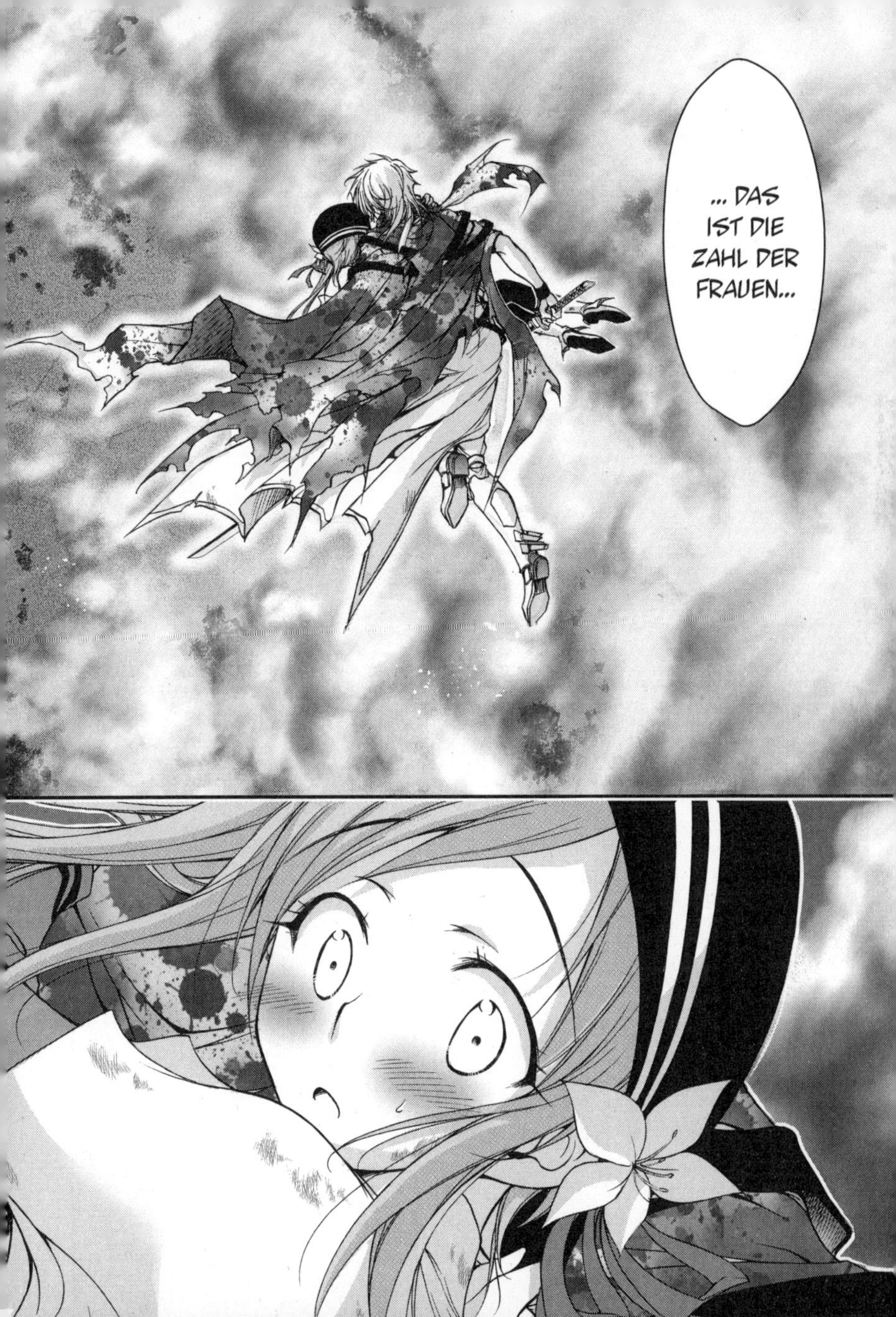
... DAS
IST DIE
ZAHL DER
FRAUEN...

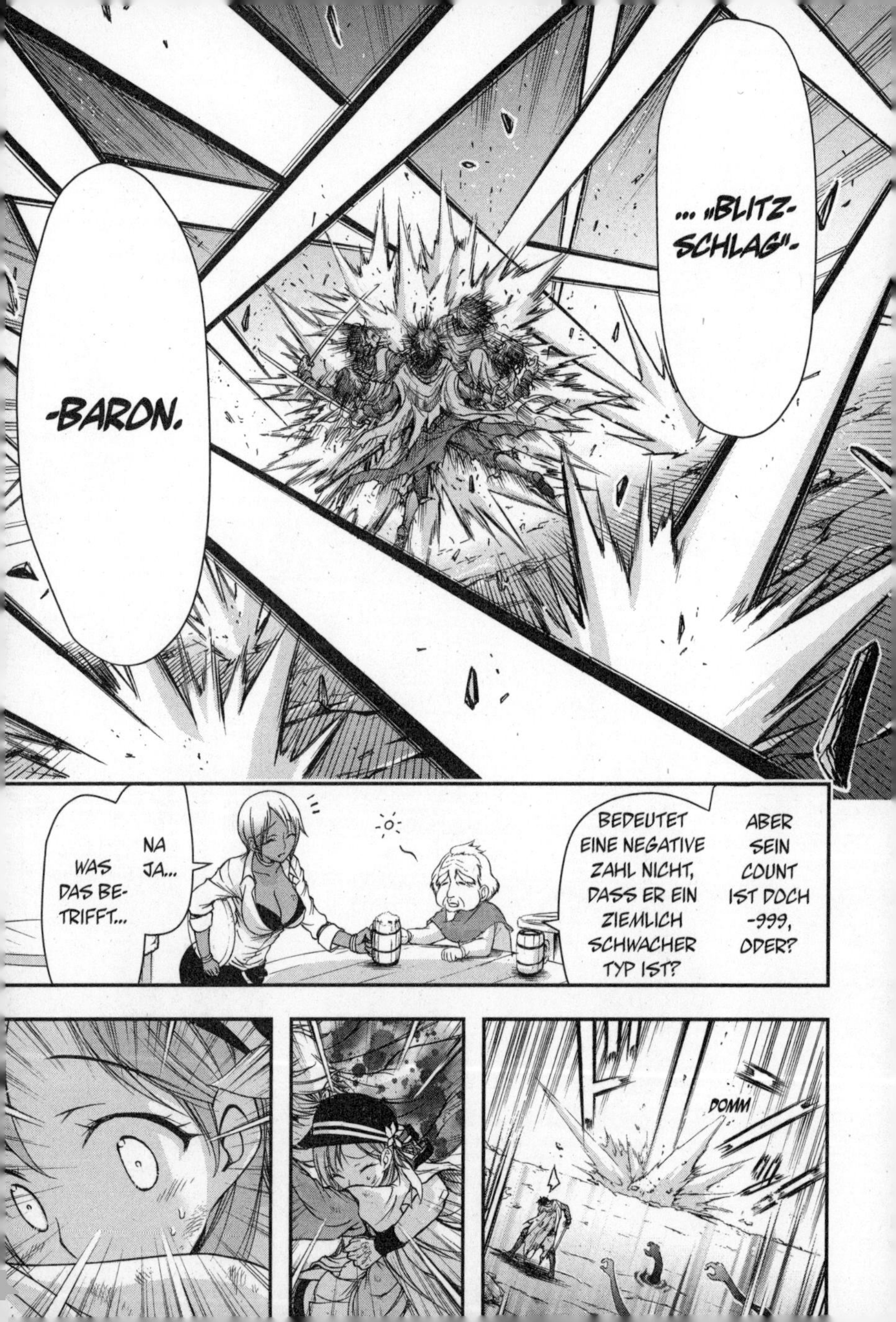

... »BLITZ-SCHLAG«-

-BARON.

ABER SEIN COUNT IST DOCH -999, ODER?

BEDEUTET EINE NEGATIVE ZAHL NICHT, DASS ER EIN ZIEMLICH SCHWACHER TYP IST?

NA JA...

WAS DAS BETRIFFT...

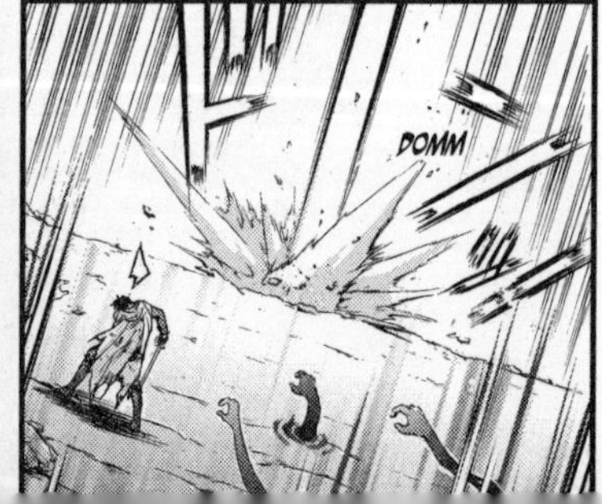

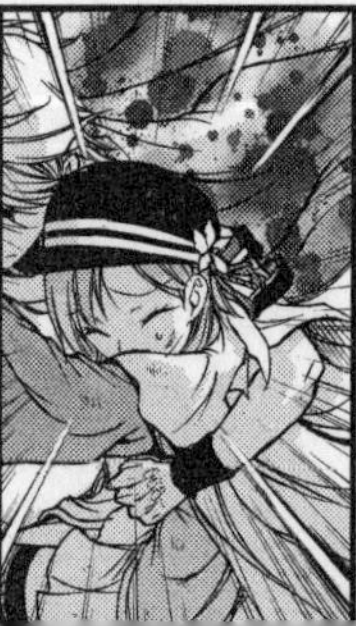

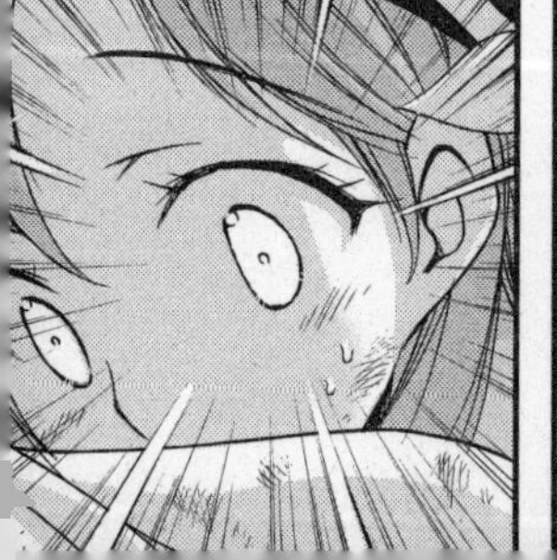

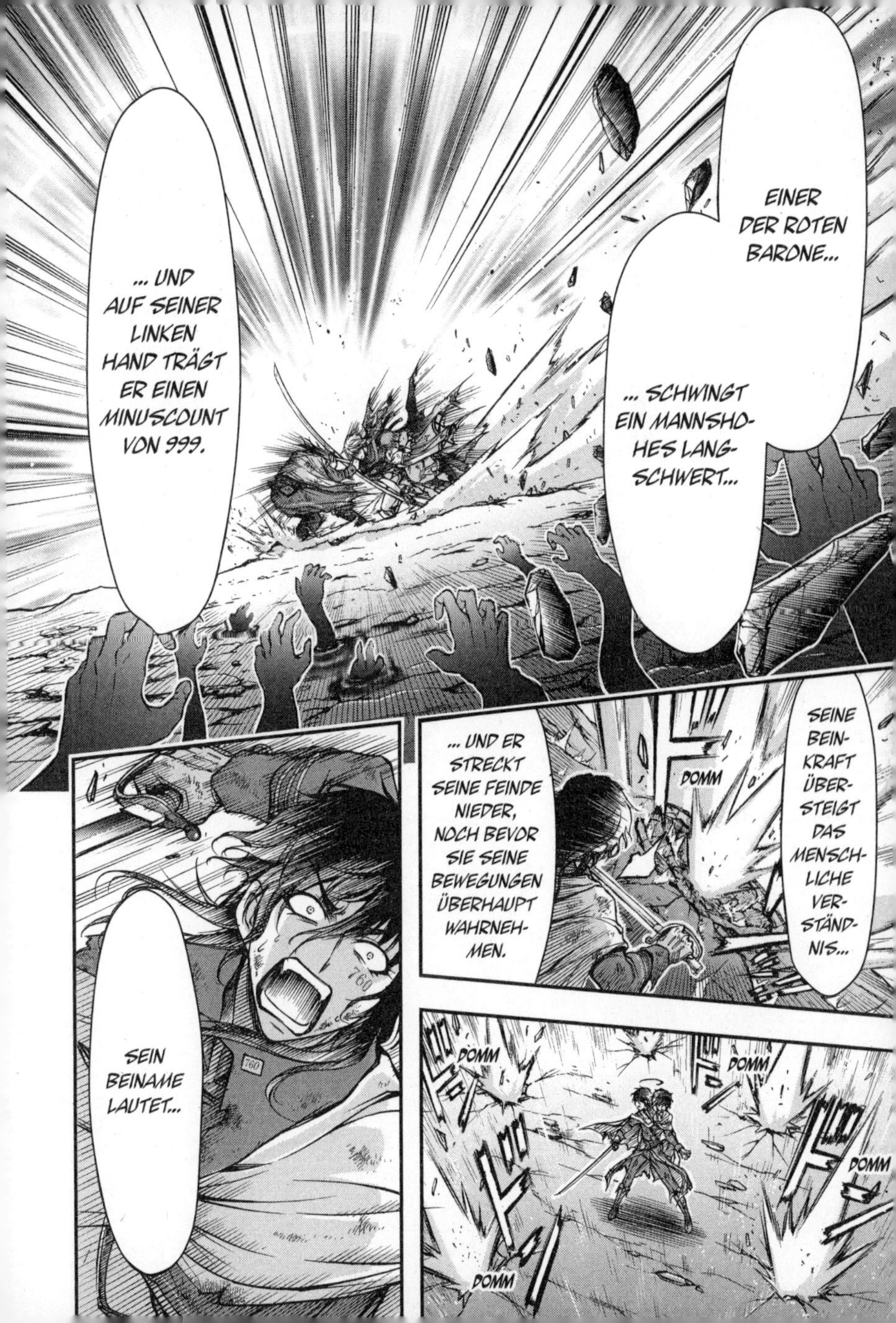
EINER DER ROTEN BARONE...
... SCHWINGT EIN MANNSHO-HES LANG-SCHWERT...
... UND AUF SEINER LINKEN HAND TRÄGT ER EINEN MINUSCOUNT VON 999.
SEINE BEIN-KRAFT ÜBER-STEIGT DAS MENSCH-LICHE VER-STÄND-NIS...
DOMM
... UND ER STRECKT SEINE FEINDE NIEDER, NOCH BEVOR SIE SEINE BEWEGUNGEN ÜBERHAUPT WAHRNEH-MEN.
DOMM
DOMM
DOMM
DOMM
760
760
SEIN BEINAME LAUTET...

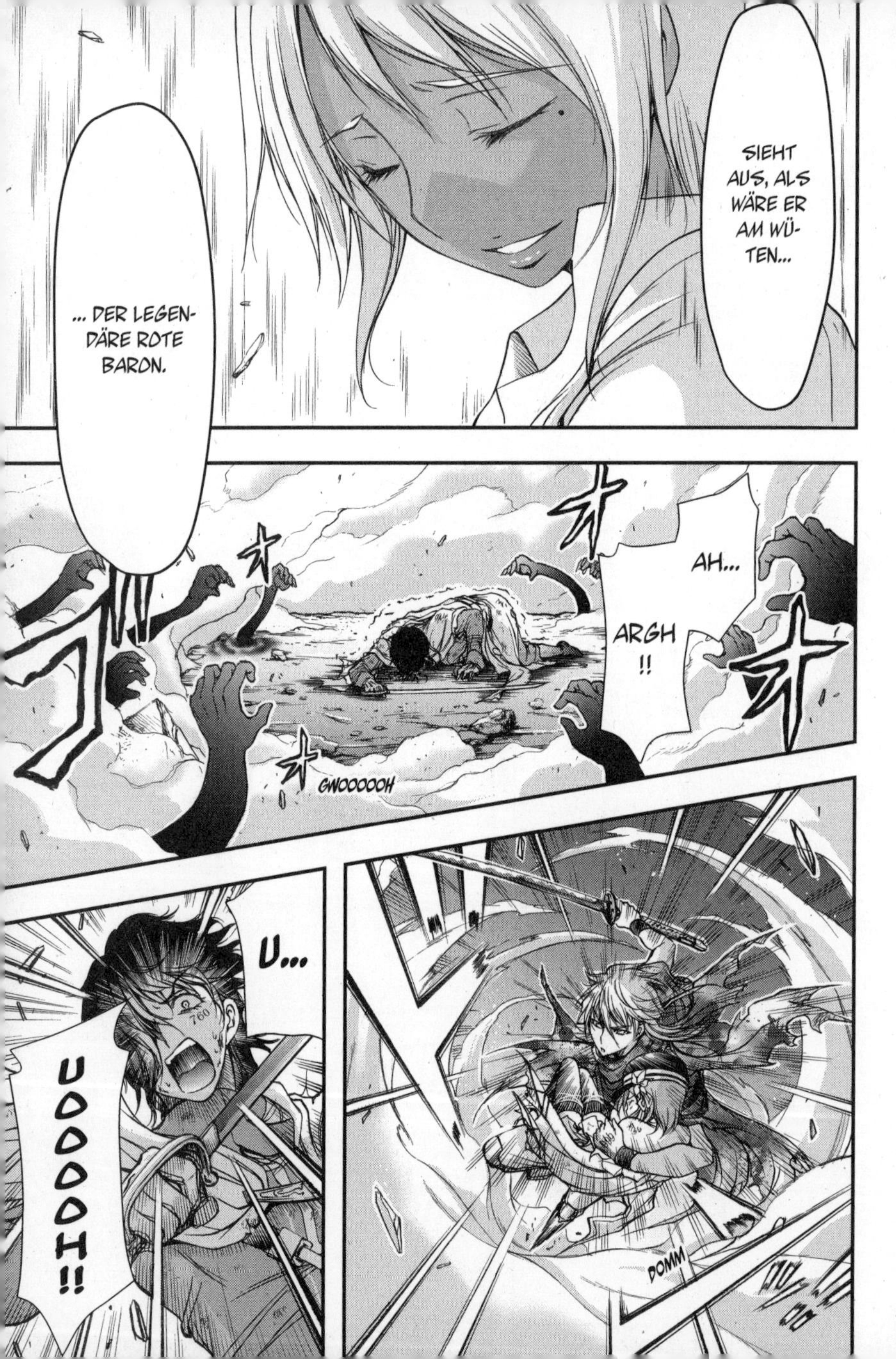
SIEHT AUS, ALS WÄRE ER AM WÜ- TEN...
... DER LEGEN- DÄRE ROTE BARON.
AH...
ARGH !!
GNOOOOOH
U...
UOOOOOH!!
DOMM

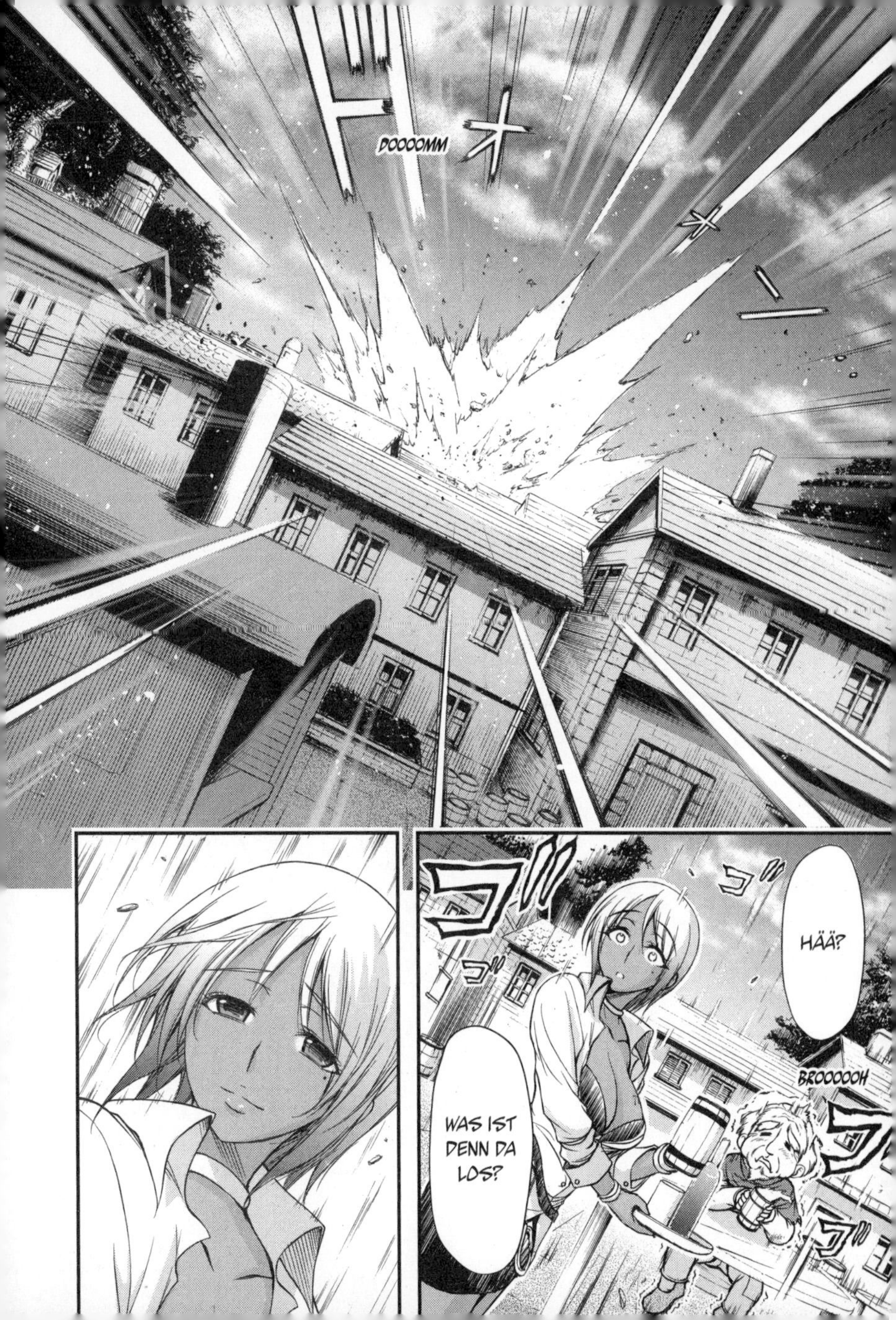
DOOOOMM
HÄÄ?
BROOOOOH
WAS IST DENN DA LOS?

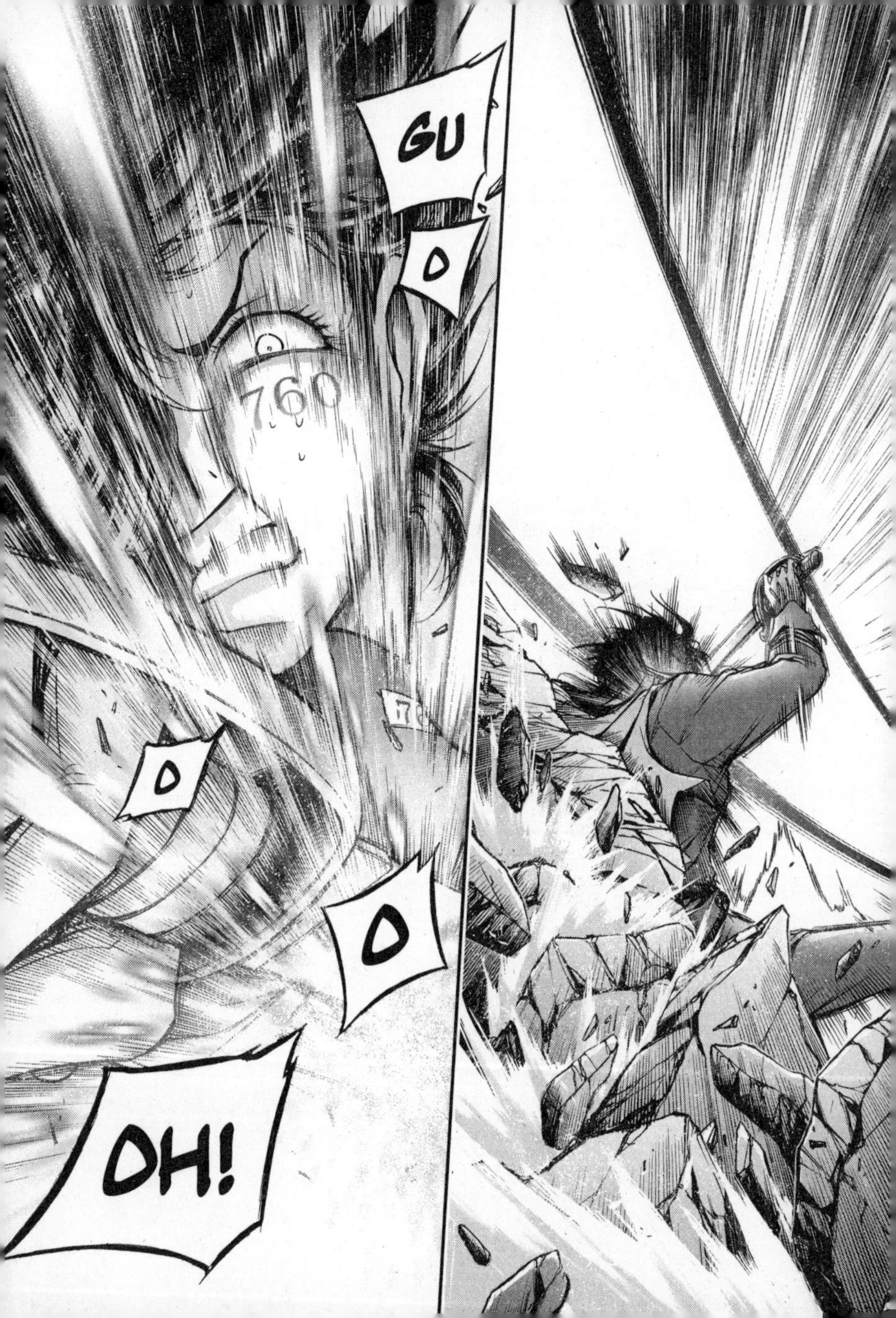
GU
O
O
O
OH!

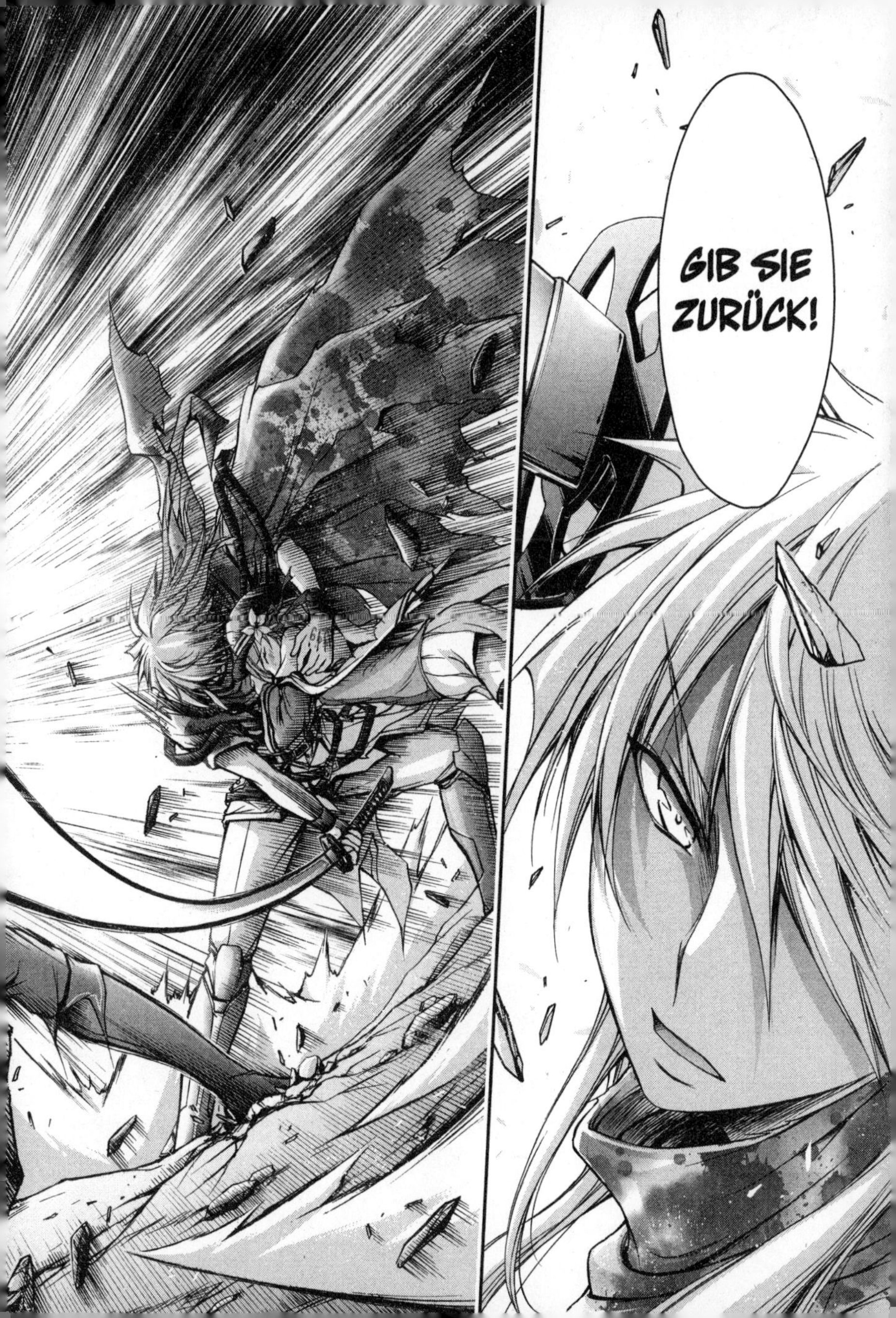
GIB SIE
ZURÜCK!

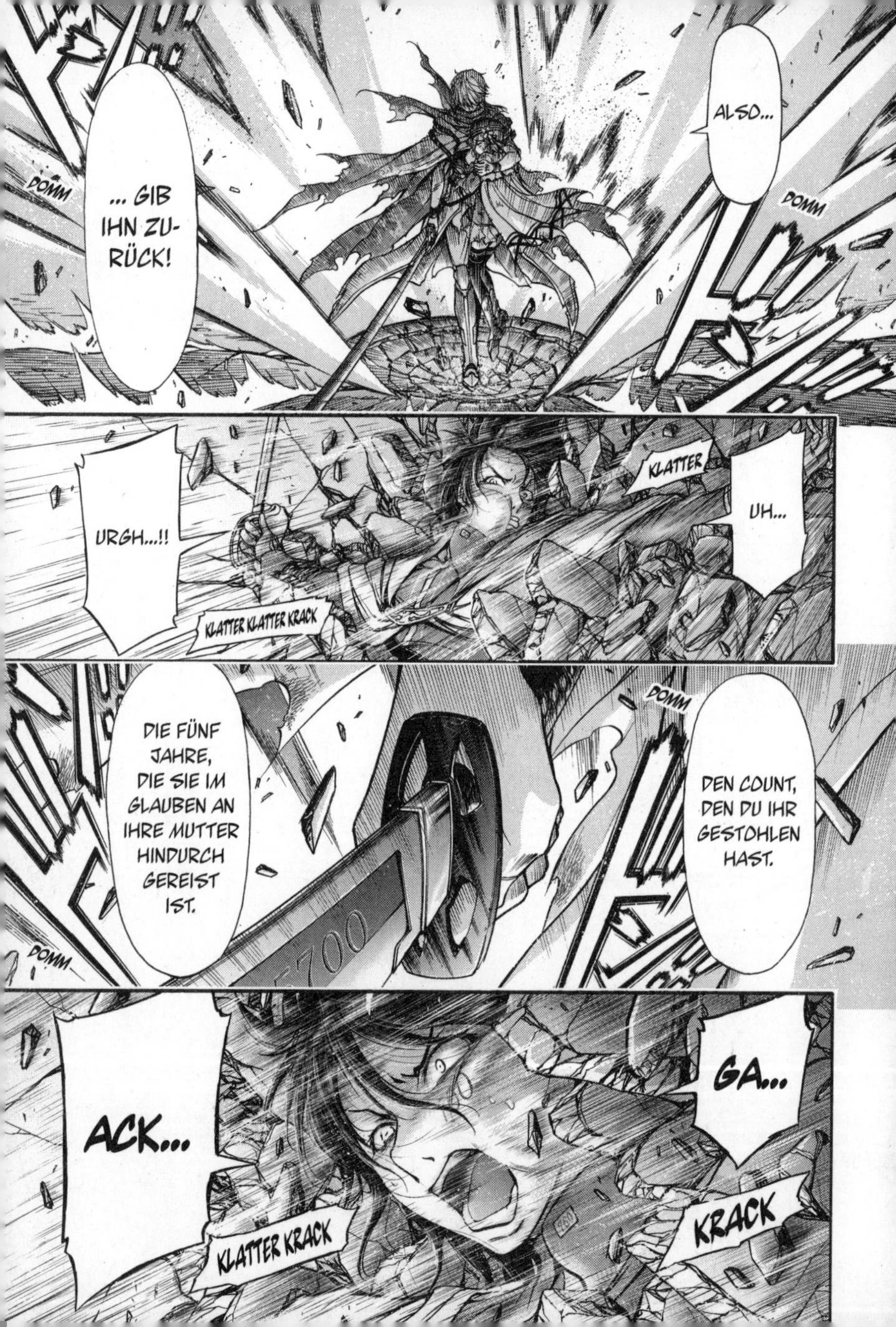

ALSO...
DOMM
... GIB IHN ZURÜCK!
DOMM
KLATTER
UH...
URGH...!!
KLATTER KLATTER KRACK
DOMM
DEN COUNT, DEN DU IHR GESTOHLEN HAST.
DIE FÜNF JAHRE, DIE SIE IM GLAUBEN AN IHRE MUTTER HINDURCH GEREIST IST.
DOMM
GA...
ACK...
KRACK
KLATTER KRACK

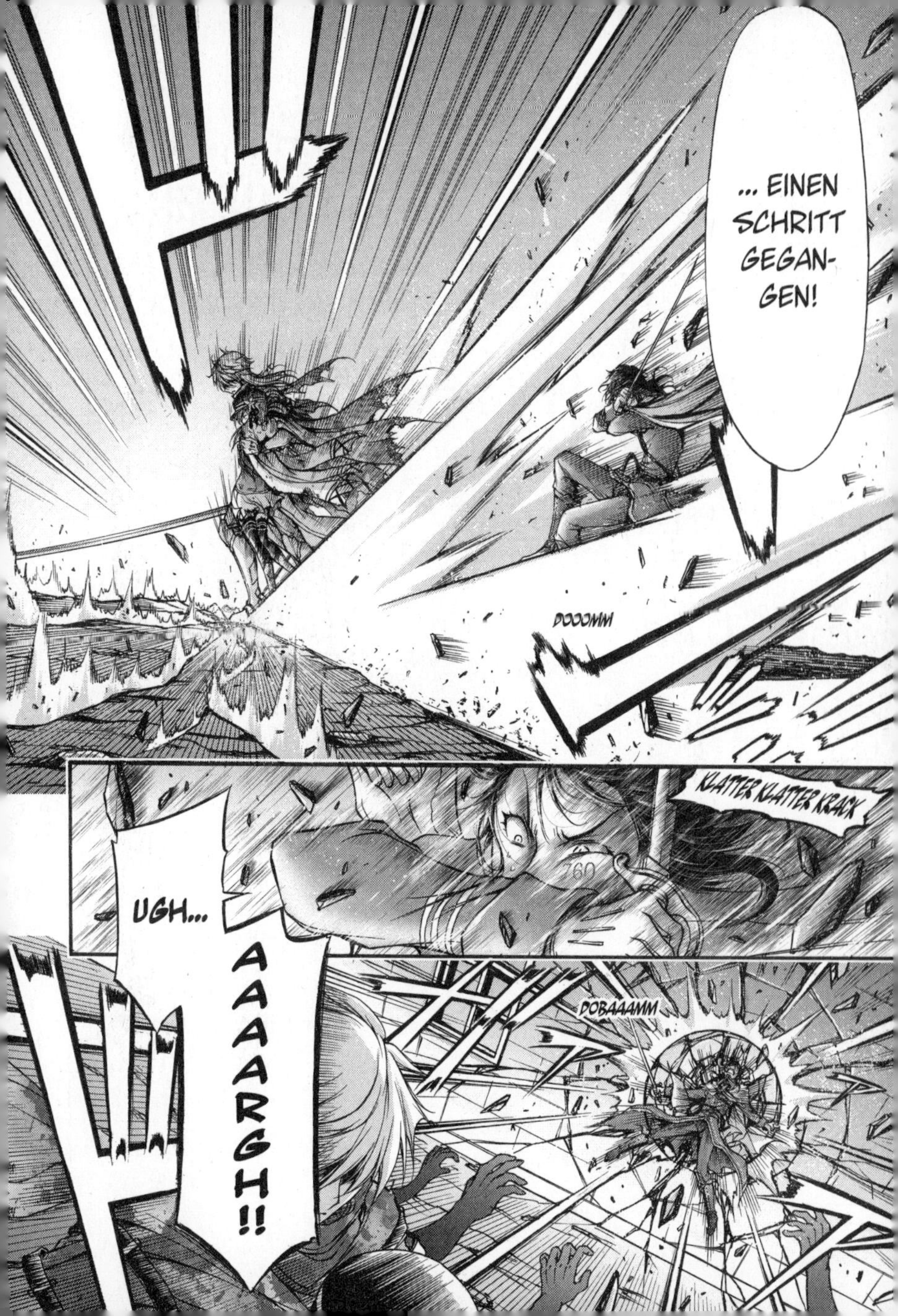

... EINEN SCHRITT GEGANGEN!
DOOOMM
KLATTER KLATTER KRACK
UGH...
AAAARGH!!
DOBAAAMM

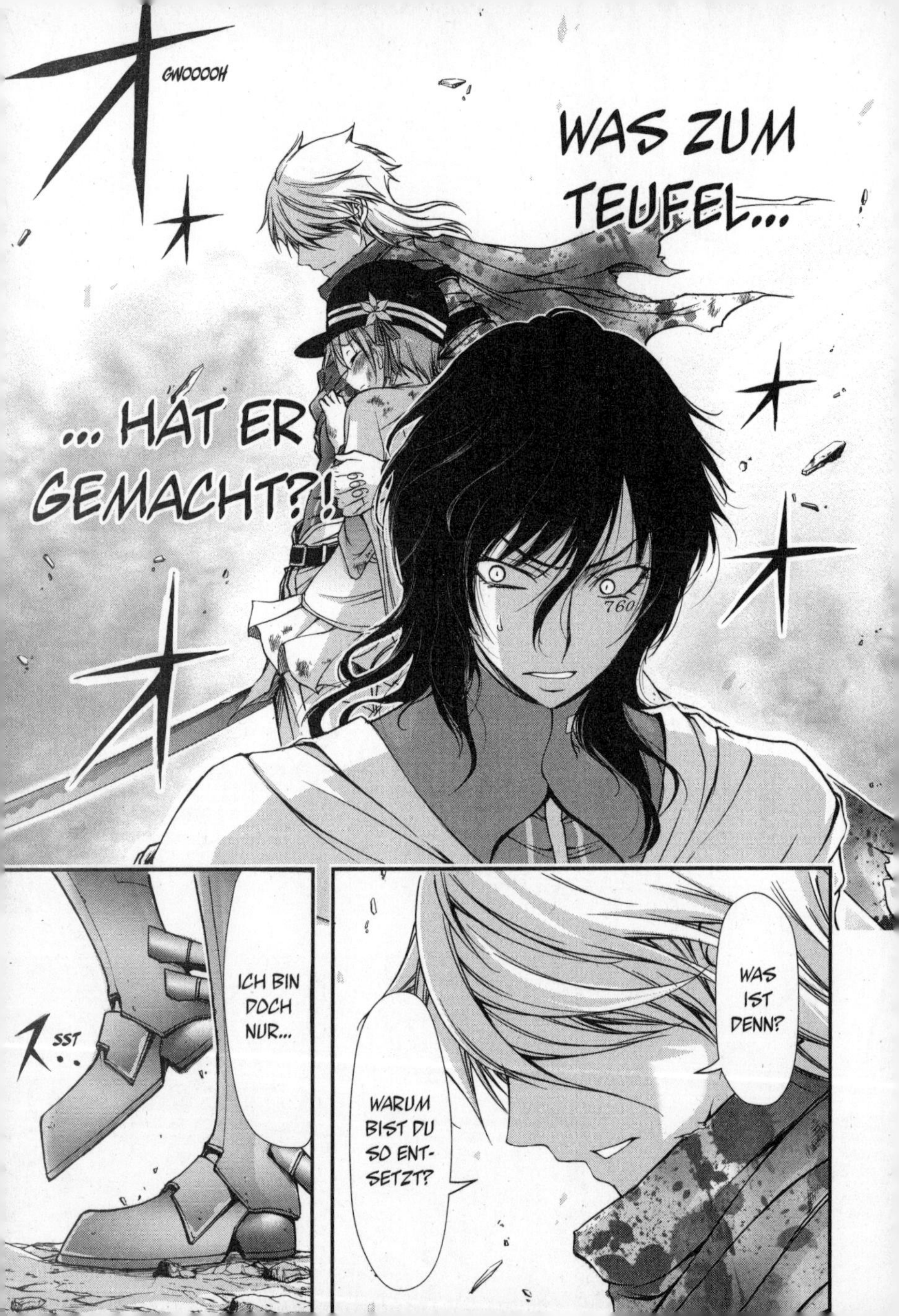
GWOOOOH
WAS ZUM TEUFEL...
... HAT ER GEMACHT?!
WAS IST DENN?
WARUM BIST DU SO ENT-SETZT?
ICH BIN DOCH NUR...
SST

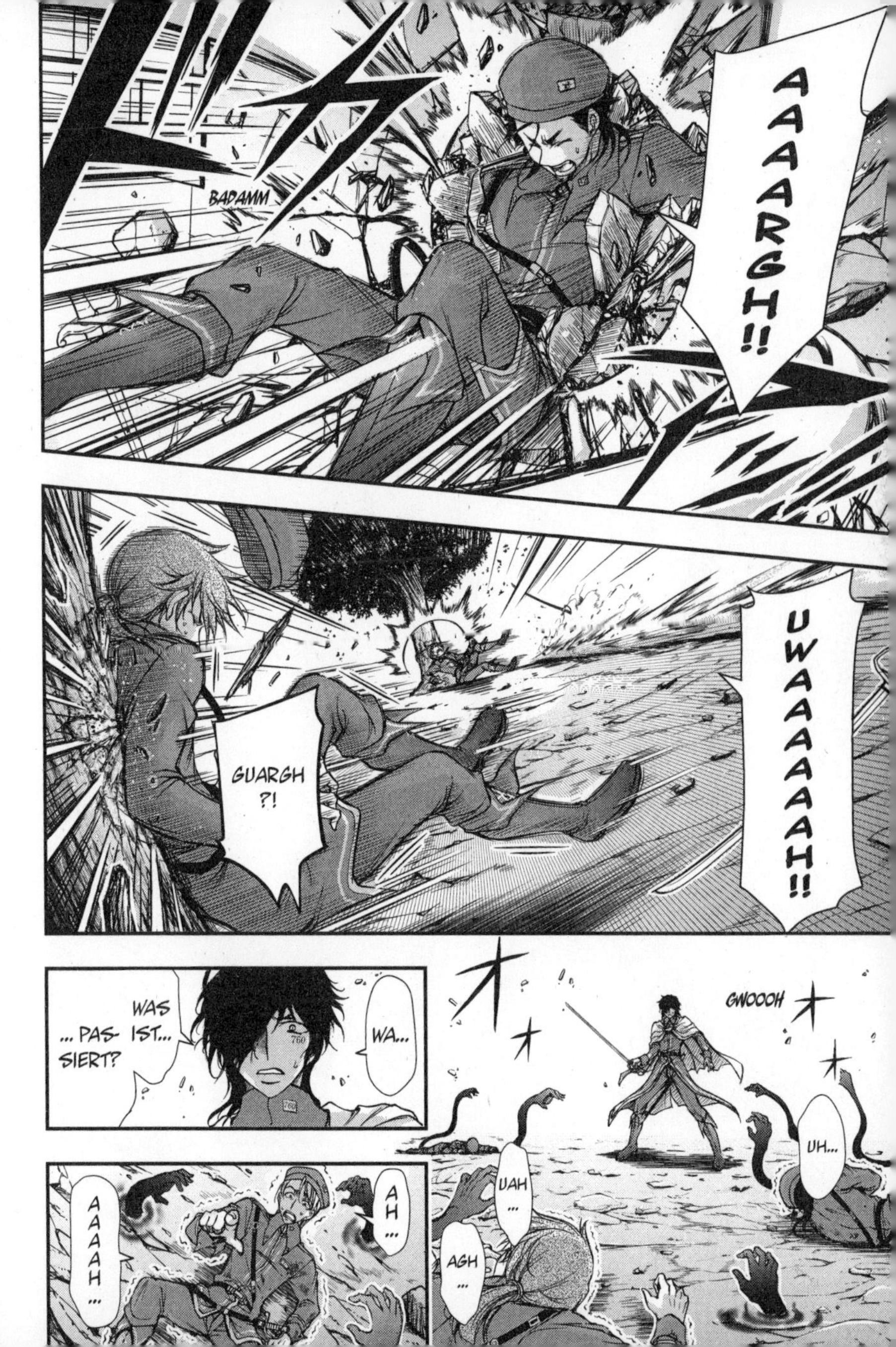
AAAAARGH!!
BADAMM
UWAAAAAAAH!!
GUARGH ?!
GNOOOH
WA...
WAS IST...
... PAS-SIERT?
UH...
UAH ...
AGH ...
AH ...
AAAAAH ...

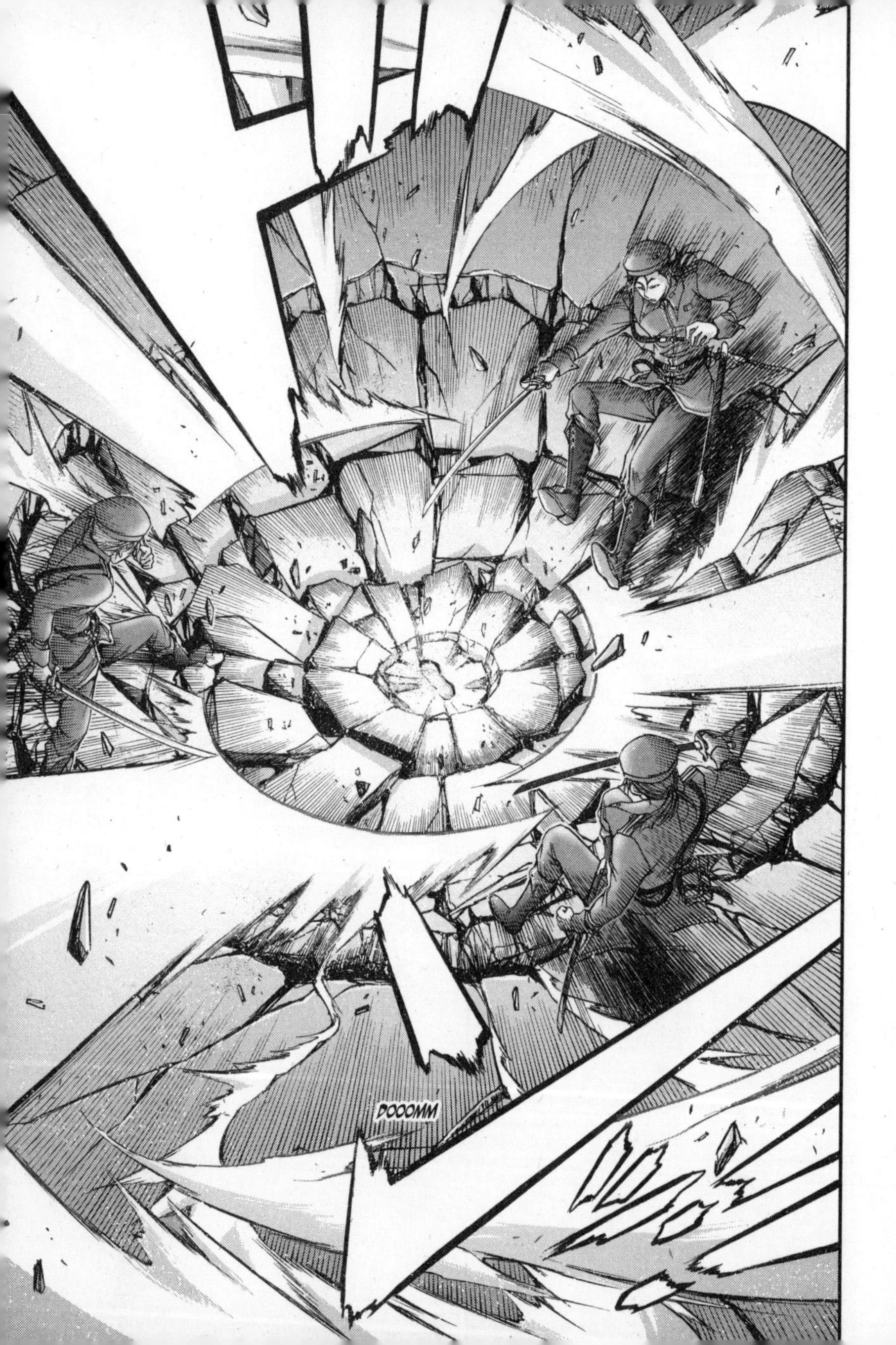
DOOOMM

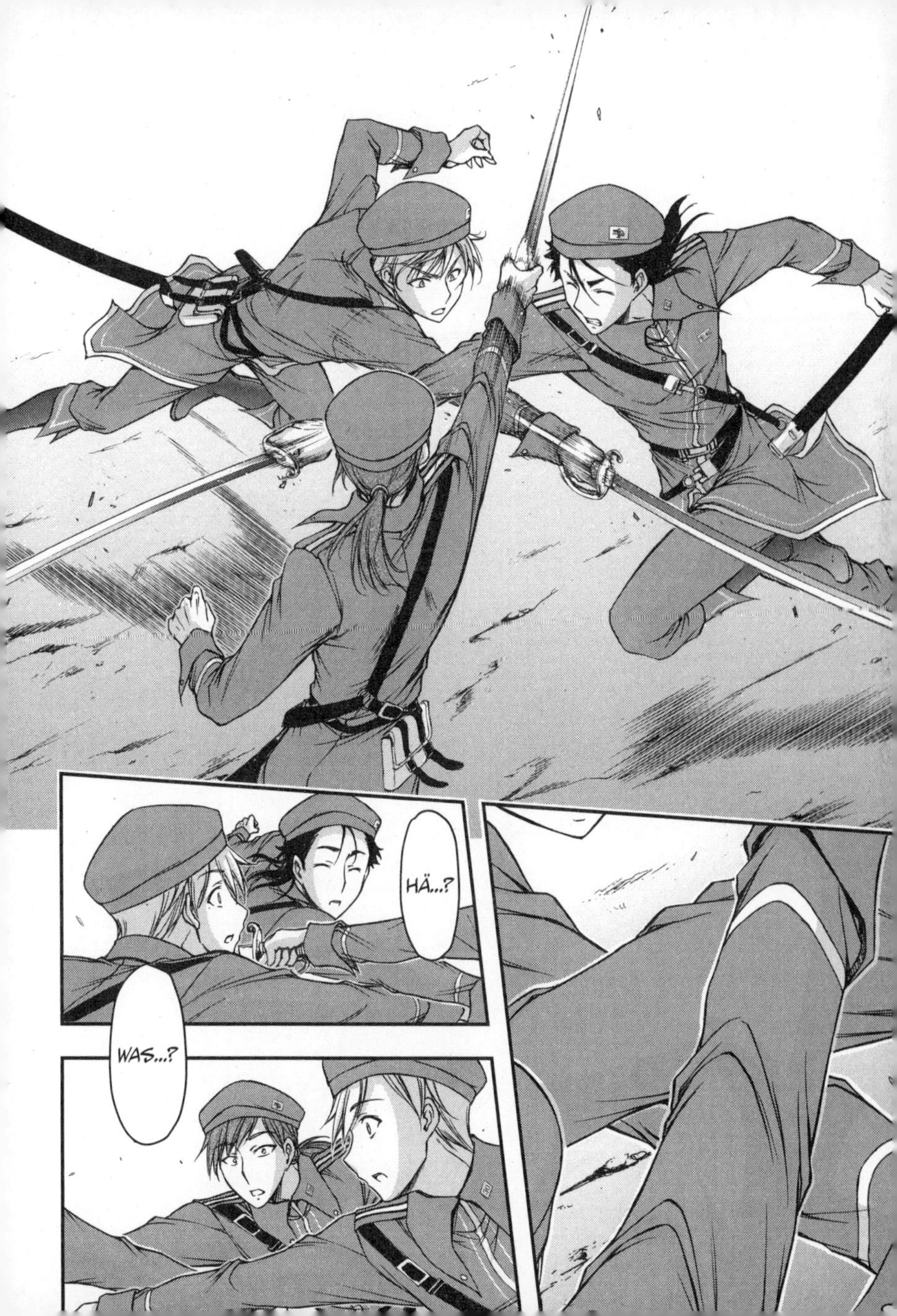
HÄ...?
WAS...?

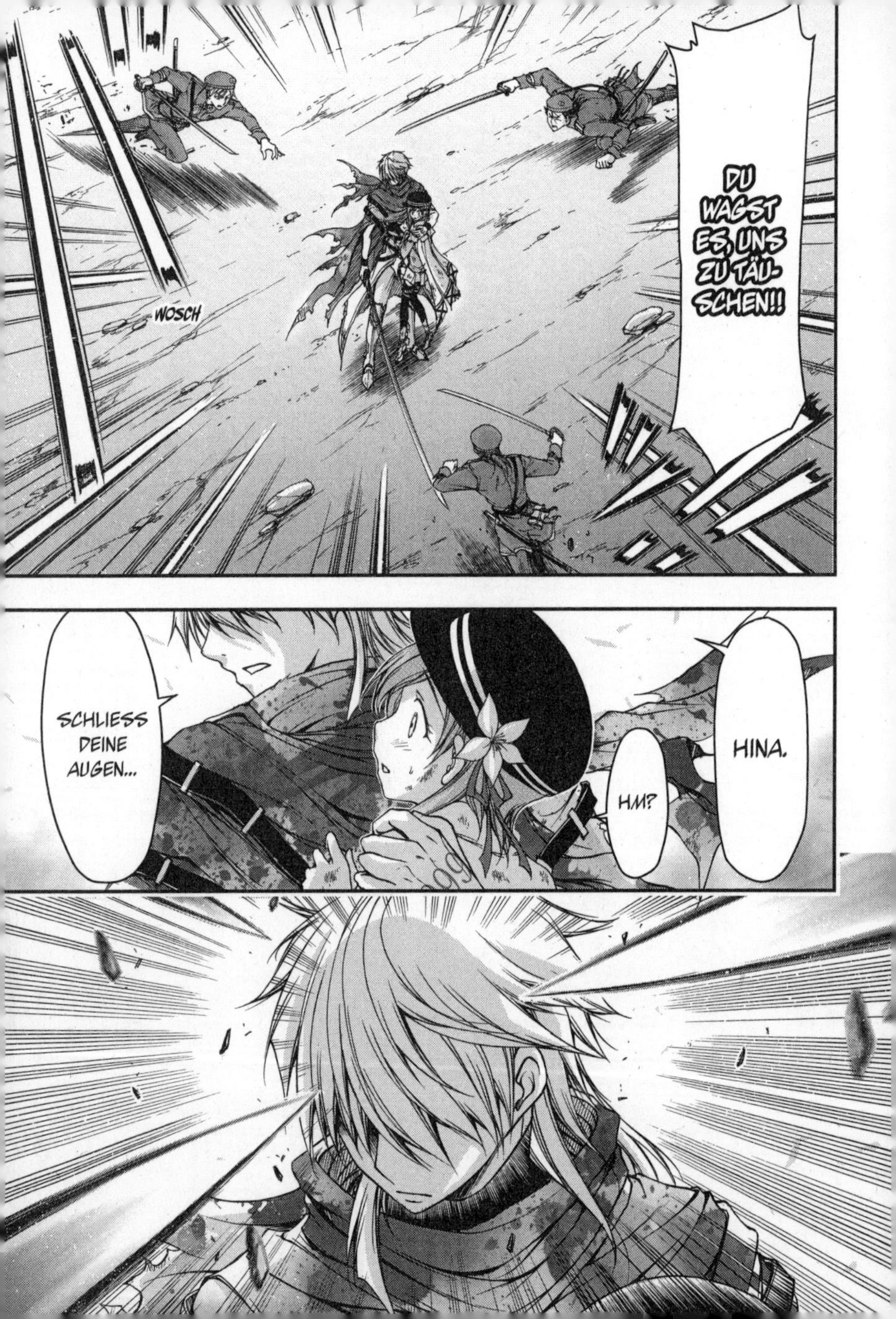

DU WAGST ES, UNS ZU TÄU-SCHEN!!
WOSCH
HINA.
HM?
SCHLIESS DEINE AUGEN...

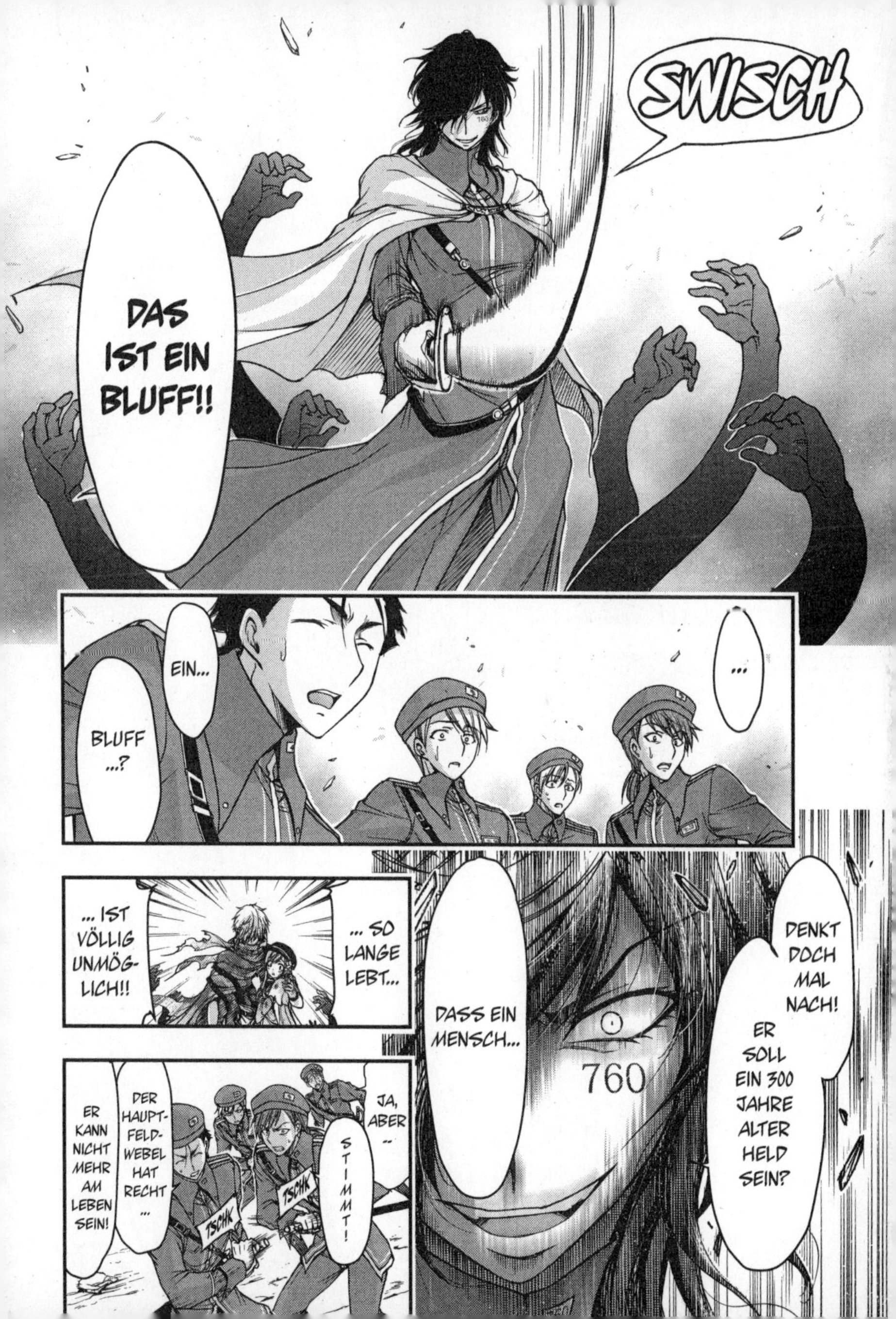
SWISCH
DAS IST EIN BLUFF!!
...
EIN... BLUFF ...?
DENKT DOCH MAL NACH!
ER SOLL EIN 300 JAHRE ALTER HELD SEIN?
760
DASS EIN MENSCH...
... SO LANGE LEBT...
... IST VÖLLIG UNMÖGLICH!!
JA, ABER ..
STIMMT!
DER HAUPTFELDWEBEL HAT RECHT ...
ER KANN NICHT MEHR AM LEBEN SEIN!
TSCHK
TSCHK

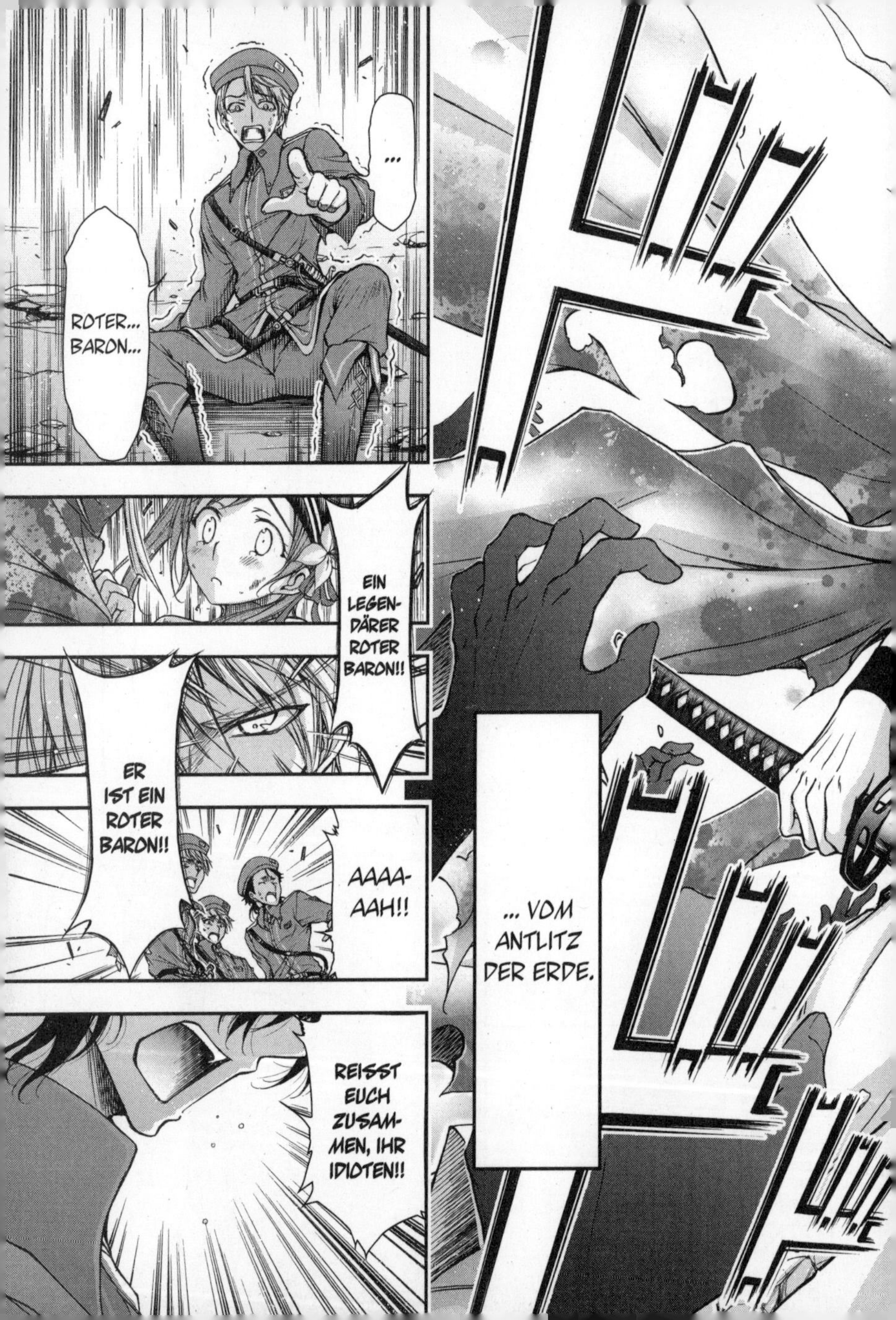
... VOM ANTLITZ DER ERDE.
...
ROTER... BARON...
EIN LEGEN-DÄRER ROTER BARON!!
ER IST EIN ROTER BARON!!
AAAA-AAH!!
REISST EUCH ZUSAM-MEN, IHR IDIOTEN!!

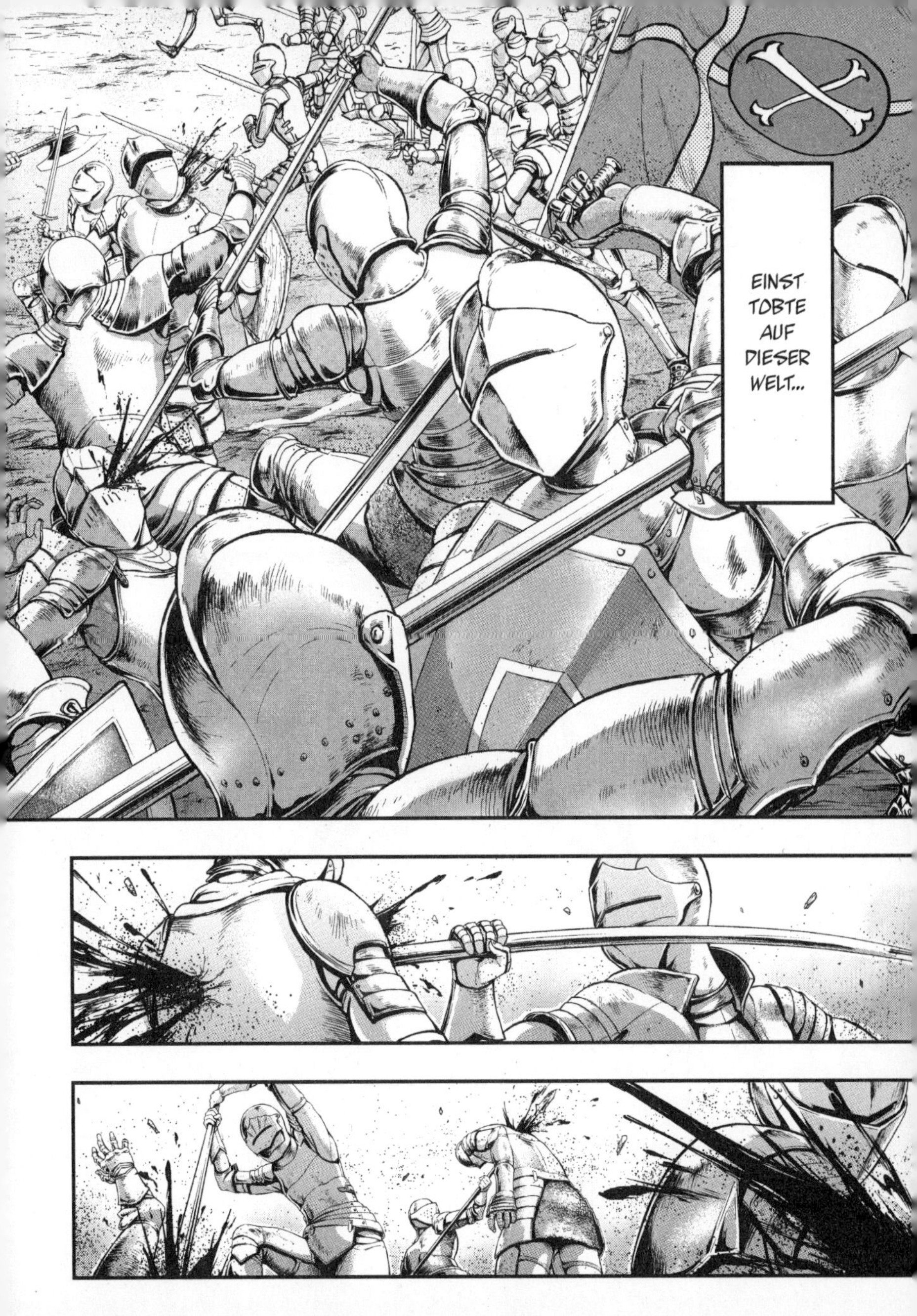

EINST TOBTE AUF DIESER WELT...

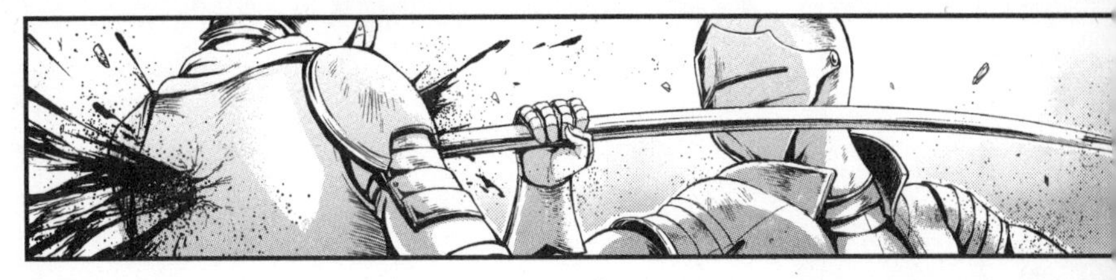

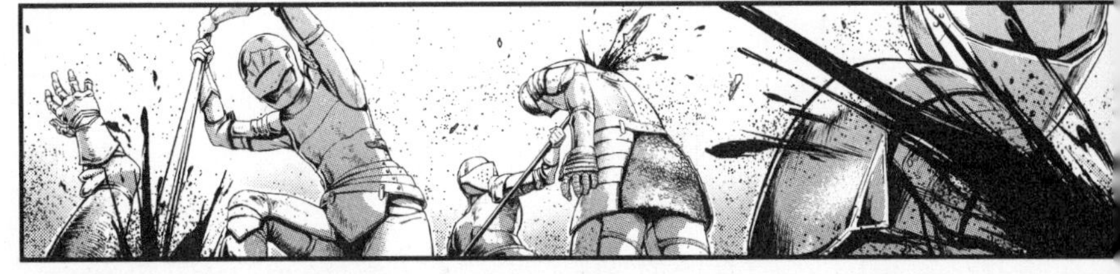

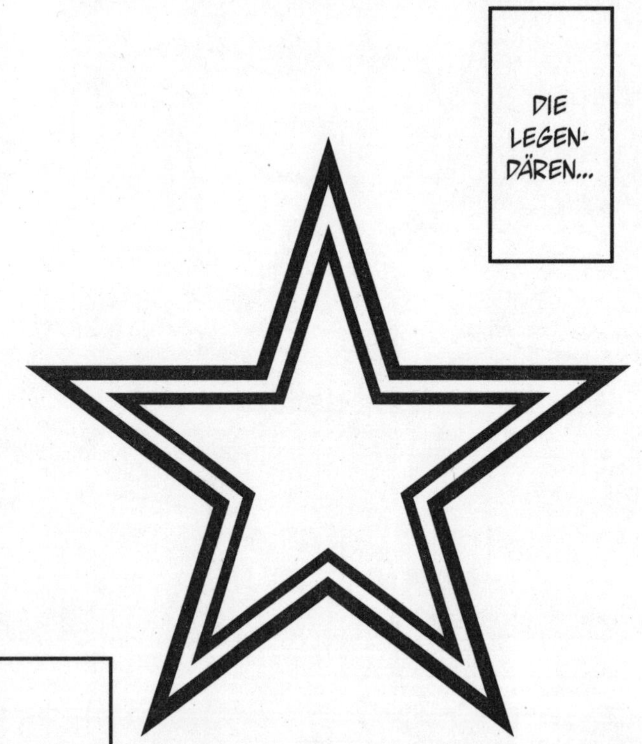
DIE LEGEN-DÄREN...
... ROTEN BARONE.

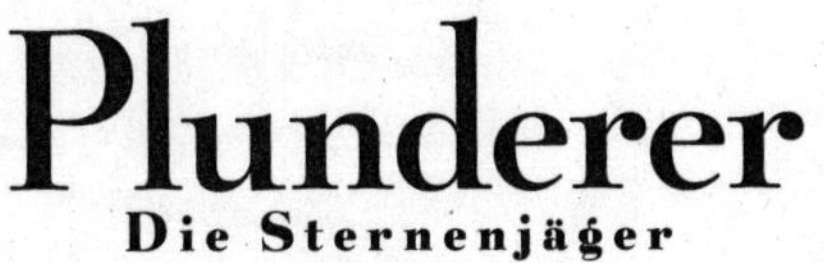
Plunderer
Die Sternenjäger

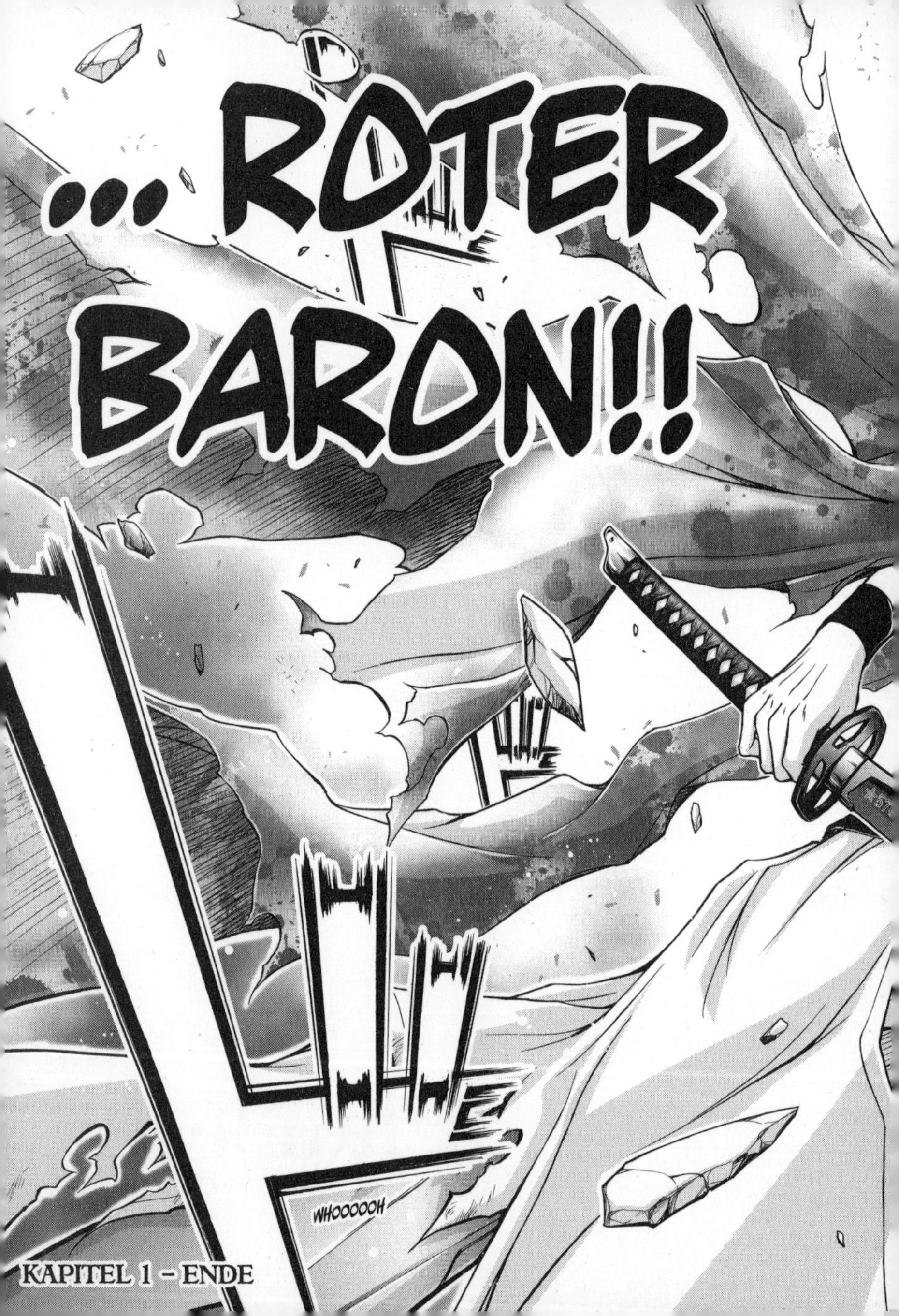
... ROTER BARON!!
WHOOOOOH
KAPITEL 1 – ENDE

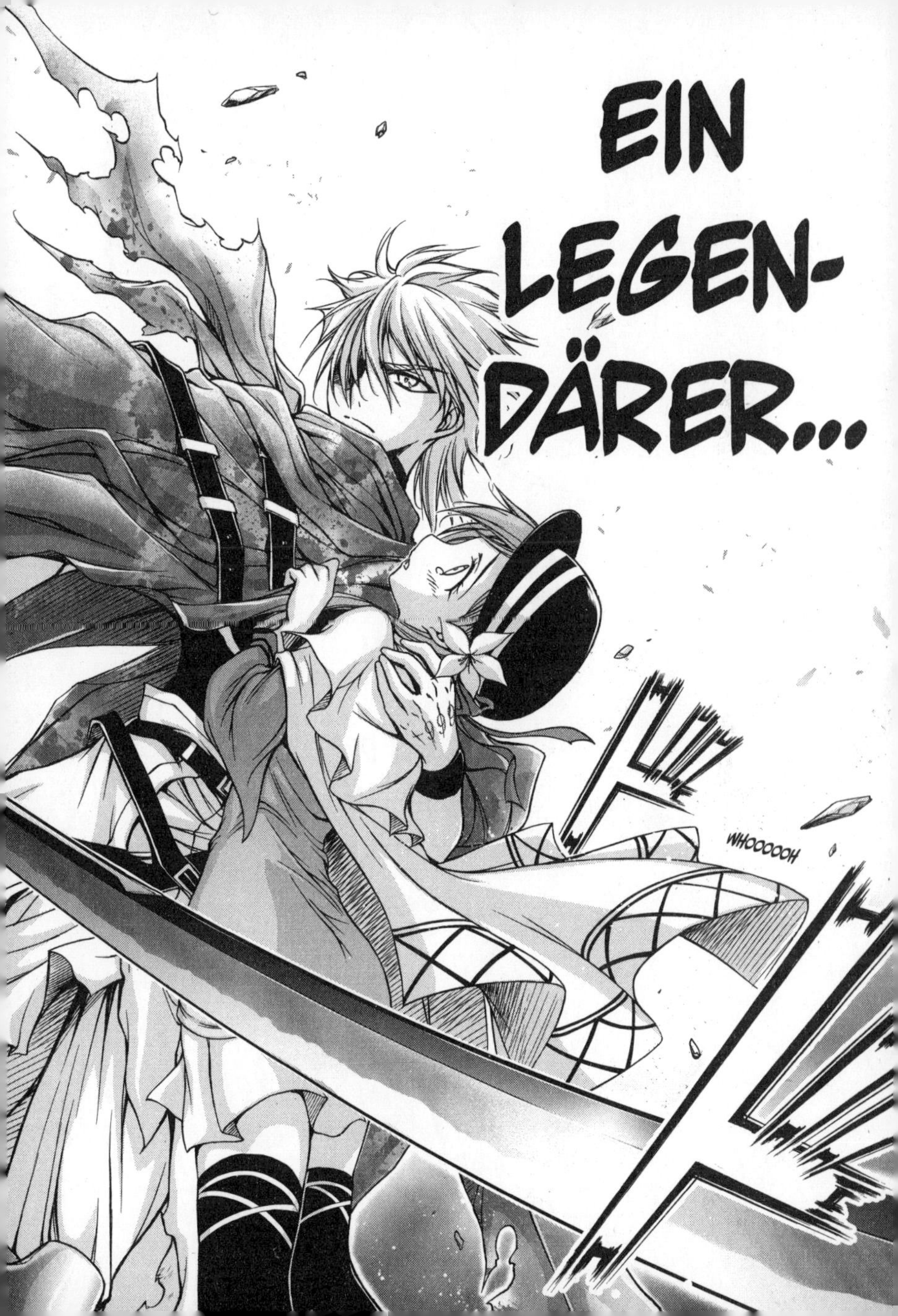
EIN LEGEN-
DÄRER...
WHOOOOOH

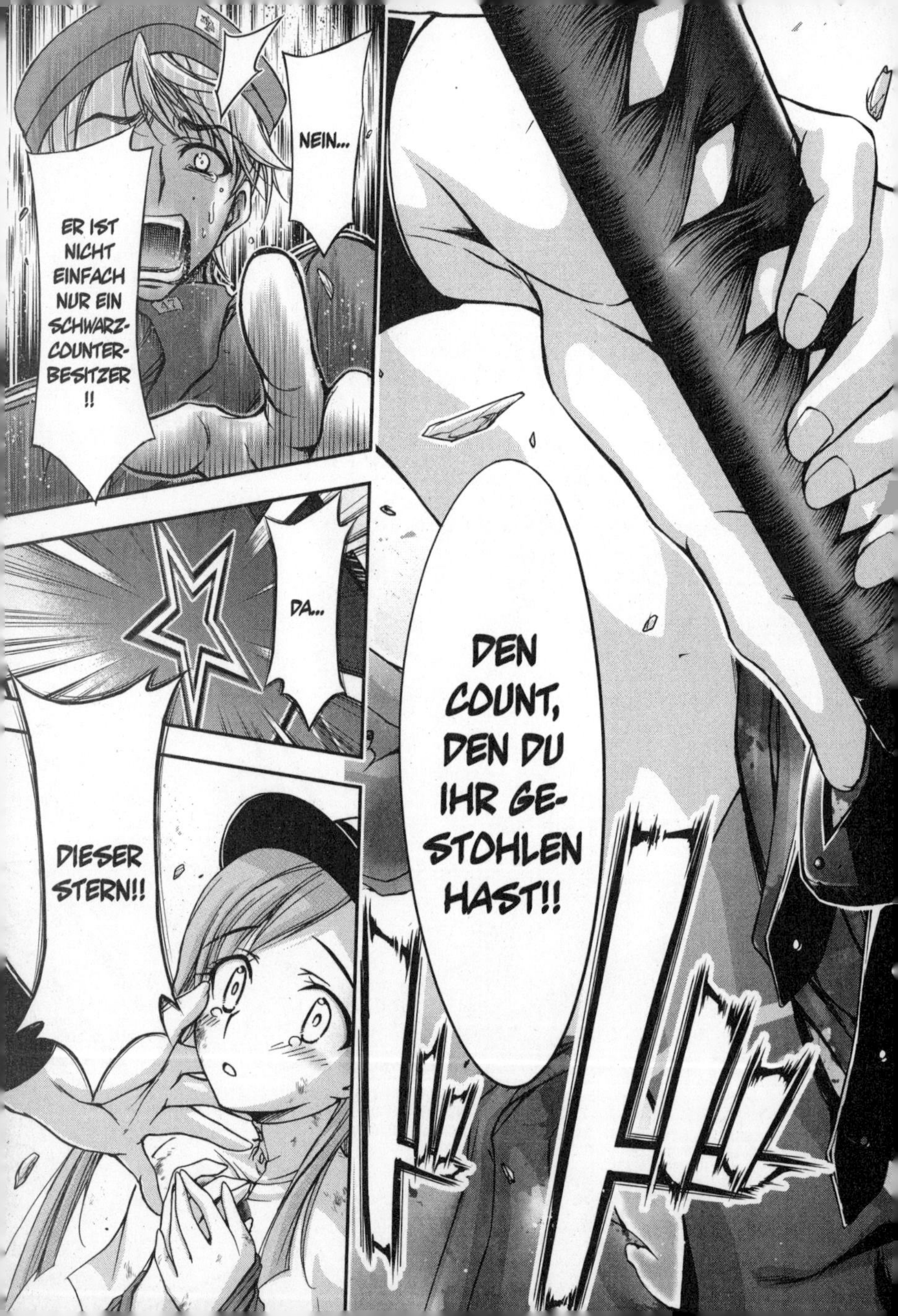
NEIN...
ER IST NICHT EINFACH NUR EIN SCHWARZ-COUNTER-BESITZER !!
DA...
DIESER STERN!!
DEN COUNT, DEN DU IHR GE-STOHLEN HAST!!

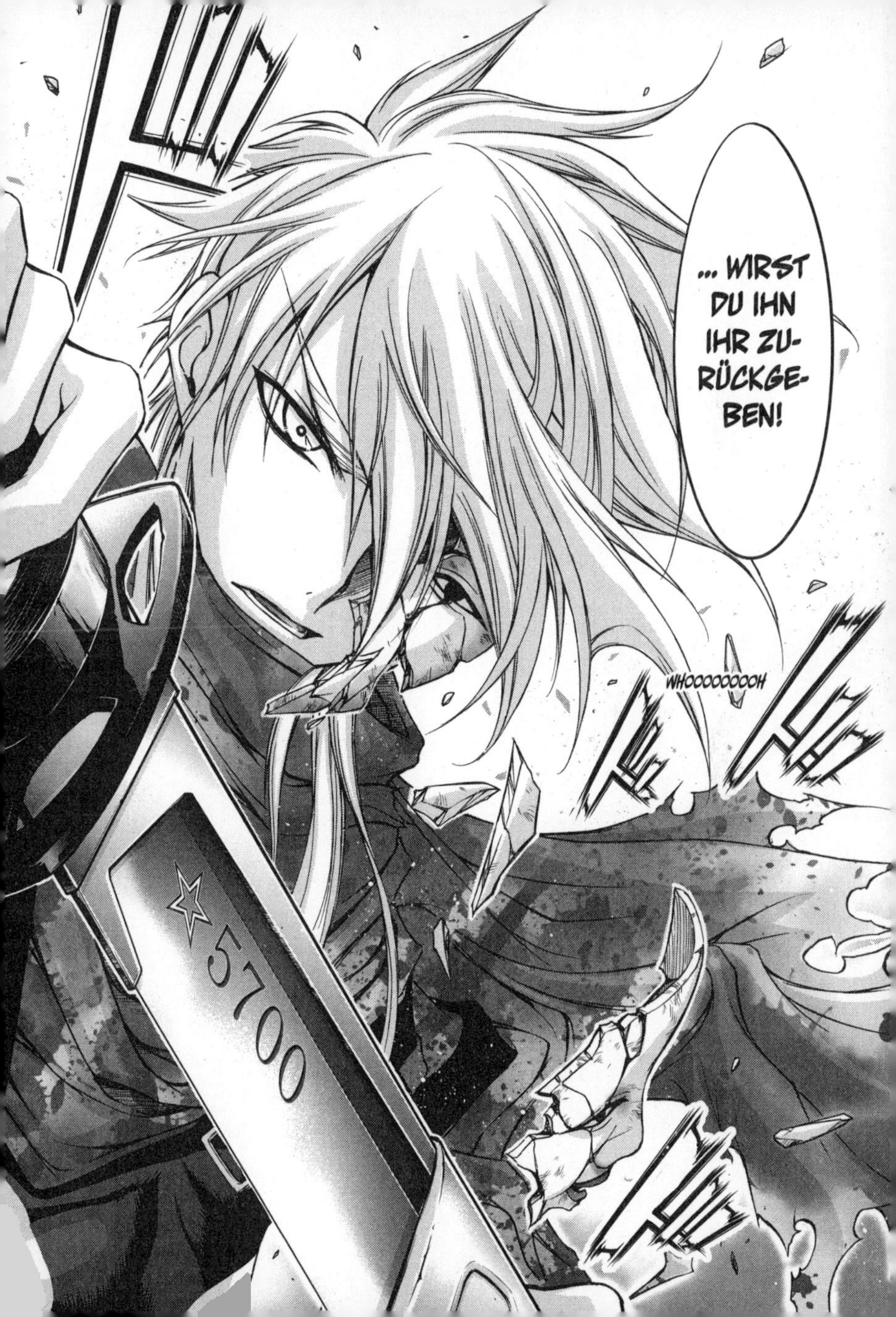
... WIRST DU IHN IHR ZU-RÜCKGE-BEN!
WHOOOOOOOOOH
5700

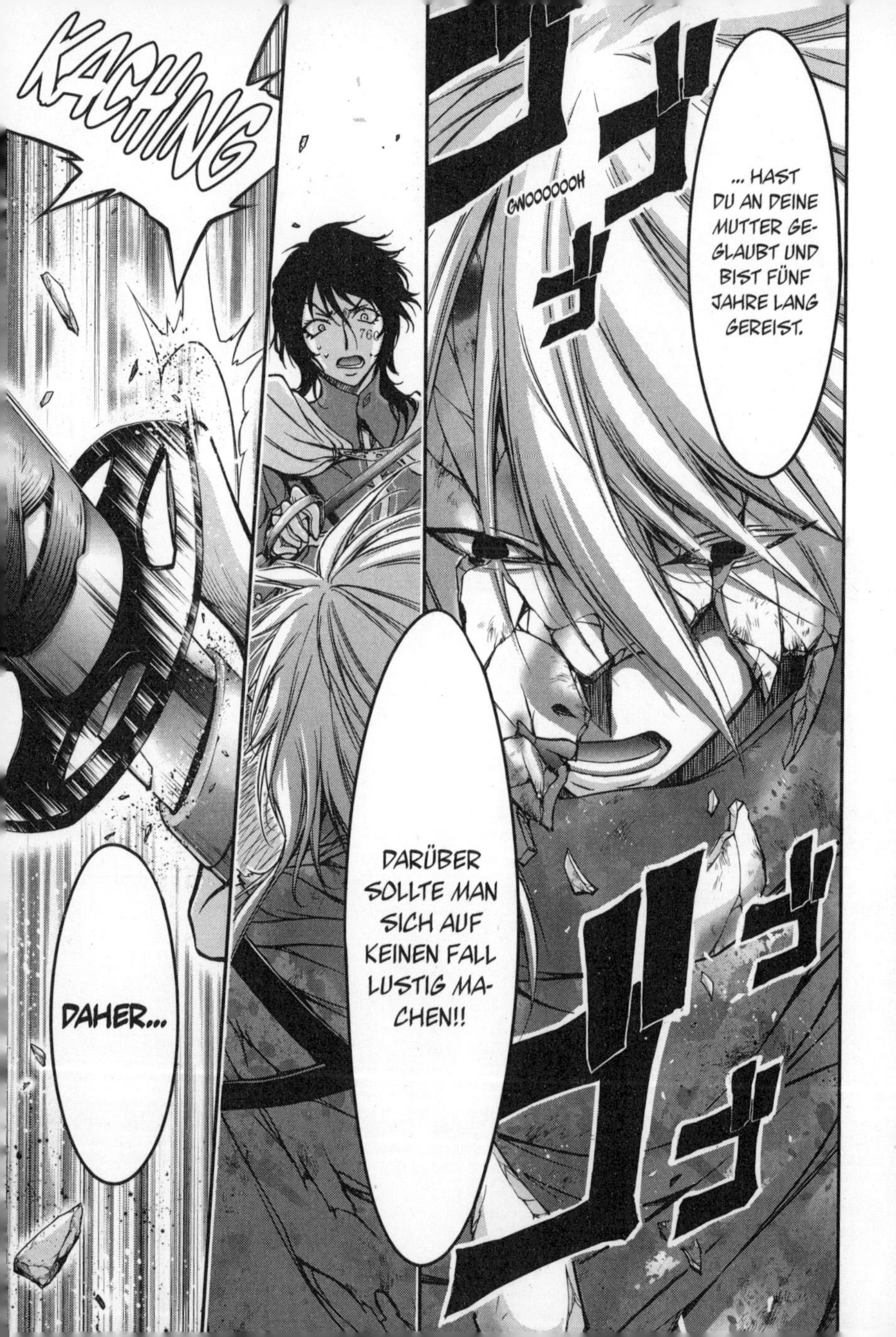
... HAST DU AN DEINE MUTTER GE-GLAUBT UND BIST FÜNF JAHRE LANG GEREIST.
GNOOOOOOH
DARÜBER SOLLTE MAN SICH AUF KEINEN FALL LUSTIG MA-CHEN!!
KACHING
DAHER...

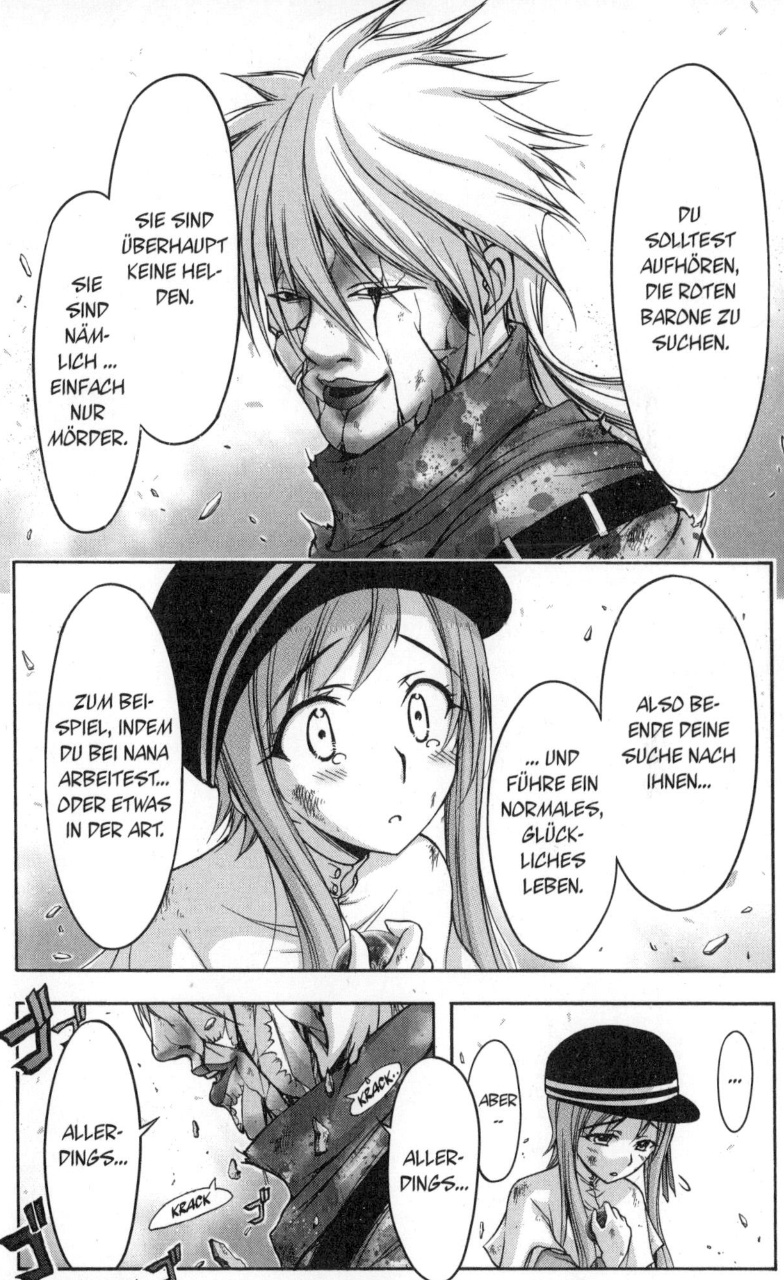
DU SOLLTEST AUFHÖREN, DIE ROTEN BARONE ZU SUCHEN.
SIE SIND ÜBERHAUPT KEINE HELDEN.
SIE SIND NÄMLICH ... EINFACH NUR MÖRDER.
ALSO BEENDE DEINE SUCHE NACH IHNEN...
... UND FÜHRE EIN NORMALES, GLÜCKLICHES LEBEN.
ZUM BEISPIEL, INDEM DU BEI NANA ARBEITEST... ODER ETWAS IN DER ART.
...
ABER --
ALLERDINGS...
KRACK..
ALLERDINGS...
KRACK
GNOOOOOH

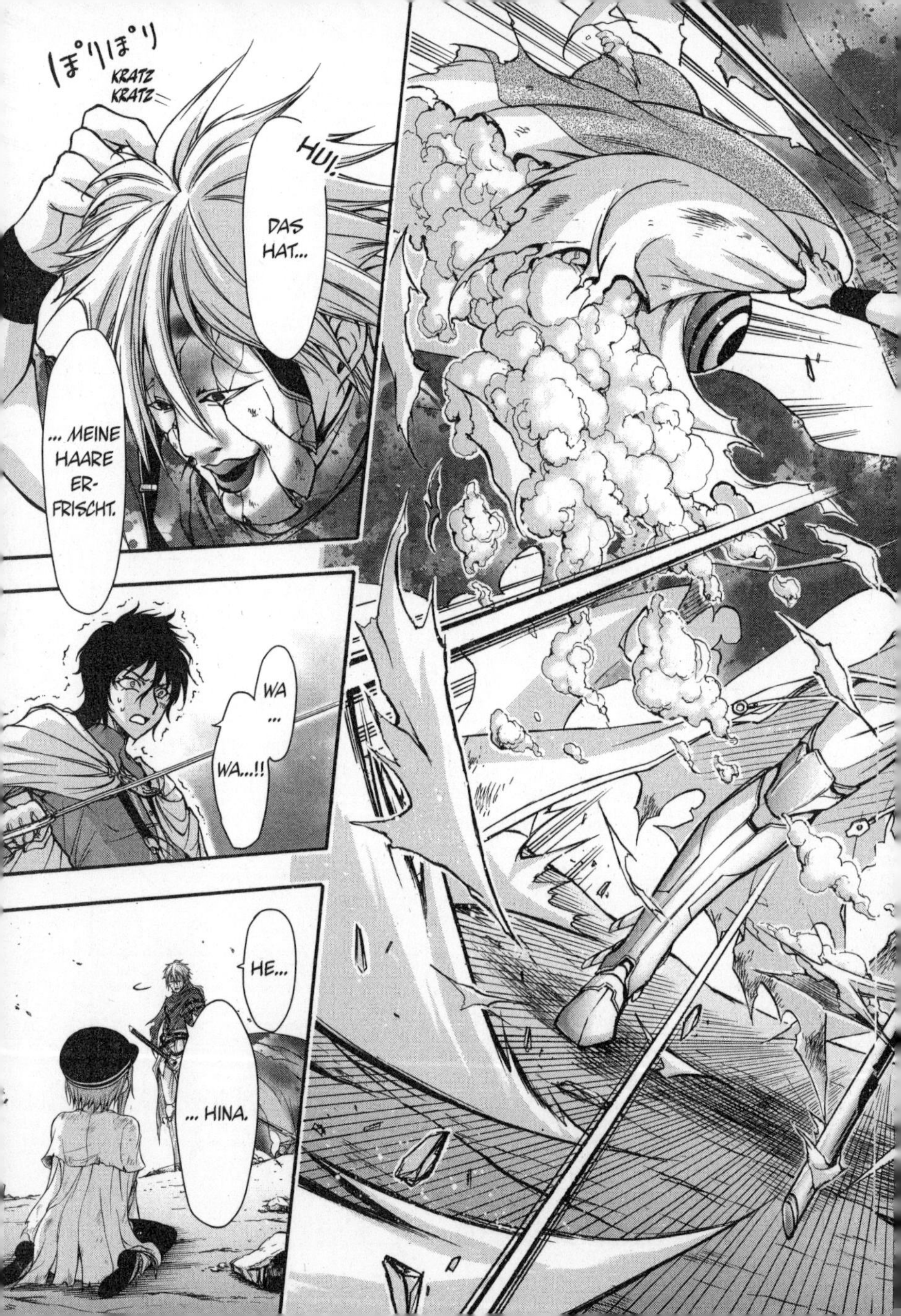
ぽりぽり
KRATZ KRATZ
HUI!
DAS HAT...
... MEINE HAARE ER-FRISCHT.
WA ... WA...!!
HE...
... HINA.

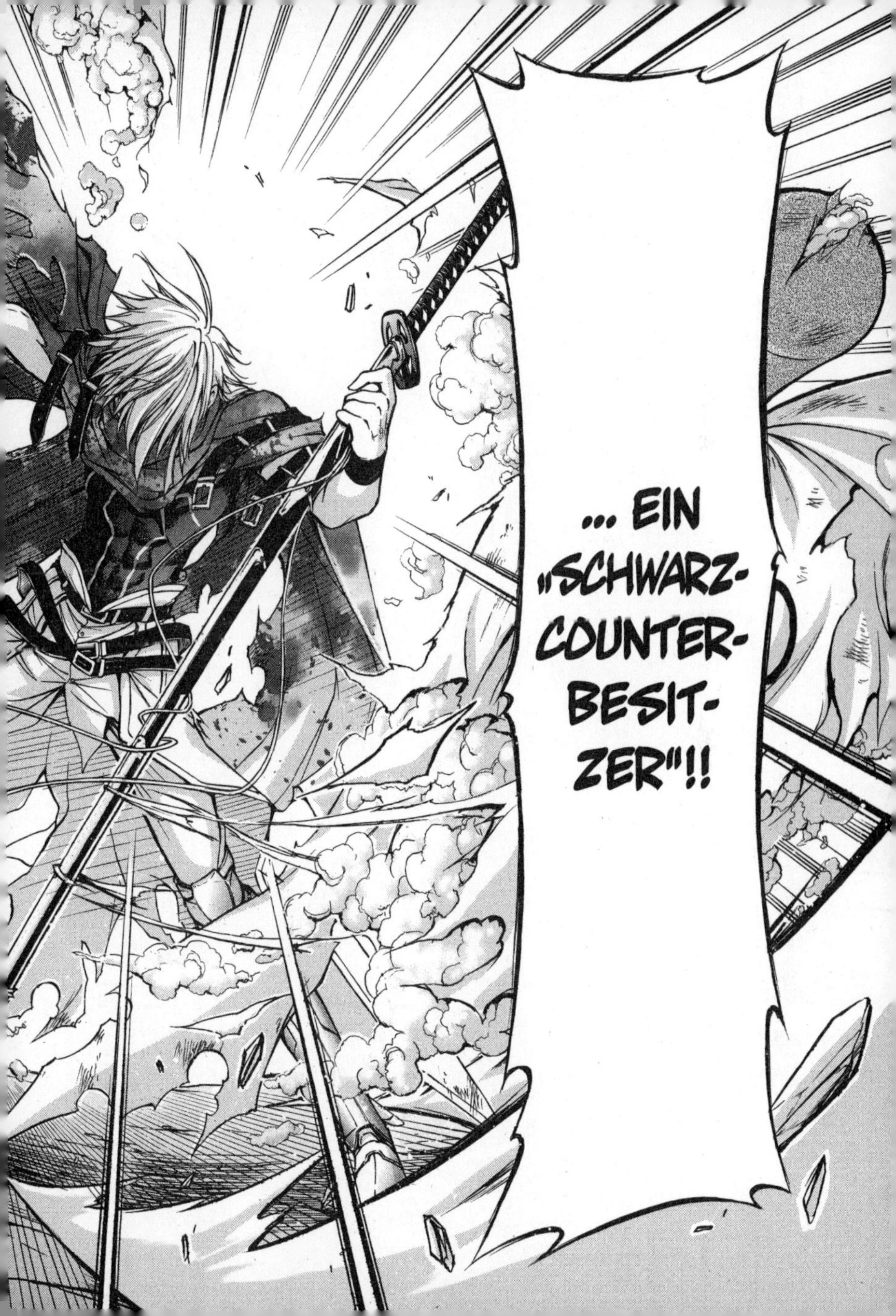
... EIN "SCHWARZ-COUNTER-BESIT-ZER"!!

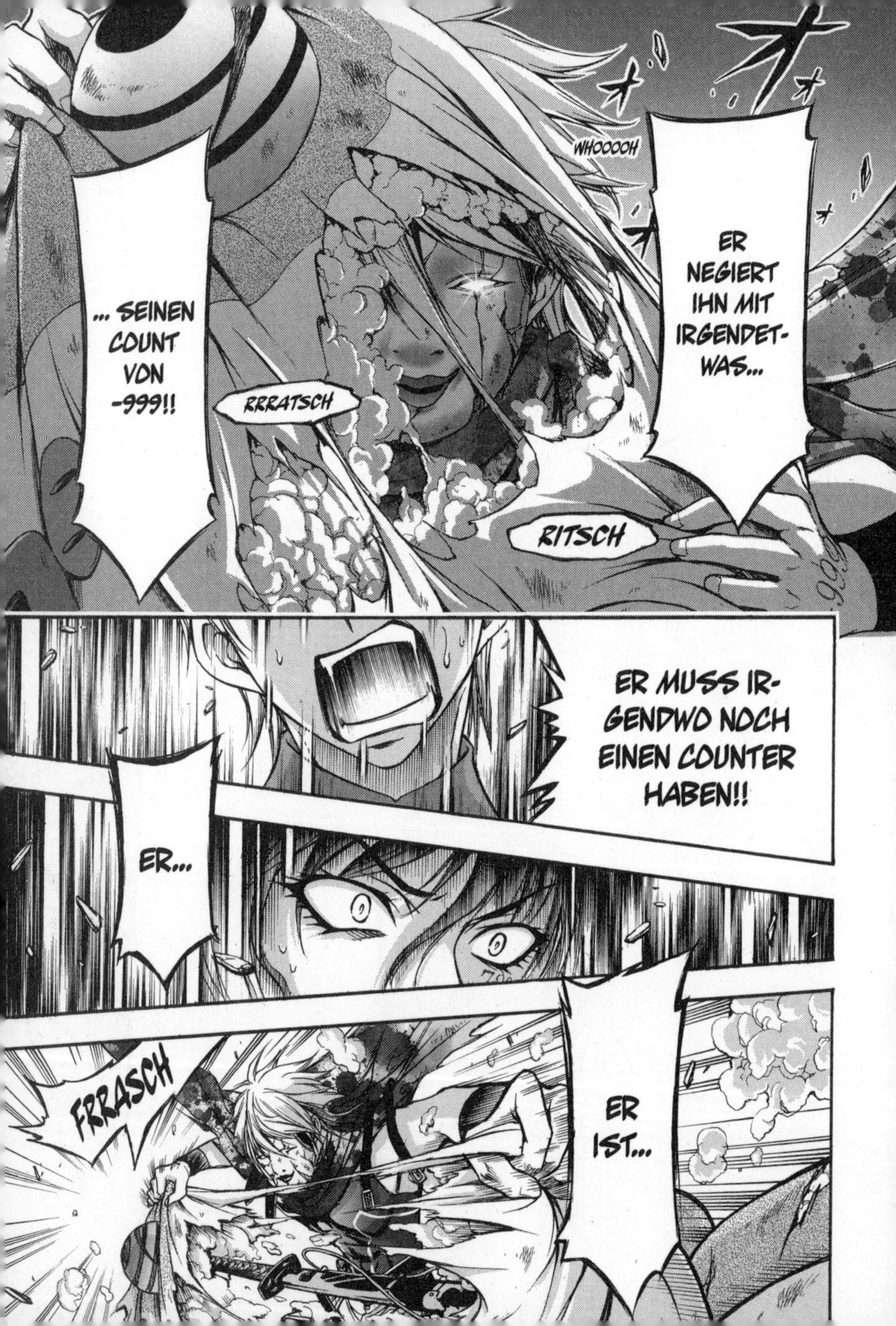
WHOOOOH
ER NEGIERT IHN MIT IRGENDET-WAS...
... SEINEN COUNT VON -999!!
RRRATSCH
RITSCH
ER MUSS IR-GENDWO NOCH EINEN COUNTER HABEN!!
ER...
ER IST...
FRRASCH

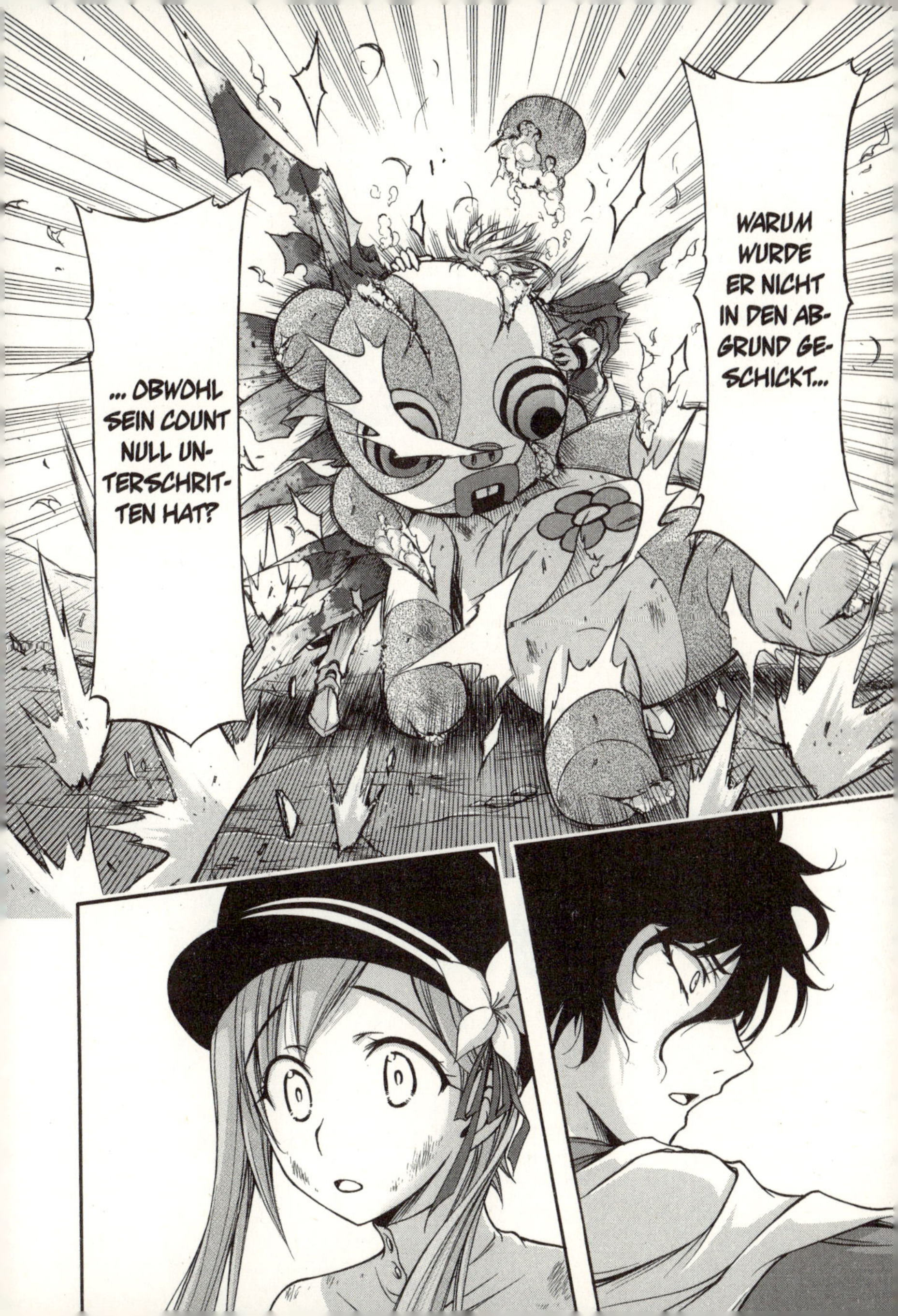
WARUM WURDE ER NICHT IN DEN ABGRUND GESCHICKT...
... OBWOHL SEIN COUNT NULL UNTERSCHRITTEN HAT?

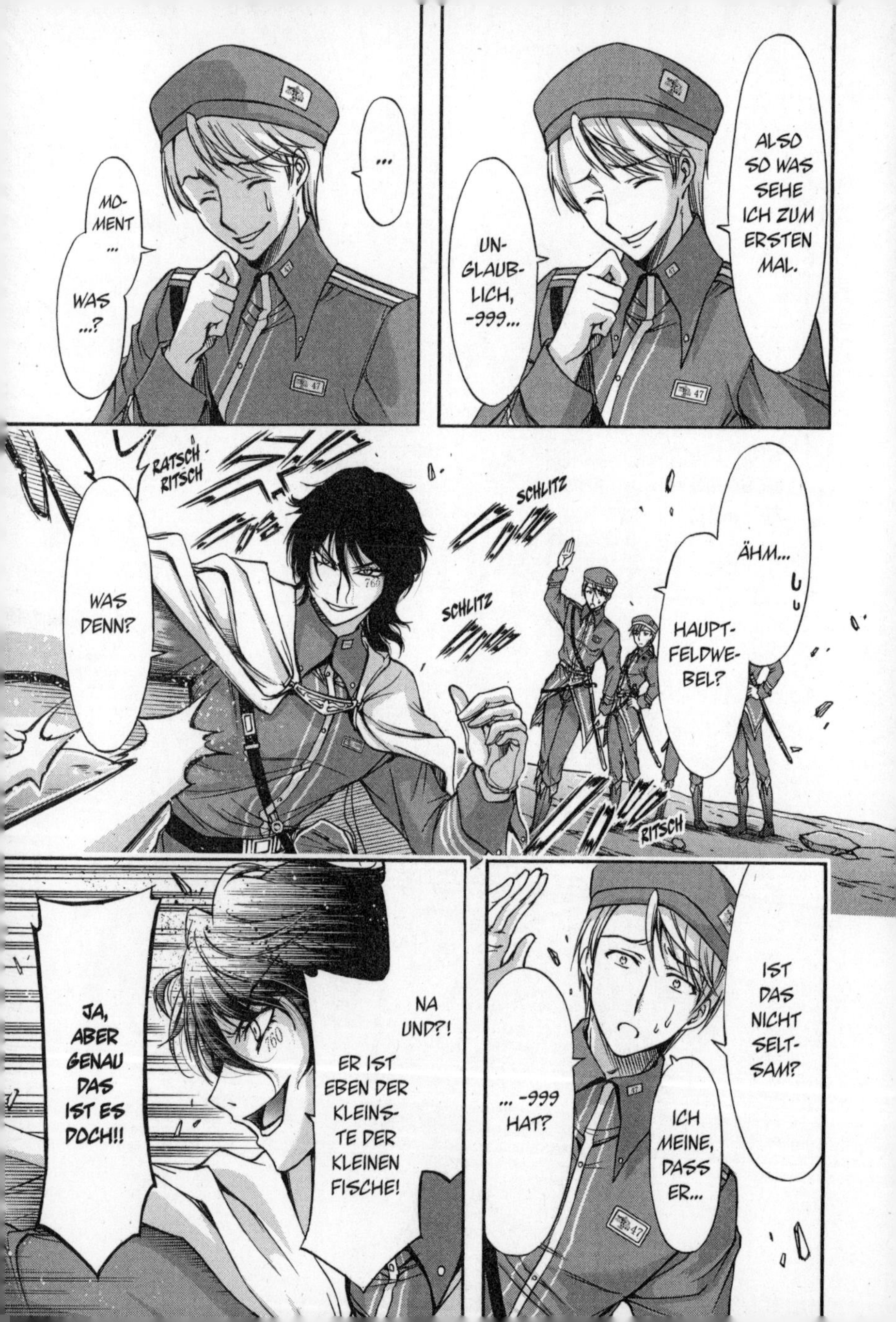
ALSO SO WAS SEHE ICH ZUM ERSTEN MAL.
UN-GLAUB-LICH, -999...
...
MO-MENT ...
WAS ...?
ÄHM...
HAUPT-FELDWE-BEL?
SCHLITZ
SCHLITZ
RITSCH
RATSCH RITSCH
WAS DENN?
IST DAS NICHT SELT-SAM?
ICH MEINE, DASS ER...
... -999 HAT?
NA UND?!
ER IST EBEN DER KLEINS-TE DER KLEINEN FISCHE!
JA, ABER GENAU DAS IST ES DOCH!!

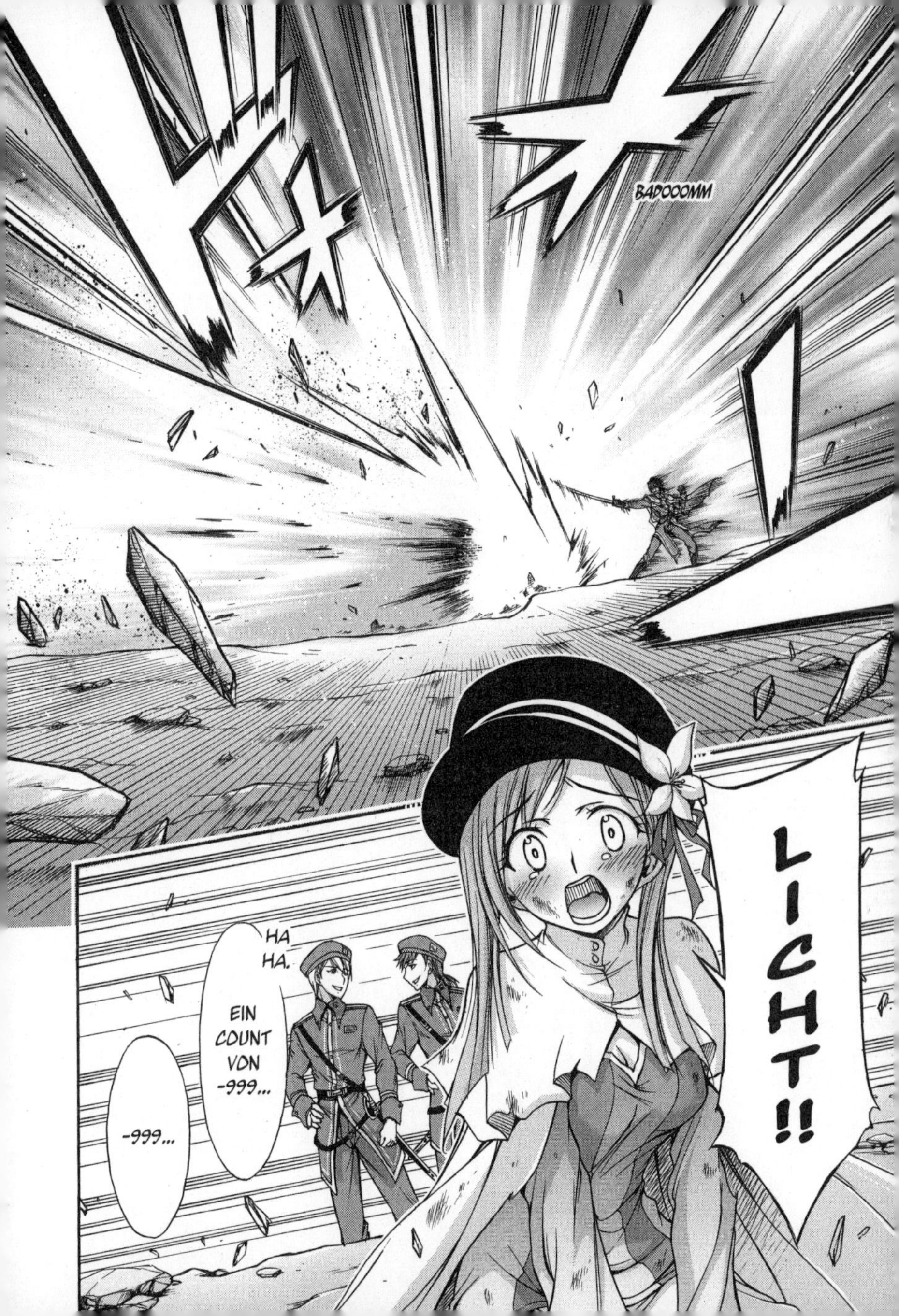
BADOOOMM
LICHT!!
HA HA.
EIN COUNT VON -999...
-999...

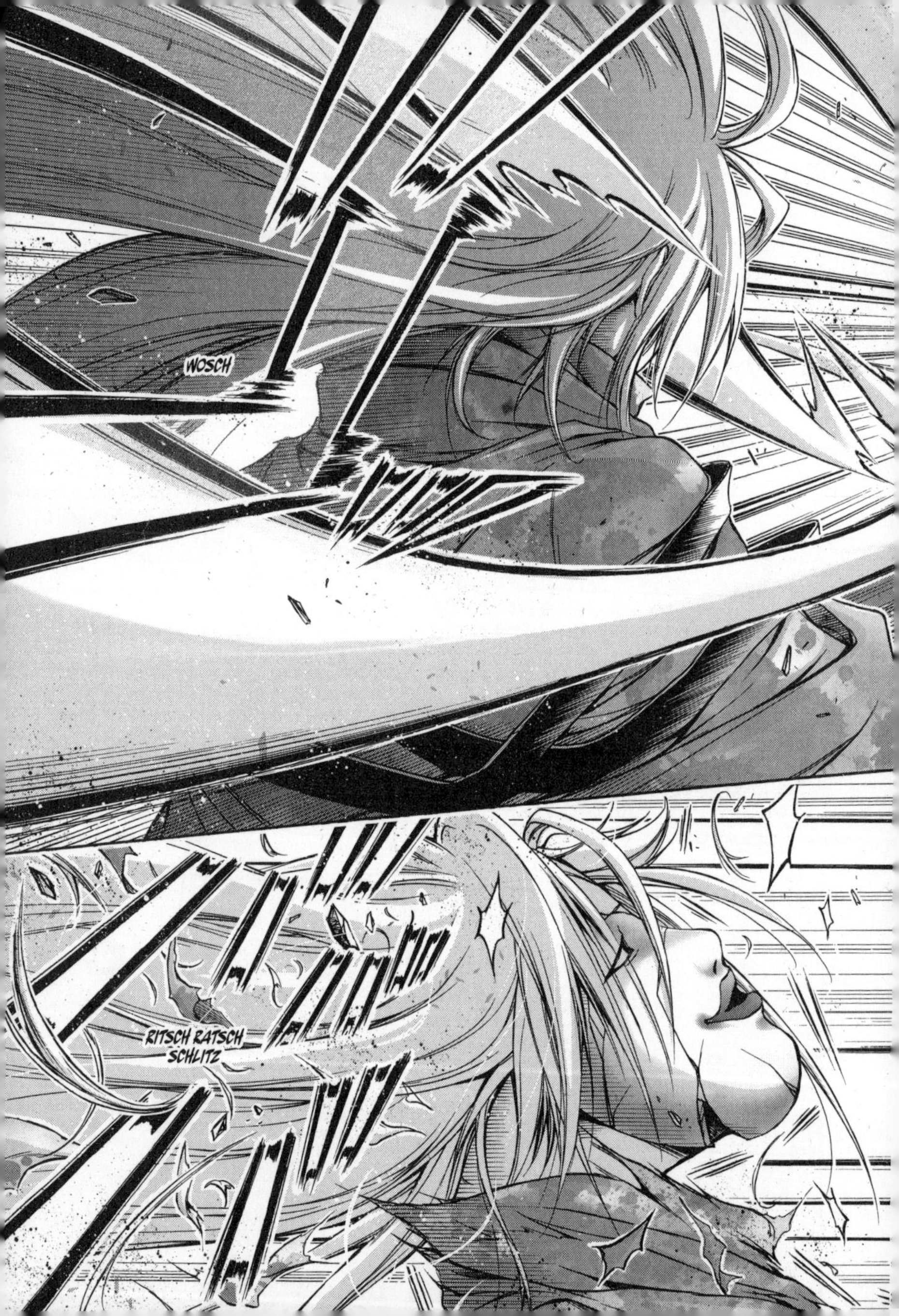
WOSCH
RITSCH RATSCH SCHLITZ

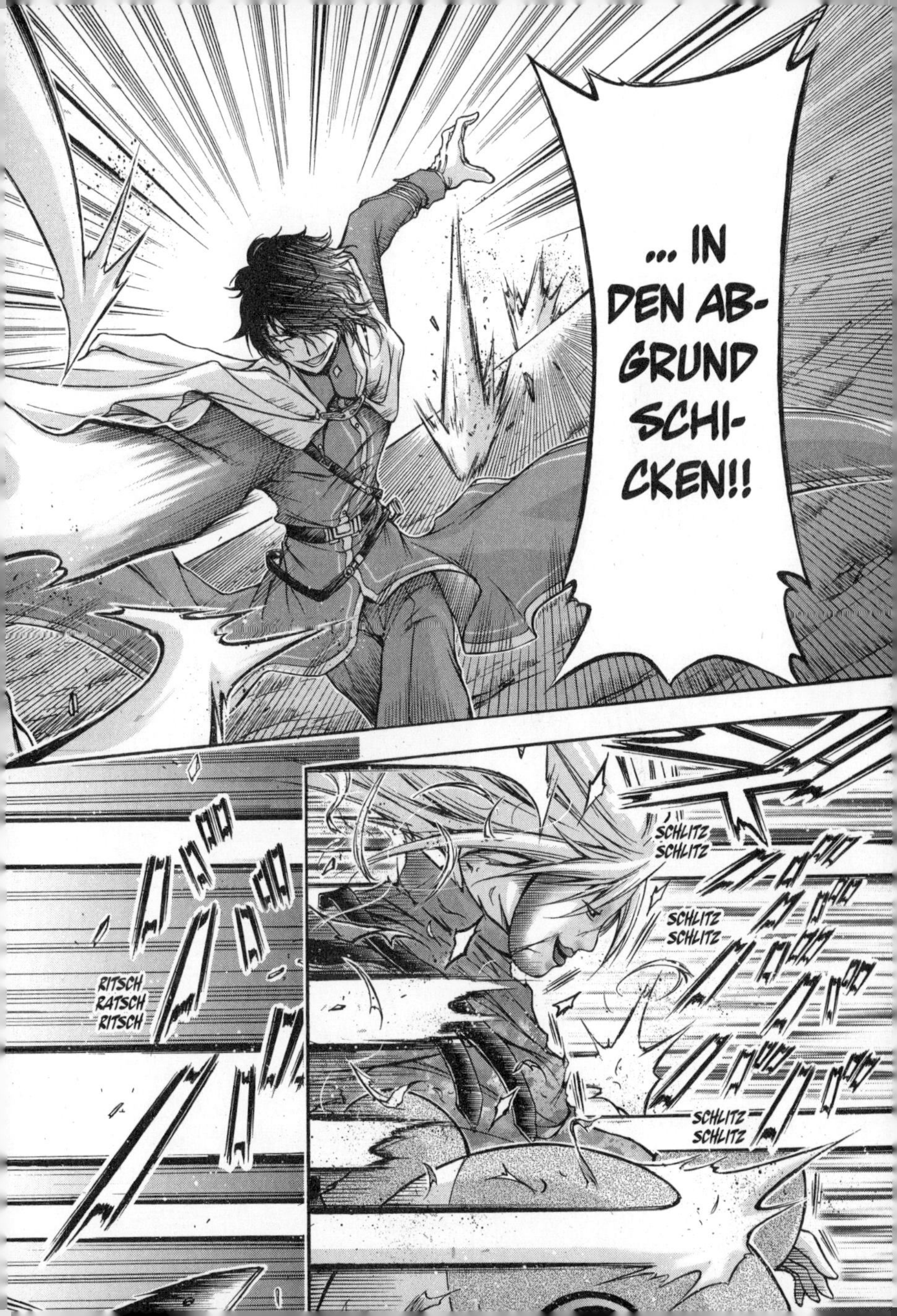
... IN DEN AB- GRUND SCHI- CKEN!!
SCHLITZ SCHLITZ
SCHLITZ SCHLITZ
SCHLITZ SCHLITZ
RITSCH RATSCH RITSCH

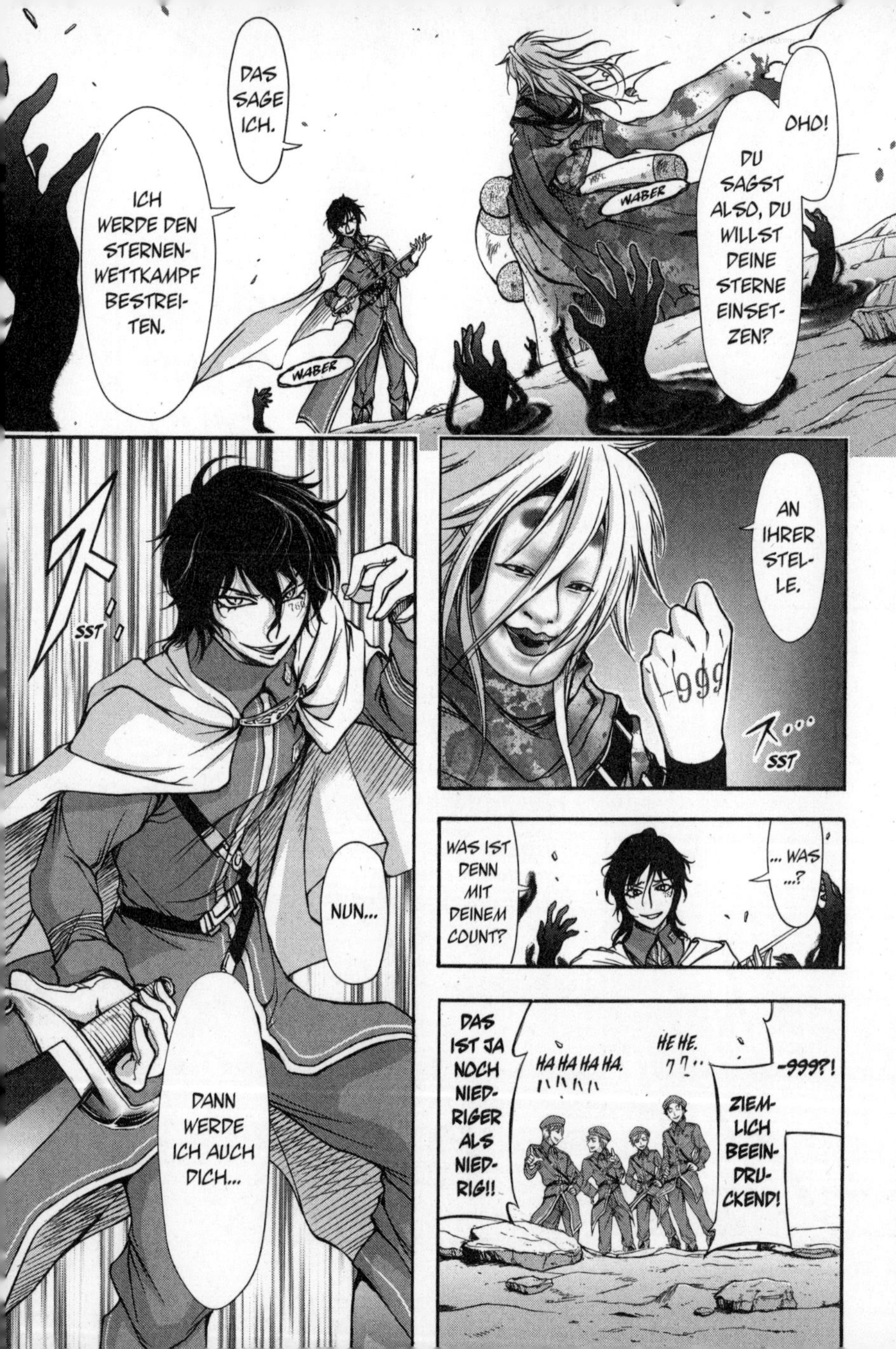

OHO!
DU SAGST ALSO, DU WILLST DEINE STERNE EINSETZEN?
WABER
DAS SAGE ICH.
ICH WERDE DEN STERNENWETTKAMPF BESTREITEN.
WABER
AN IHRER STELLE.
-999
SST
... WAS ...?
WAS IST DENN MIT DEINEM COUNT?
-999?!
ZIEMLICH BEEINDRUCKEND!
HE HE.
HA HA HA HA.
DAS IST JA NOCH NIEDRIGER ALS NIEDRIG!!
SST
NUN...
DANN WERDE ICH AUCH DICH...

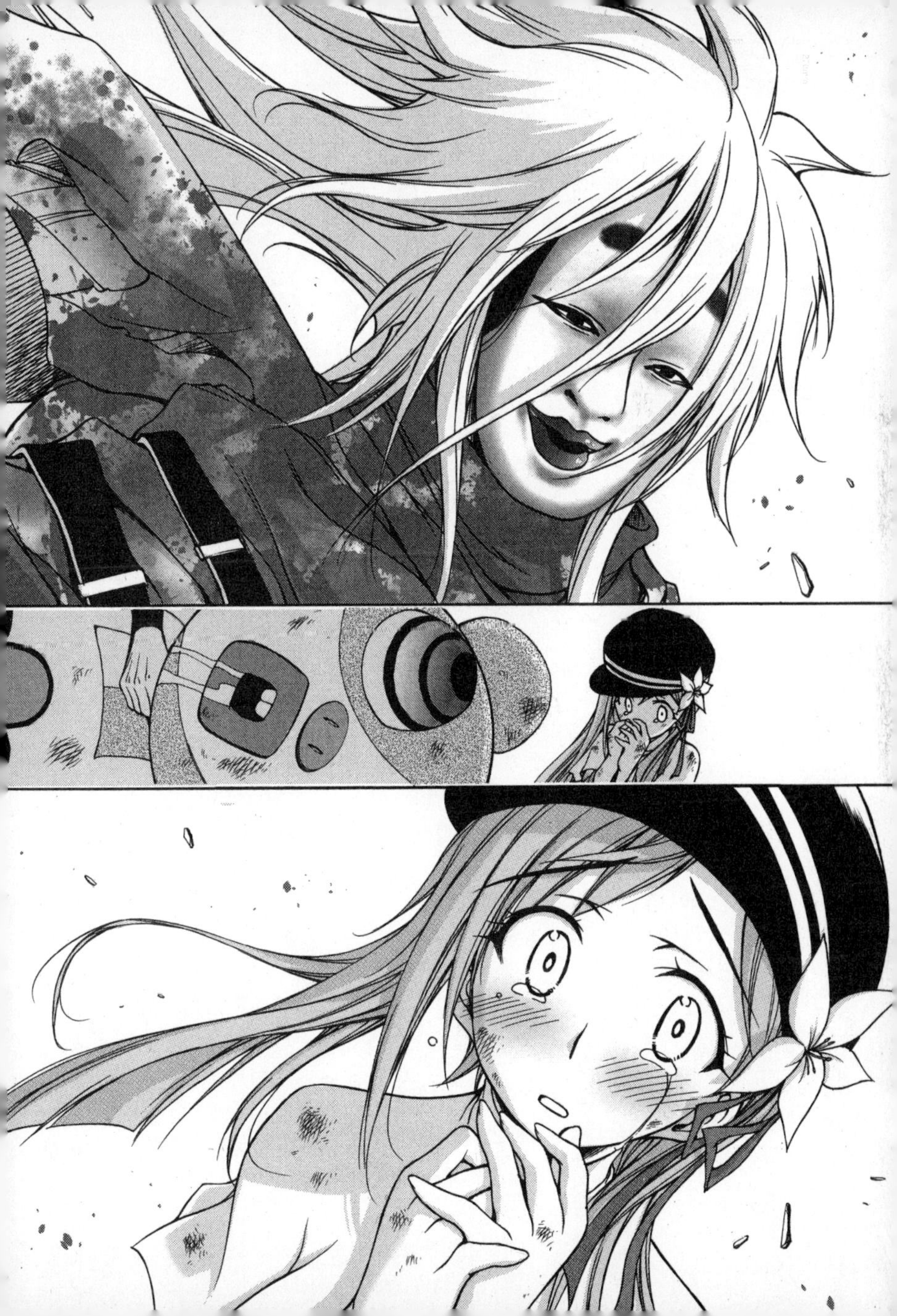

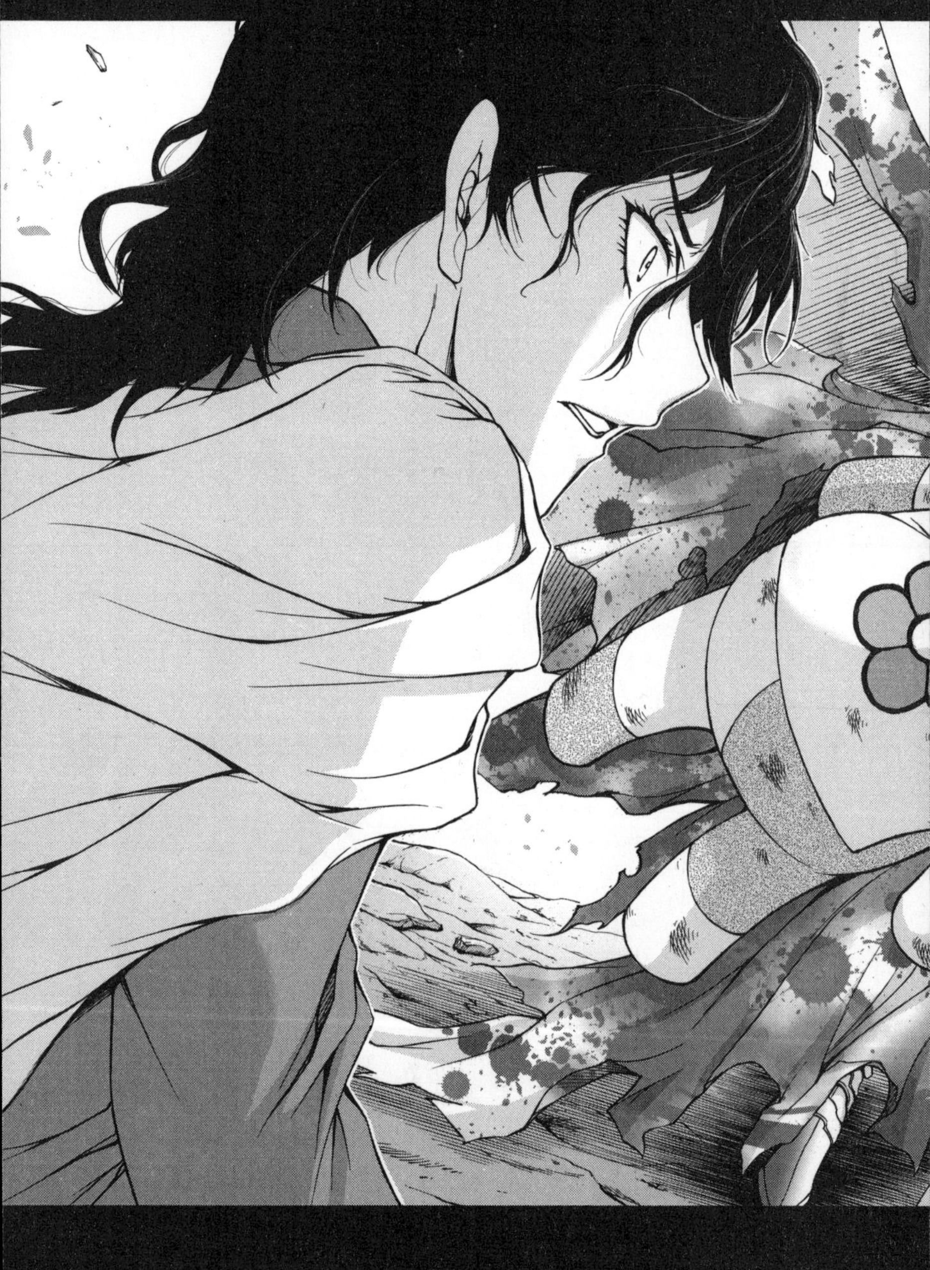

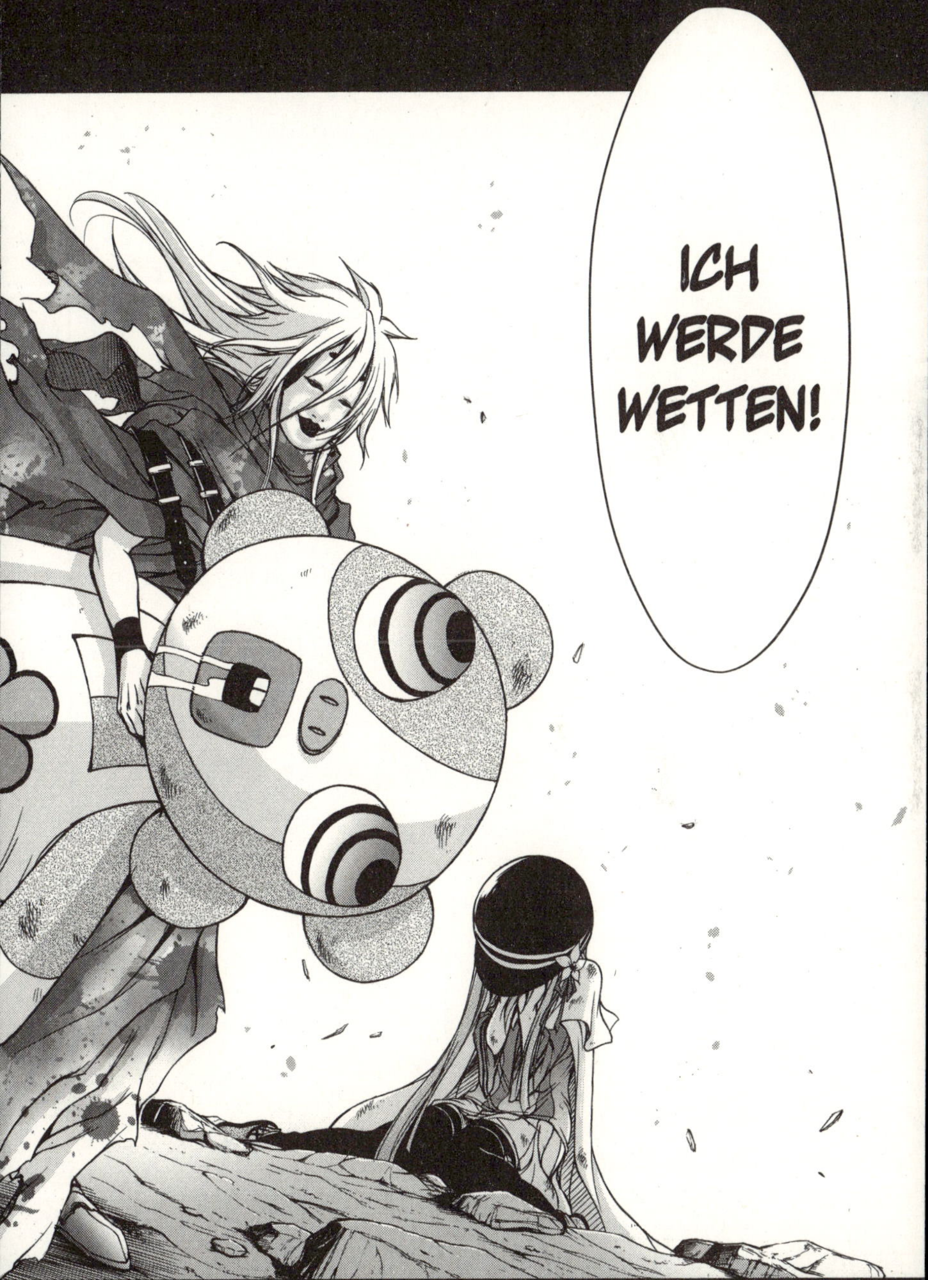
ICH
WERDE
WETTEN!

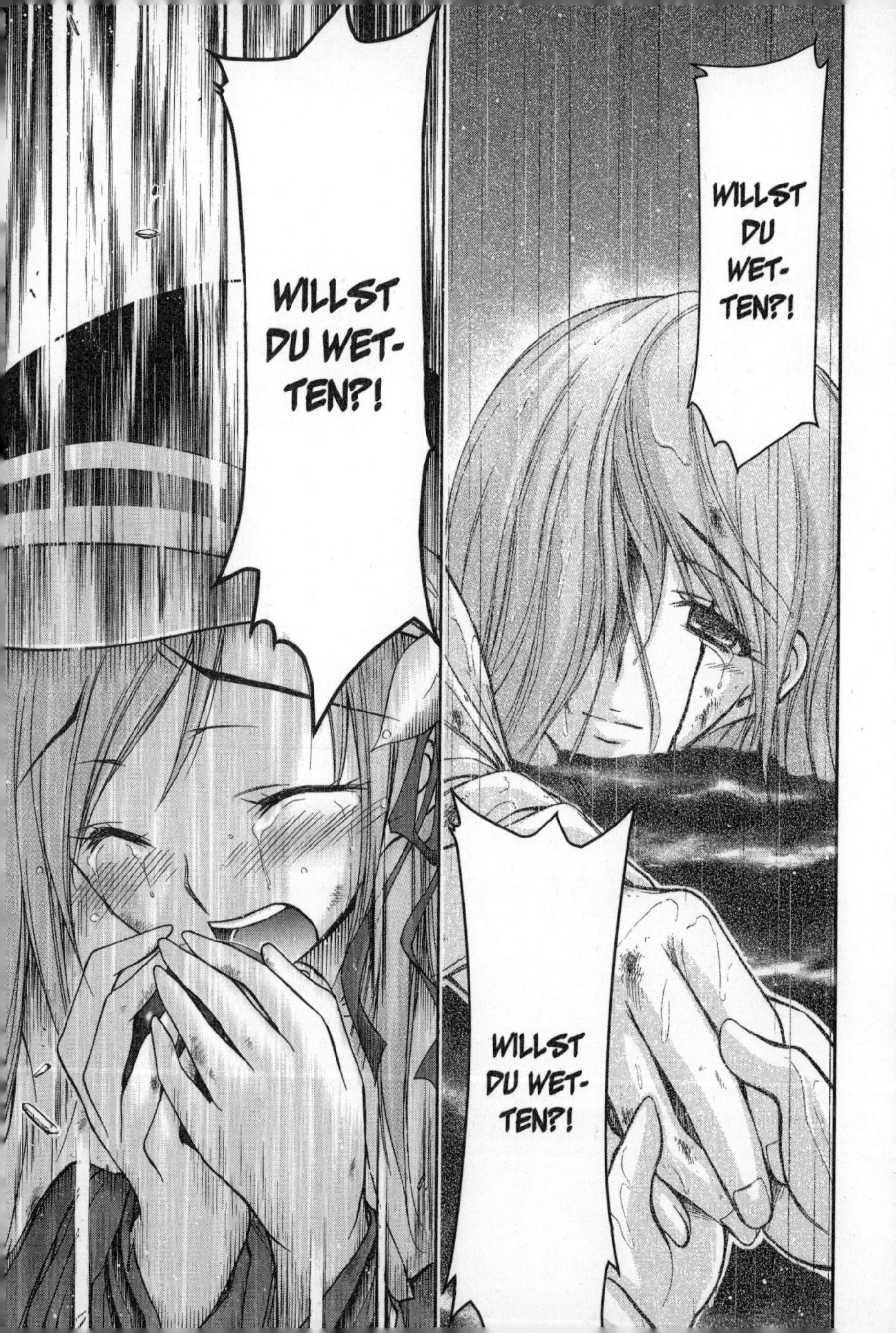
WILLST DU WET-TEN?!
WILLST DU WET-TEN?!
WILLST DU WET-TEN?!

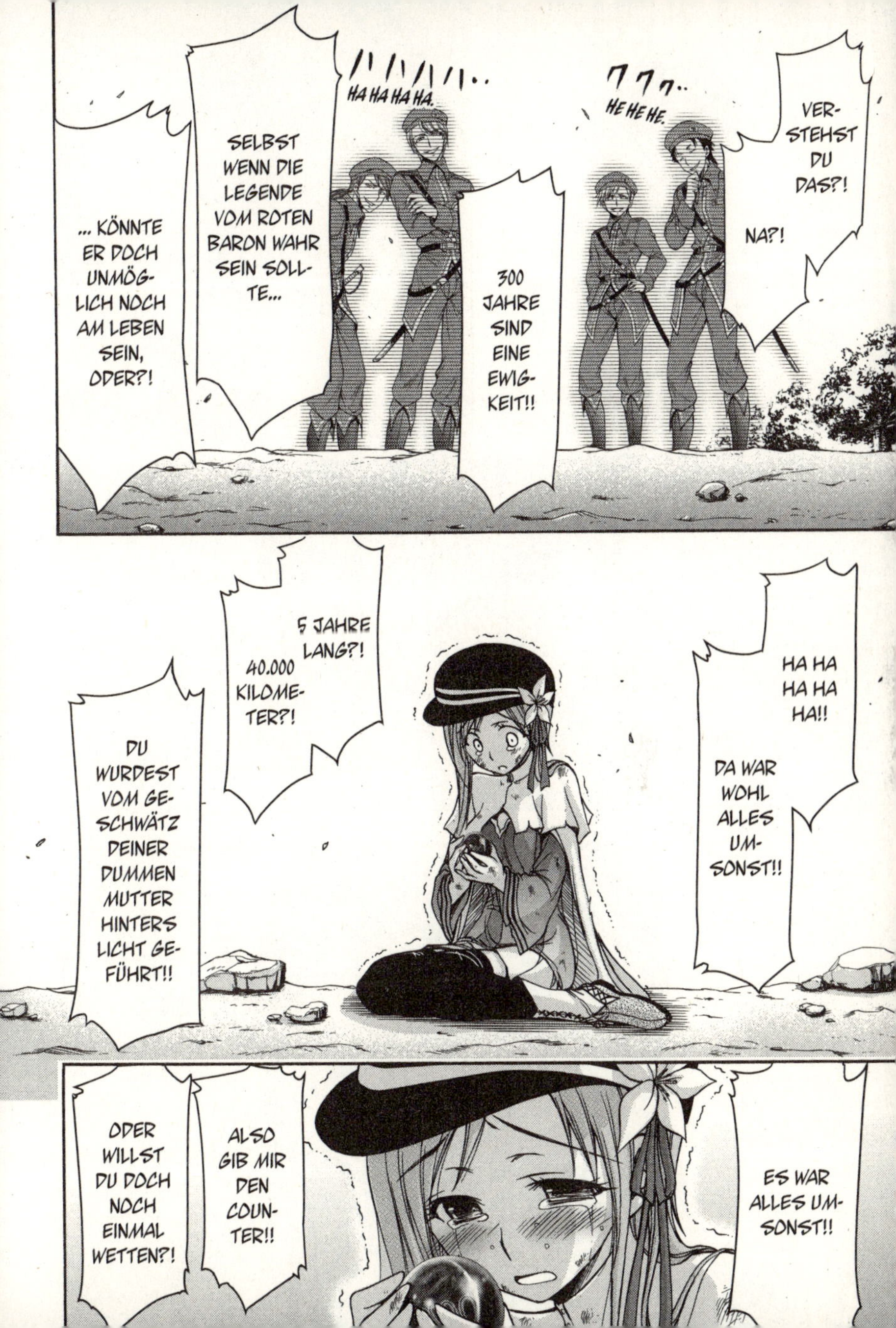
VERSTEHST DU DAS?!
NA?!
HE HE HE.
300 JAHRE SIND EINE EWIGKEIT!!
HA HA HA HA.
SELBST WENN DIE LEGENDE VOM ROTEN BARON WAHR SEIN SOLLTE...
... KÖNNTE ER DOCH UNMÖGLICH NOCH AM LEBEN SEIN, ODER?!
HA HA HA HA HA!!
DA WAR WOHL ALLES UMSONST!!
5 JAHRE LANG?!
40.000 KILOMETER?!
DU WURDEST VOM GESCHWÄTZ DEINER DUMMEN MUTTER HINTERS LICHT GEFÜHRT!!
ES WAR ALLES UMSONST!!
ALSO GIB MIR DEN COUNTER!!
ODER WILLST DU DOCH NOCH EINMAL WETTEN?!

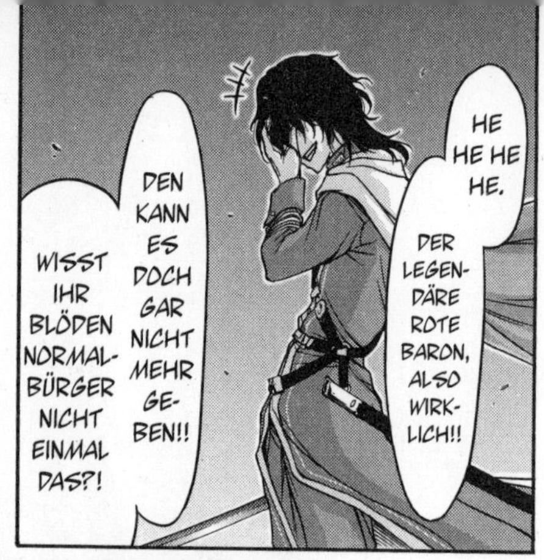
HE HE HE HE.
DER LEGEN-DÄRE ROTE BARON, ALSO WIRK-LICH!!
DEN KANN ES DOCH GAR NICHT MEHR GE-BEN!!
WISST IHR BLÖDEN NORMAL-BÜRGER NICHT EINMAL DAS?!

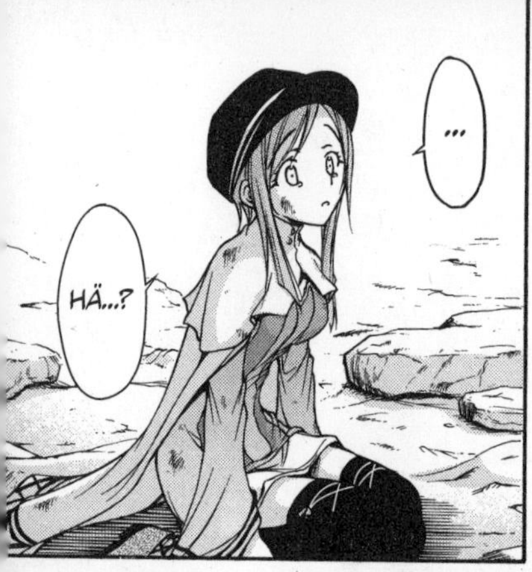
...
HÄ...?

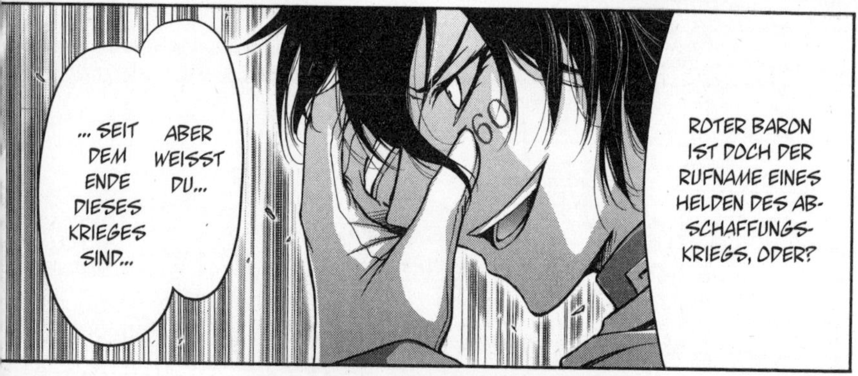
ROTER BARON IST DOCH DER RUFNAME EINES HELDEN DES AB-SCHAFFUNGS-KRIEGS, ODER?
ABER WEISST DU...
... SEIT DEM ENDE DIESES KRIEGES SIND...

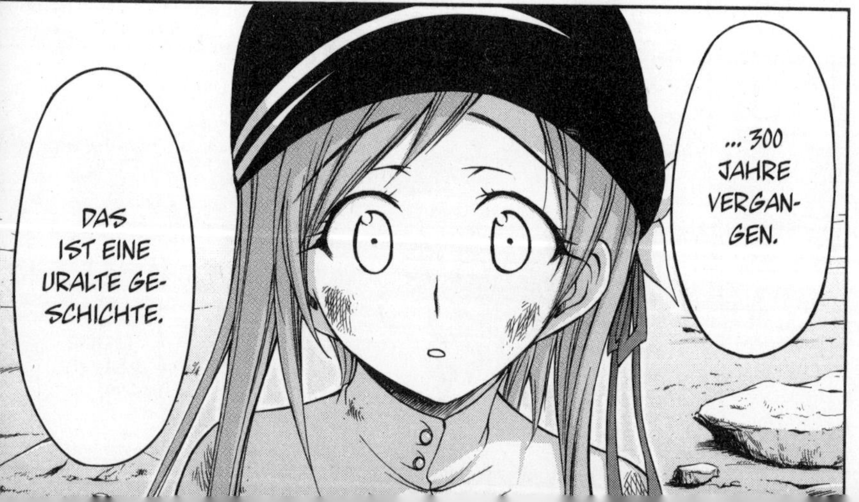
... 300 JAHRE VERGAN-GEN.
DAS IST EINE URALTE GE-SCHICHTE.

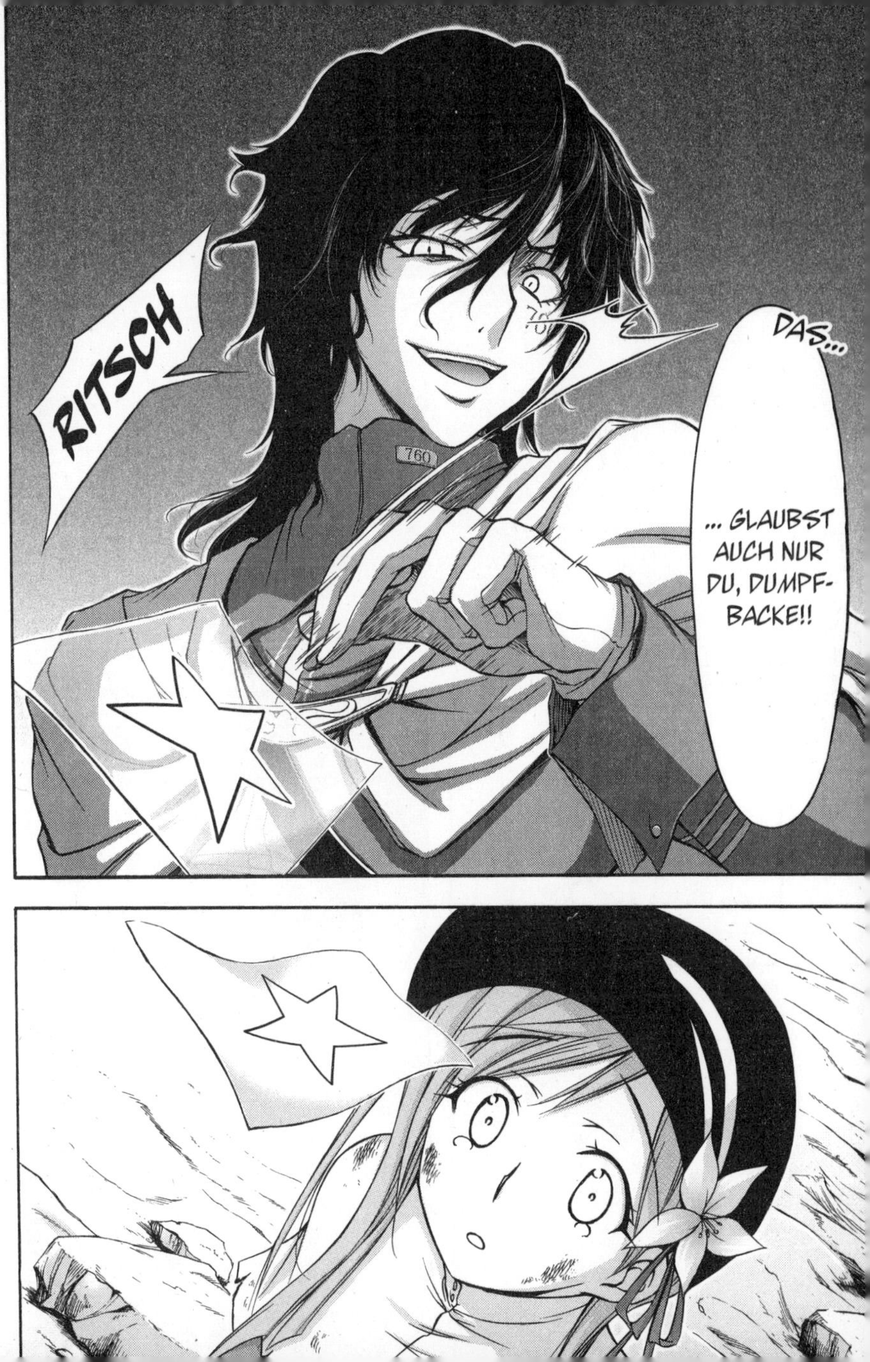

DAS...

... GLAUBST AUCH NUR DU, DUMPF-BACKE!!

RITSCH

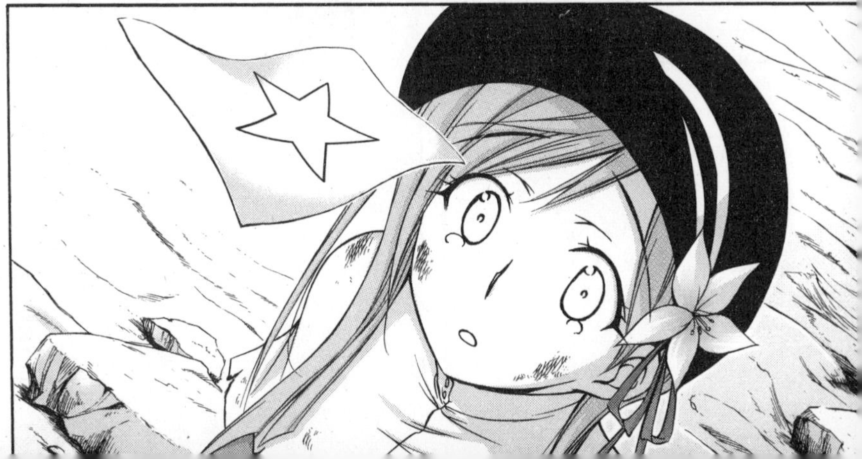

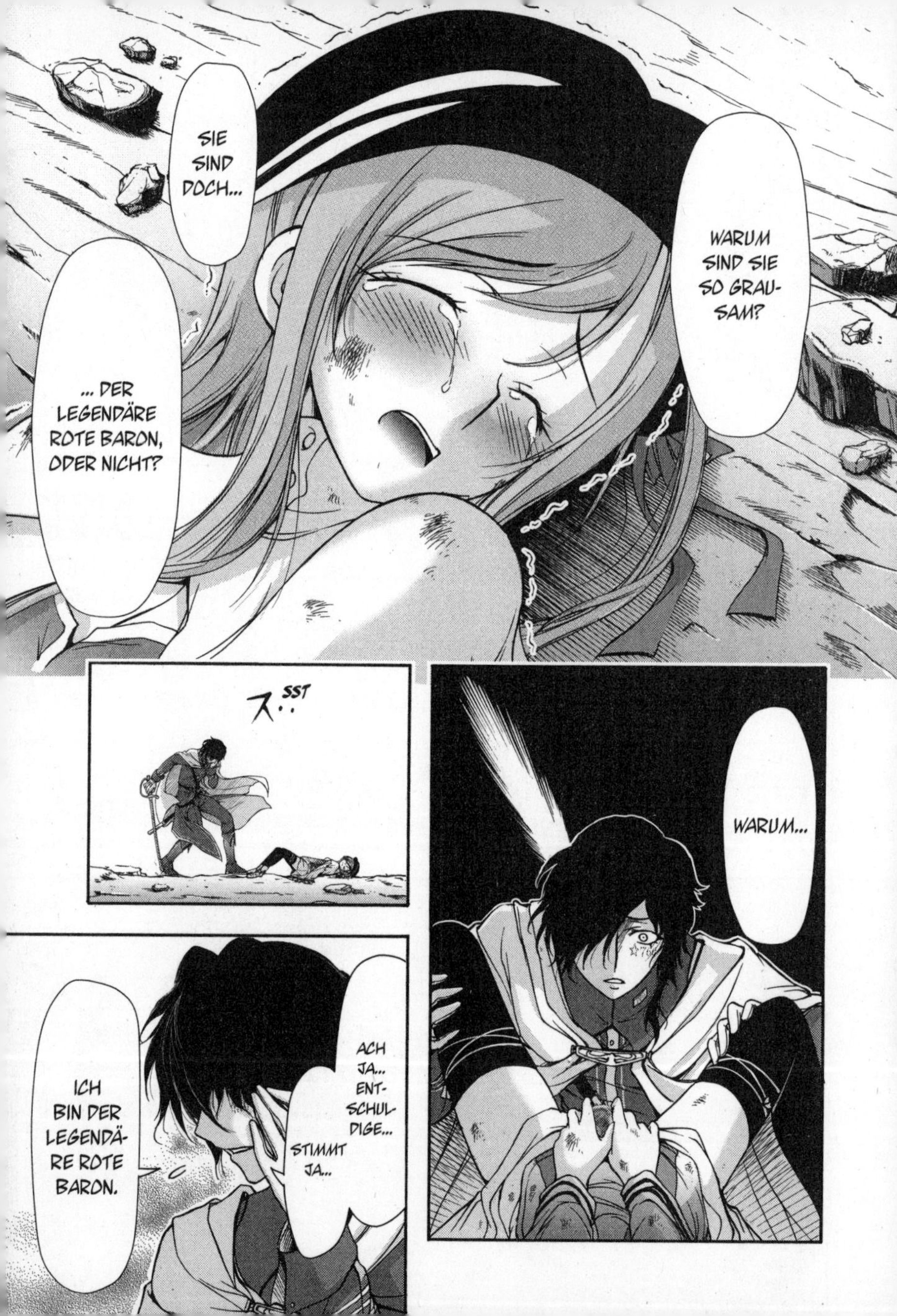
WARUM SIND SIE SO GRAU-SAM?
SIE SIND DOCH...
... DER LEGENDÄRE ROTE BARON, ODER NICHT?
WARUM...
ス.. SST
ACH JA... ENT-SCHUL-DIGE...
STIMMT JA...
ICH BIN DER LEGENDÄ-RE ROTE BARON.

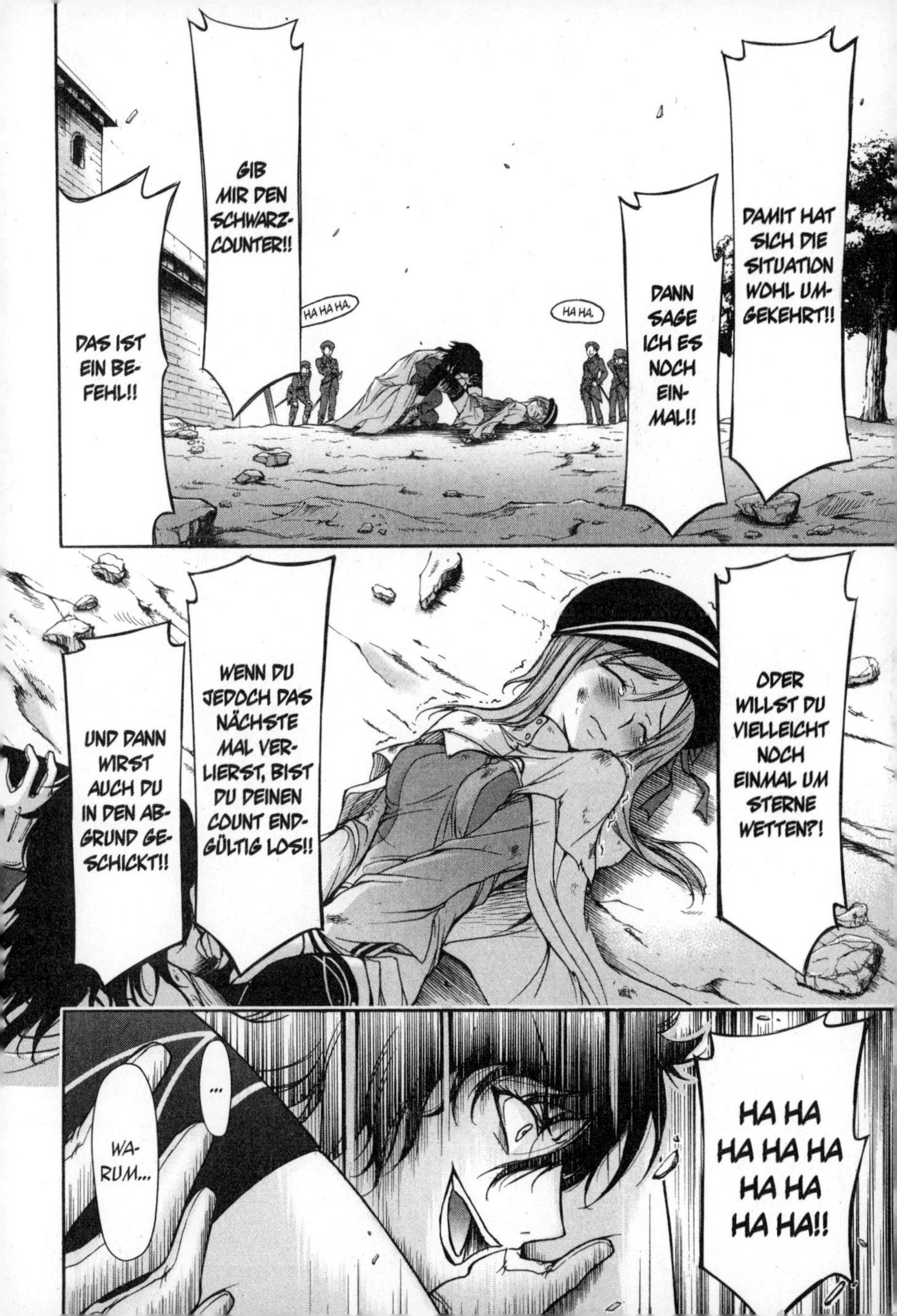
DAMIT HAT SICH DIE SITUATION WOHL UM-GEKEHRT!!
HA HA.
DANN SAGE ICH ES NOCH EIN-MAL!!
GIB MIR DEN SCHWARZ-COUNTER!!
HA HA HA.
DAS IST EIN BE-FEHL!!
ODER WILLST DU VIELLEICHT NOCH EINMAL UM STERNE WETTEN?!
WENN DU JEDOCH DAS NÄCHSTE MAL VER-LIERST, BIST DU DEINEN COUNT END-GÜLTIG LOS!!
UND DANN WIRST AUCH DU IN DEN AB-GRUND GE-SCHICKT!!
HA HA HA HA HA HA HA HA HA!!
...
WA-RUM...

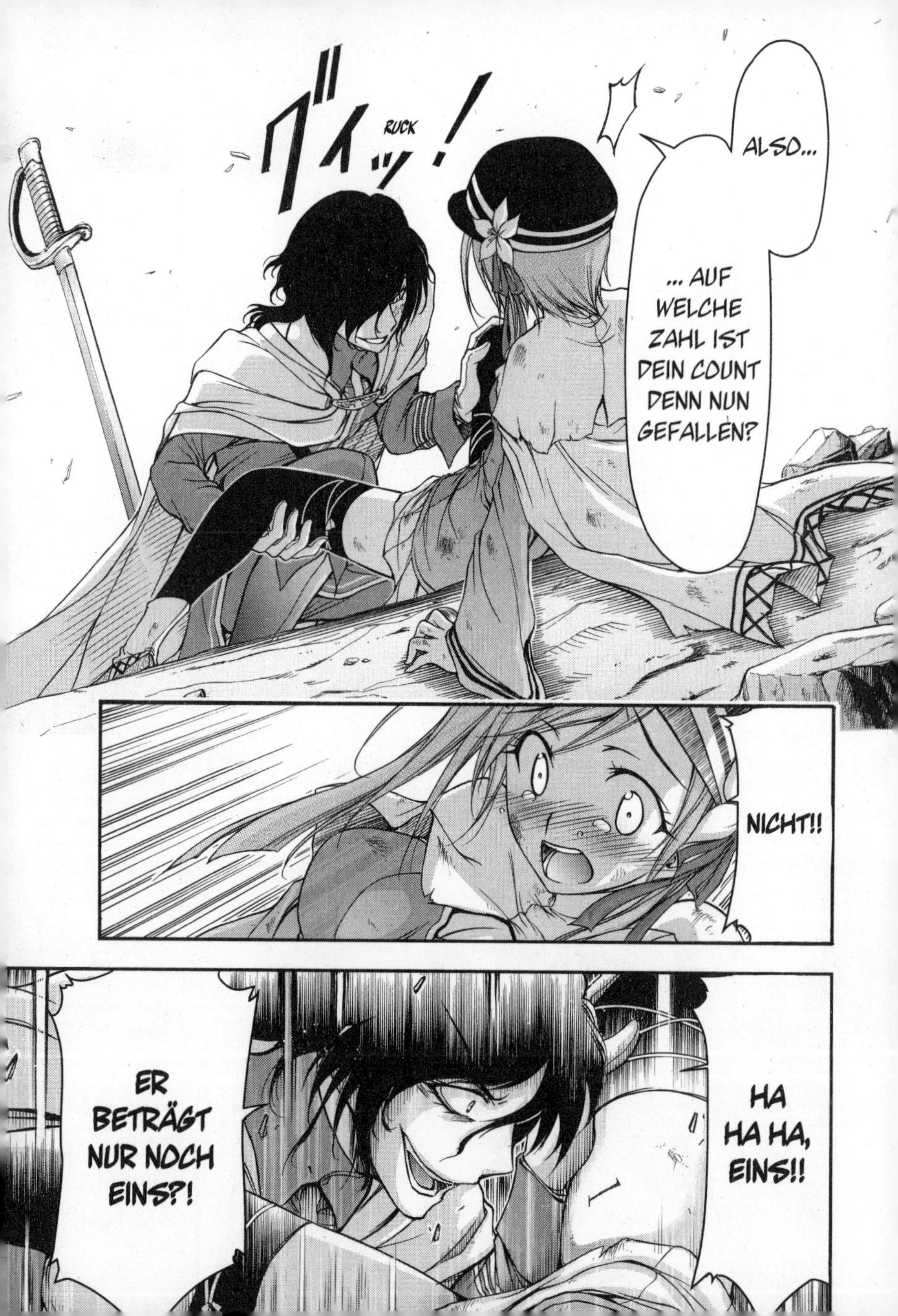

ALSO...
... AUF WELCHE ZAHL IST DEIN COUNT DENN NUN GEFALLEN?
グイッ!
RUCK
NICHT!!

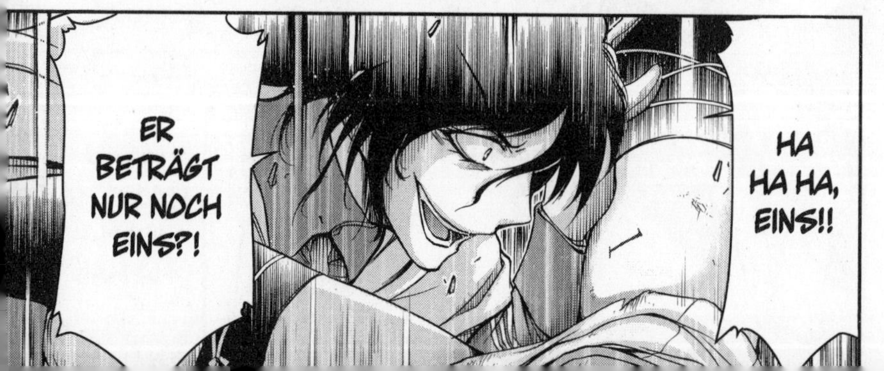

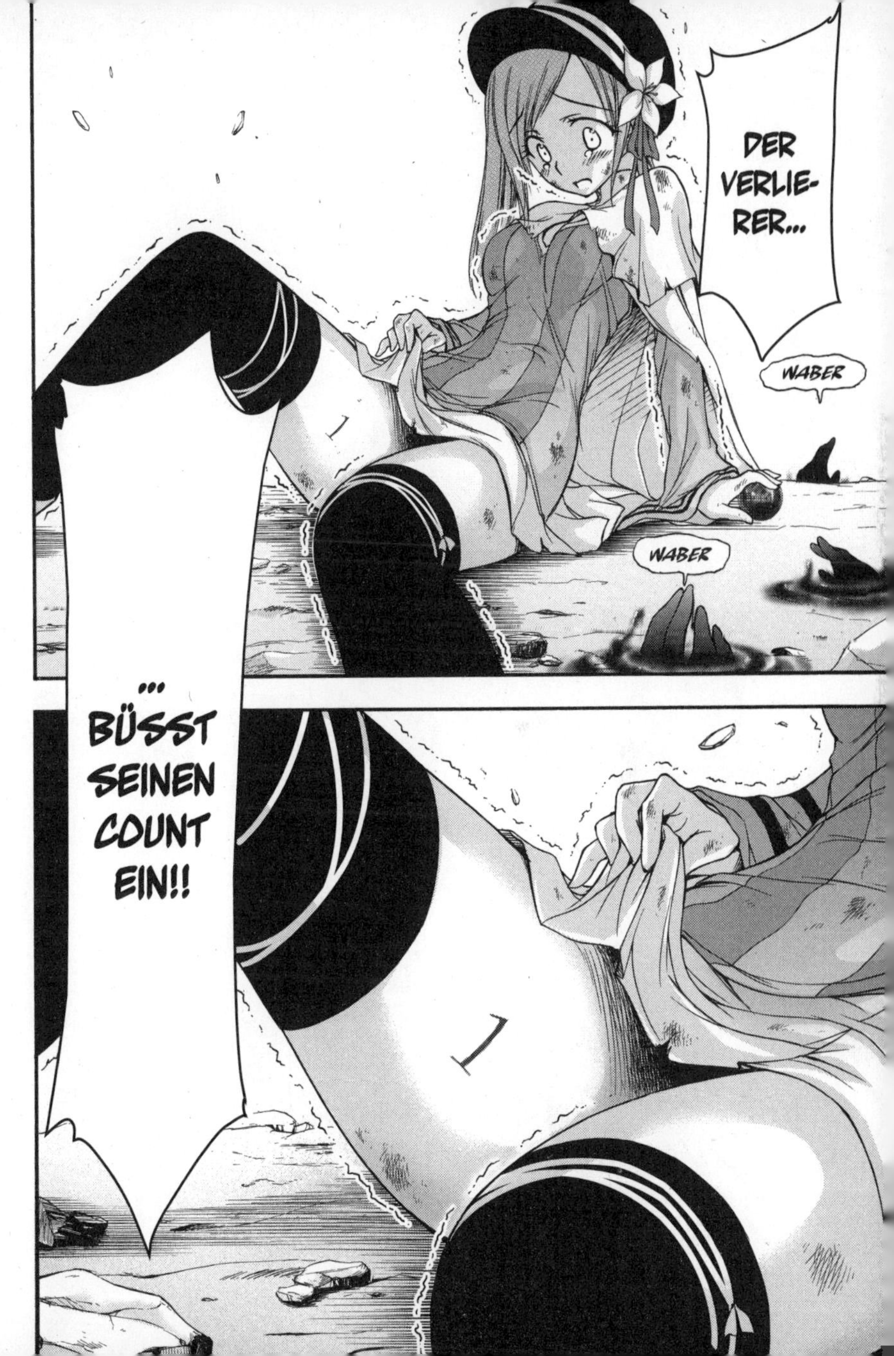
DER VERLIE-RER...
WABER
WABER
... BÜSST SEINEN COUNT EIN!!

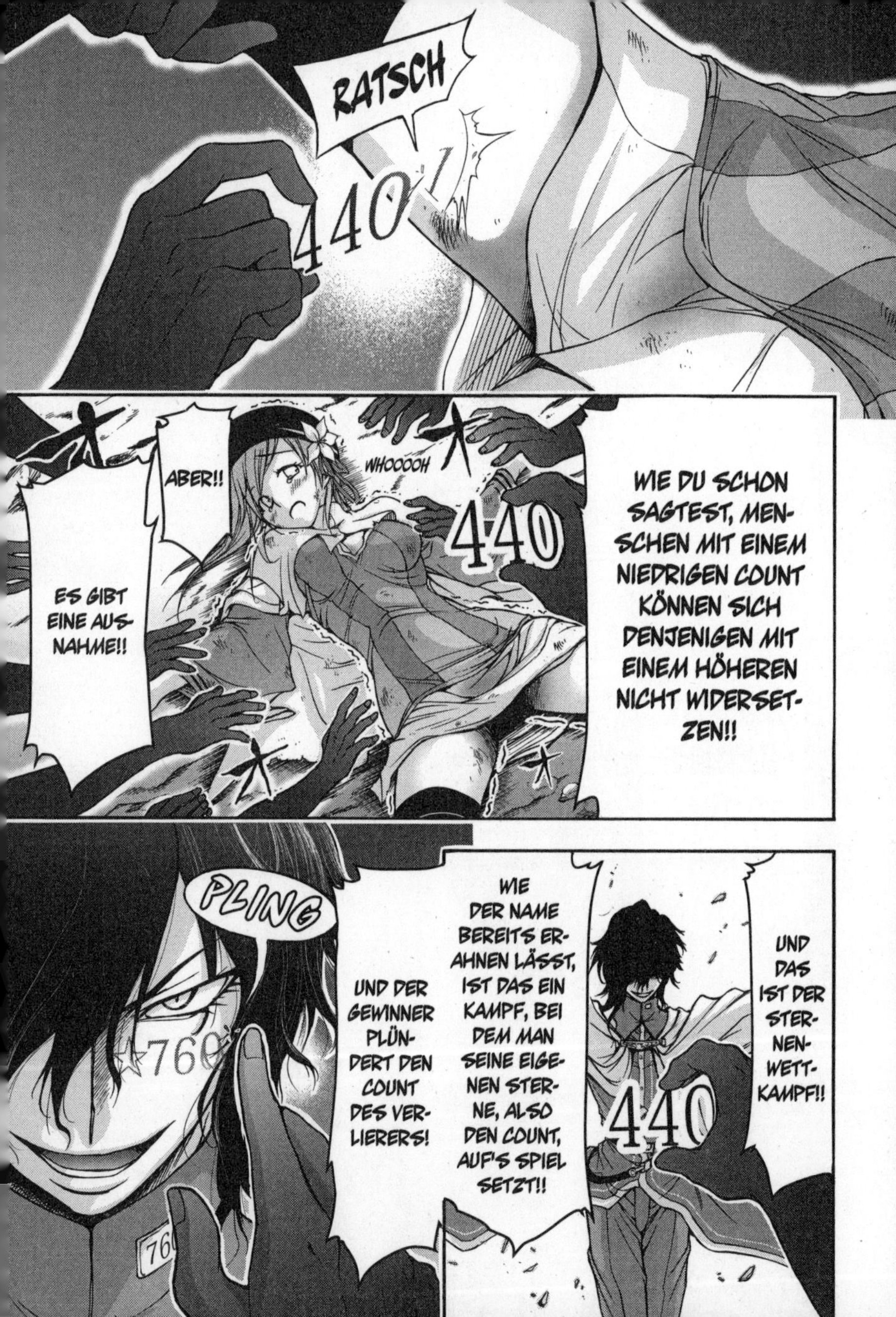
RATSCH
440
WIE DU SCHON SAGTEST, MENSCHEN MIT EINEM NIEDRIGEN COUNT KÖNNEN SICH DENJENIGEN MIT EINEM HÖHEREN NICHT WIDERSETZEN!!
440
WHOOOOH
ABER!!
ES GIBT EINE AUSNAHME!!
UND DAS IST DER STERNENWETTKAMPF!!
440
WIE DER NAME BEREITS ERAHNEN LÄSST, IST DAS EIN KAMPF, BEI DEM MAN SEINE EIGENEN STERNE, ALSO DEN COUNT, AUF'S SPIEL SETZT!!
UND DER GEWINNER PLÜNDERT DEN COUNT DES VERLIERERS!
PLING
760
760

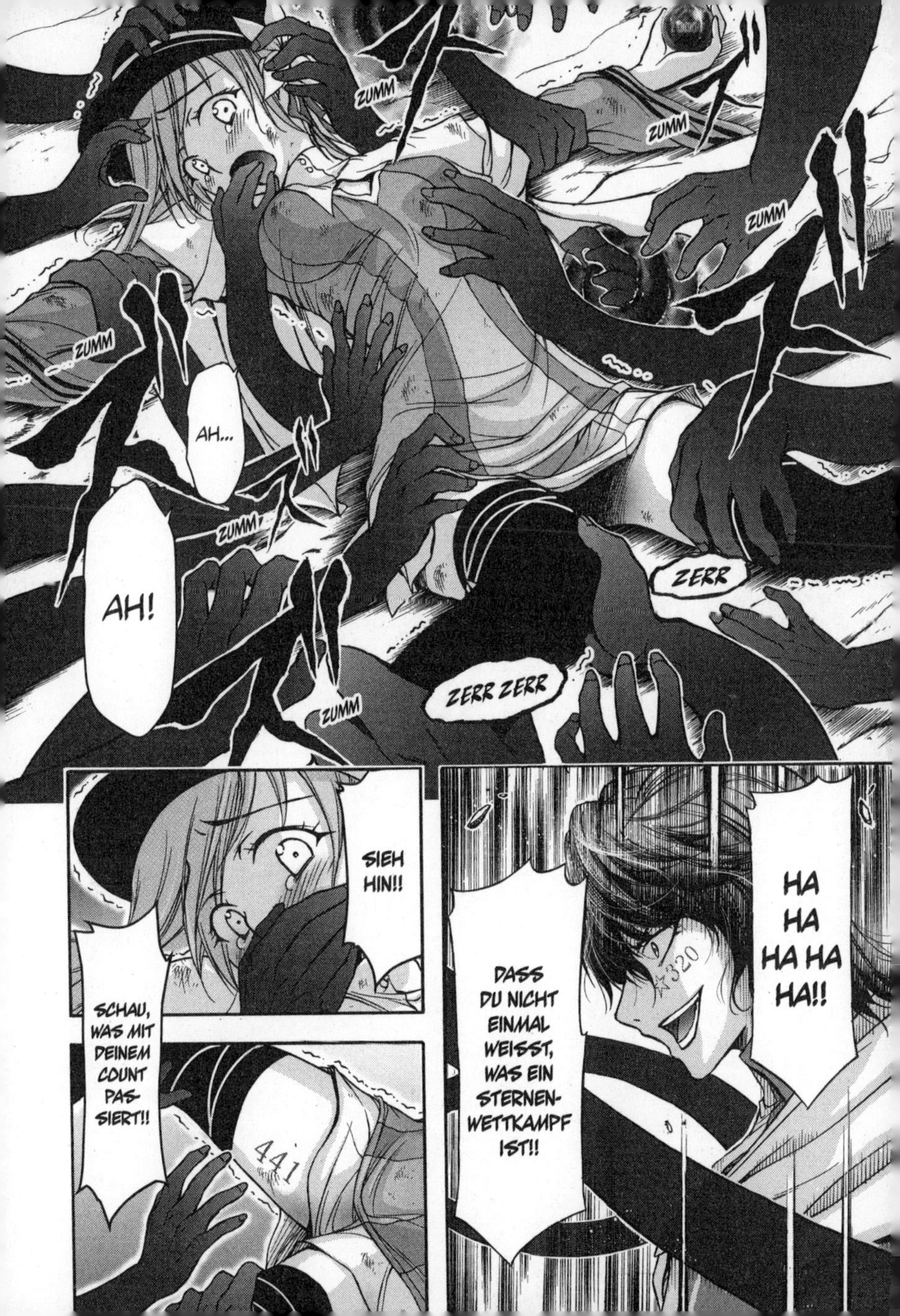
ZUMM
ZUMM
ZUMM
ZUMM
AH...
AH!
ZUMM
ZERR
ZERR ZERR
ZUMM
HA HA HA HA HA!!
DASS DU NICHT EINMAL WEISST, WAS EIN STERNEN-WETTKAMPF IST!!
SIEH HIN!!
SCHAU, WAS MIT DEINEM COUNT PAS-SIERT!!
320
441

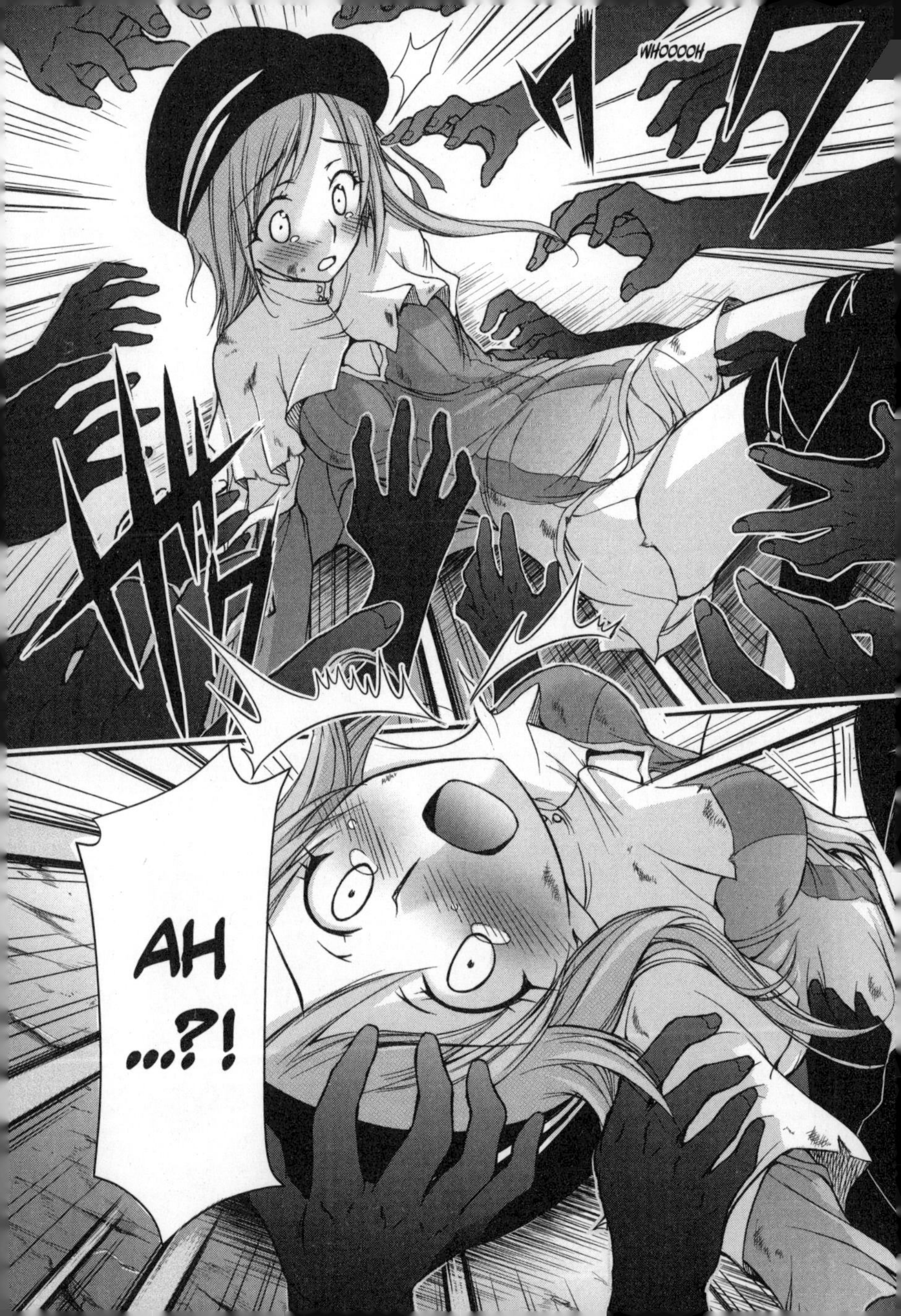
WHOOOOH
AH ...?!

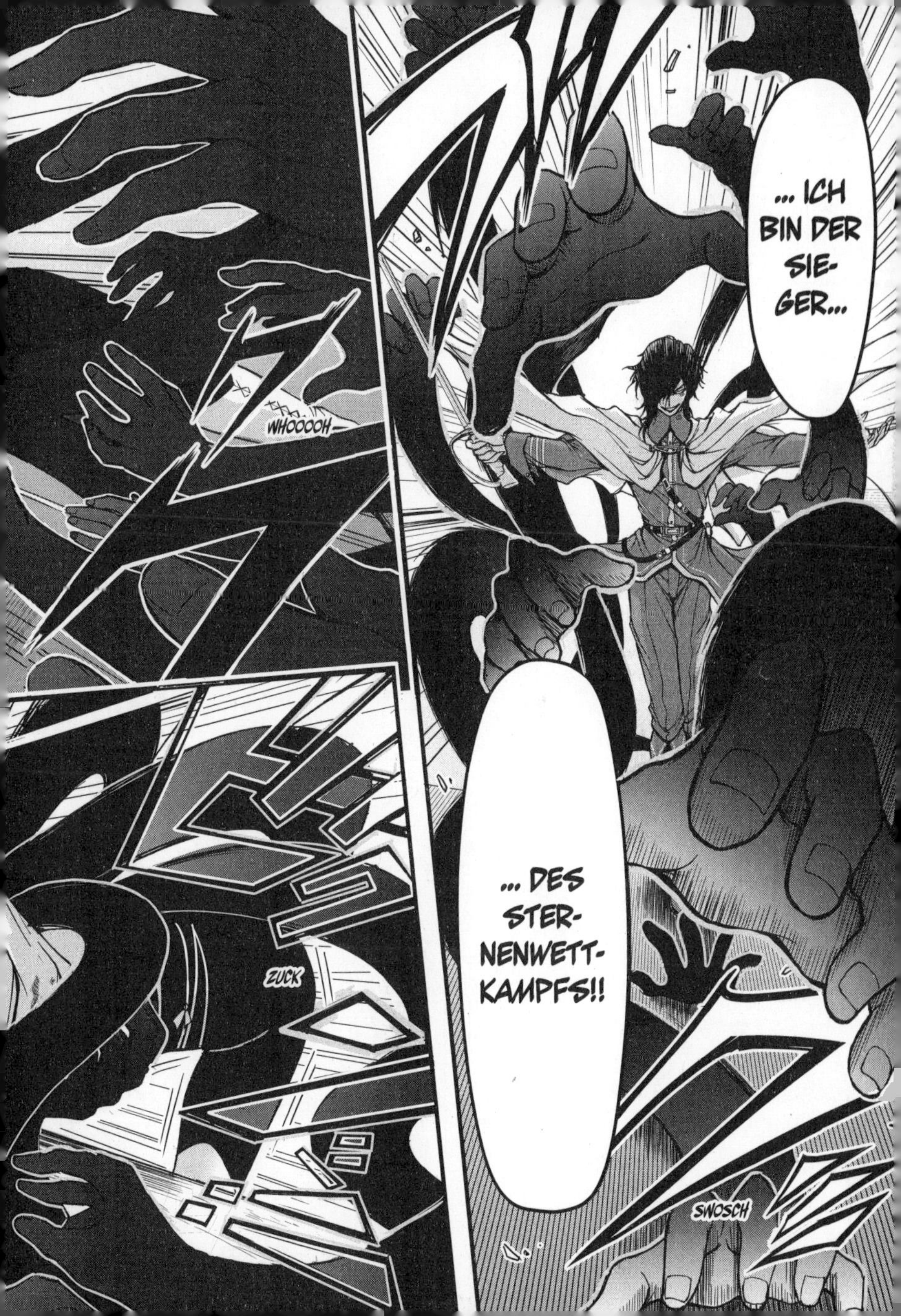
... ICH BIN DER SIE-GER...
... DES STER-NENWETT-KAMPFS!!
SWOSCH
WHOOOOH
ZUCK

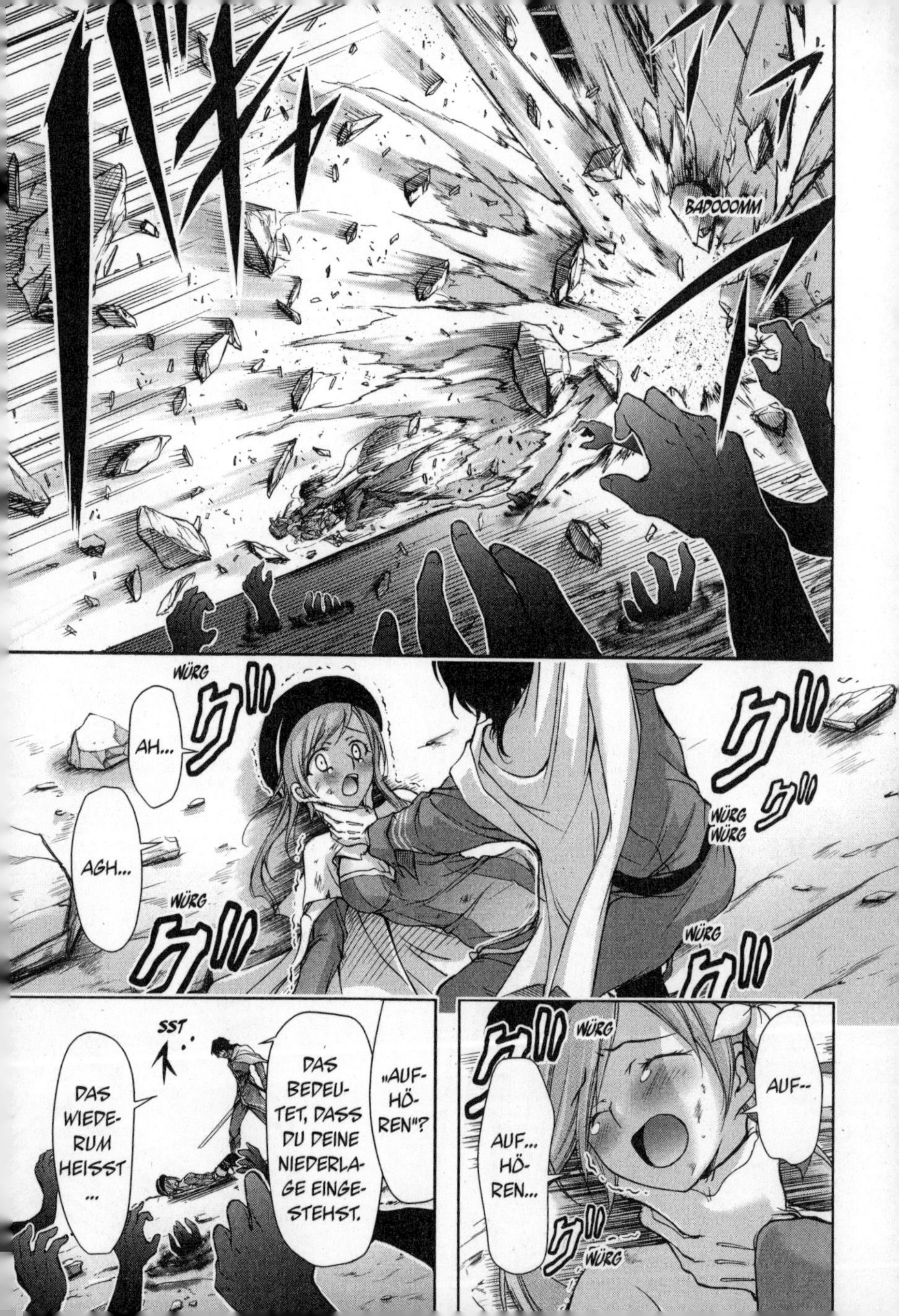
BADOOOMM
WÜRG WÜRG
WÜRG
AH...
AGH...
WÜRG
WÜRG
WÜRG
AUF--
AUF... HÖ-REN...
WÜRG
»AUF-HÖ-REN«?
DAS BEDEU-TET, DASS DU DEINE NIEDERLA-GE EINGE-STEHST.
SST
DAS WIEDE-RUM HEISST ...

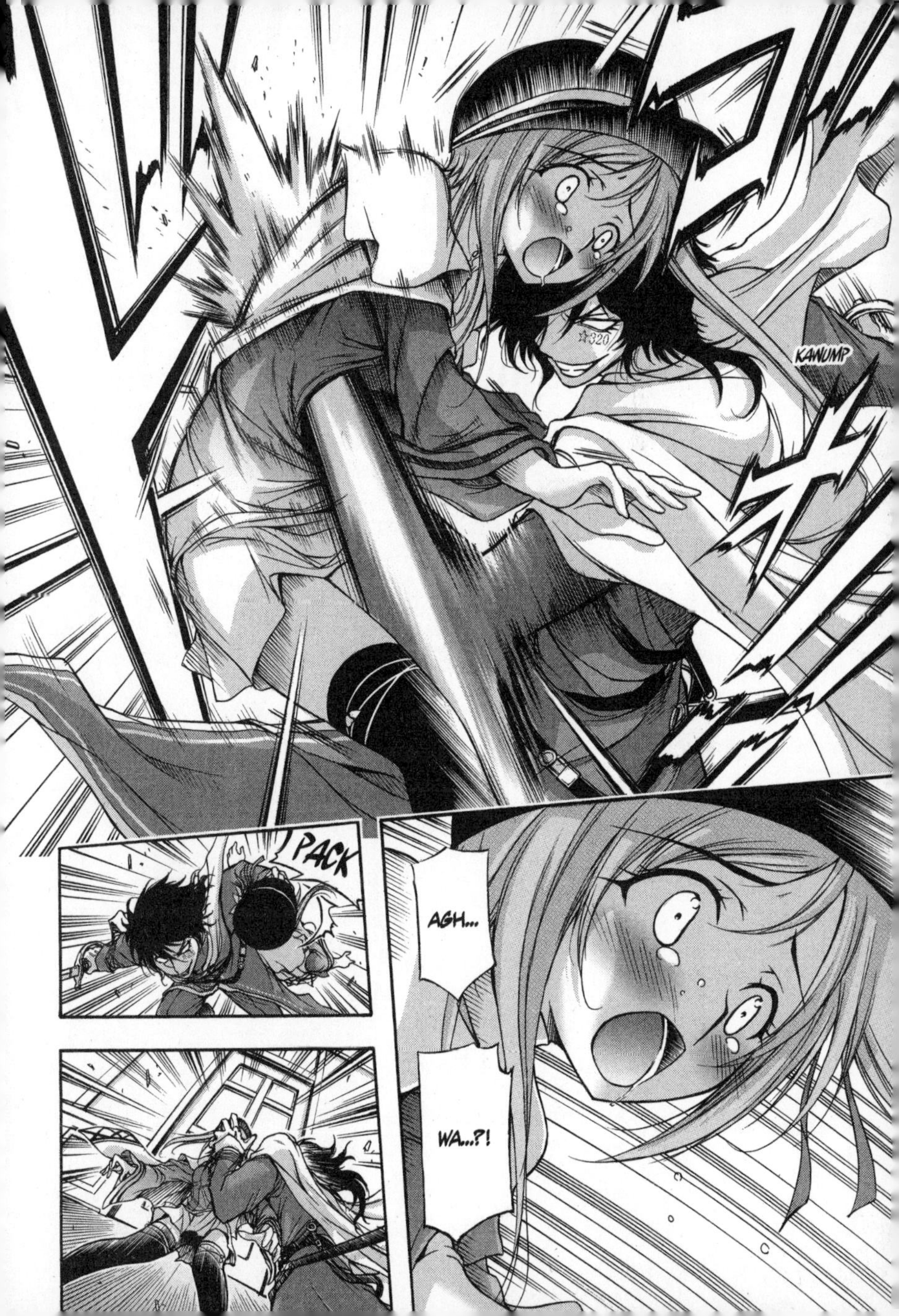
KAWUMP
AGH...
WA...?!
PACK

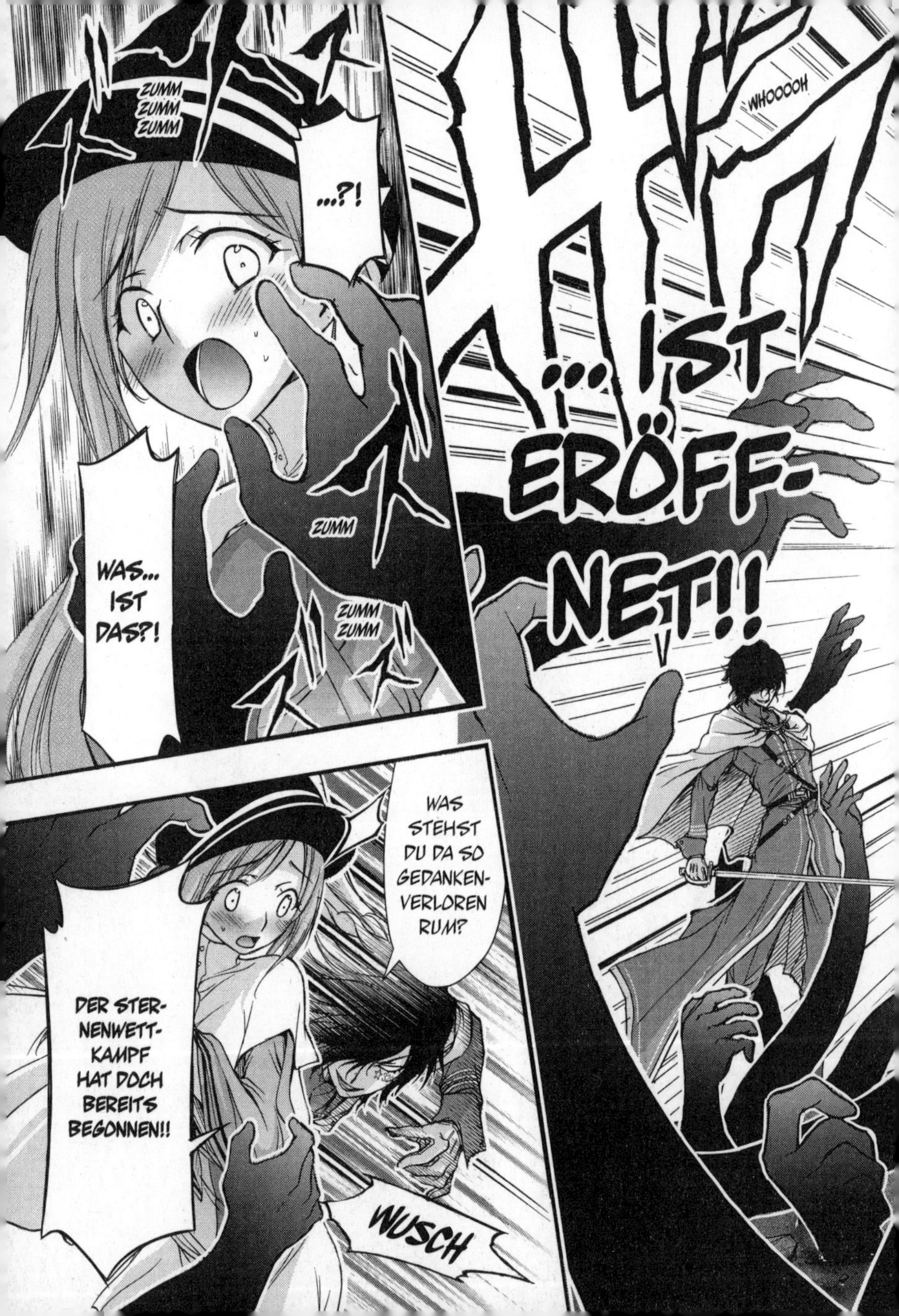

WHOOOOH
...IST ERÖFF-NET!!
ZUMM ZUMM ZUMM
...?!
ZUMM
ZUMM ZUMM
WAS... IST DAS?!
WAS STEHST DU DA SO GEDANKEN-VERLOREN RUM?
DER STERNENWETT-KAMPF HAT DOCH BEREITS BEGONNEN!!
WUSCH

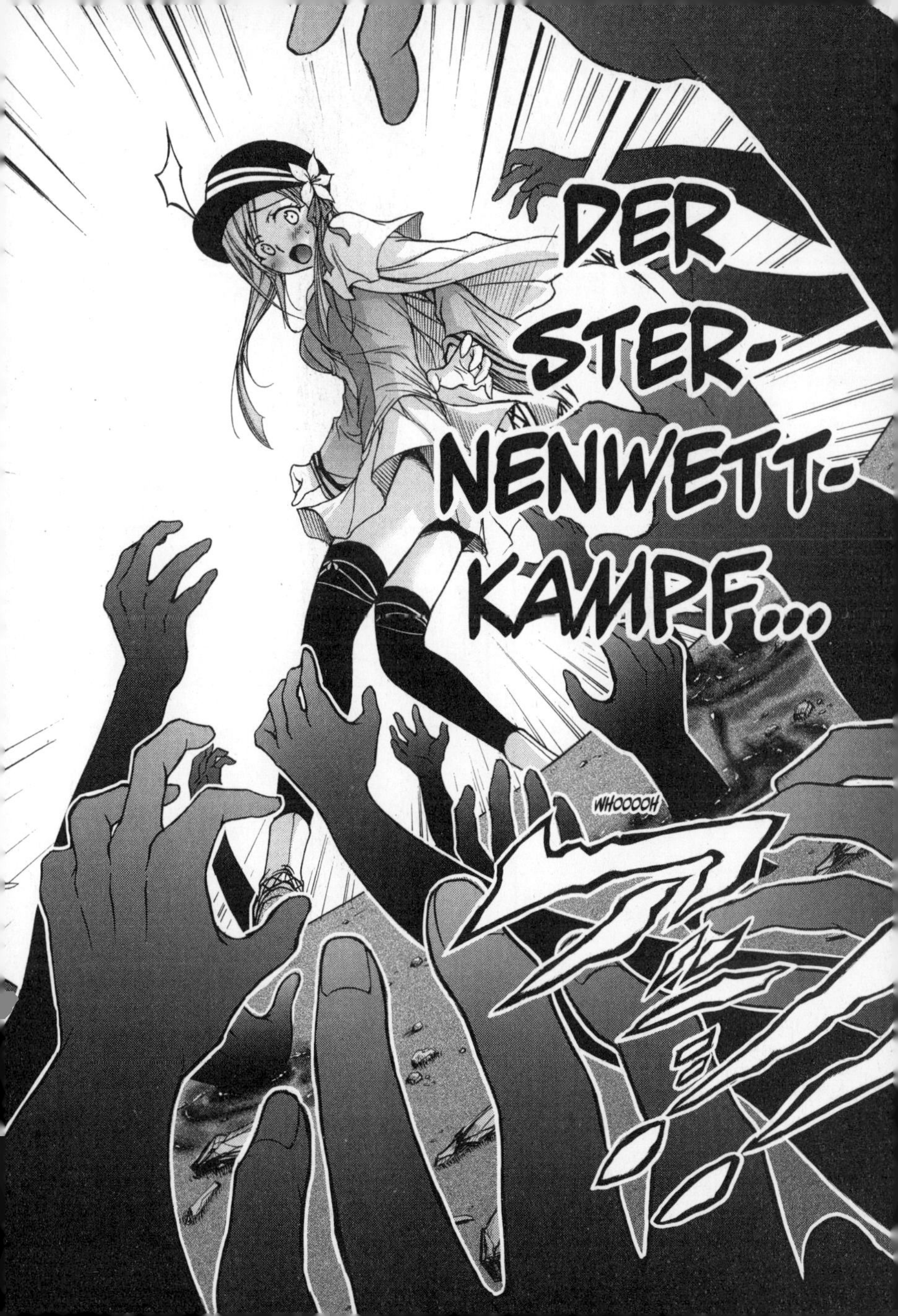
DER STER-NENWETT-KAMPF...
WHOOOOH

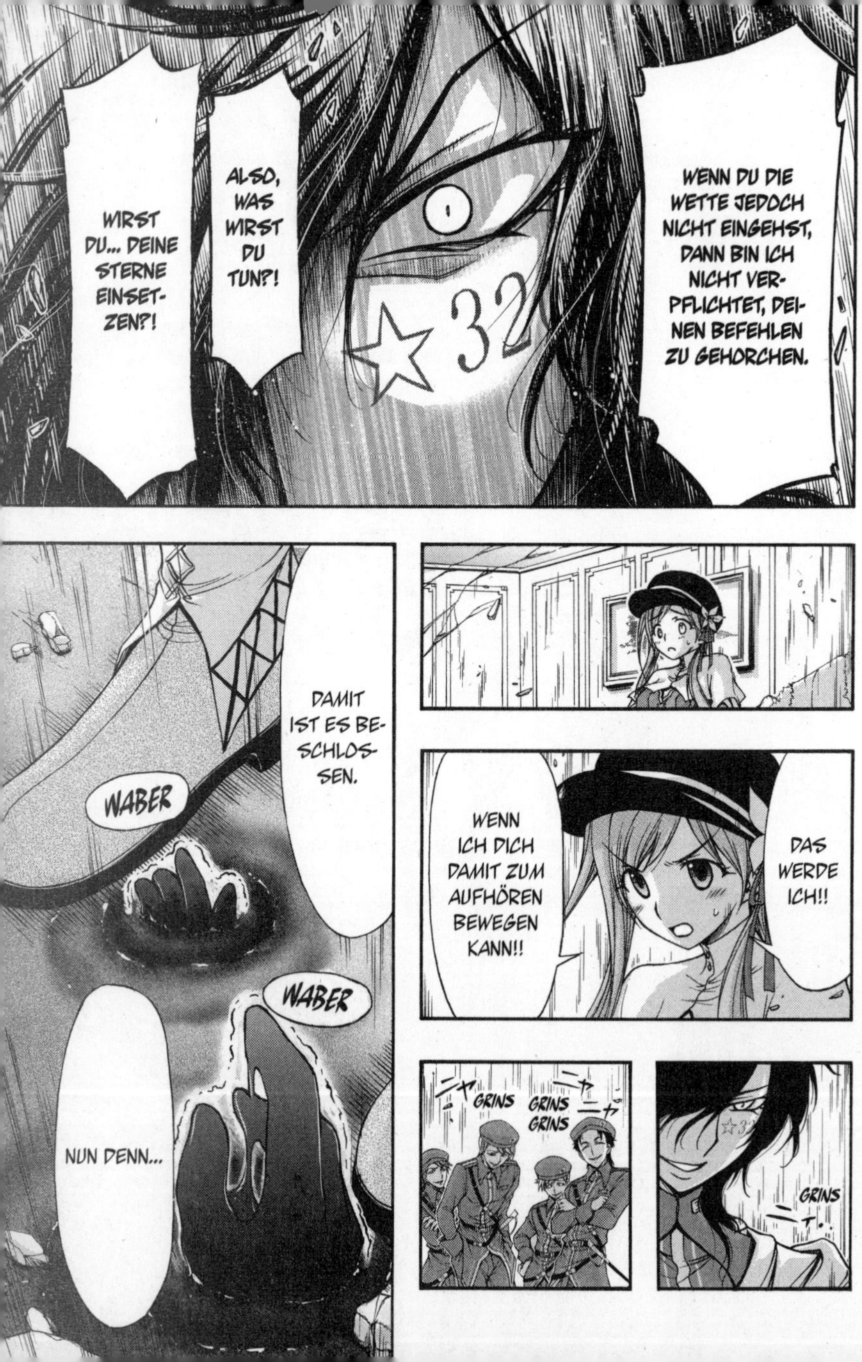

WENN DU DIE WETTE JEDOCH NICHT EINGEHST, DANN BIN ICH NICHT VERPFLICHTET, DEINEN BEFEHLEN ZU GEHORCHEN.

ALSO, WAS WIRST DU TUN?!

WIRST DU... DEINE STERNE EINSETZEN?!

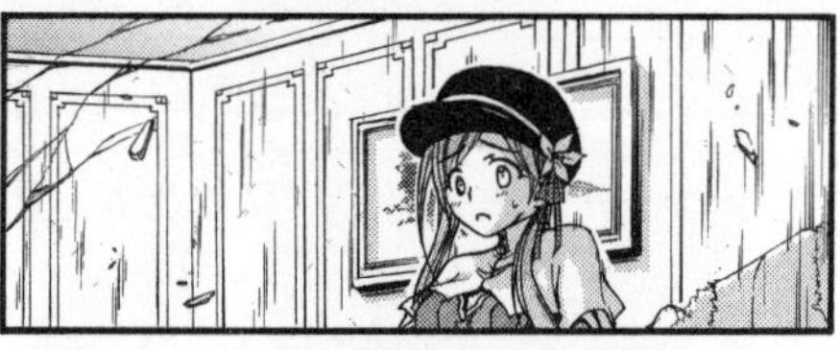

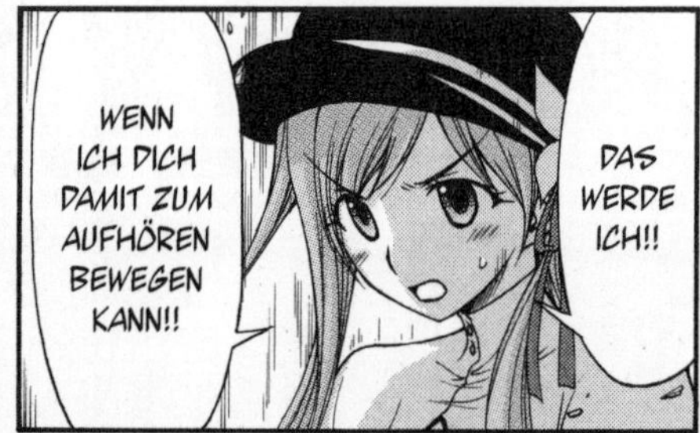

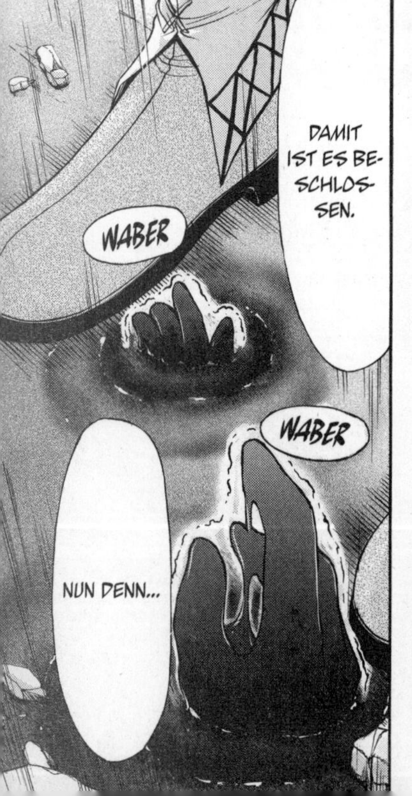

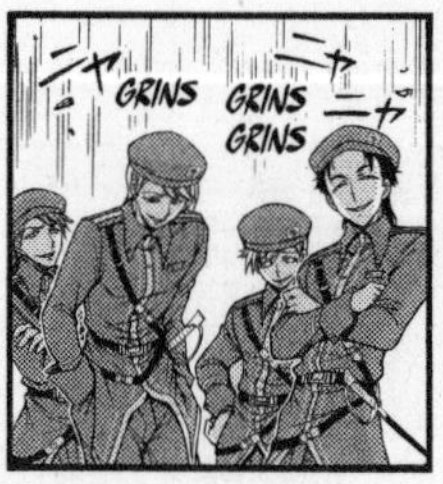

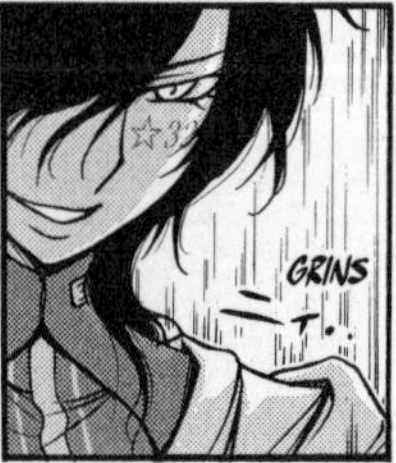

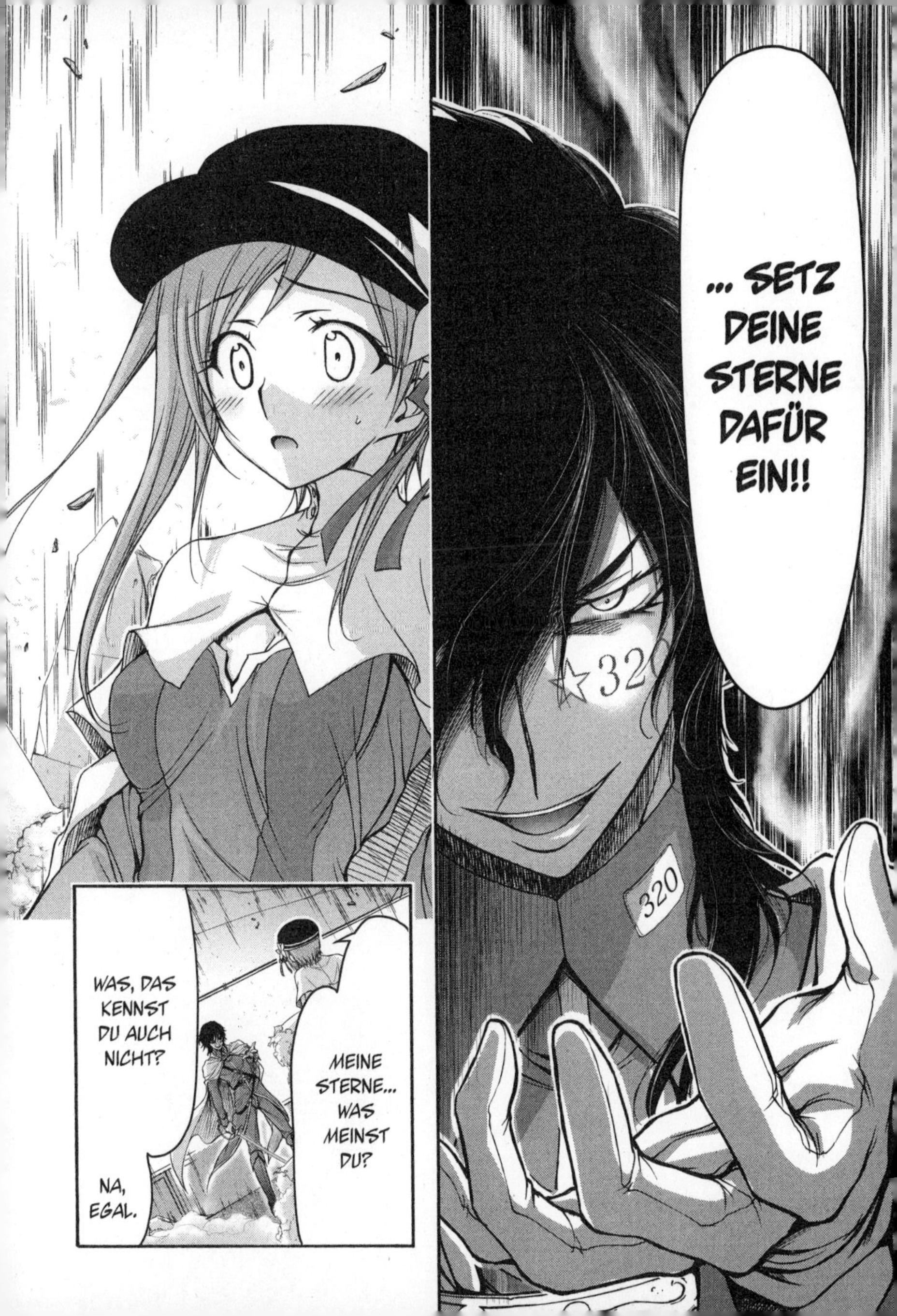
... SETZ DEINE STERNE DAFÜR EIN!!
320
320
MEINE STERNE... WAS MEINST DU?
WAS, DAS KENNST DU AUCH NICHT?
NA, EGAL.

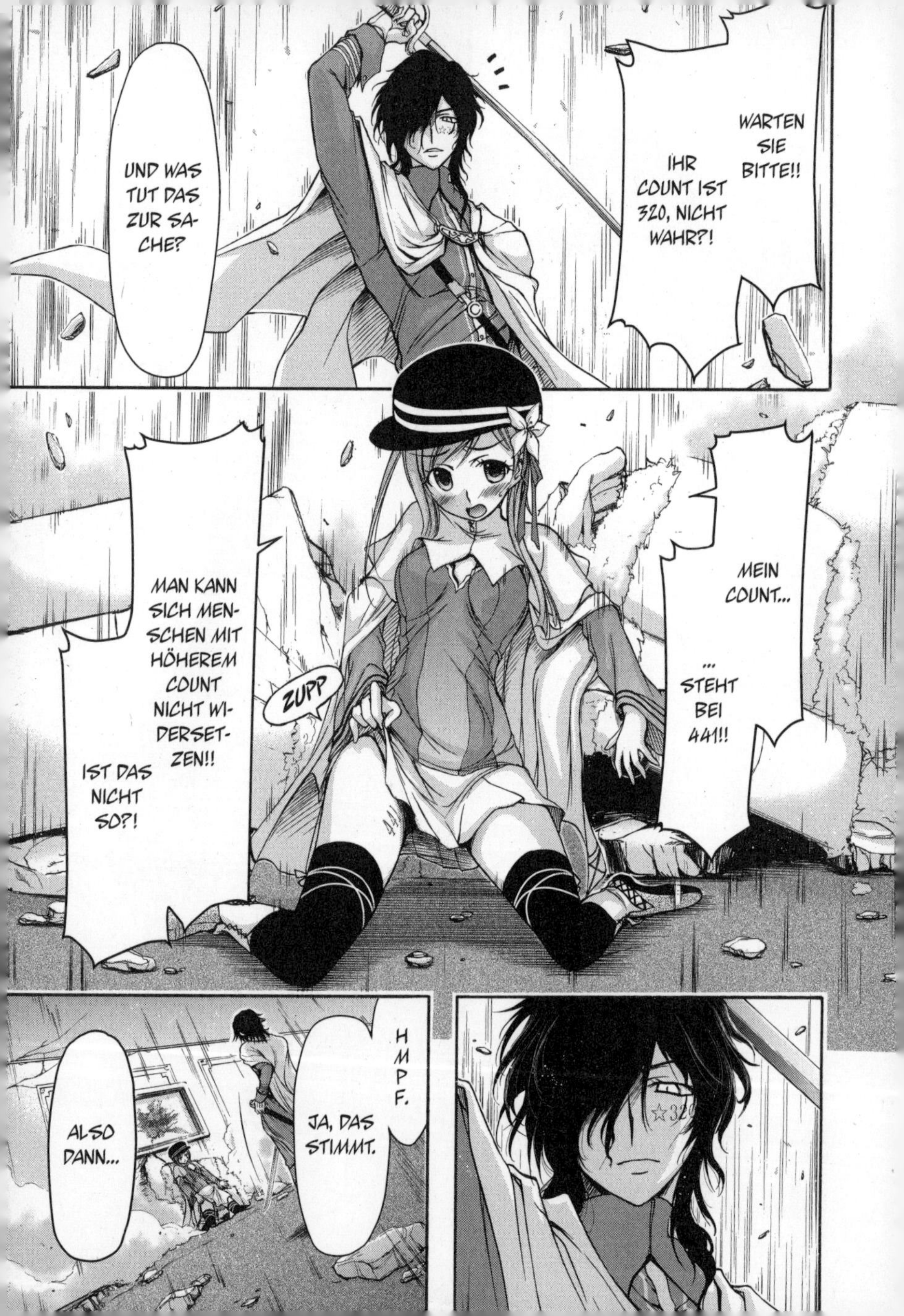

WARTEN SIE BITTE!!
IHR COUNT IST 320, NICHT WAHR?!
UND WAS TUT DAS ZUR SACHE?
MEIN COUNT...
... STEHT BEI 441!!
ZUPP
MAN KANN SICH MENSCHEN MIT HÖHEREM COUNT NICHT WIDERSETZEN!!
IST DAS NICHT SO?!
HMPF.
JA, DAS STIMMT.
ALSO DANN...

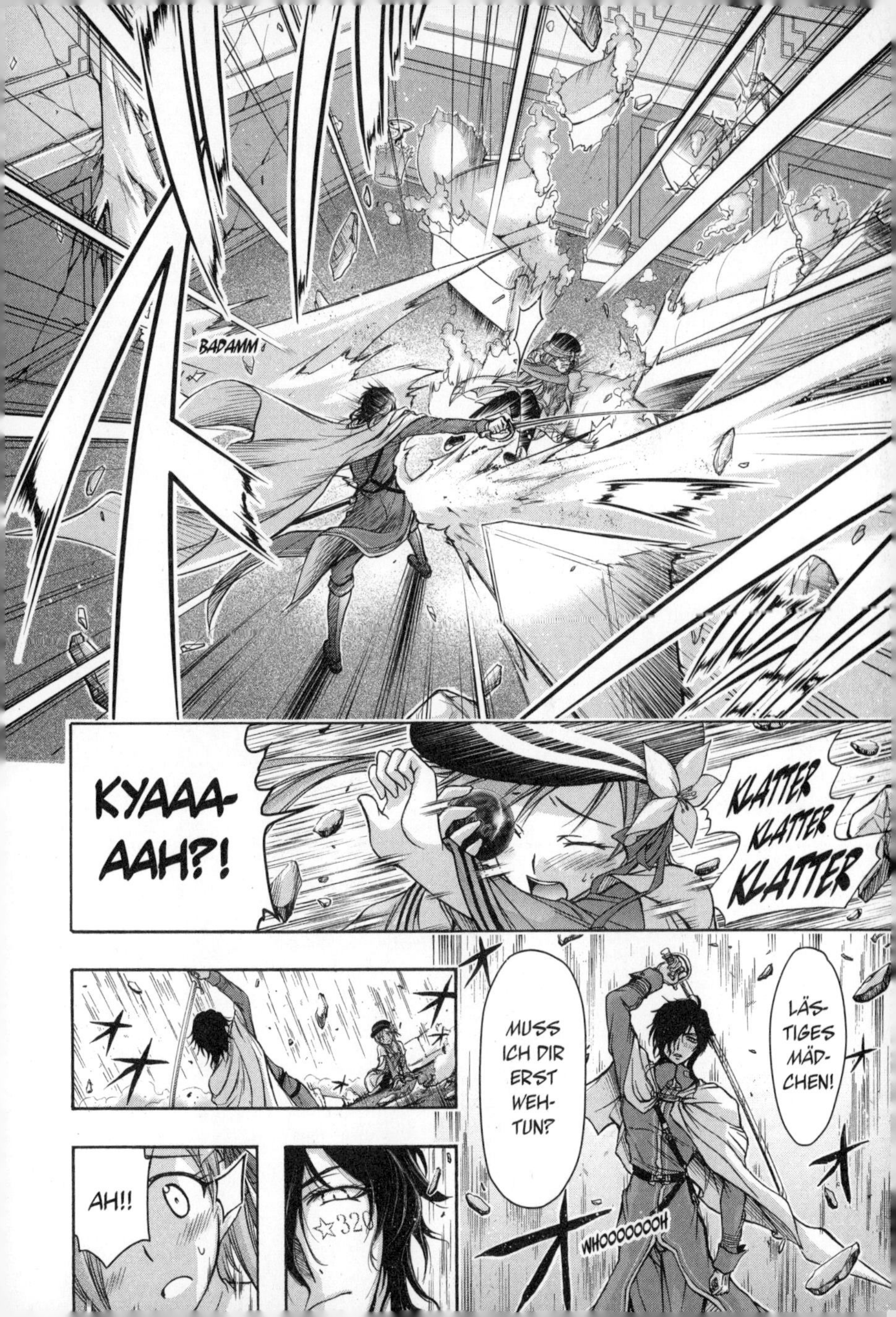
BADAMM
KLATTER KLATTER KLATTER
KYAAA-AAH?!
LÄS-TIGES MÄD-CHEN!
MUSS ICH DIR ERST WEH-TUN?
WHOOOOOOOH
☆320
AH!!

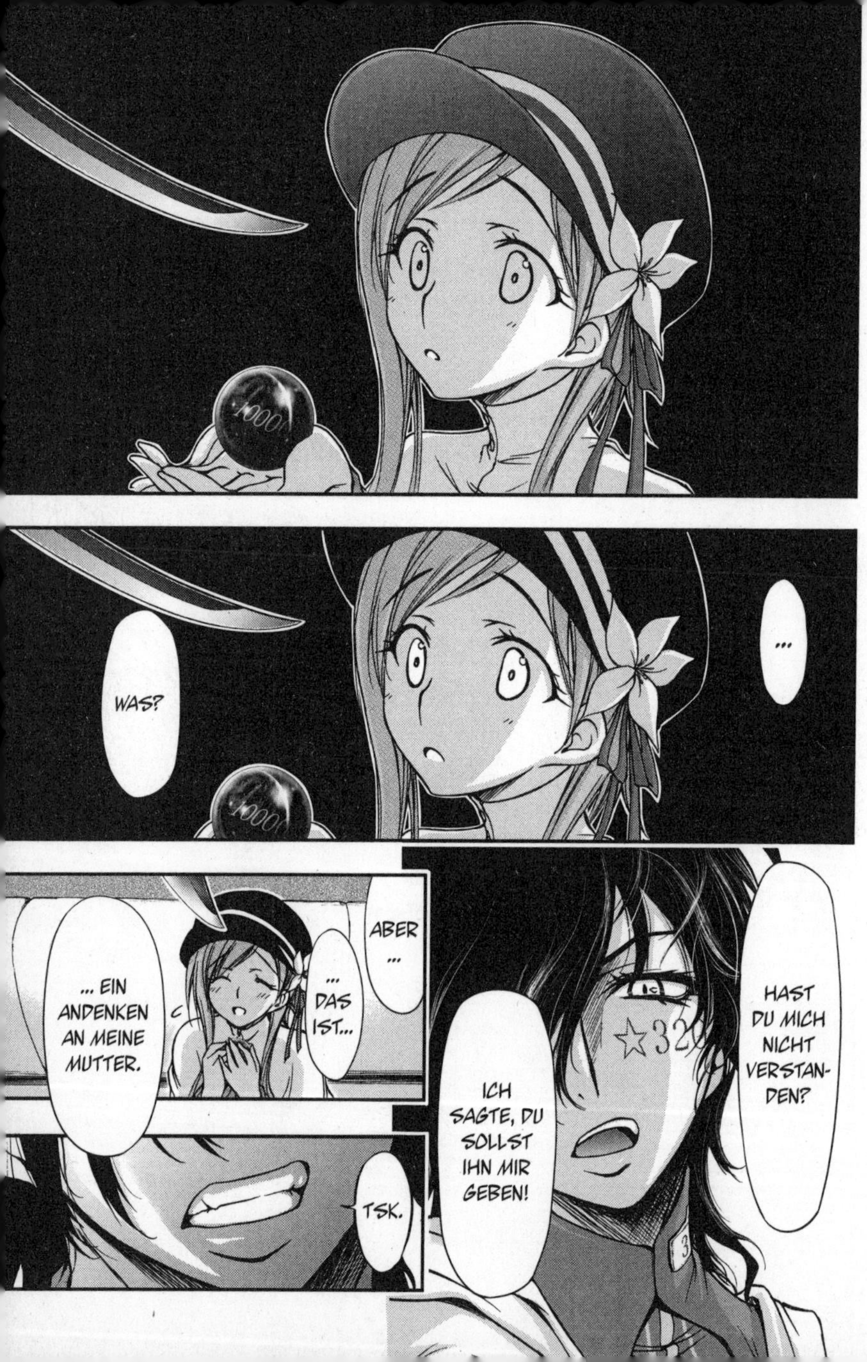

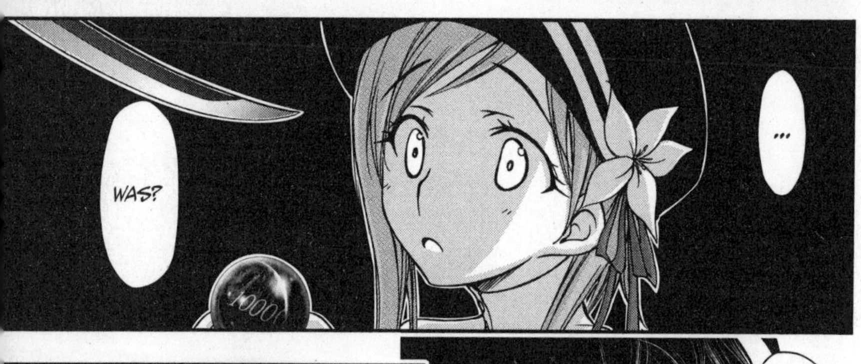
...
WAS?

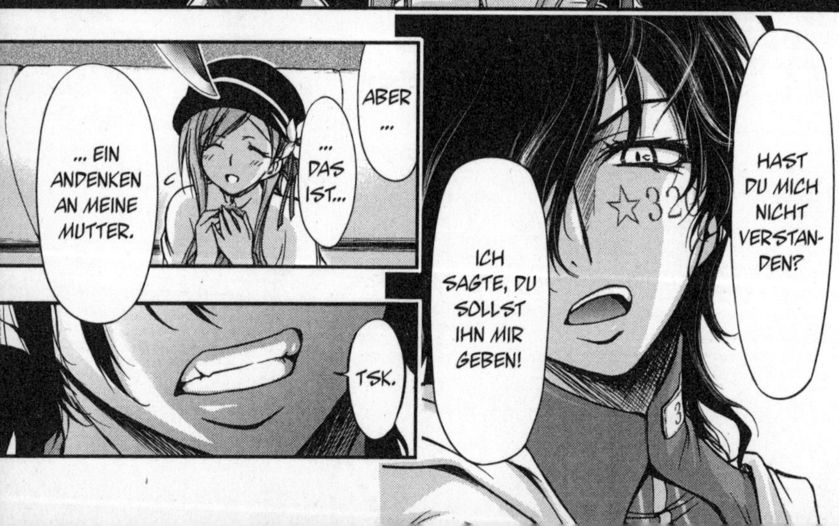
HAST DU MICH NICHT VERSTANDEN?
ICH SAGTE, DU SOLLST IHN MIR GEBEN!
ABER ...
... DAS IST...
... EIN ANDENKEN AN MEINE MUTTER.
TSK.

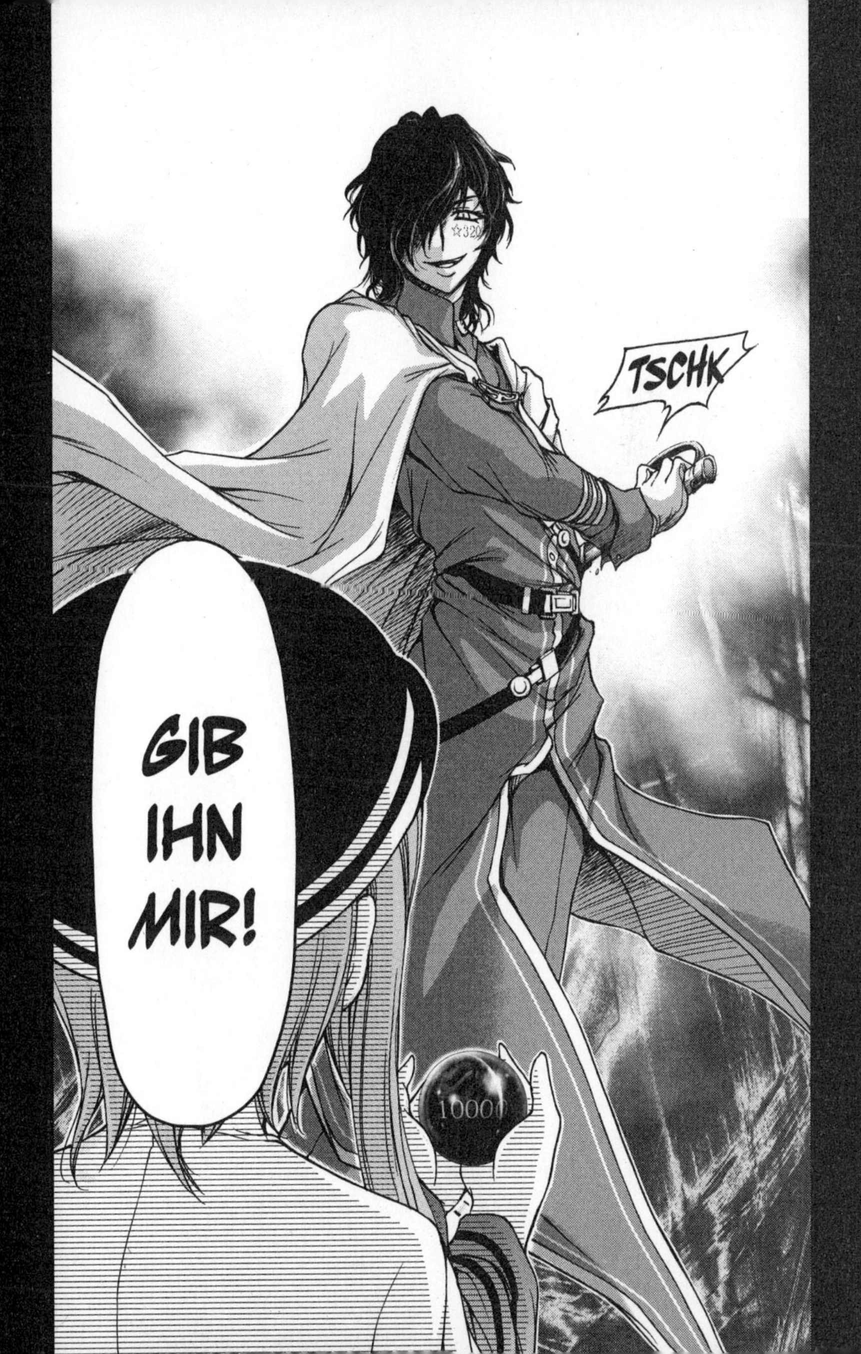
TSCHK
GIB IHN MIR!
10000

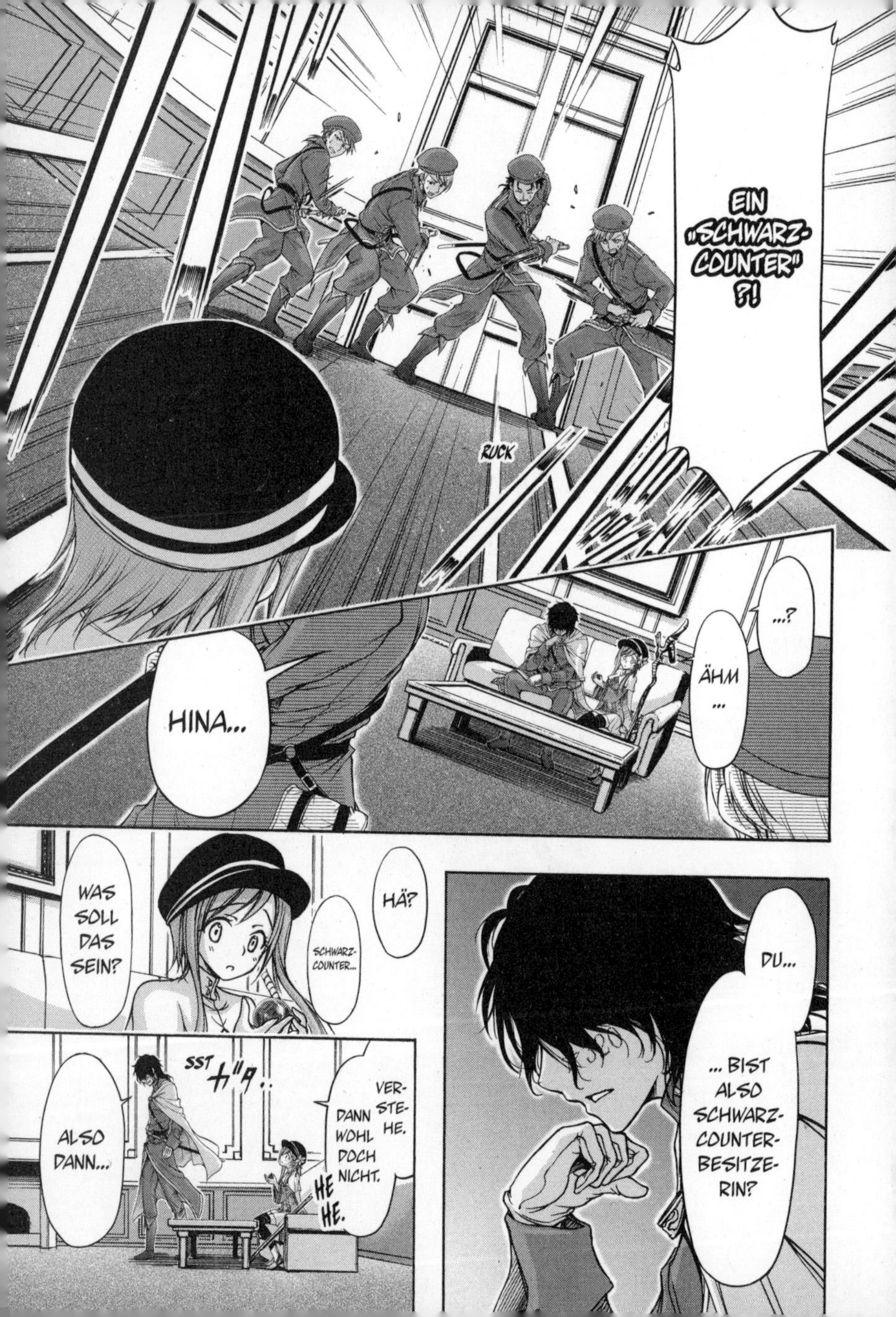
EIN „SCHWARZ-COUNTER" ?!
RUCK
...?
ÄHM ...
HINA...
DU...
... BIST ALSO SCHWARZ-COUNTER-BESITZE-RIN?
HÄ?
WAS SOLL DAS SEIN?
SCHWARZ-COUNTER...
VER-STE-HE.
DANN WOHL DOCH NICHT.
HE HE.
SST
ALSO DANN...

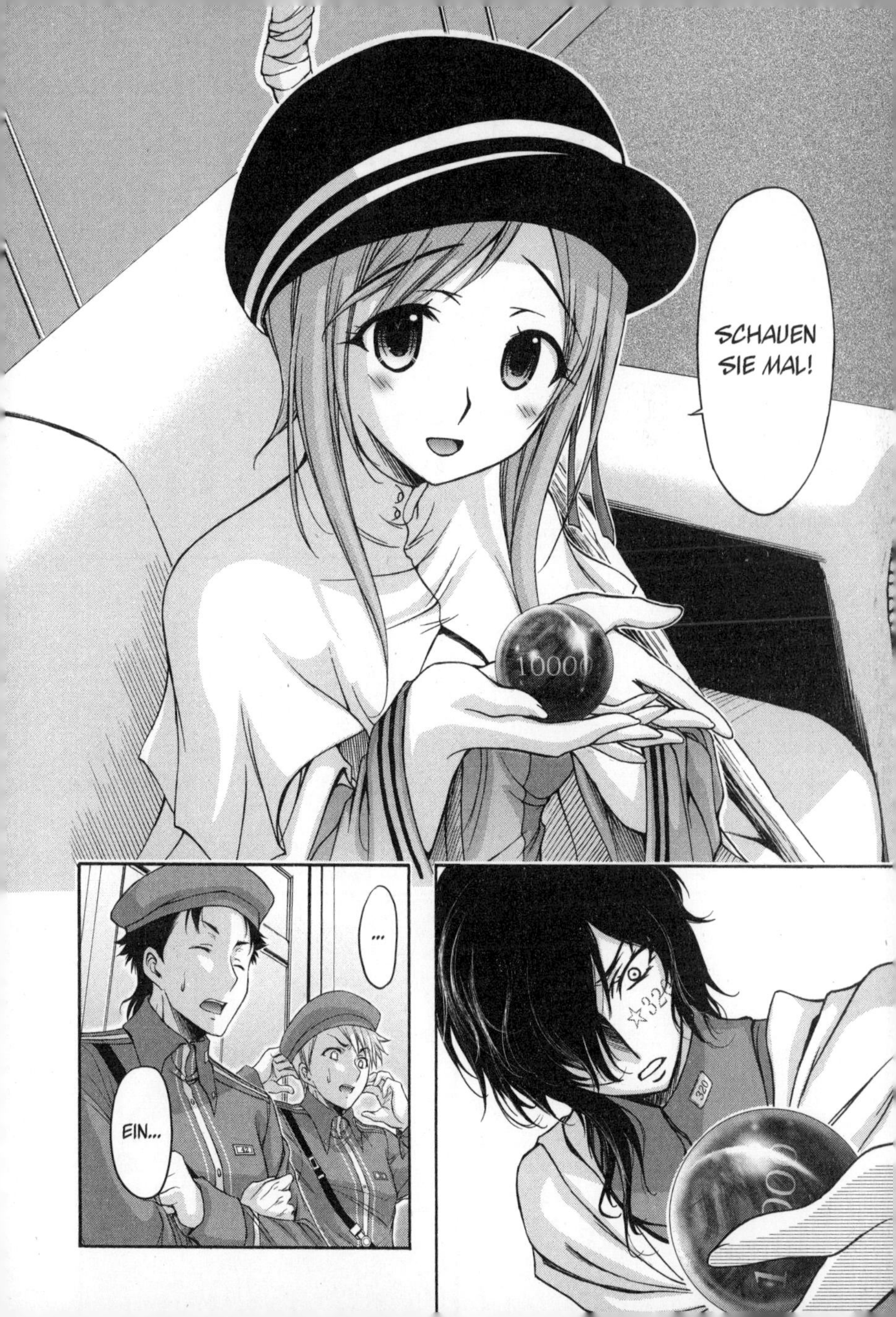
SCHAUEN SIE MAL!
...
EIN...

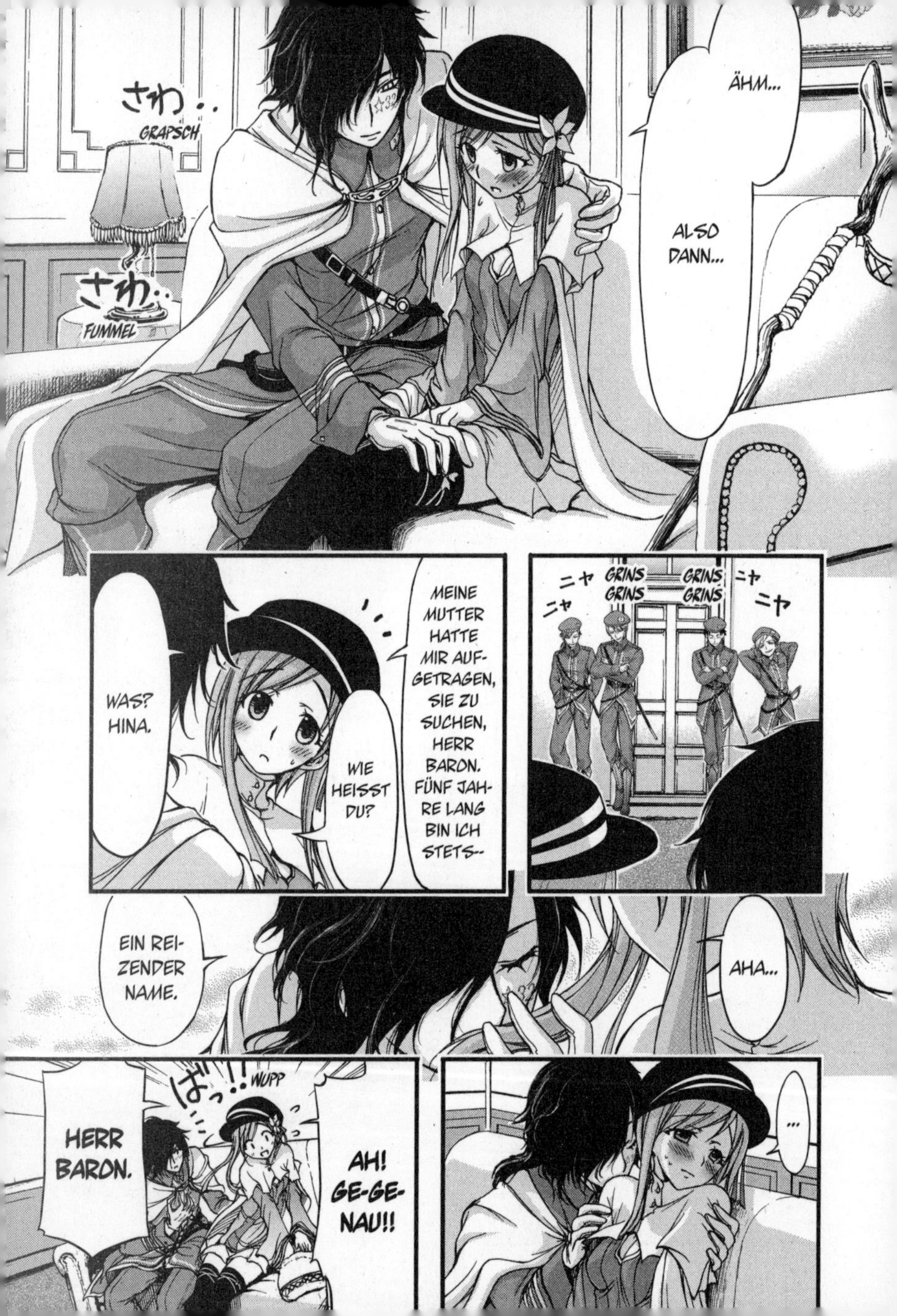
ÄHM...
ALSO DANN...
さわ‥
GRAPSCH
さわ‥
FUMMEL
ニヤ
ニヤ
GRINS GRINS
GRINS GRINS
ニヤ
ニヤ
MEINE MUTTER HATTE MIR AUF-GETRAGEN, SIE ZU SUCHEN, HERR BARON. FÜNF JAH-RE LANG BIN ICH STETS--
WIE HEISST DU?
WAS? HINA.
AHA...
EIN REI-ZENDER NAME.
...
ばっ!!
WUPP
AH! GE-GE-NAU!!
HERR BARON.

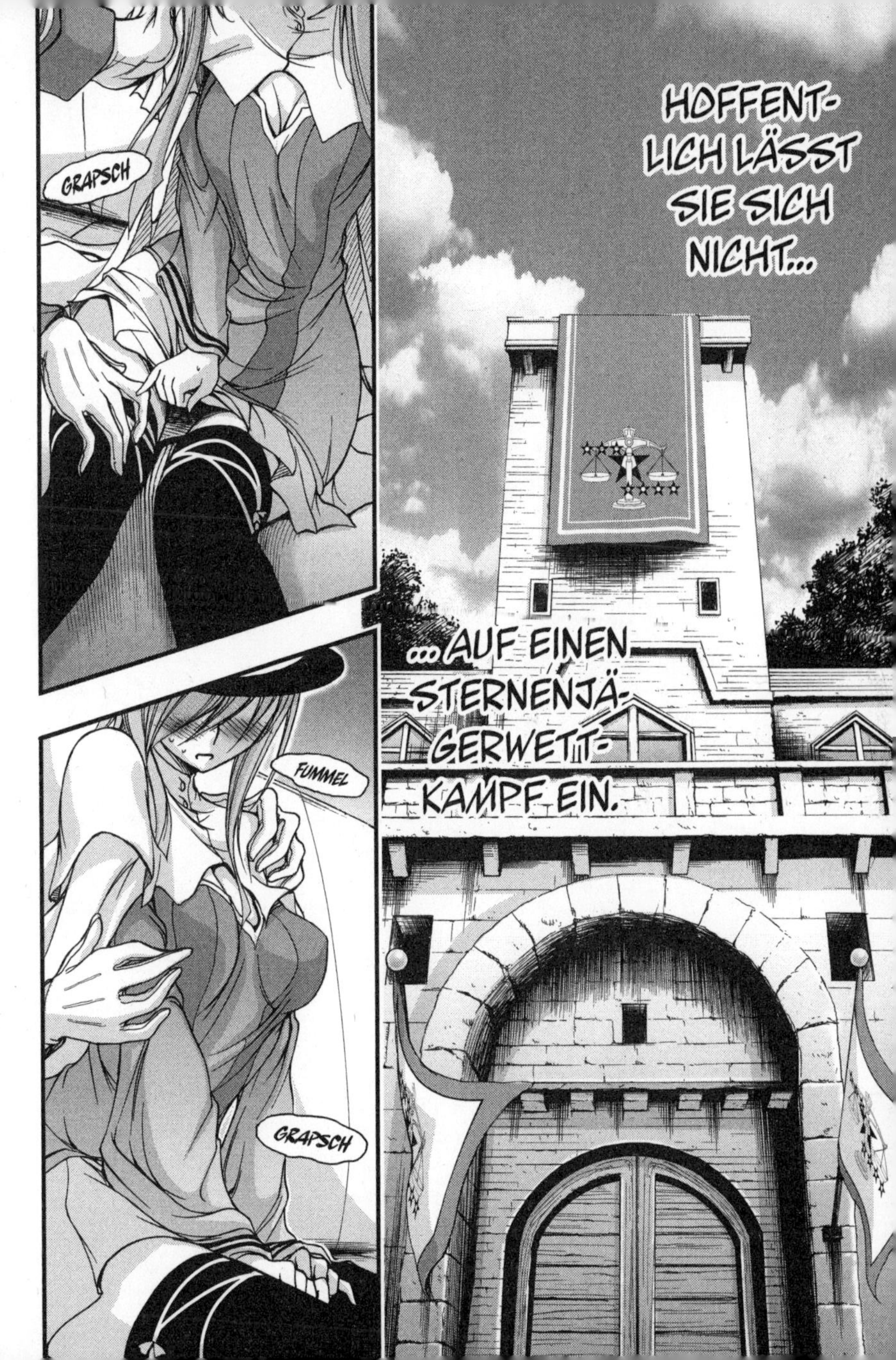
HOFFENT-LICH LÄSST SIE SICH NICHT...
... AUF EINEN STERNENJÄ-GERWETT-KAMPF EIN.
GRAPSCH
FUMMEL
GRAPSCH

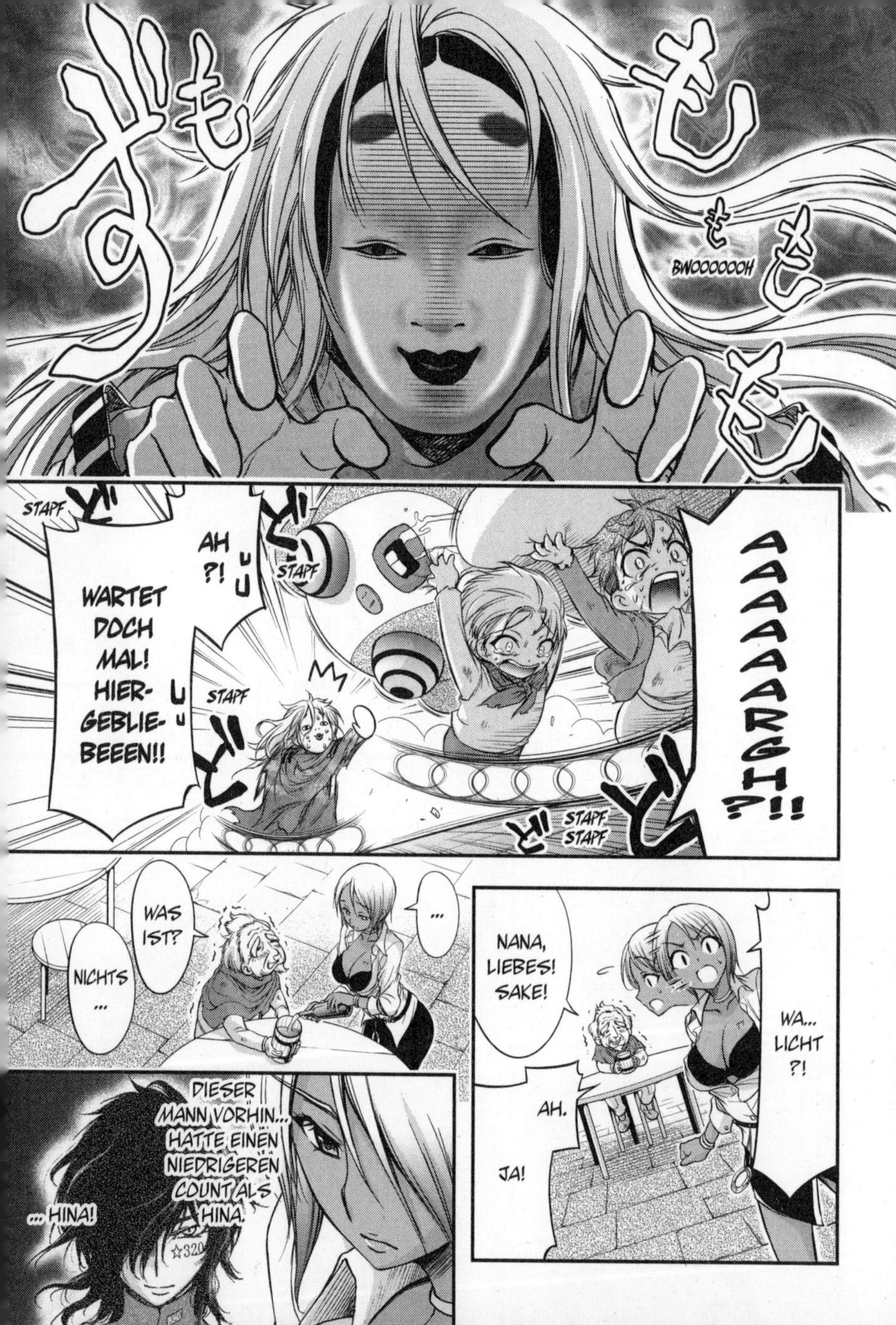
BWOOOOOOH
AAAAAAARGH?!!
STAPF
STAPF
AH?!
STAPF
WARTET DOCH MAL! HIER-GEBLIE-BEEEN!!
STAPF STAPF
...
WAS IST?
NICHTS ...
NANA, LIEBES! SAKE!
WA... LICHT?!
AH.
JA!
DIESER MANN VORHIN... HATTE EINEN NIEDRIGEREN COUNT ALS HINA.
...HINA!
☆320

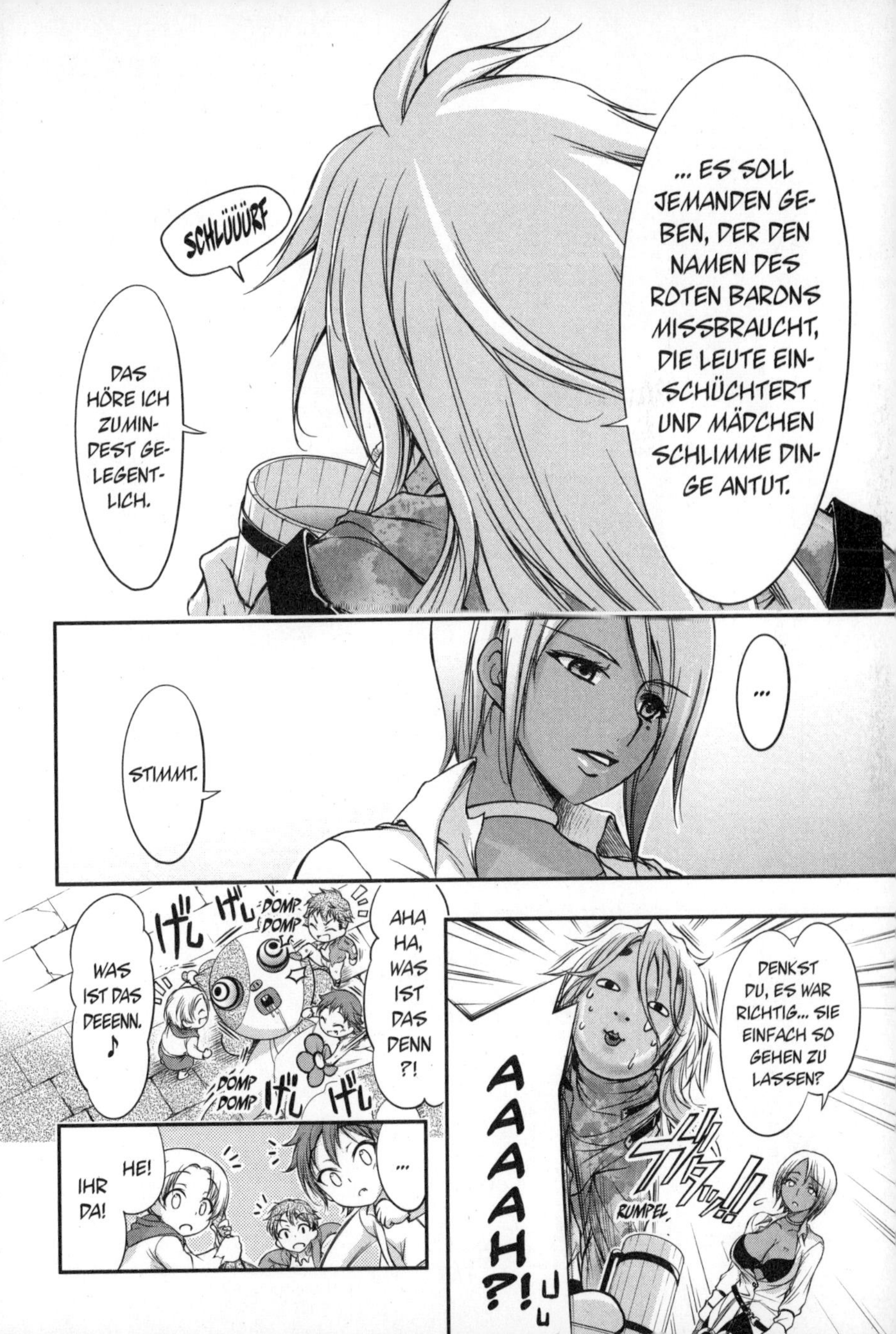
... ES SOLL JEMANDEN GEBEN, DER DEN NAMEN DES ROTEN BARONS MISSBRAUCHT, DIE LEUTE EINSCHÜCHTERT UND MÄDCHEN SCHLIMME DINGE ANTUT.
SCHLÜÜÜRF
DAS HÖRE ICH ZUMINDEST GELEGENTLICH.
...
STIMMT.
DENKST DU, ES WAR RICHTIG... SIE EINFACH SO GEHEN ZU LASSEN?
RUMPEL
AAAAAH?!
AHA HA, WAS IST DAS DENN?!
DOMP DOMP
WAS IST DAS DEEENN. ♪
DOMP DOMP
...
HE! IHR DA!

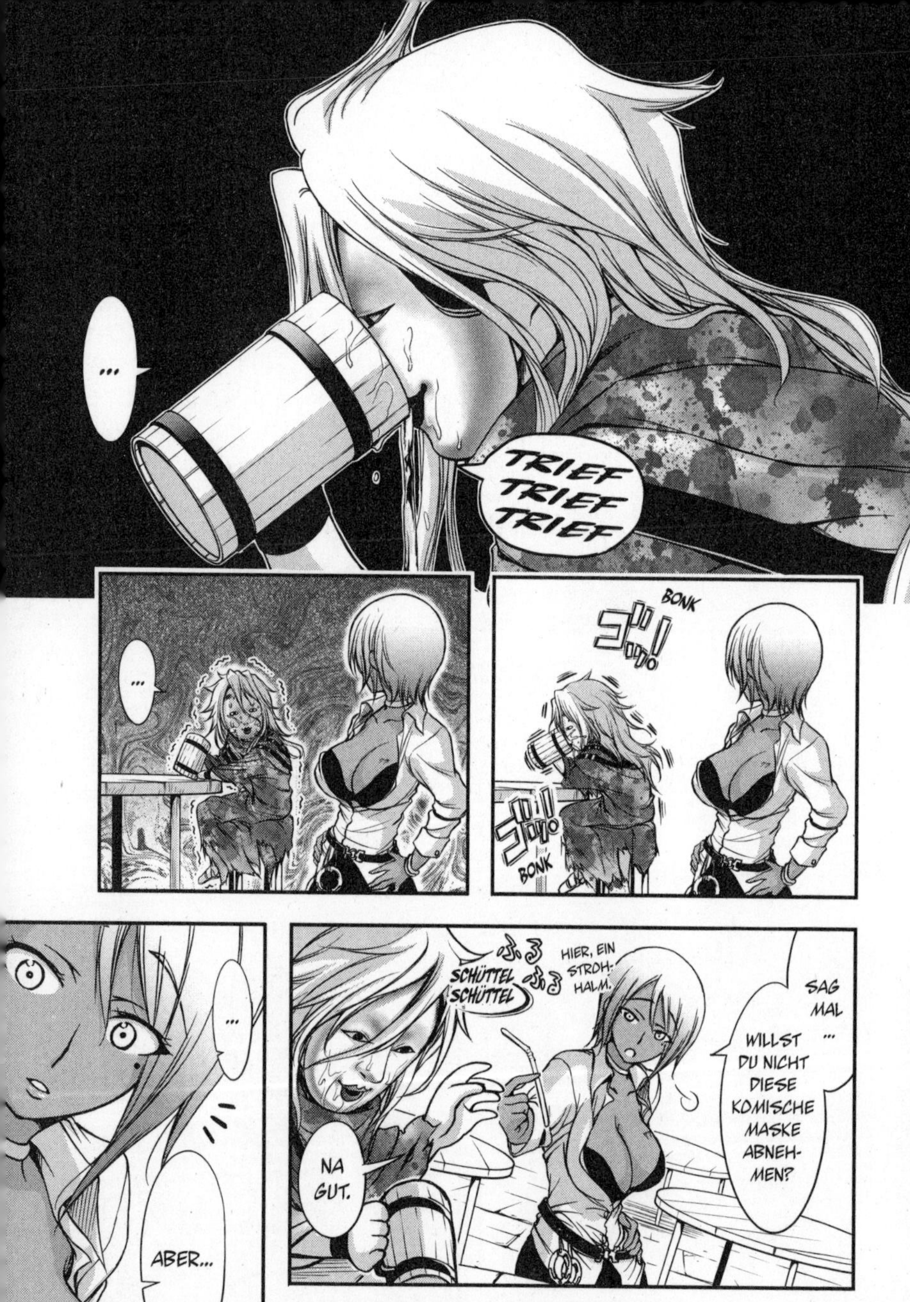
...
TRIEF TRIEF TRIEF
...
BONK
BONK
SAG MAL ...
WILLST DU NICHT DIESE KOMISCHE MASKE ABNEH-MEN?
HIER, EIN STROH-HALM.
SCHÜTTEL SCHÜTTEL
NA GUT.
...
ABER...

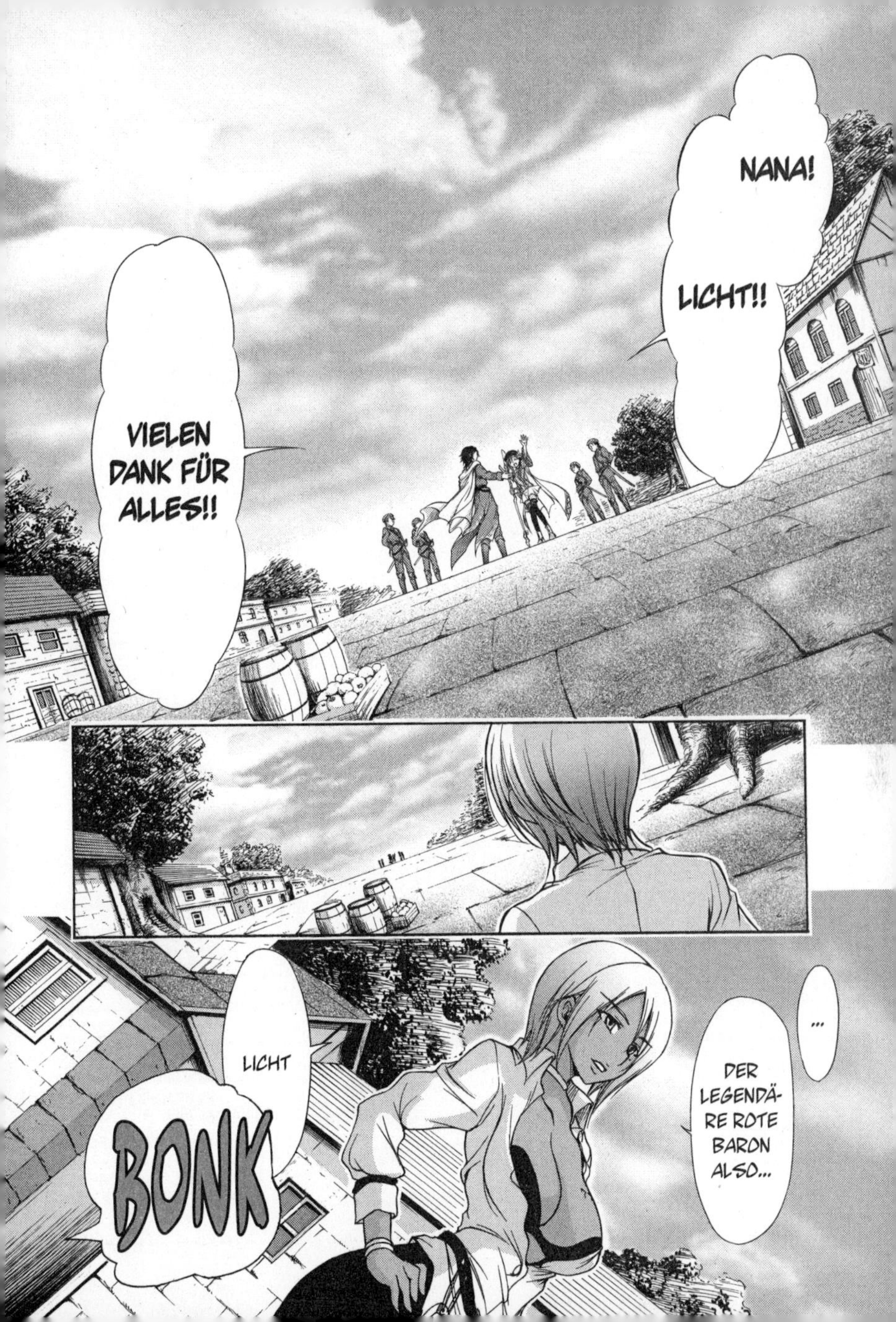
NANA!
LICHT!!
VIELEN DANK FÜR ALLES!!
...
DER LEGENDÄRE ROTE BARON ALSO...
LICHT
BONK

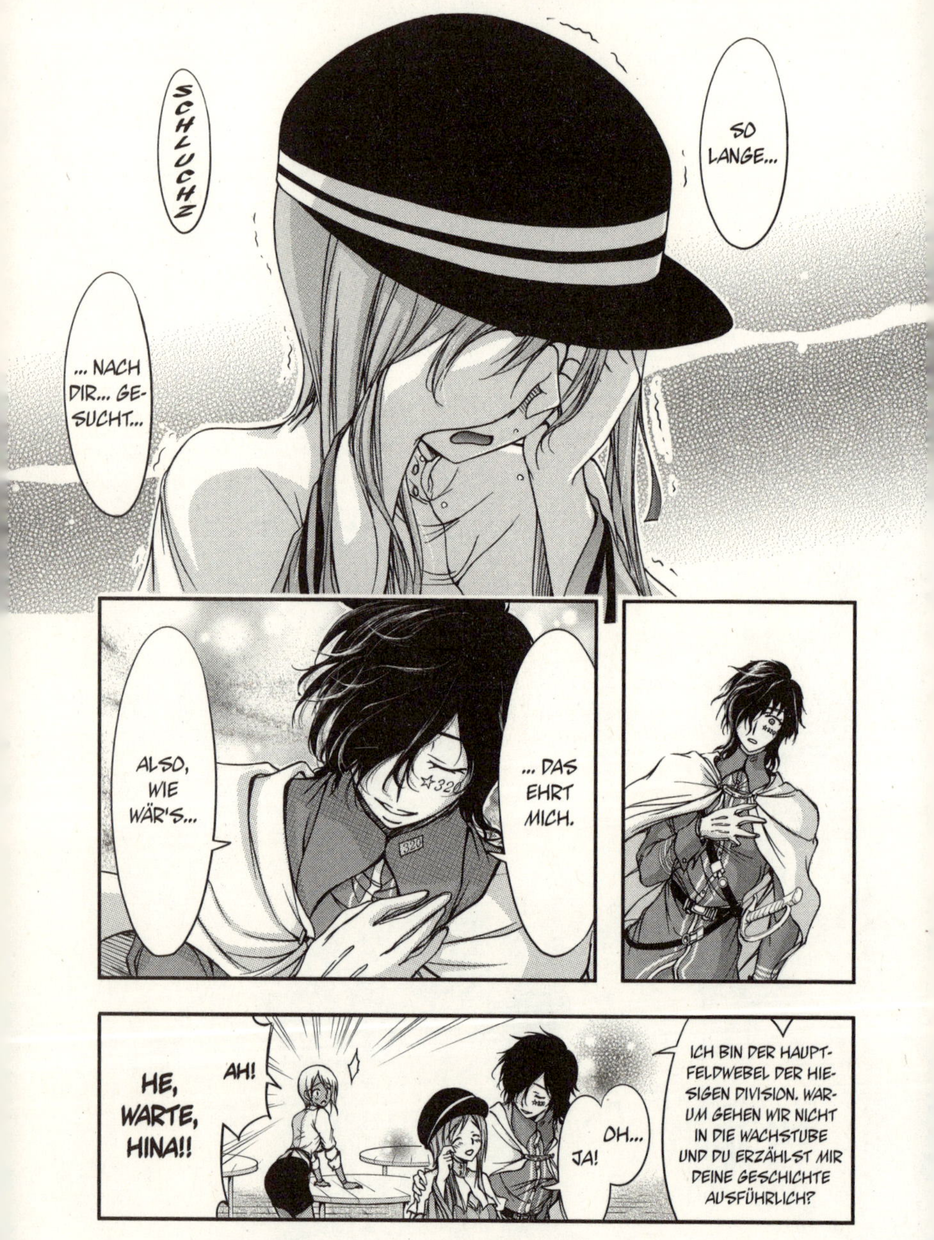

SO LANGE...

SCHLUCHZ

... NACH DIR... GESUCHT...

... DAS EHRT MICH.

ALSO, WIE WÄR'S...

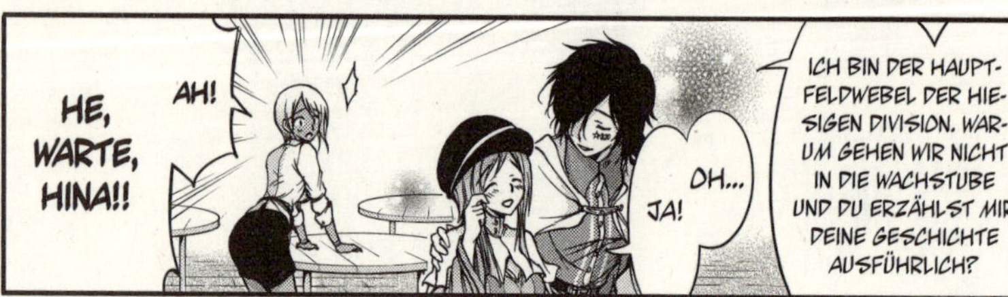

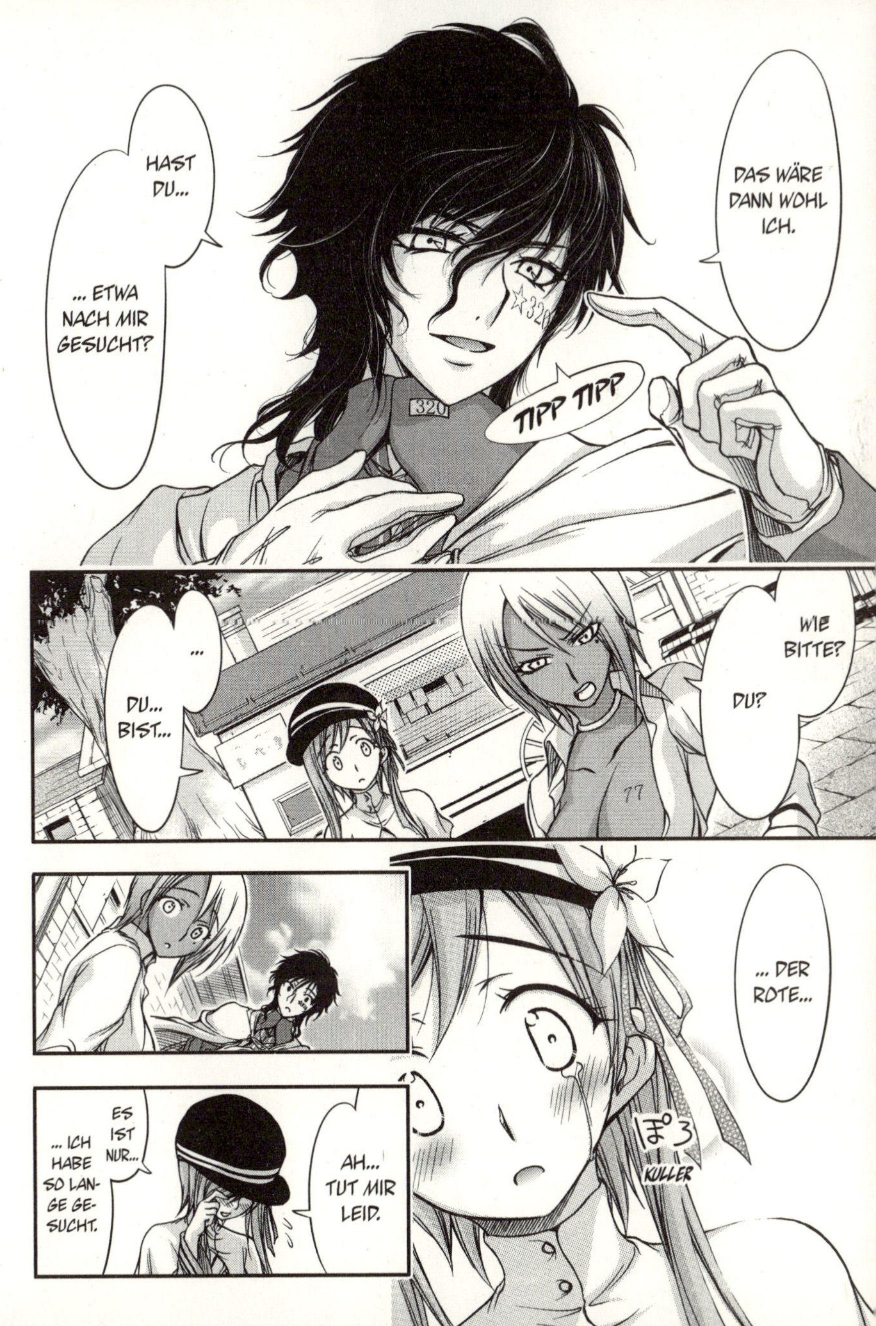
DAS WÄRE DANN WOHL ICH.
TIPP TIPP
HAST DU...
... ETWA NACH MIR GESUCHT?
WIE BITTE?
DU?
...
DU... BIST...
... DER ROTE...
ぽろ
KULLER
AH... TUT MIR LEID.
ES IST NUR...
... ICH HABE SO LANGE GESUCHT.

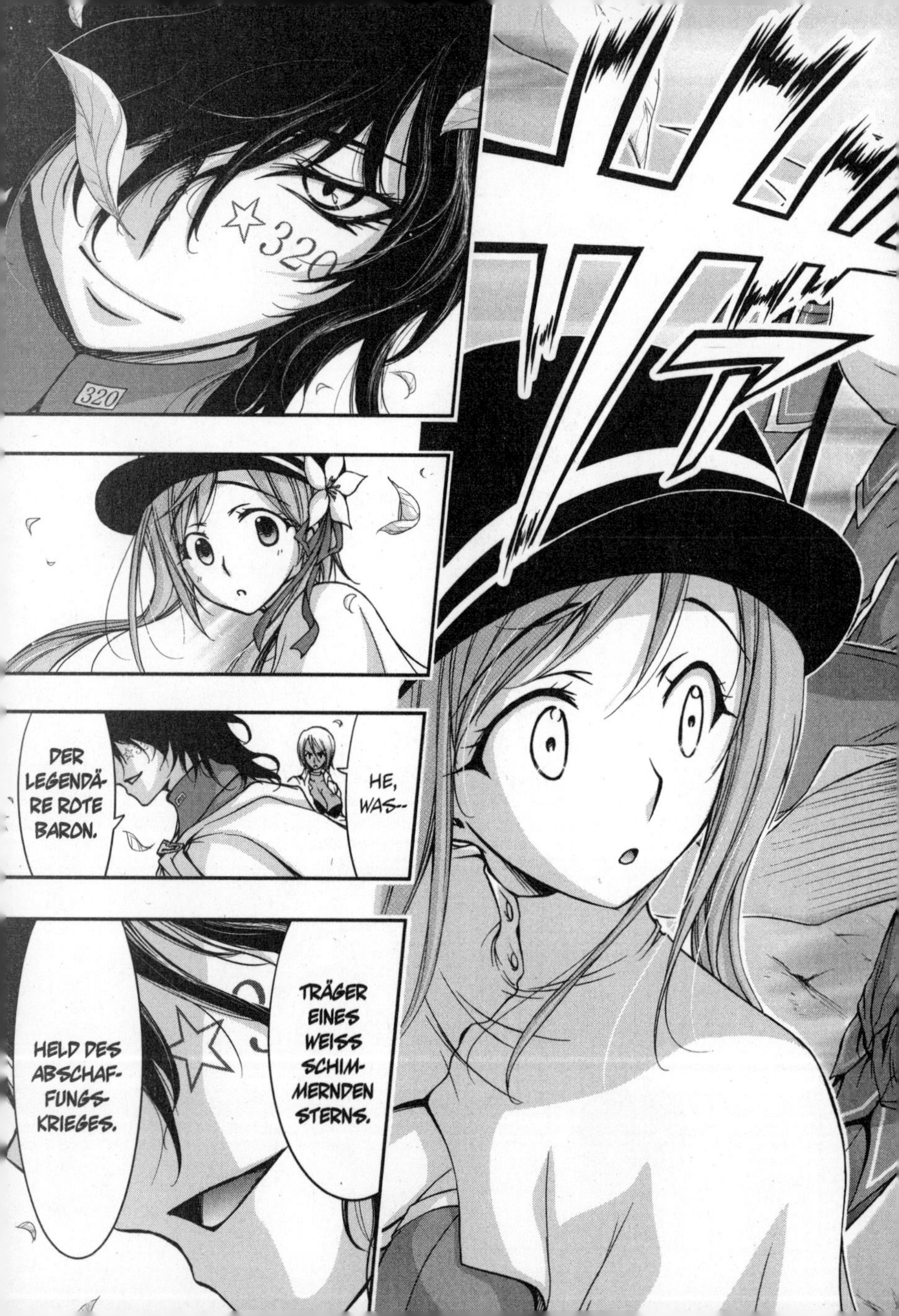
320
HE, WAS--
DER LEGENDÄRE ROTE BARON.
TRÄGER EINES WEISS SCHIMMERNDEN STERNS.
HELD DES ABSCHAFFUNGSKRIEGES.

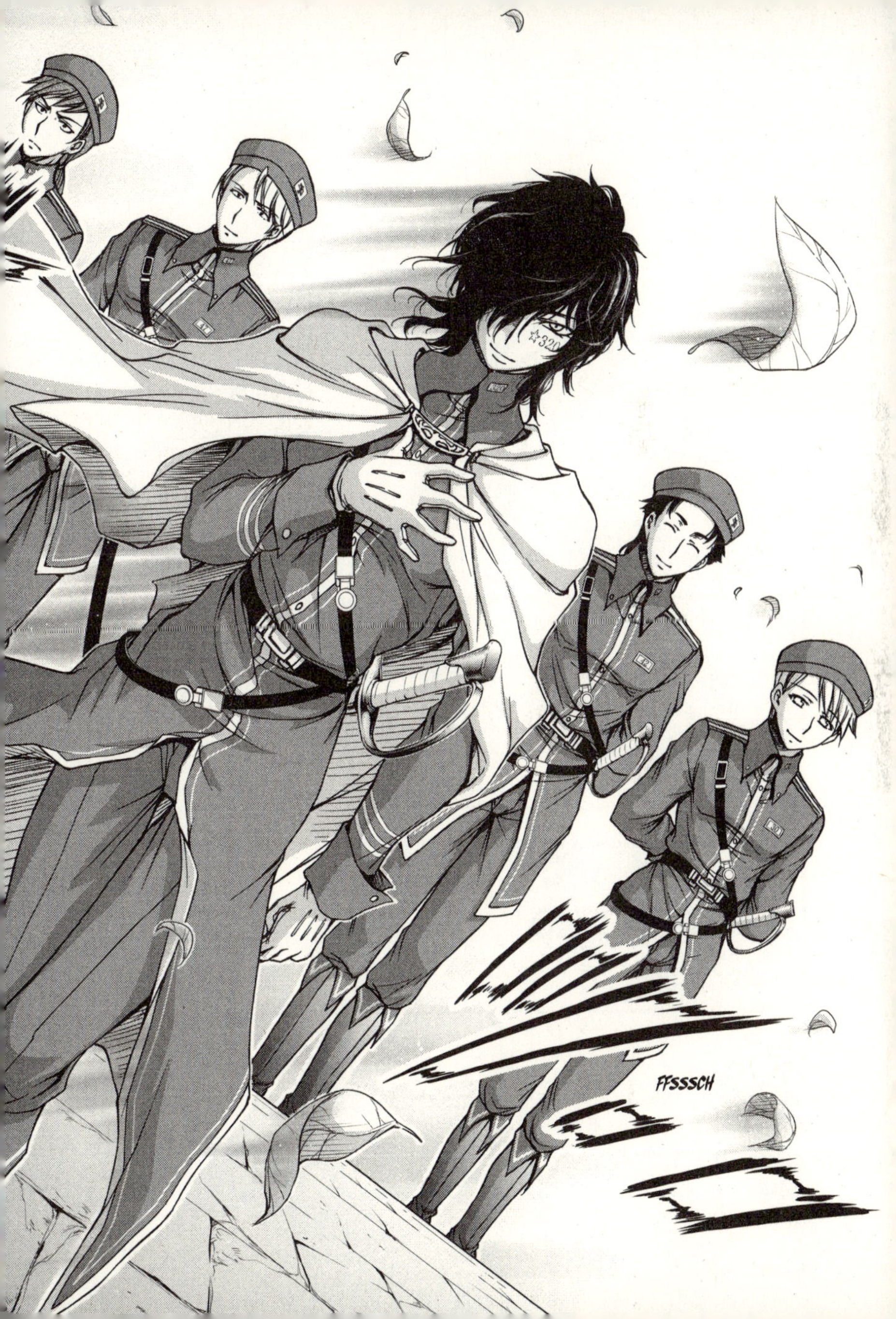

FFSSSCH

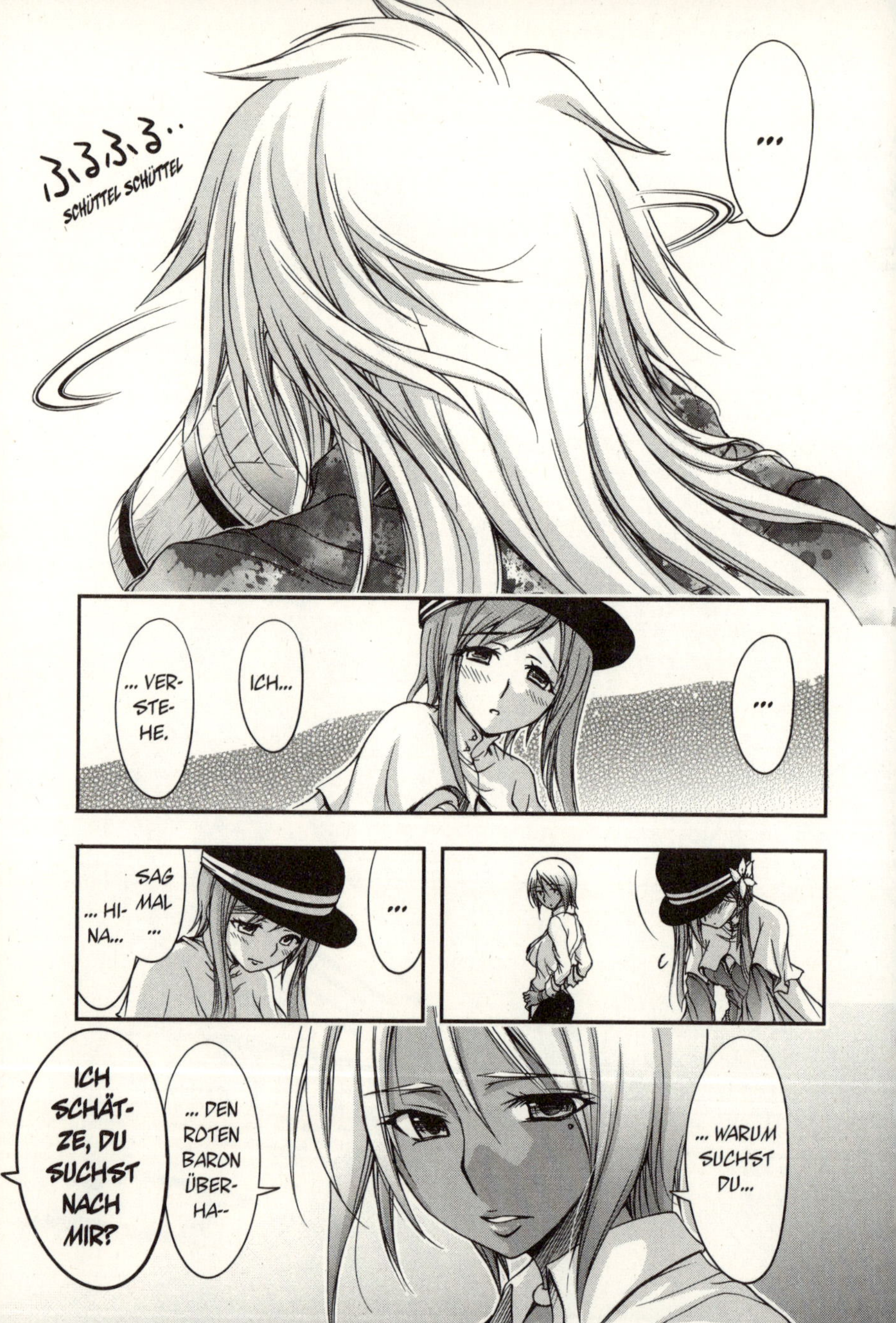
...
ふるふる..
SCHÜTTEL SCHÜTTEL
...
ICH...
... VERSTEHE.
...
SAG MAL ...
... HINA...
... WARUM SUCHST DU...
... DEN ROTEN BARON ÜBERHA--
ICH SCHÄTZE, DU SUCHST NACH MIR?

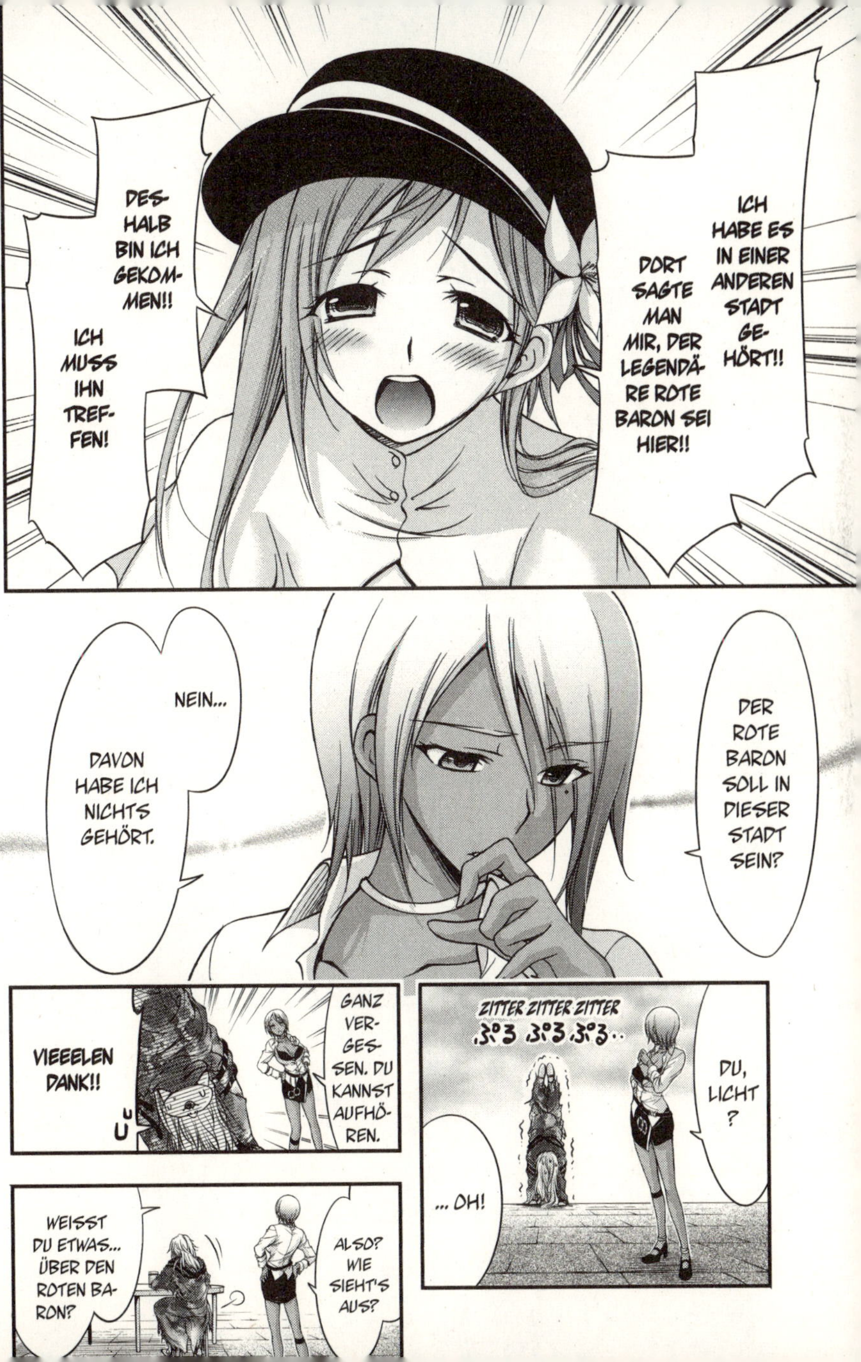

ICH HABE ES IN EINER ANDEREN STADT GEHÖRT!!

DORT SAGTE MAN MIR, DER LEGENDÄRE ROTE BARON SEI HIER!!

DESHALB BIN ICH GEKOMMEN!!

ICH MUSS IHN TREFFEN!

DER ROTE BARON SOLL IN DIESER STADT SEIN?

NEIN...

DAVON HABE ICH NICHTS GEHÖRT.

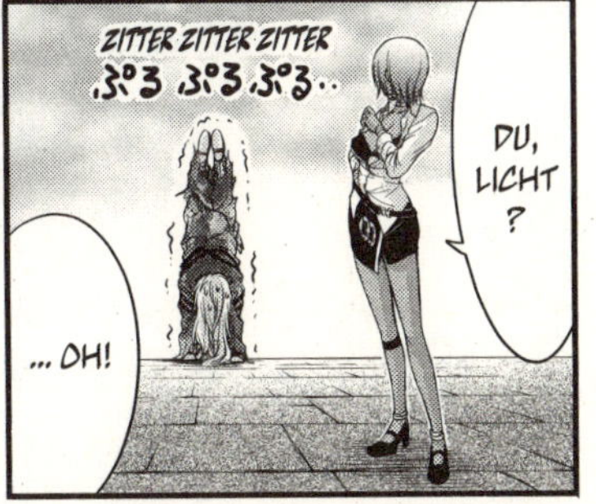

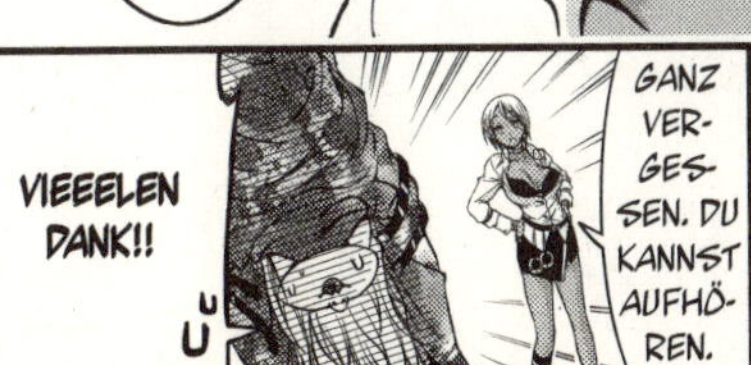

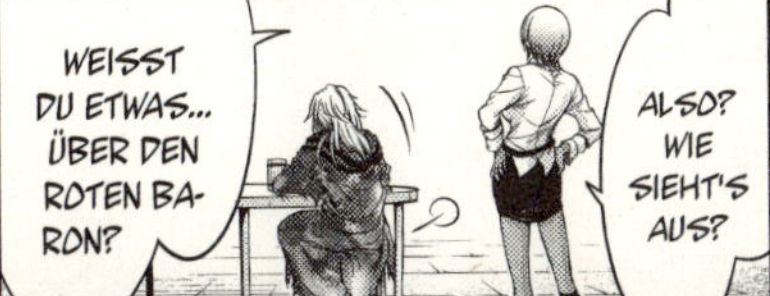

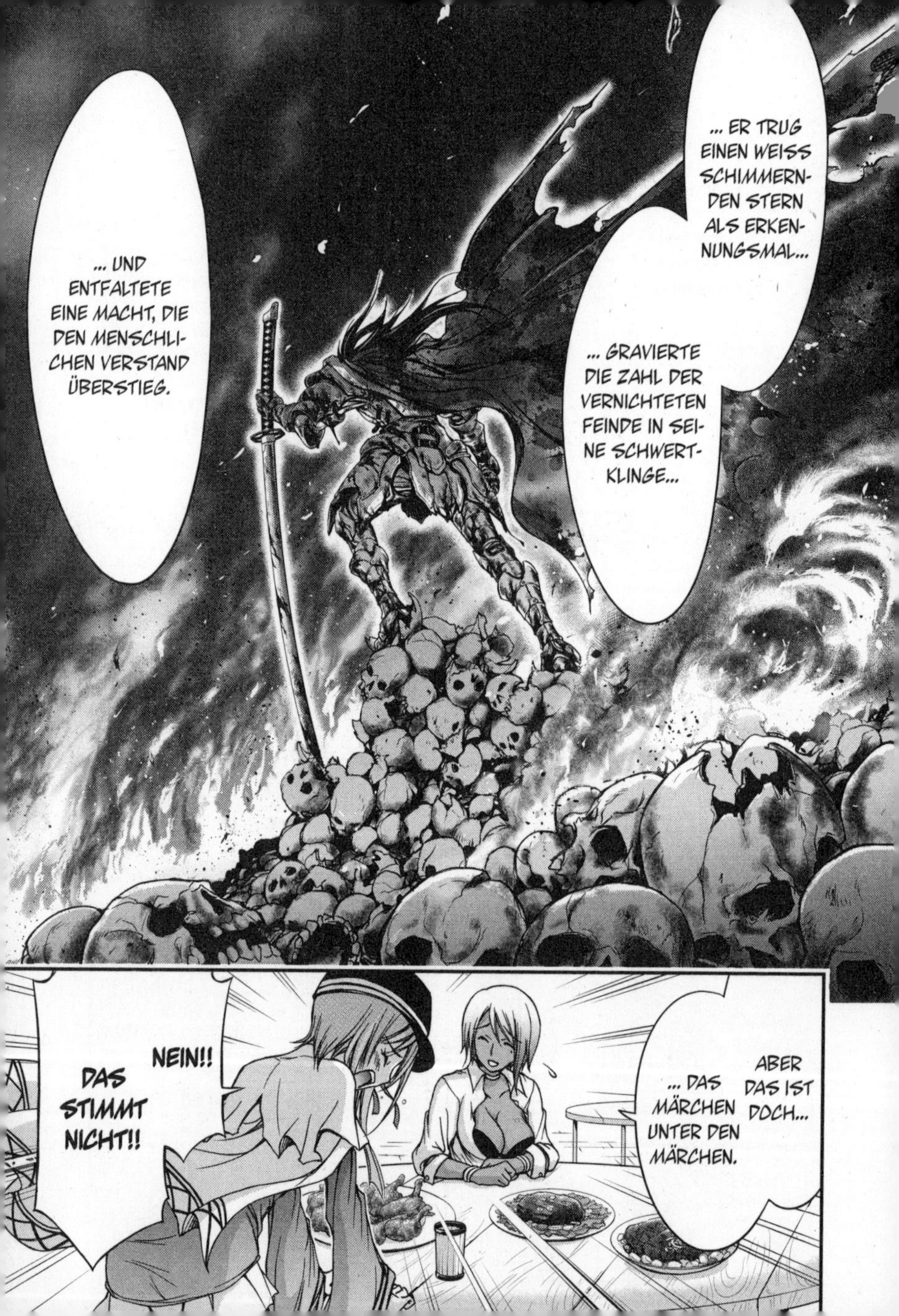
... ER TRUG EINEN WEISS SCHIMMERN-DEN STERN ALS ERKEN-NUNGSMAL...
... GRAVIERTE DIE ZAHL DER VERNICHTETEN FEINDE IN SEI-NE SCHWERT-KLINGE...
... UND ENTFALTETE EINE MACHT, DIE DEN MENSCHLI-CHEN VERSTAND ÜBERSTIEG.
ABER DAS IST DOCH...
... DAS MÄRCHEN UNTER DEN MÄRCHEN.
NEIN!!
DAS STIMMT NICHT!!

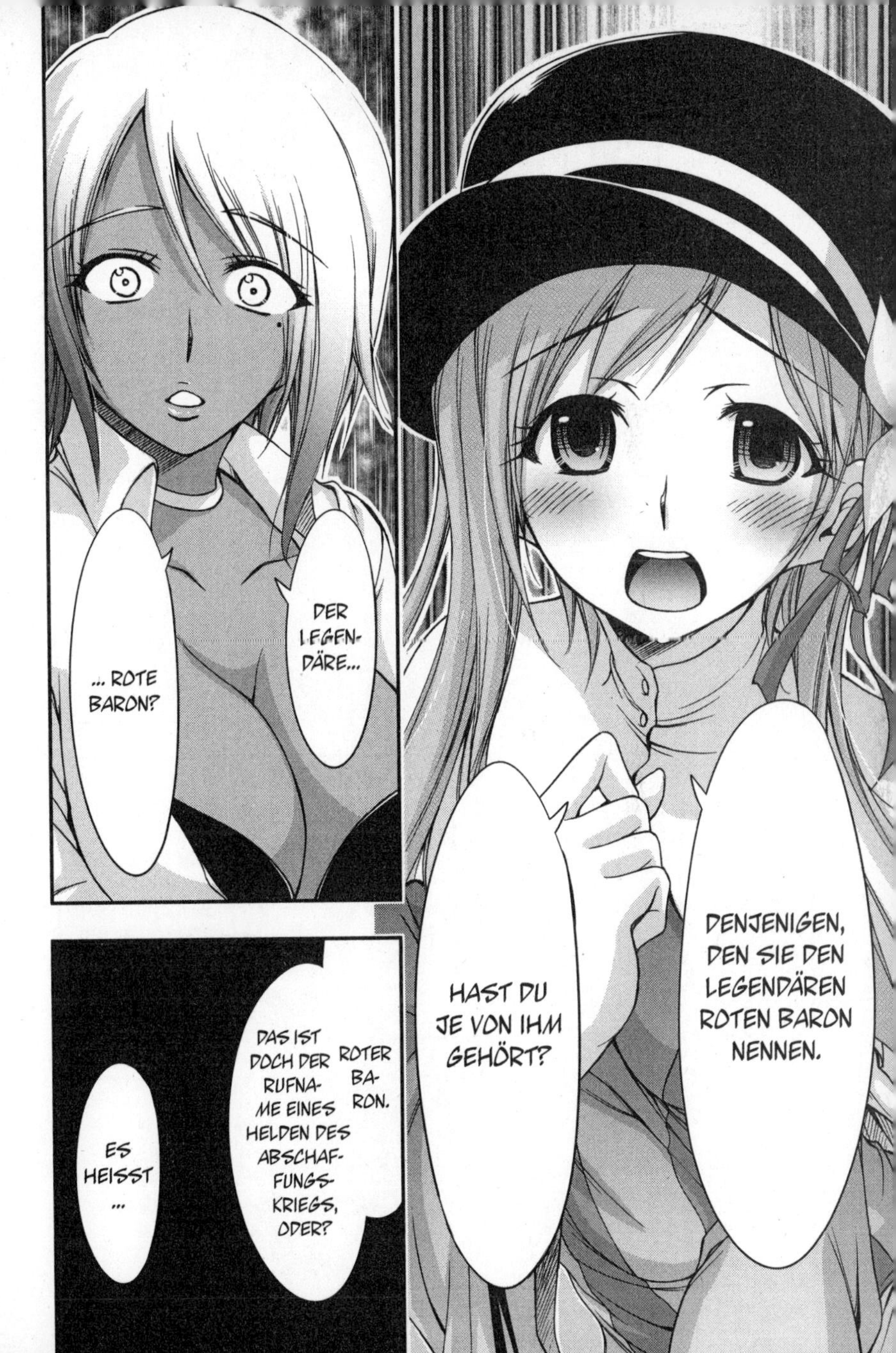

DENJENIGEN, DEN SIE DEN LEGENDÄREN ROTEN BARON NENNEN.
HAST DU JE VON IHM GEHÖRT?
DER LEGENDÄRE...
... ROTE BARON?
ROTER BARON.
DAS IST DOCH DER RUFNAME EINES HELDEN DES ABSCHAFFUNGSKRIEGS, ODER?
ES HEISST ...

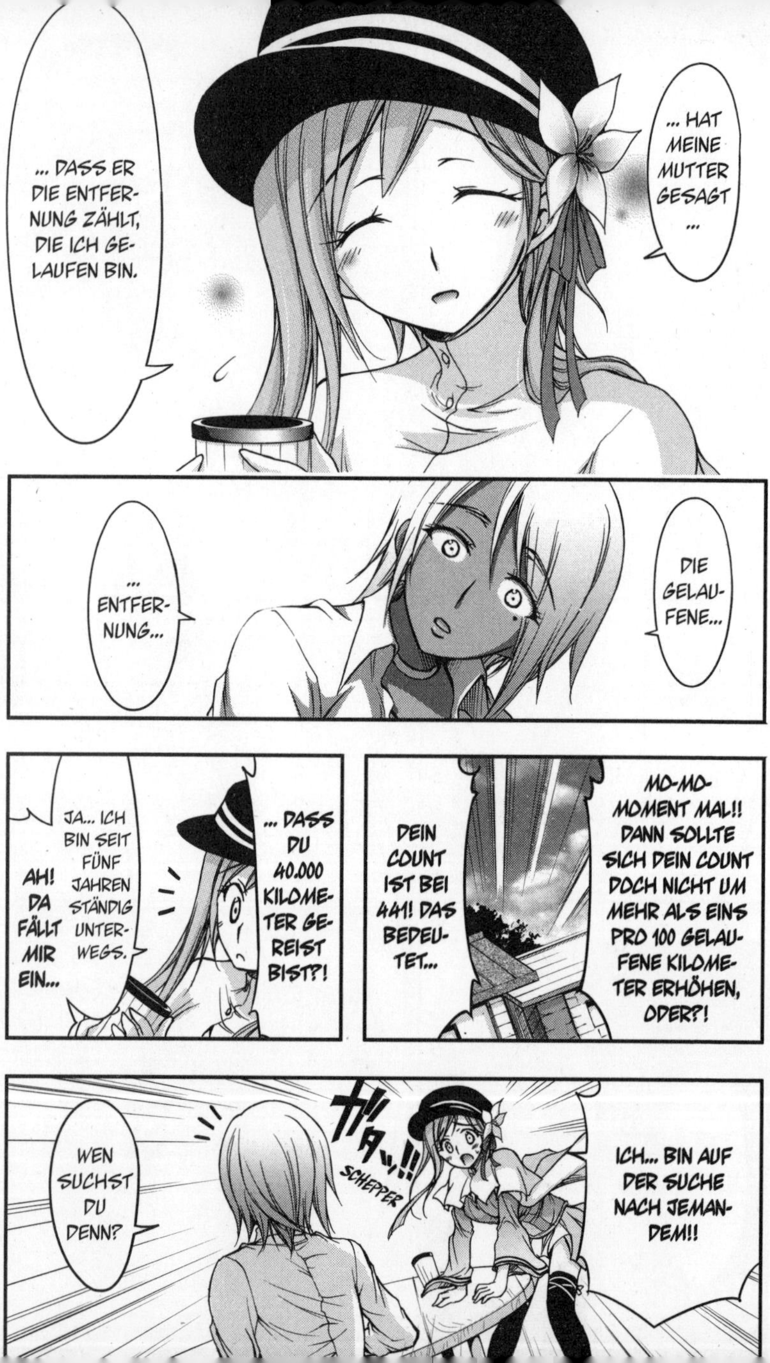

... HAT MEINE MUTTER GESAGT ...

... DASS ER DIE ENTFERNUNG ZÄHLT, DIE ICH GELAUFEN BIN.

DIE GELAUFENE...

... ENTFERNUNG...

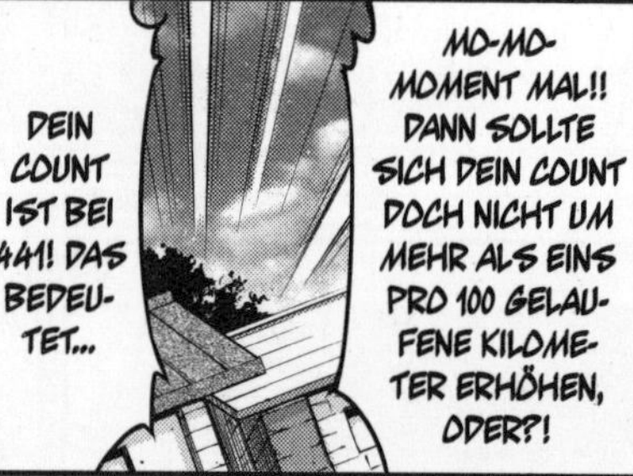

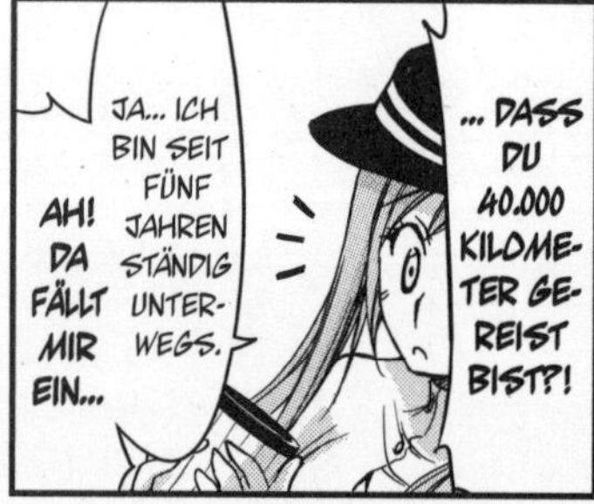

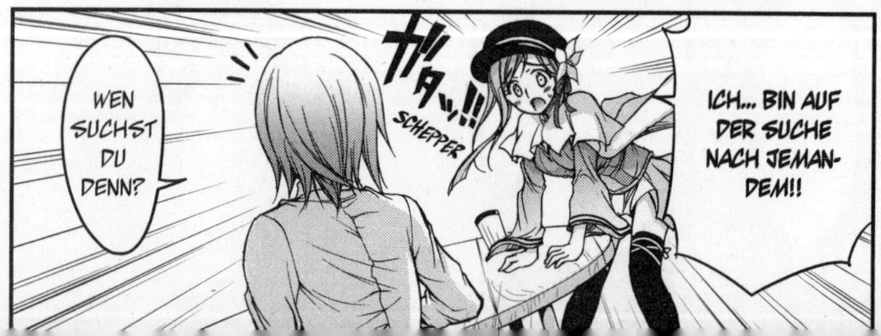

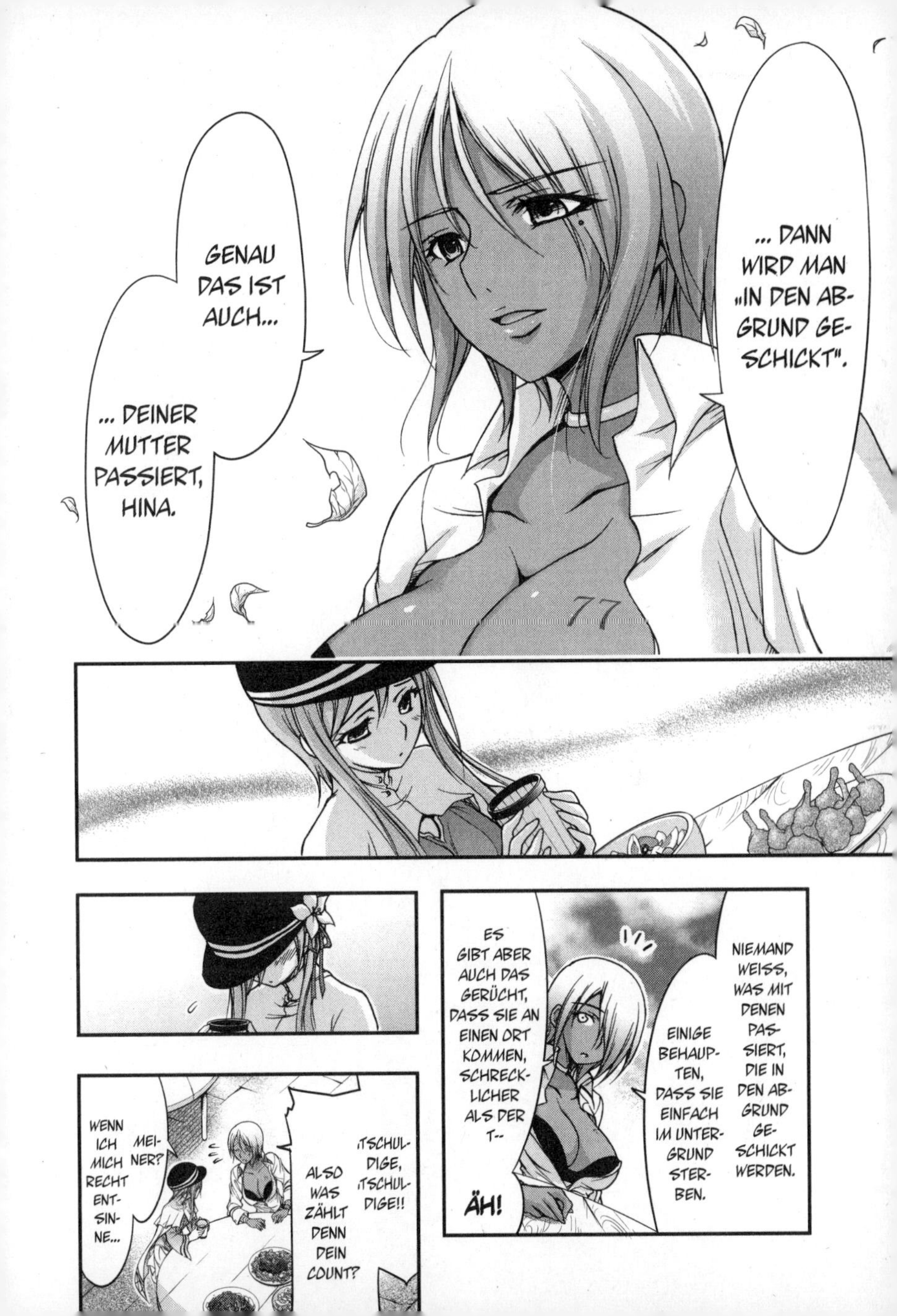

... DANN WIRD MAN „IN DEN ABGRUND GESCHICKT".

GENAU DAS IST AUCH...

... DEINER MUTTER PASSIERT, HINA.

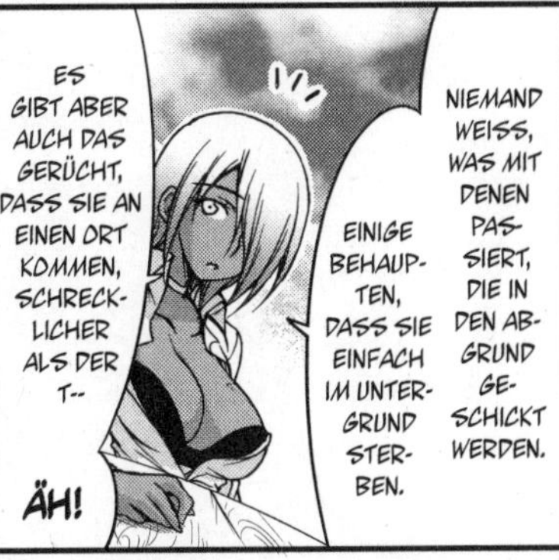

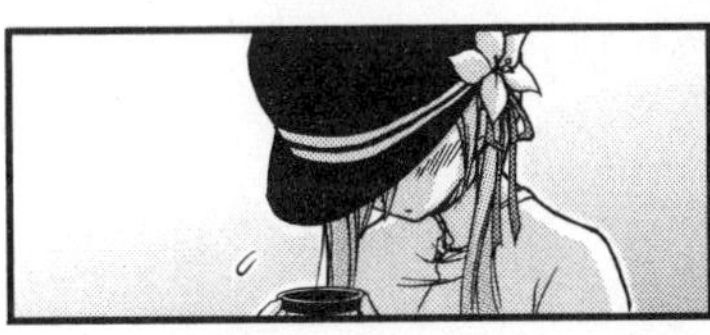

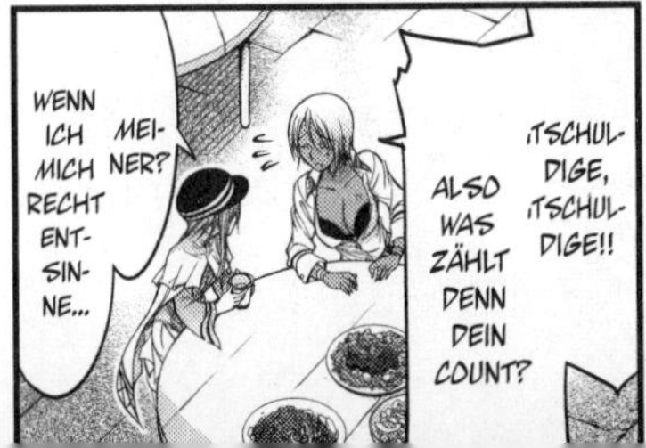

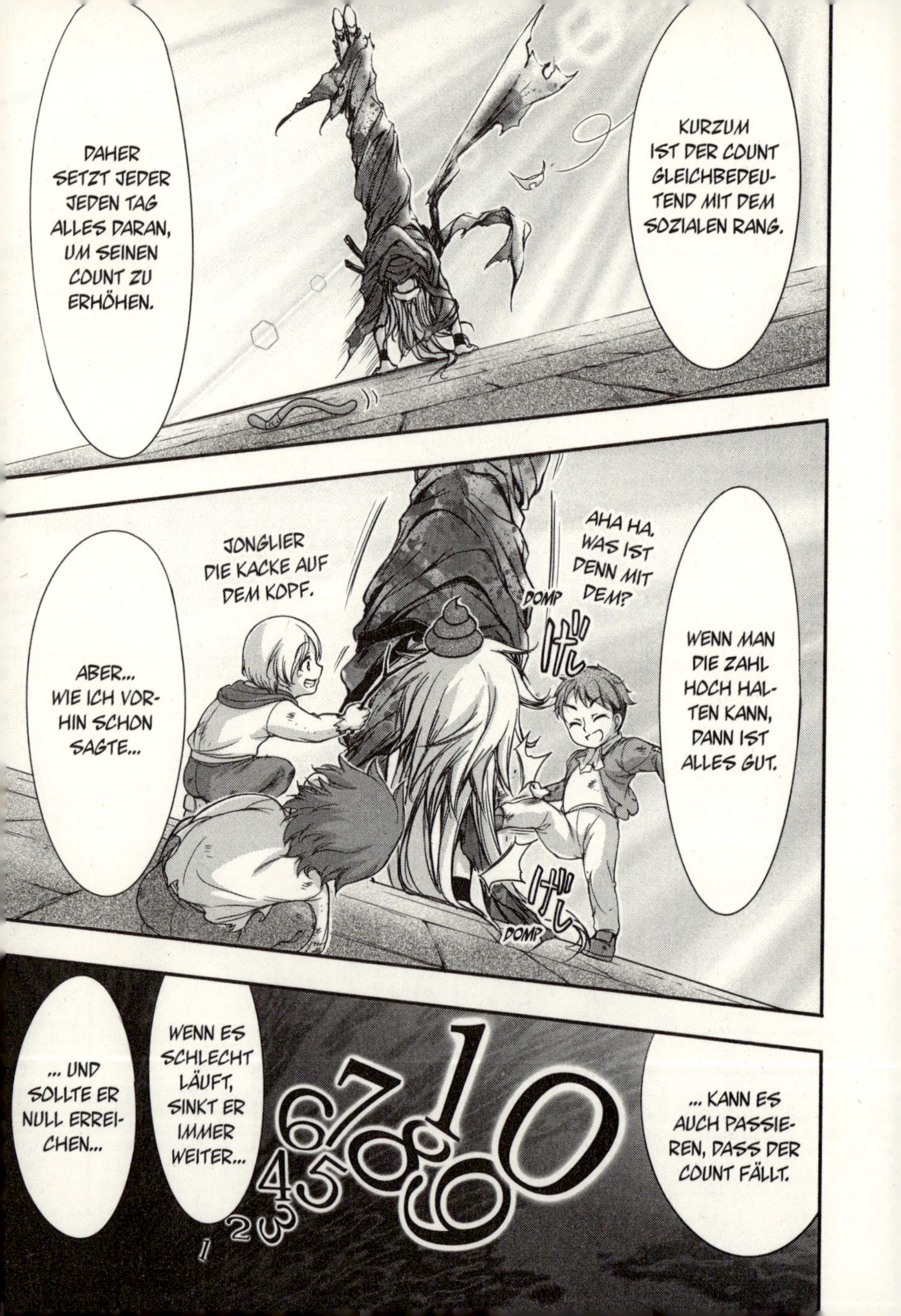

KURZUM IST DER COUNT GLEICHBEDEUTEND MIT DEM SOZIALEN RANG.

DAHER SETZT JEDER JEDEN TAG ALLES DARAN, UM SEINEN COUNT ZU ERHÖHEN.

WENN MAN DIE ZAHL HOCH HALTEN KANN, DANN IST ALLES GUT.

AHA HA. WAS IST DENN MIT DEM?

DOMP

DOMP

JONGLIER DIE KACKE AUF DEM KOPF.

ABER... WIE ICH VORHIN SCHON SAGTE...

... KANN ES AUCH PASSIEREN, DASS DER COUNT FÄLLT.

WENN ES SCHLECHT LÄUFT, SINKT ER IMMER WEITER...

... UND SOLLTE ER NULL ERREICHEN...

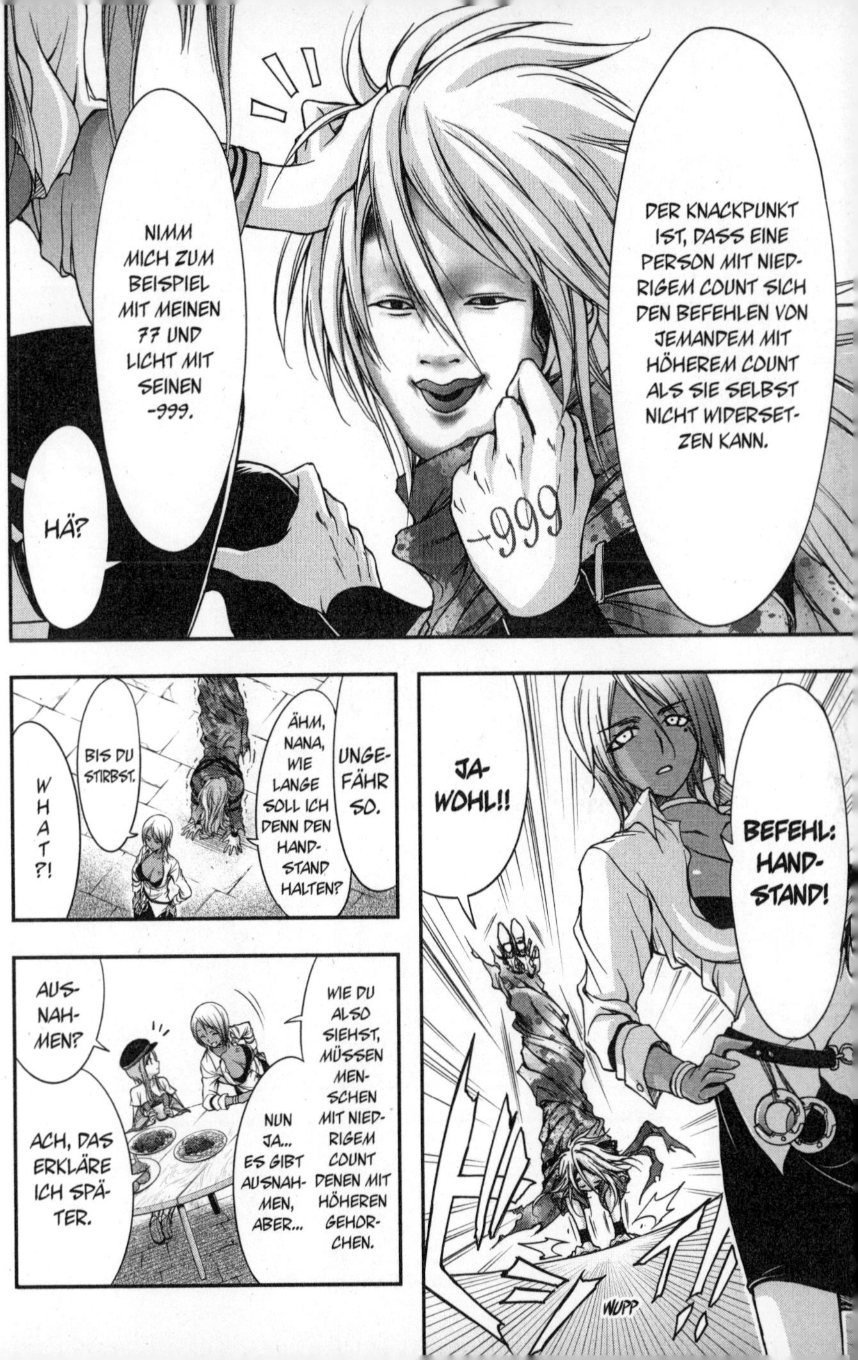

DER KNACKPUNKT IST, DASS EINE PERSON MIT NIEDRIGEM COUNT SICH DEN BEFEHLEN VON JEMANDEM MIT HÖHEREM COUNT ALS SIE SELBST NICHT WIDERSETZEN KANN.

NIMM MICH ZUM BEISPIEL MIT MEINEN 77 UND LICHT MIT SEINEN -999.

HÄ?

-999

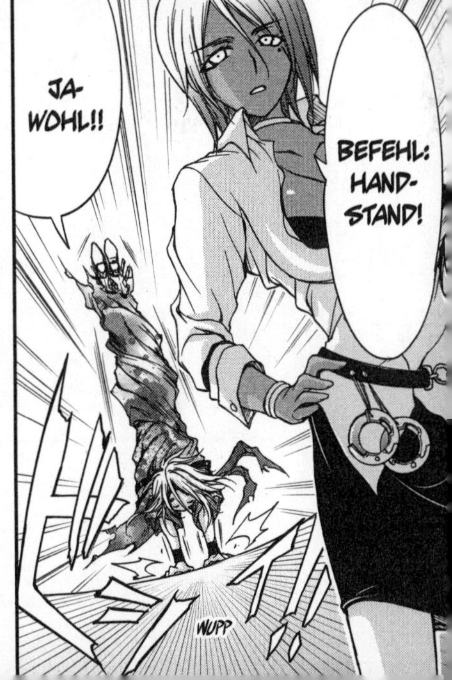

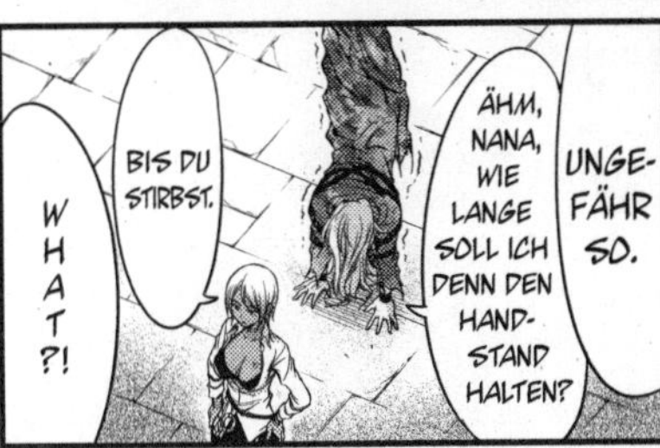

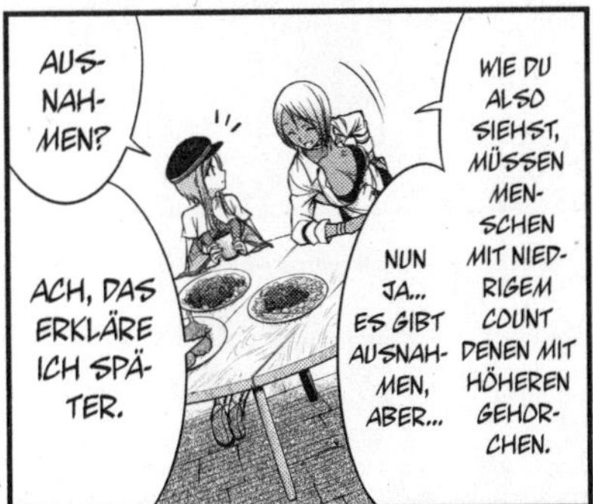

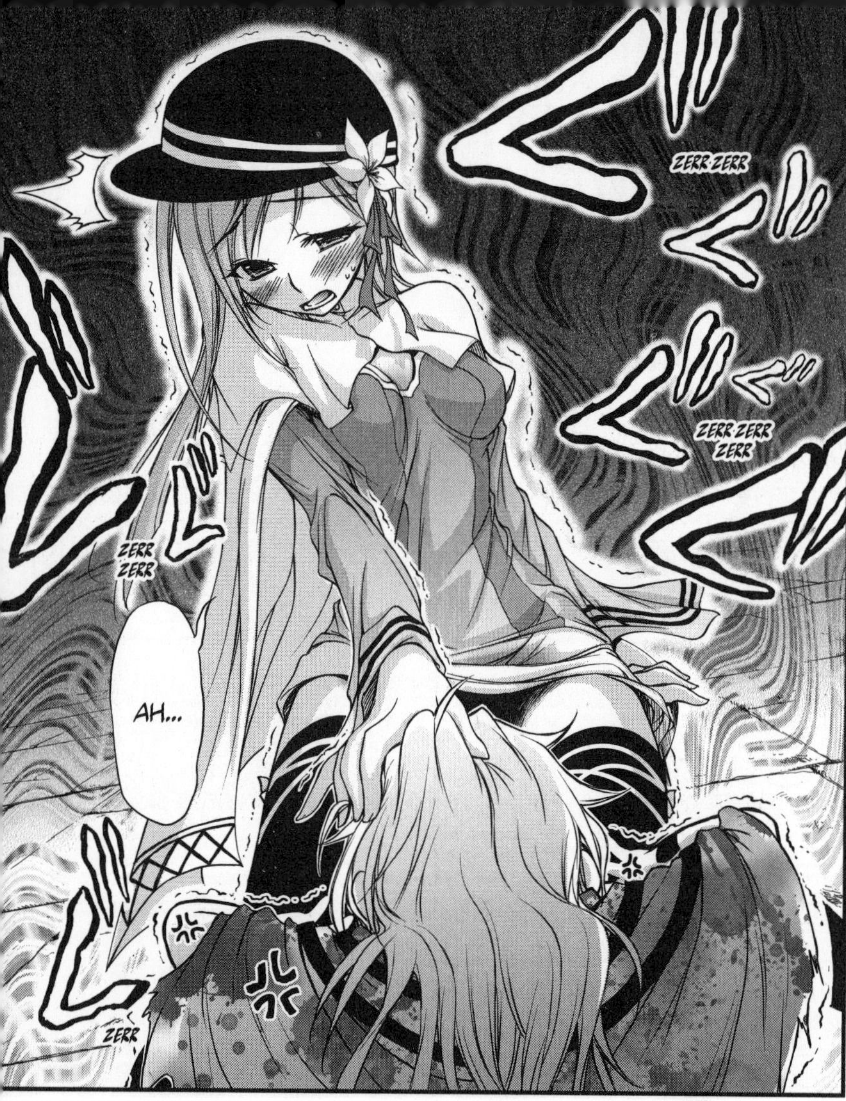

ZERR·ZERR
ZERR·ZERR
ZERR
ZERR
ZERR
AH...
ZERR

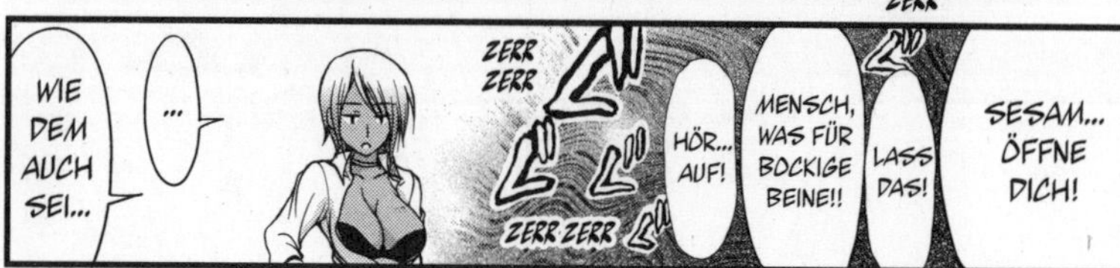

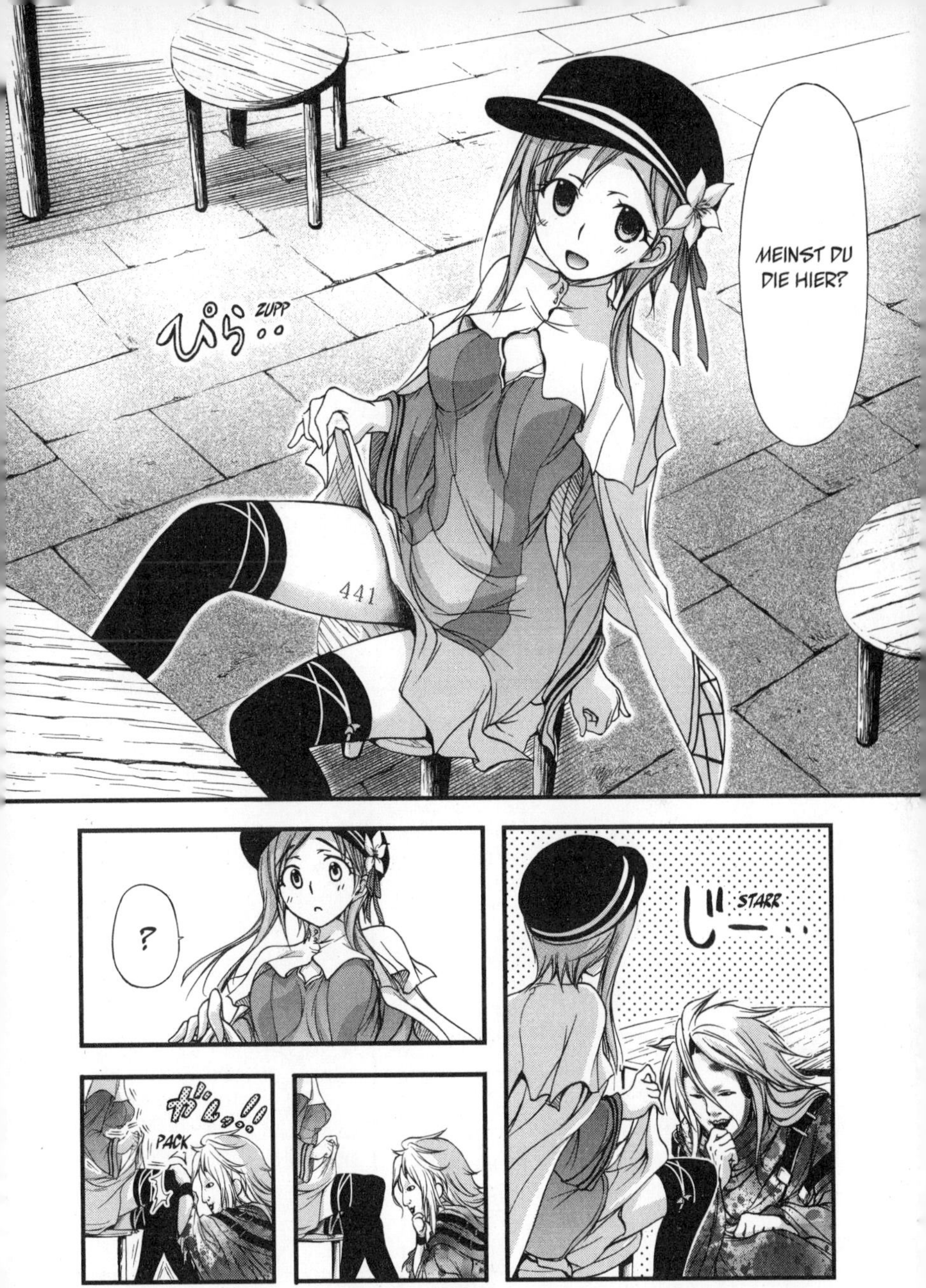

ぴら‥ ZUPP

441

MEINST DU DIE HIER?

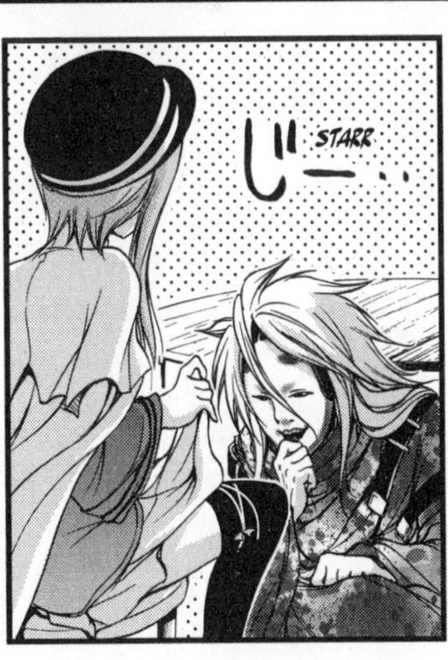

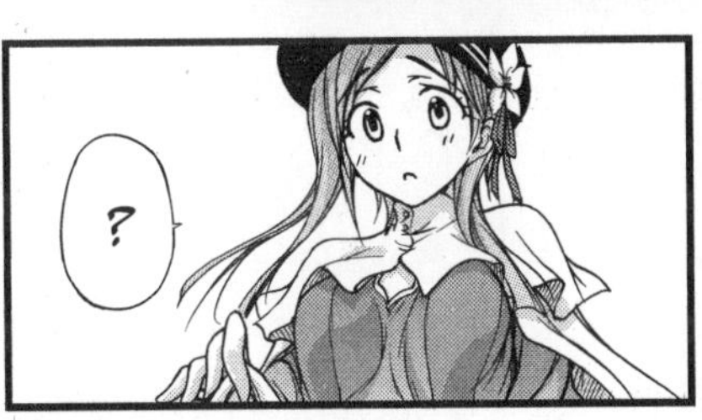

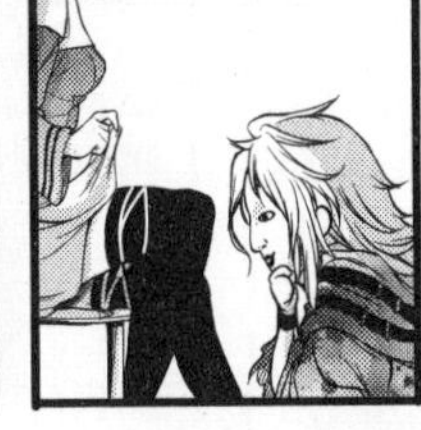

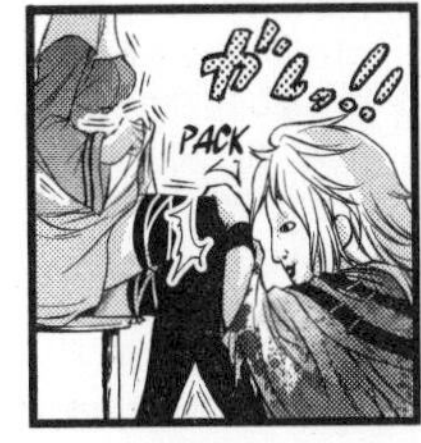

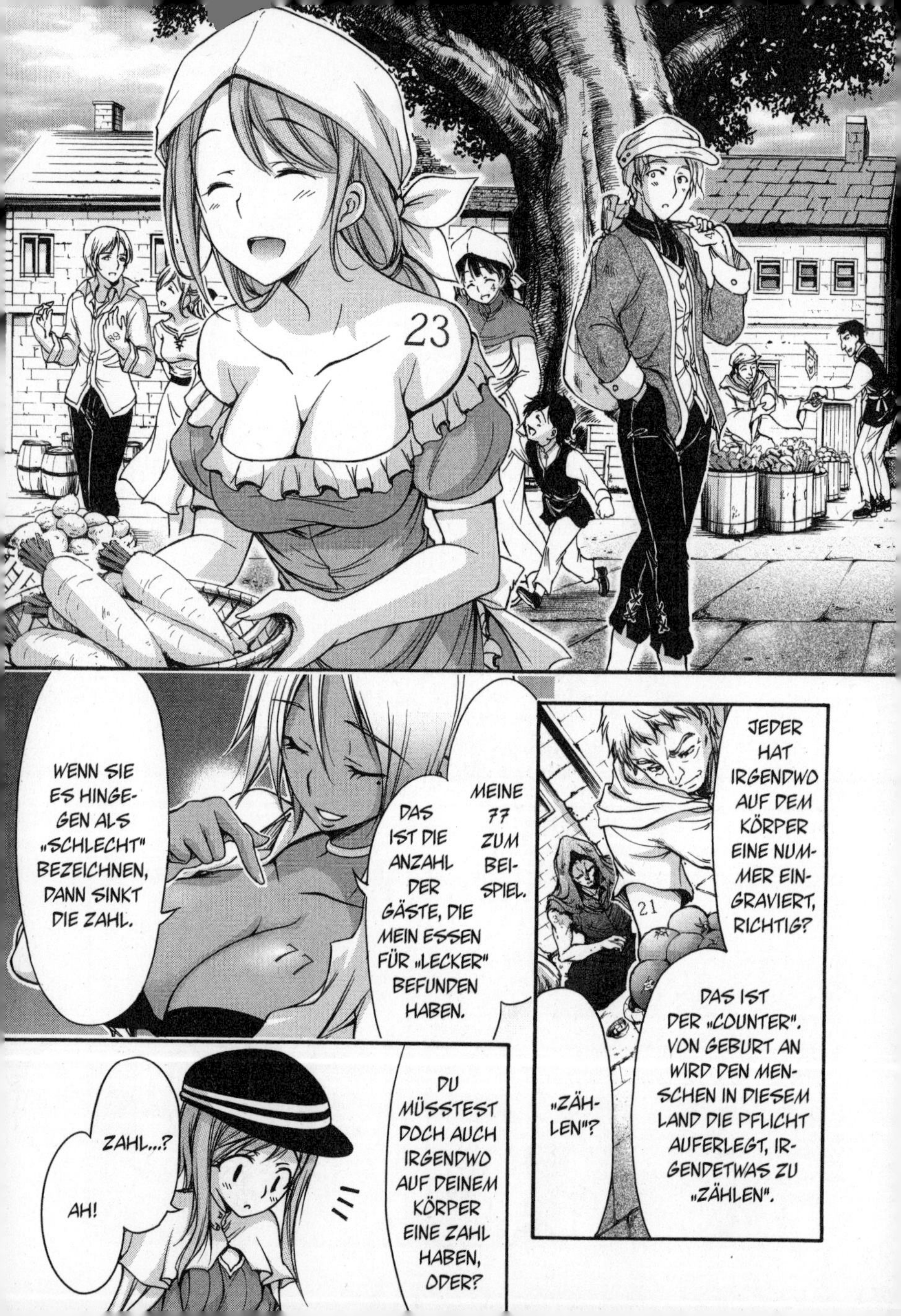

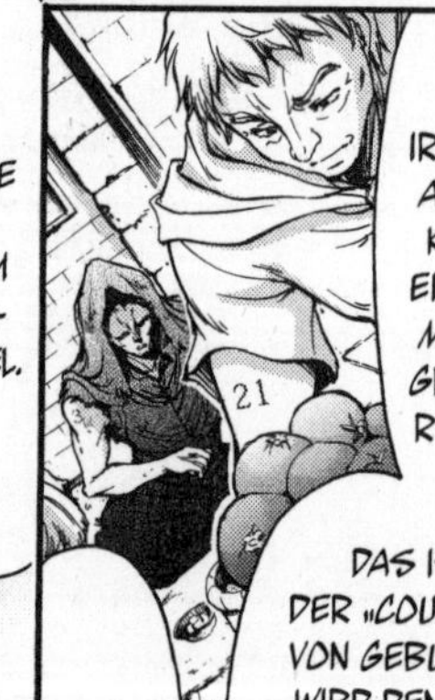
JEDER HAT IRGENDWO AUF DEM KÖRPER EINE NUMMER EINGRAVIERT, RICHTIG?
21
DAS IST DER »COUNTER«. VON GEBURT AN WIRD DEN MENSCHEN IN DIESEM LAND DIE PFLICHT AUFERLEGT, IRGENDETWAS ZU »ZÄHLEN«.
»ZÄHLEN«?

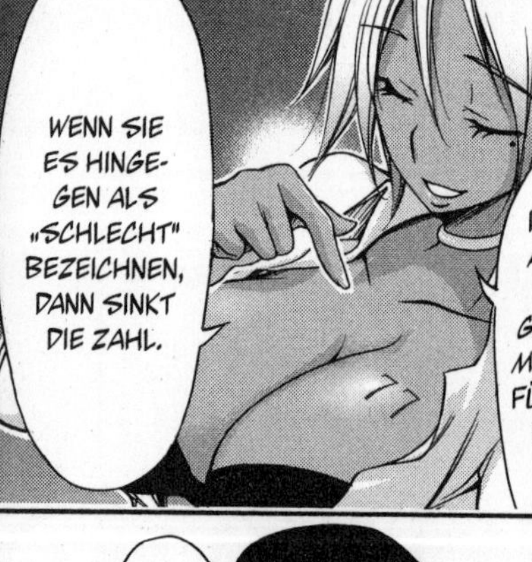
MEINE 77 ZUM BEISPIEL.
DAS IST DIE ANZAHL DER GÄSTE, DIE MEIN ESSEN FÜR »LECKER« BEFUNDEN HABEN.
WENN SIE ES HINGEGEN ALS »SCHLECHT« BEZEICHNEN, DANN SINKT DIE ZAHL.

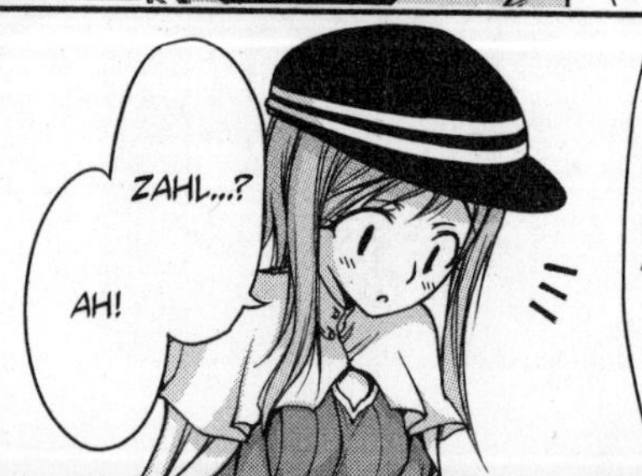
DU MÜSSTEST DOCH AUCH IRGENDWO AUF DEINEM KÖRPER EINE ZAHL HABEN, ODER?
ZAHL...?
AH!

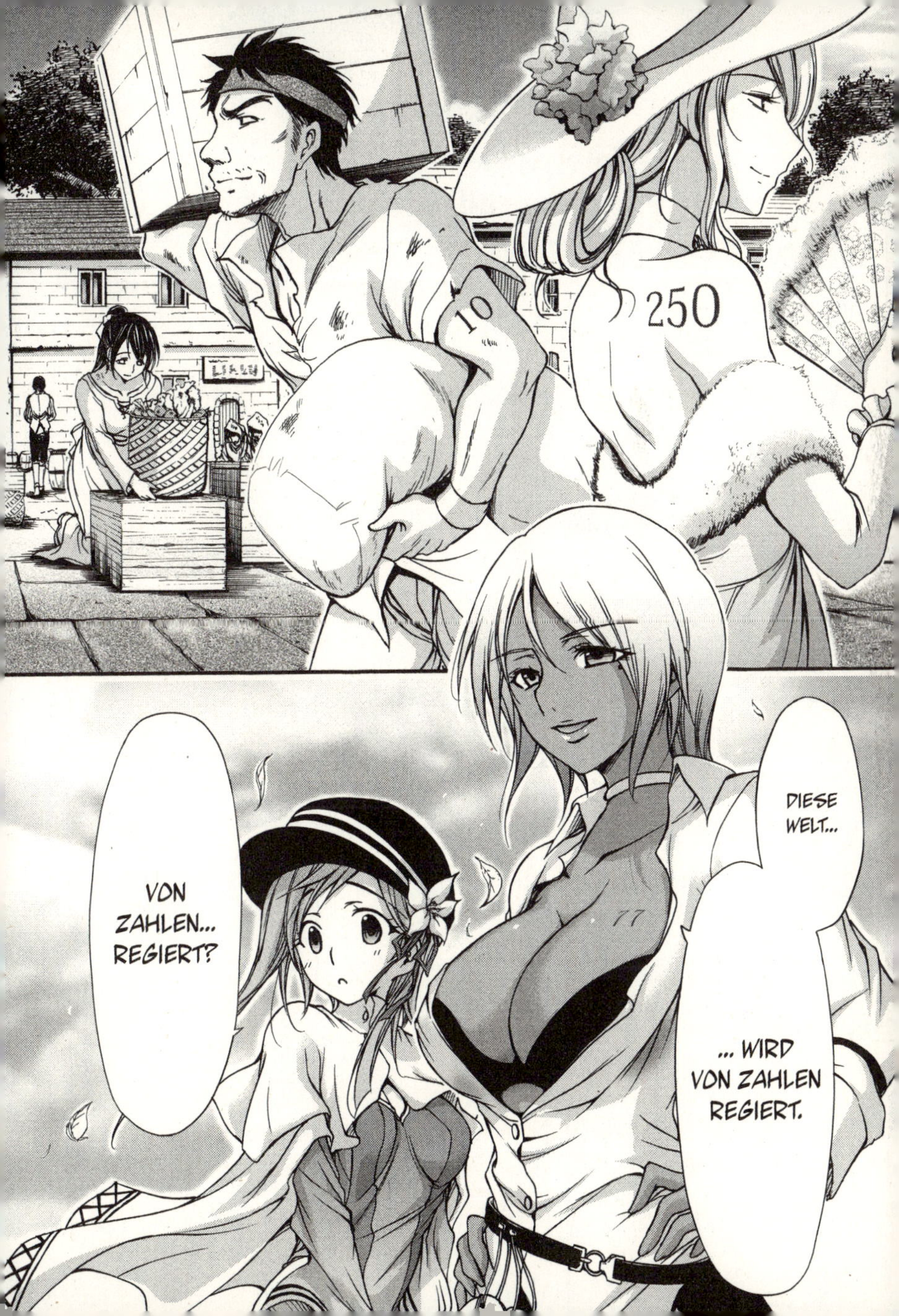
250
10
DIESE WELT...
... WIRD VON ZAHLEN REGIERT.
77
VON ZAHLEN... REGIERT?

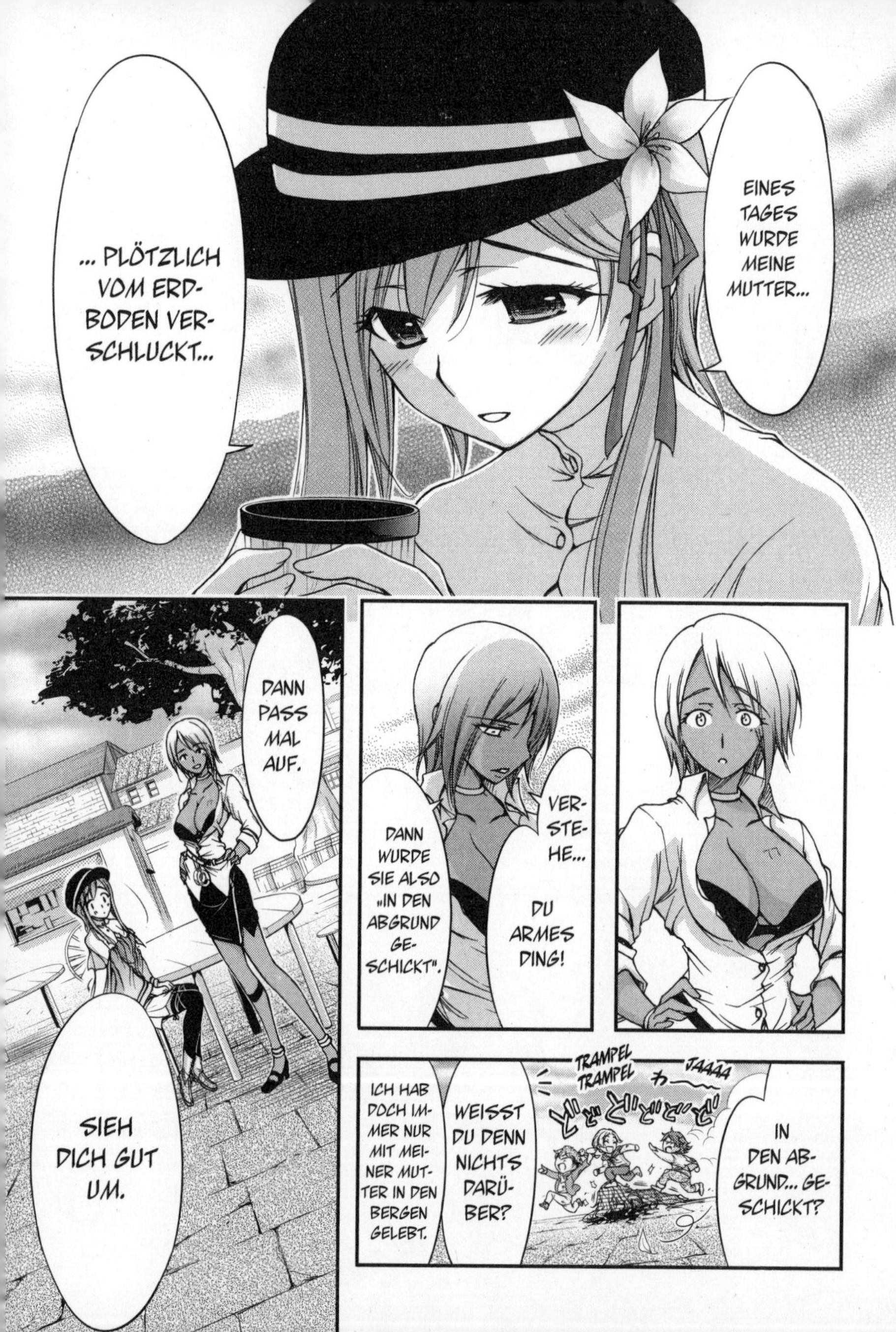
EINES TAGES WURDE MEINE MUTTER...
... PLÖTZLICH VOM ERD-BODEN VER-SCHLUCKT...
VER-STE-HE...
DU ARMES DING!
DANN WURDE SIE ALSO „IN DEN ABGRUND GE-SCHICKT".
DANN PASS MAL AUF.
SIEH DICH GUT UM.
IN DEN AB-GRUND... GE-SCHICKT?
TRAMPEL TRAMPEL
JAAAA
WEISST DU DENN NICHTS DARÜ-BER?
ICH HAB DOCH IM-MER NUR MIT MEI-NER MUT-TER IN DEN BERGEN GELEBT.

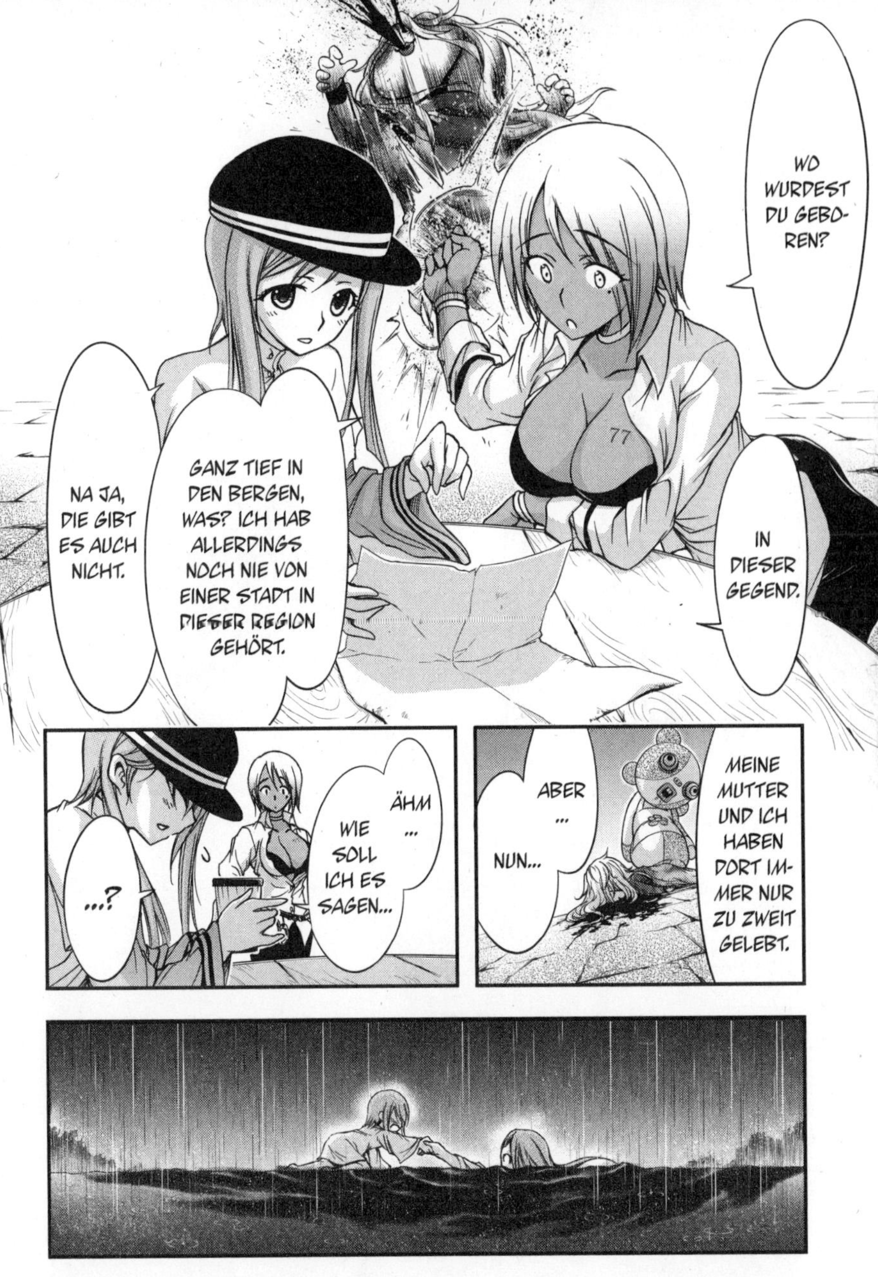
WO WURDEST DU GEBO-REN?
IN DIESER GEGEND.
GANZ TIEF IN DEN BERGEN, WAS? ICH HAB ALLERDINGS NOCH NIE VON EINER STADT IN DIESER REGION GEHÖRT.
NA JA, DIE GIBT ES AUCH NICHT.
MEINE MUTTER UND ICH HABEN DORT IM-MER NUR ZU ZWEIT GELEBT.
ABER ... NUN...
ÄHM ...
WIE SOLL ICH ES SAGEN...
...?

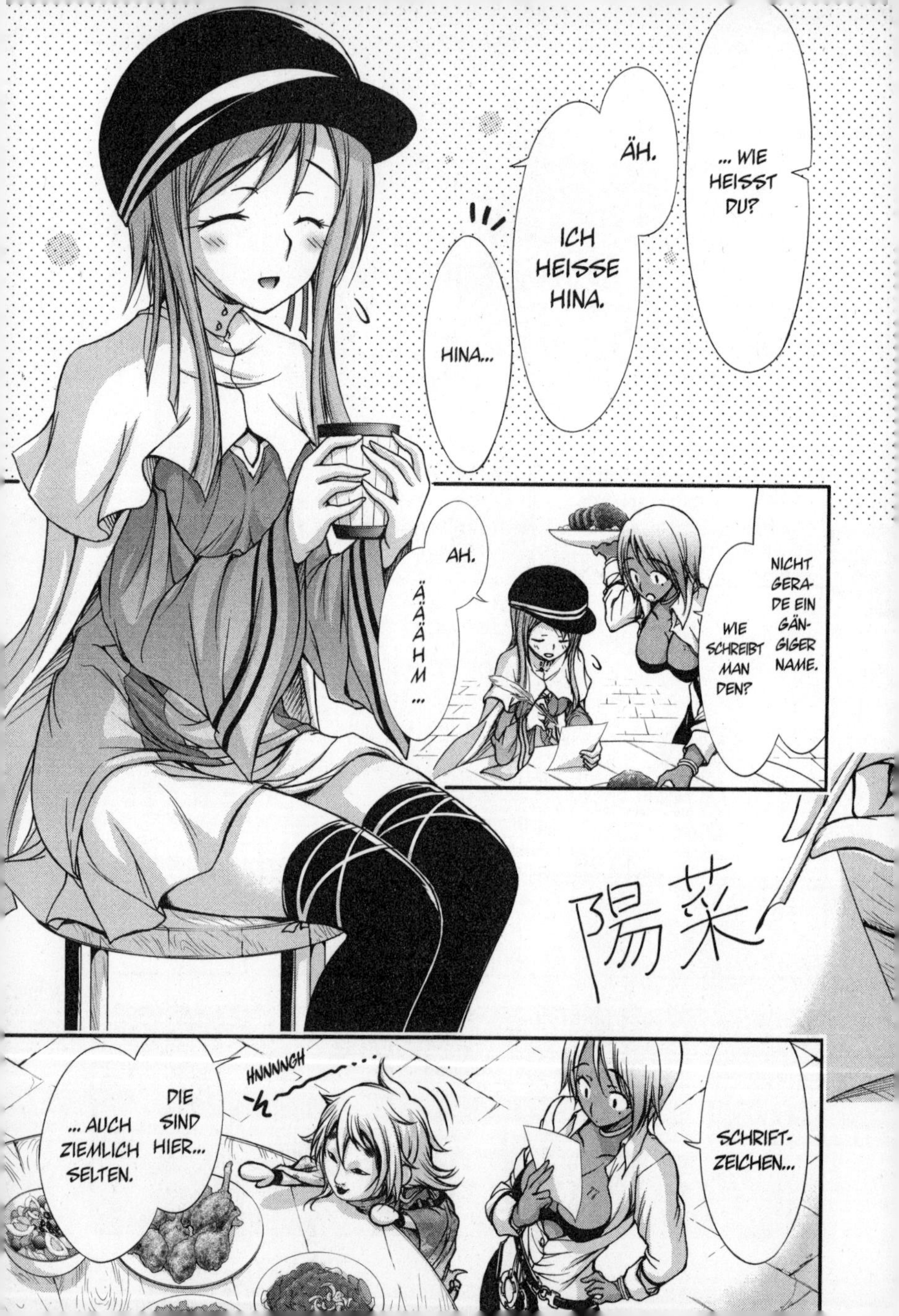
... WIE HEISST DU?
ÄH.
ICH HEISSE HINA.
HINA...
NICHT GERADE EIN GÄNGIGER NAME.
WIE SCHREIBT MAN DEN?
AH.
ÄÄÄHM ...
陽菜
SCHRIFT-ZEICHEN...
HNNNNGH
DIE SIND HIER...
... AUCH ZIEMLICH SELTEN.

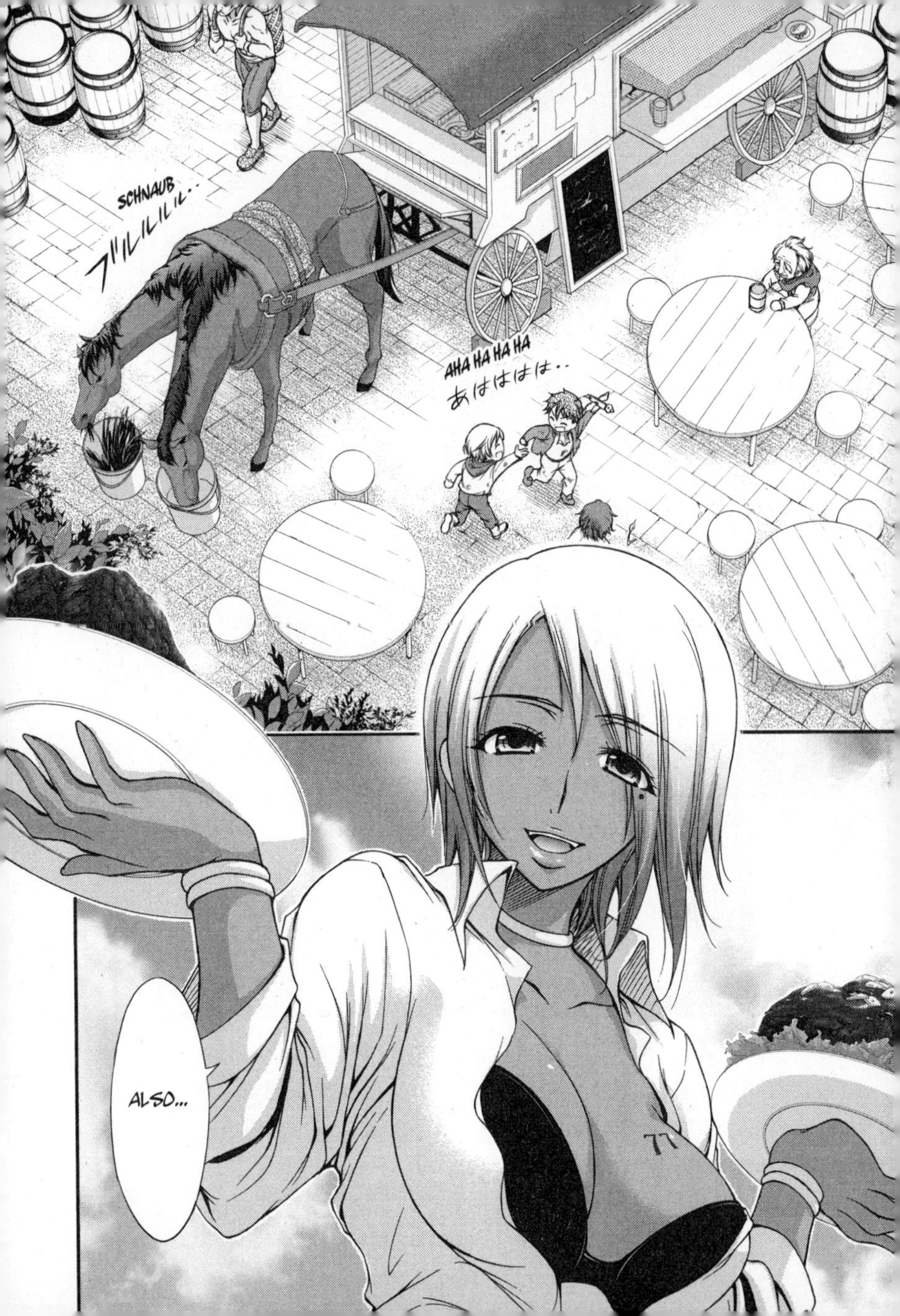

AHA HA HA HA
あははははは..
SCHNAUB
ブルルルルル..
ALSO...

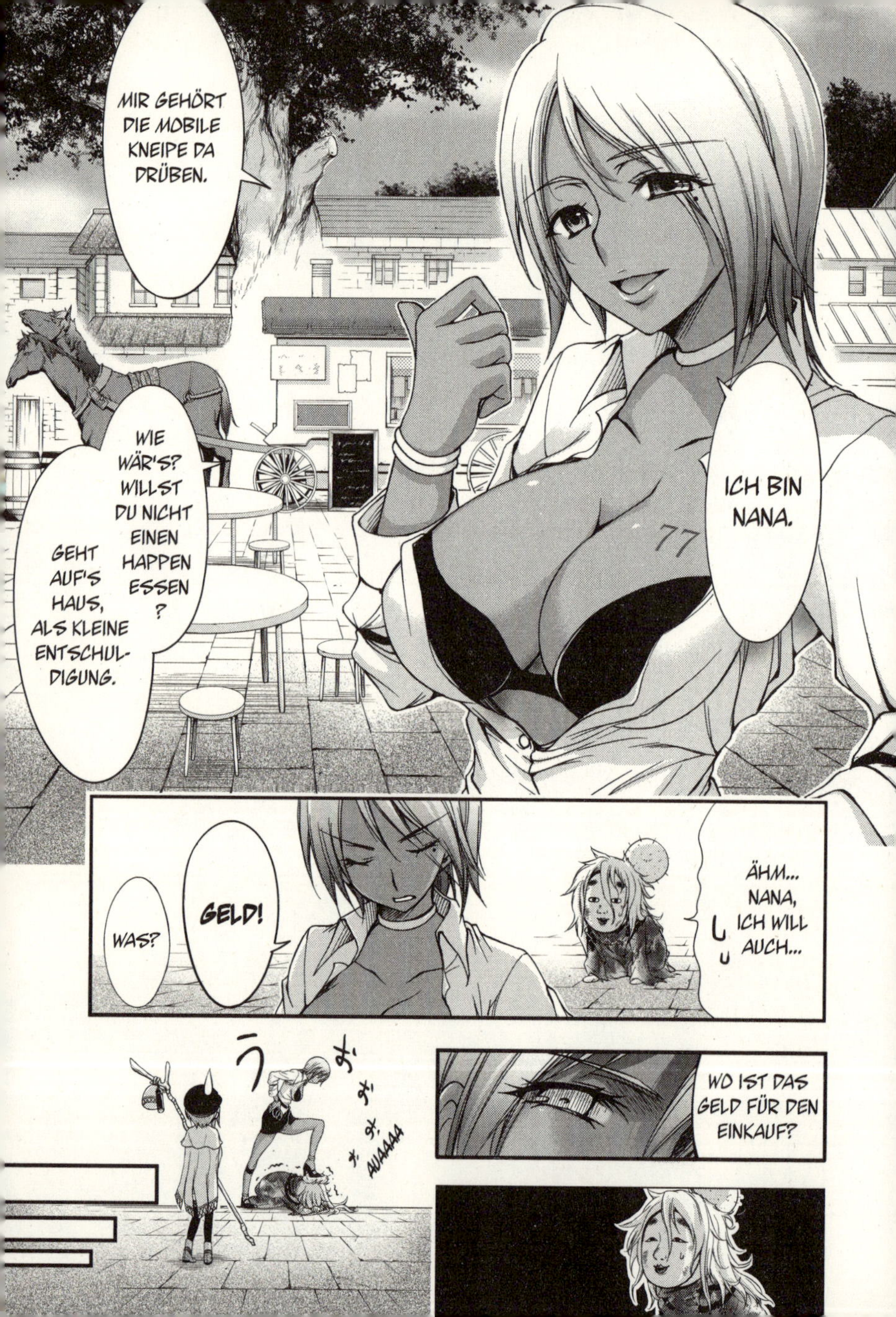
ICH BIN NANA.
MIR GEHÖRT DIE MOBILE KNEIPE DA DRÜBEN.
WIE WÄR'S? WILLST DU NICHT EINEN HAPPEN ESSEN?
GEHT AUF'S HAUS, ALS KLEINE ENTSCHULDIGUNG.
ÄHM... NANA, ICH WILL AUCH...
GELD!
WAS?
WO IST DAS GELD FÜR DEN EINKAUF?
AUAAAA

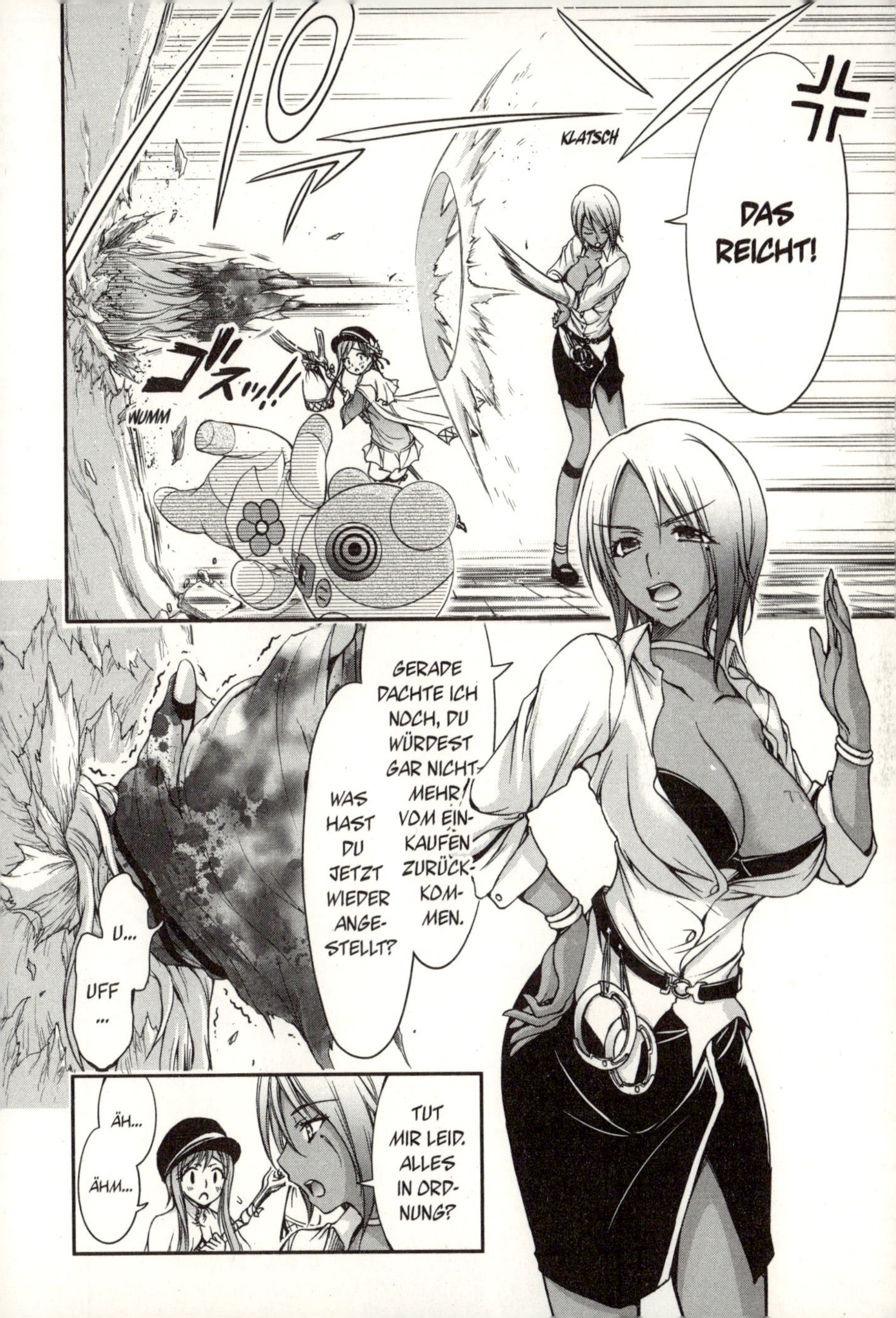
KLATSCH
DAS REICHT!
WUMM
GERADE DACHTE ICH NOCH, DU WÜRDEST GAR NICHT MEHR VOM EINKAUFEN ZURÜCKKOMMEN.
WAS HAST DU JETZT WIEDER ANGESTELLT?
U... UFF ...
TUT MIR LEID. ALLES IN ORDNUNG?
ÄH... ÄHM...

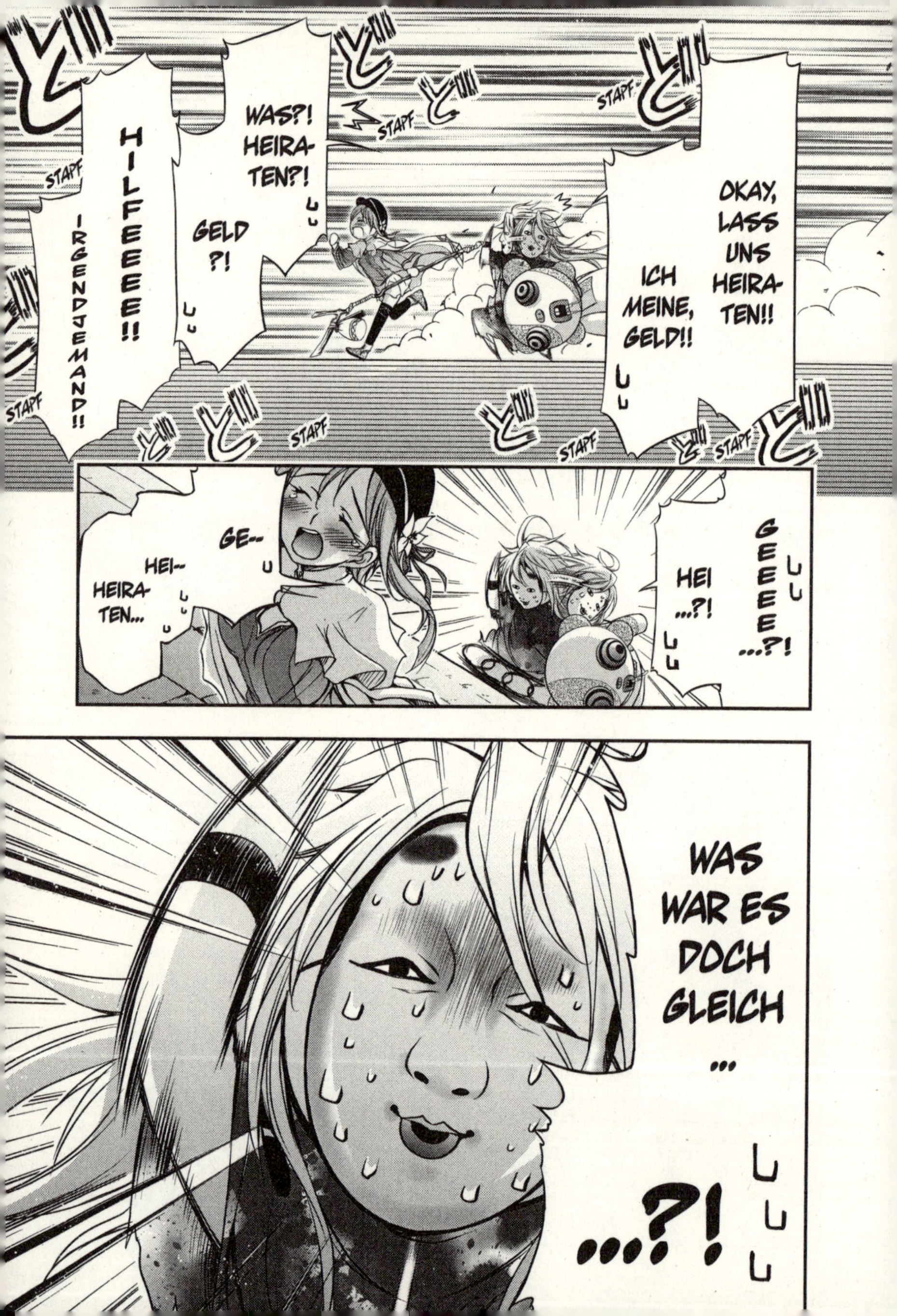

STAPF STAPF STAPF

OKAY, LASS UNS HEIRATEN!!

ICH MEINE, GELD!!

WAS?! HEIRATEN?!

GELD ?!

HILFEEEE!!

IRGENDJEMAND!!

STAPF STAPF STAPF STAPF STAPF

GEEEEE...?!

HEI ...?!

GE--

HEI-- HEIRATEN...

WAS WAR ES DOCH GLEICH ...

...?!

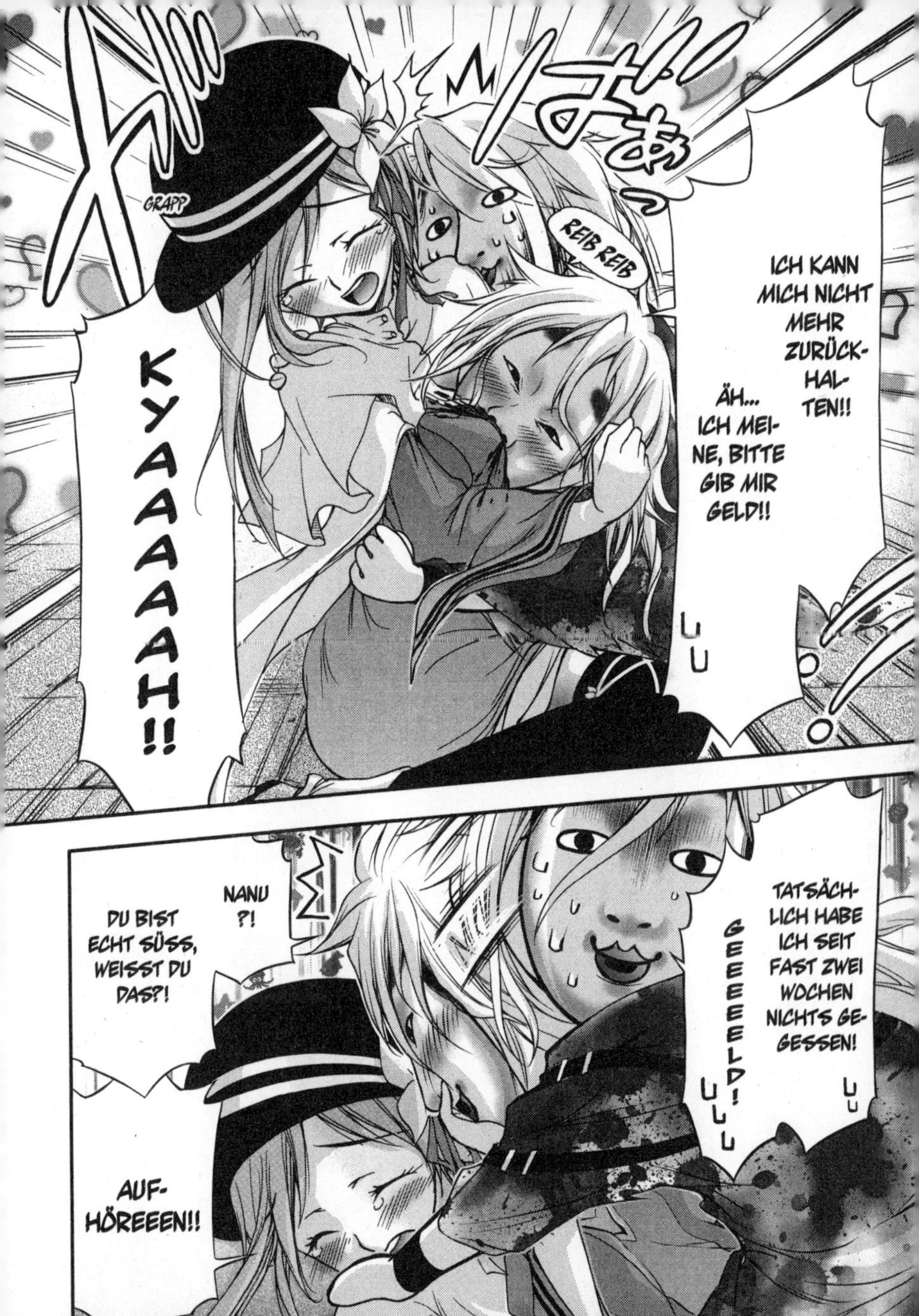
ICH KANN MICH NICHT MEHR ZURÜCK-HAL-TEN!!
ÄH... ICH MEI-NE, BITTE GIB MIR GELD!!
REIB REIB
GRAPP
KYAAAAAAAH!!
TATSÄCH-LICH HABE ICH SEIT FAST ZWEI WOCHEN NICHTS GE-GESSEN!
GEEEEELD!
NANU ?!
DU BIST ECHT SÜSS, WEISST DU DAS?!
AUF-HÖREEEN!!

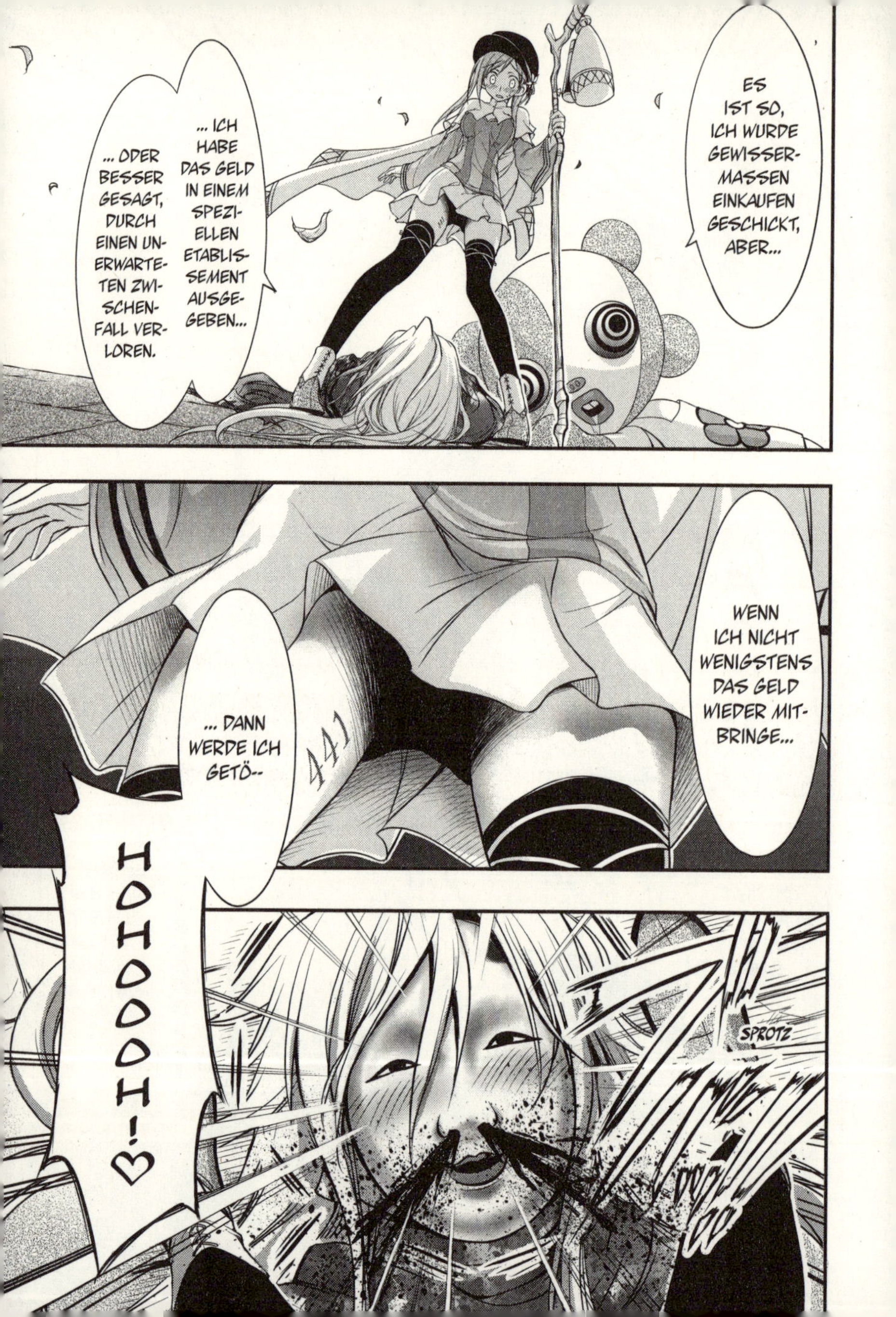

ES IST SO, ICH WURDE GEWISSERMASSEN EINKAUFEN GESCHICKT, ABER...

... ICH HABE DAS GELD IN EINEM SPEZIELLEN ETABLISSEMENT AUSGEGEBEN...

... ODER BESSER GESAGT, DURCH EINEN UNERWARTETEN ZWISCHENFALL VERLOREN.

WENN ICH NICHT WENIGSTENS DAS GELD WIEDER MITBRINGE...

... DANN WERDE ICH GETÖ--

441

HOHOOOOH!♡

SPROTZ

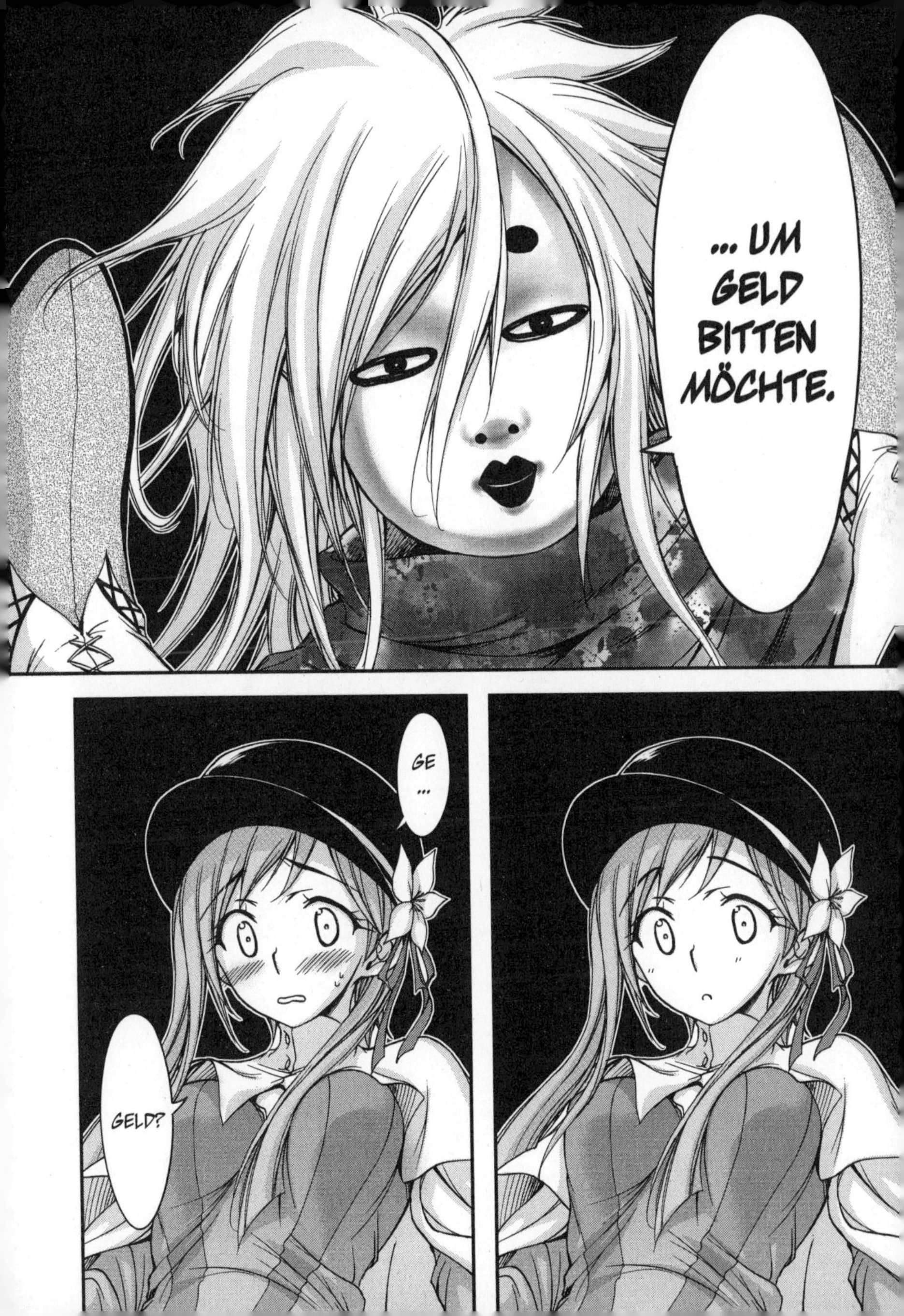

... UM GELD BITTEN MÖCHTE.

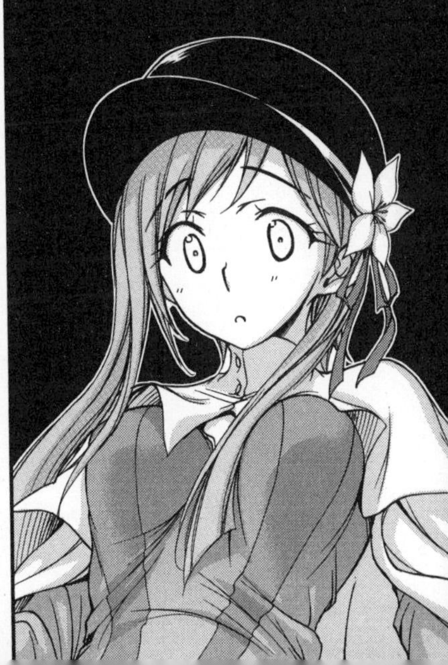

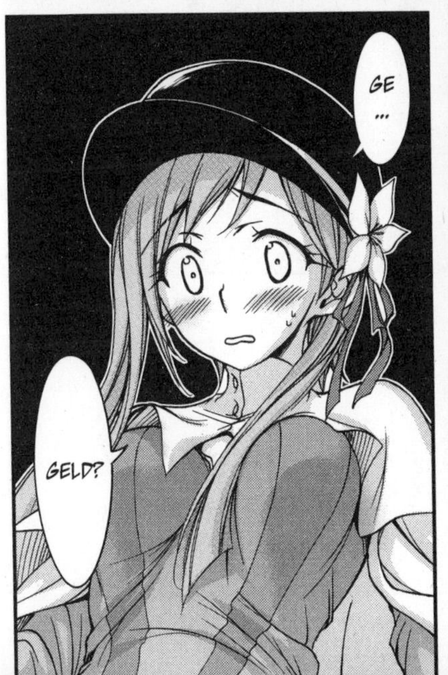

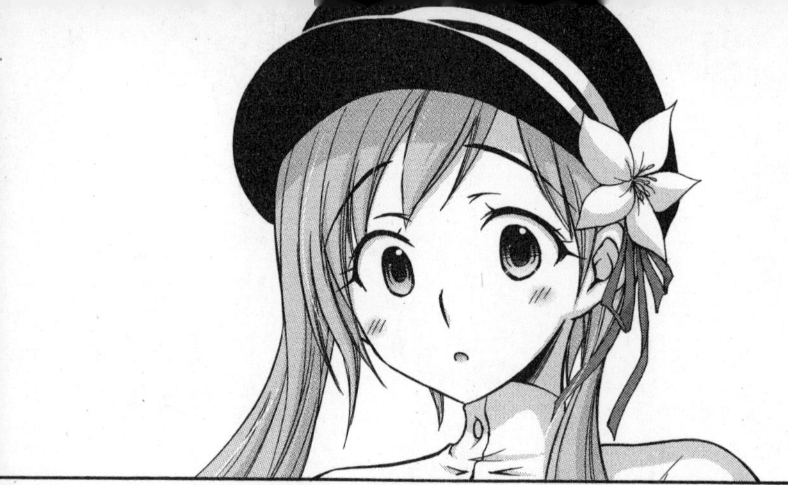

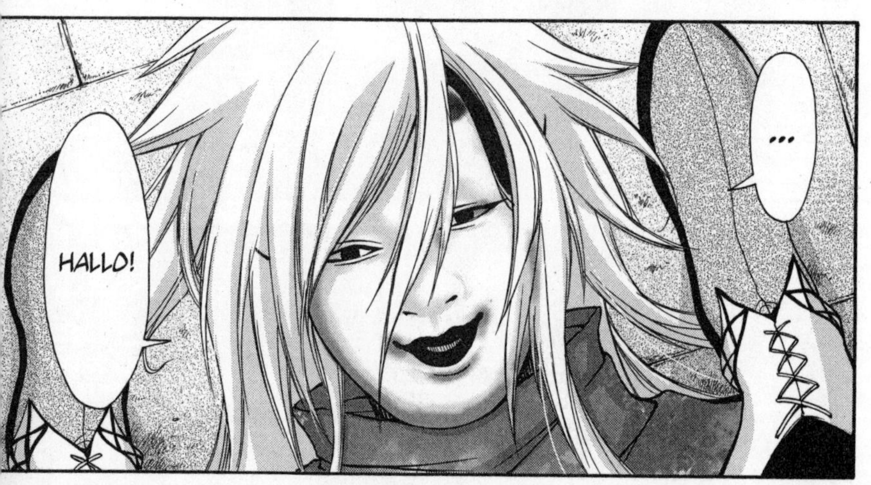
...
HALLO!

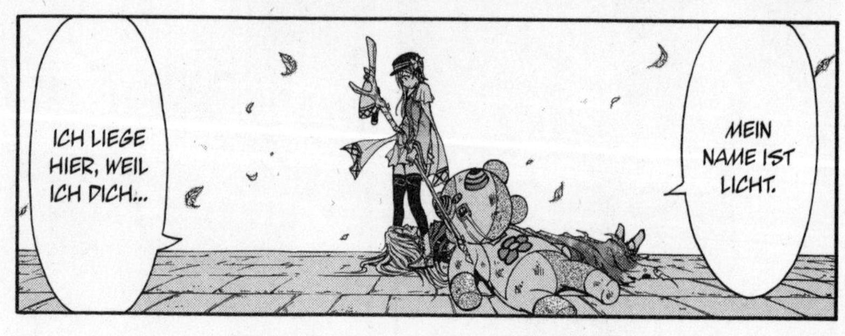
MEIN NAME IST LICHT.
ICH LIEGE HIER, WEIL ICH DICH...

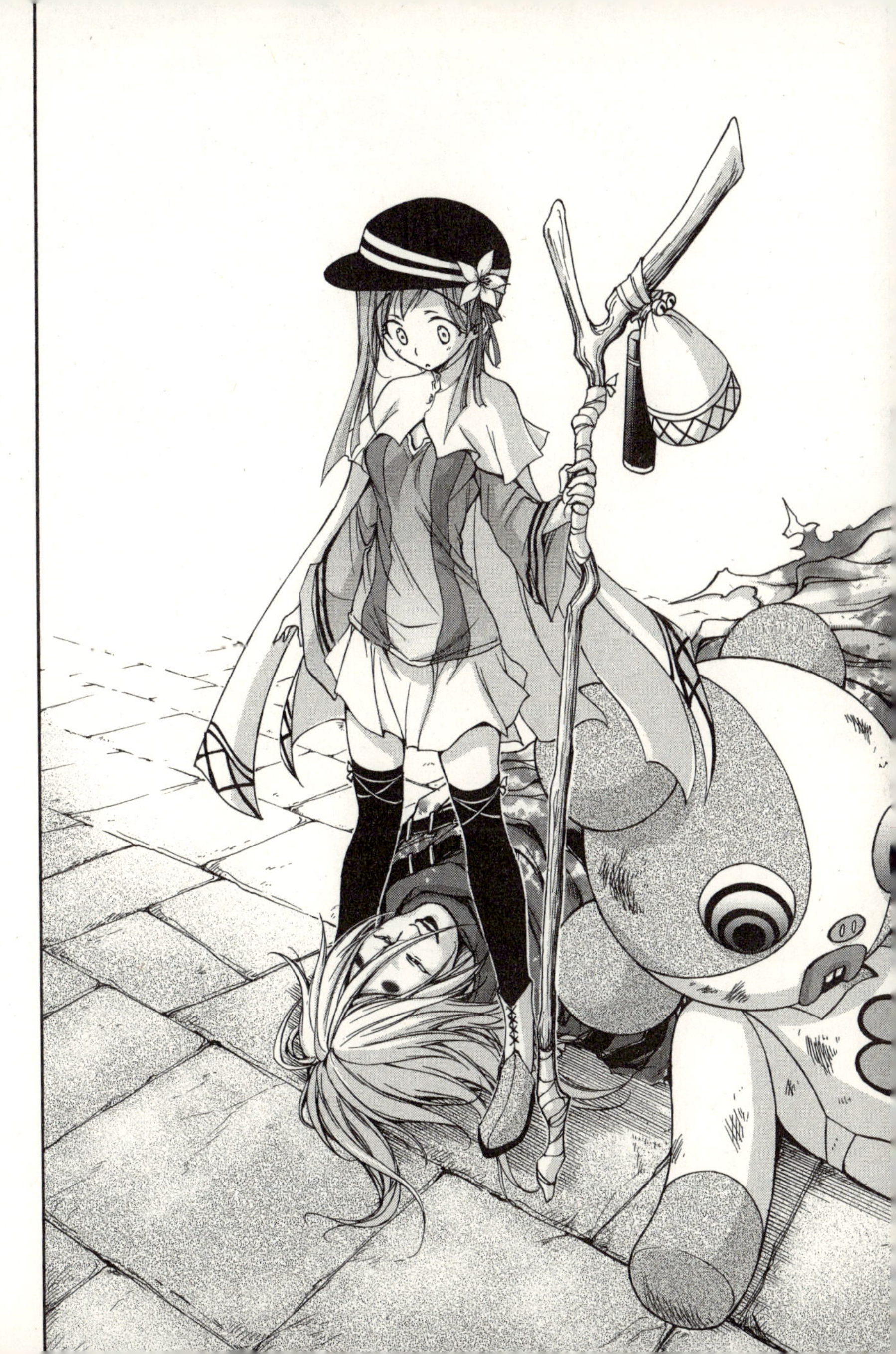

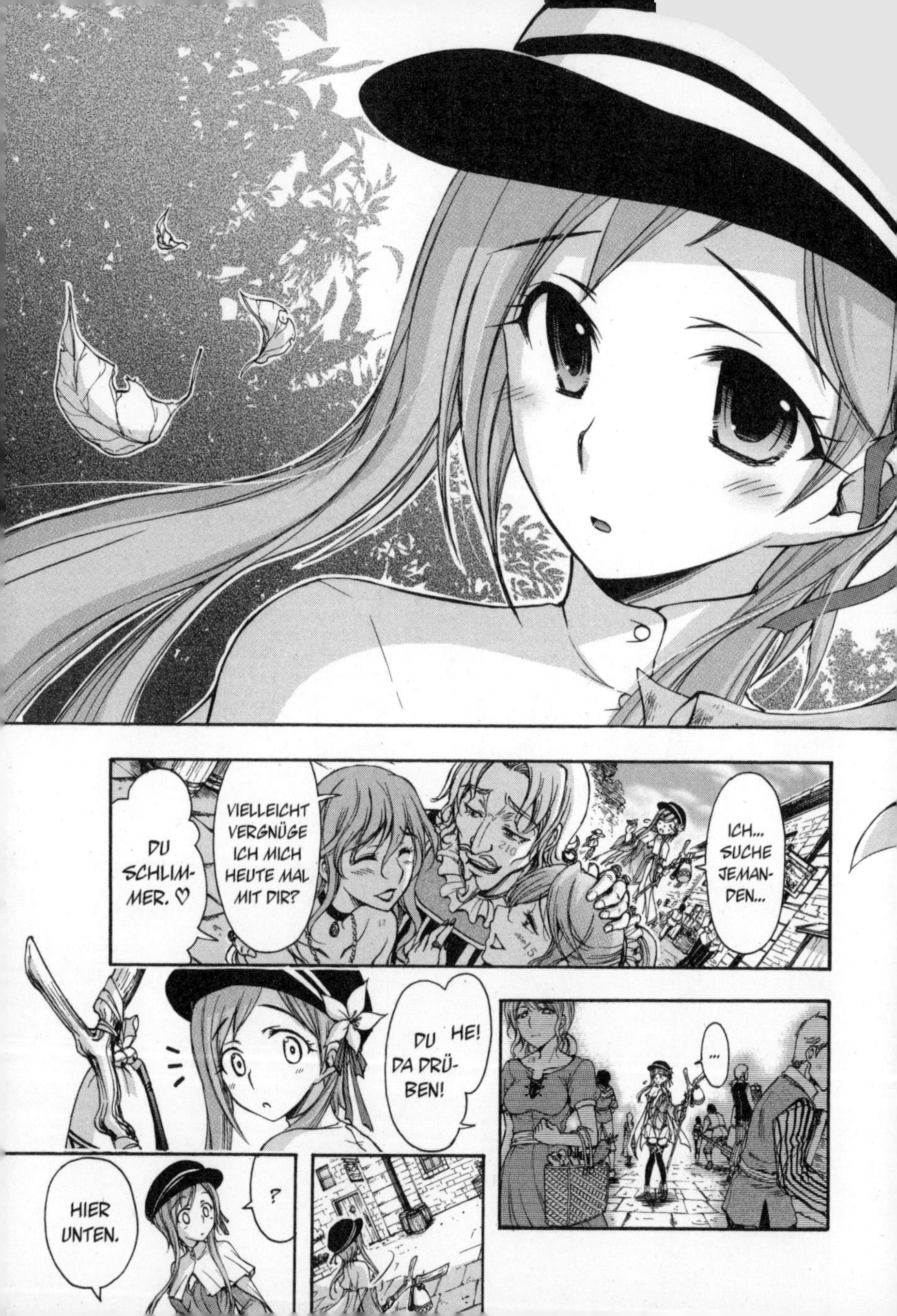
ICH... SUCHE JEMANDEN...
VIELLEICHT VERGNÜGE ICH MICH HEUTE MAL MIT DIR?
DU SCHLIMMER. ♡
...
HE!
DU DA DRÜBEN!
?
HIER UNTEN.

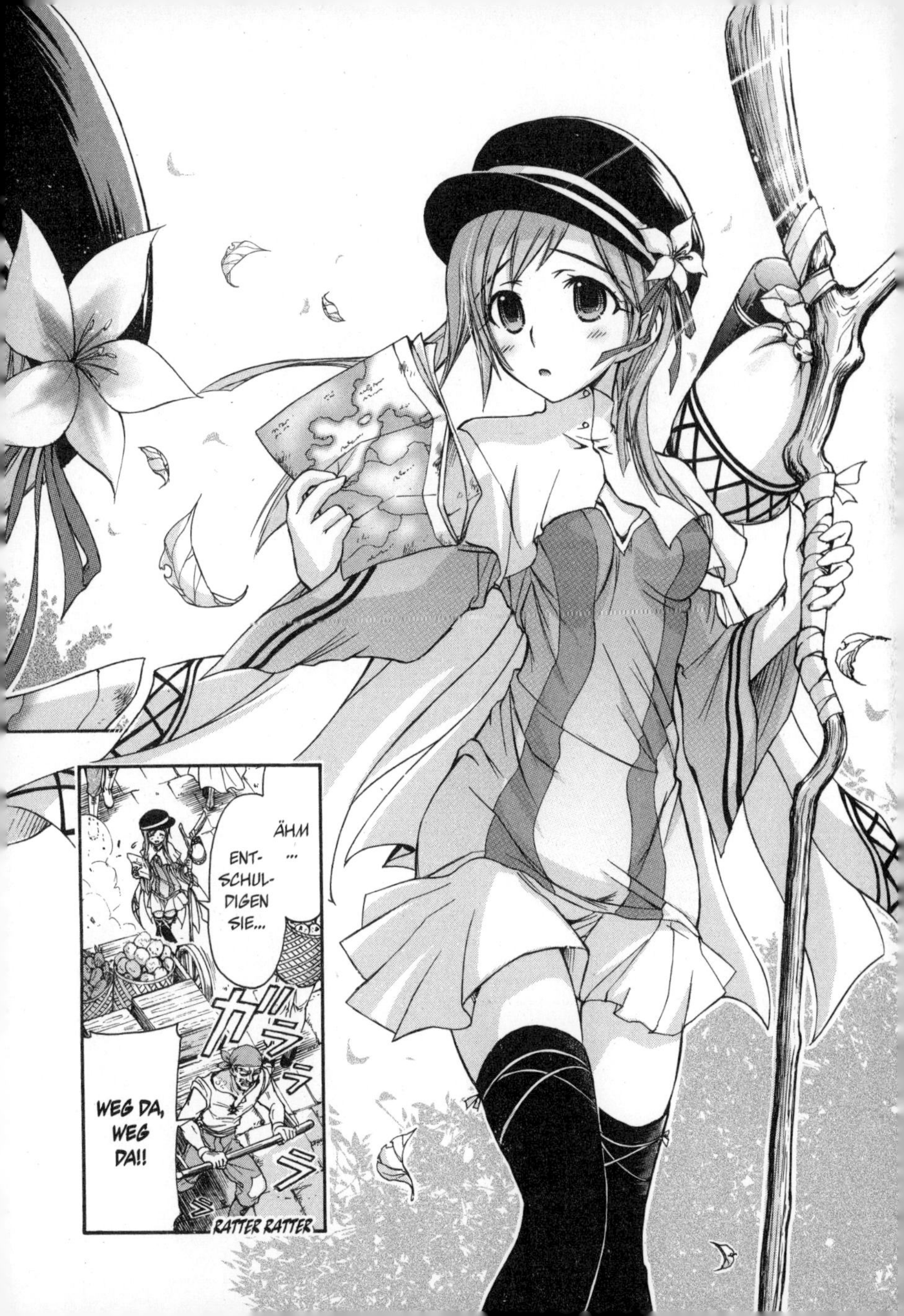
ÄHM ...
ENT-SCHUL-DIGEN SIE...
WEG DA, WEG DA!!
RATTER RATTER

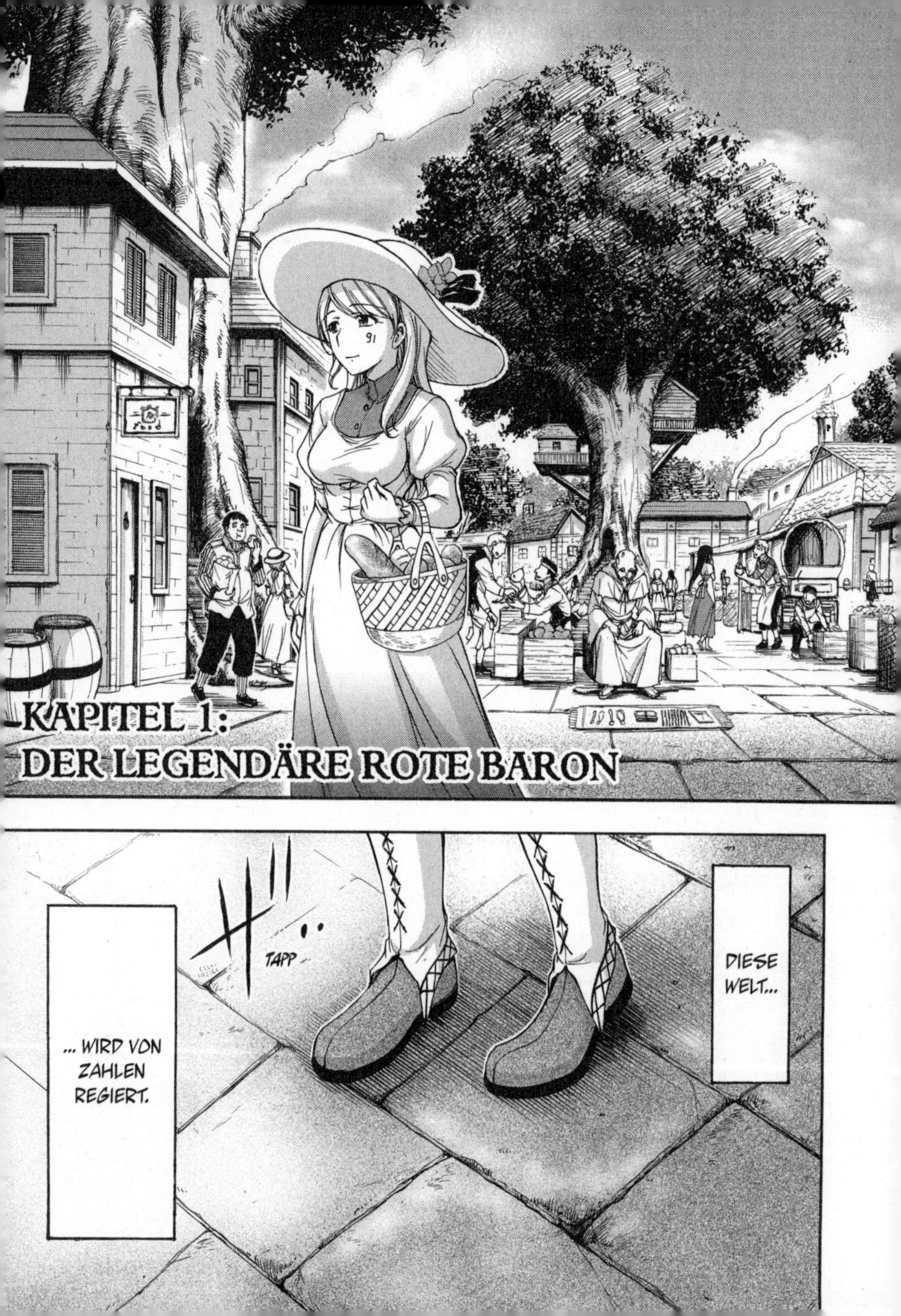

KAPITEL 1: DER LEGENDÄRE ROTE BARON

DIESE WELT...

TAPP

... WIRD VON ZAHLEN REGIERT.

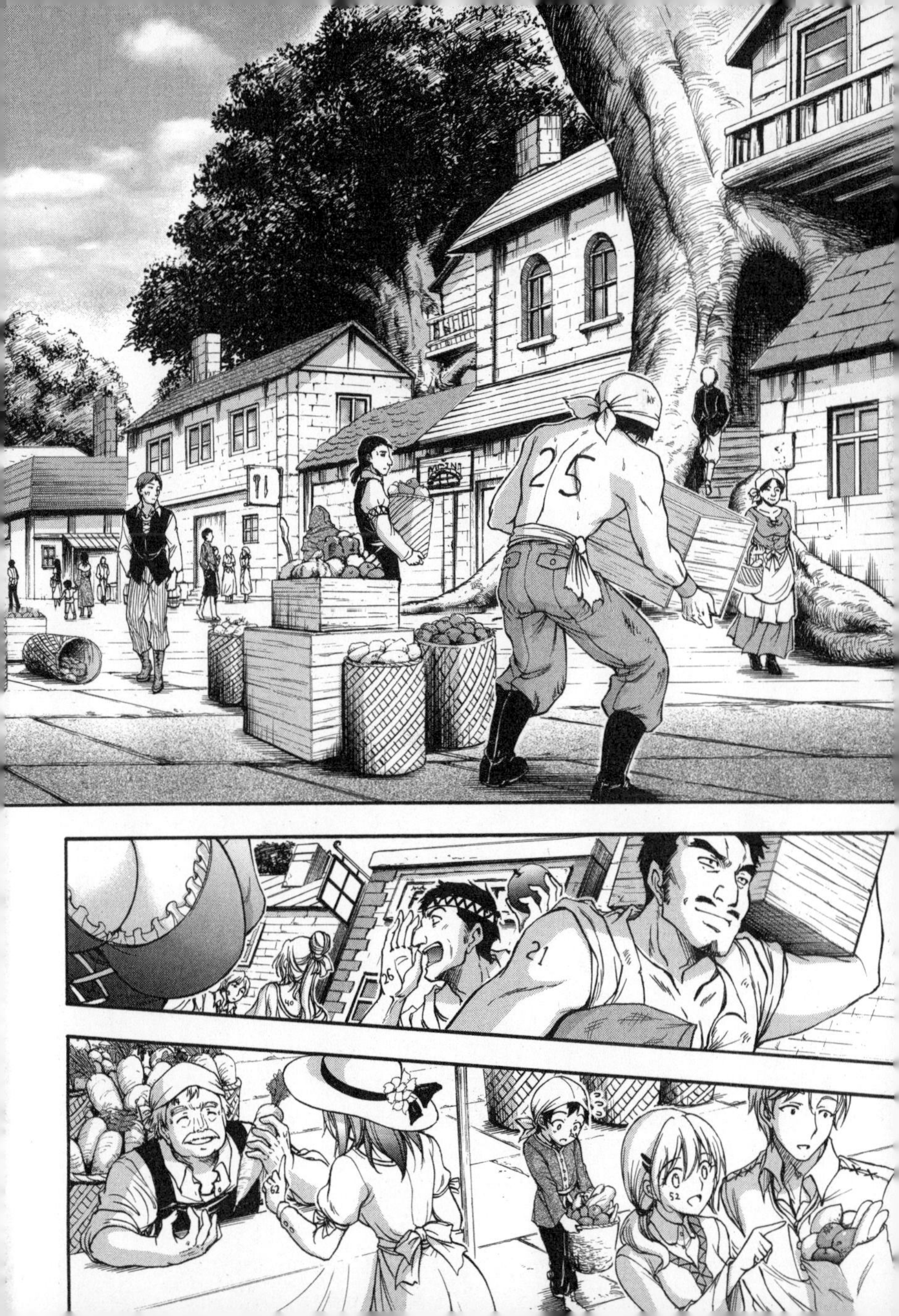

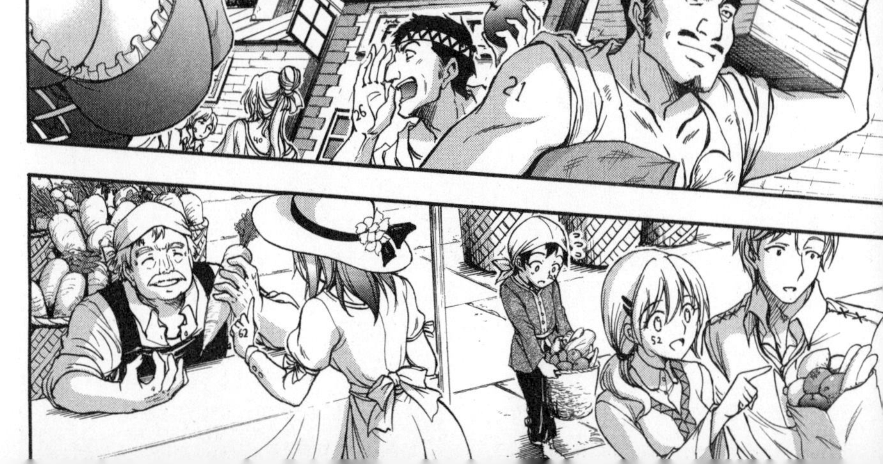

Plunderer

Die Sternenjäger

Präsentiert von:

SUU MINAZUKI

Band

1

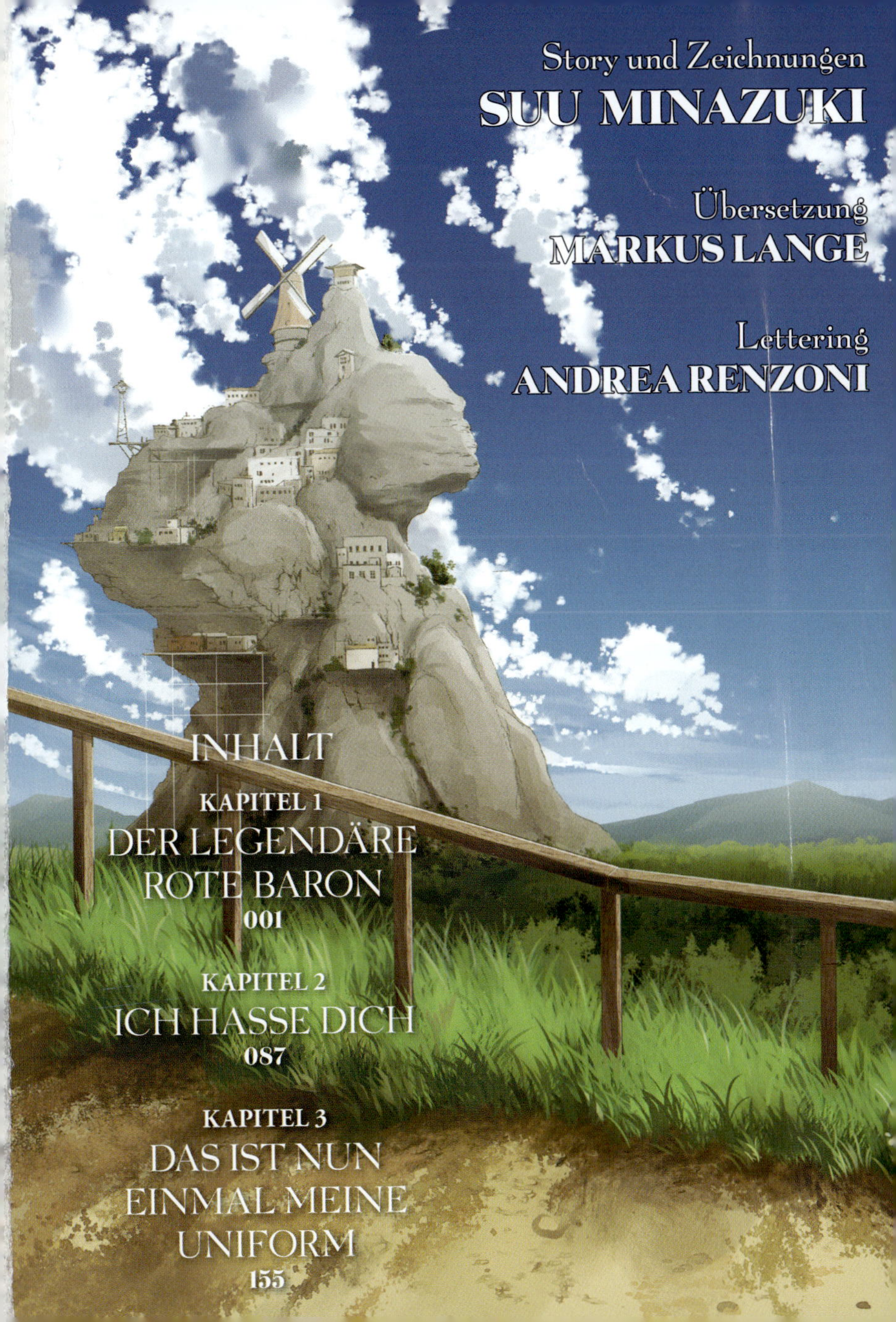

Story und Zeichnungen
SUU MINAZUKI

Übersetzung
MARKUS LANGE

Lettering
ANDREA RENZONI

INHALT

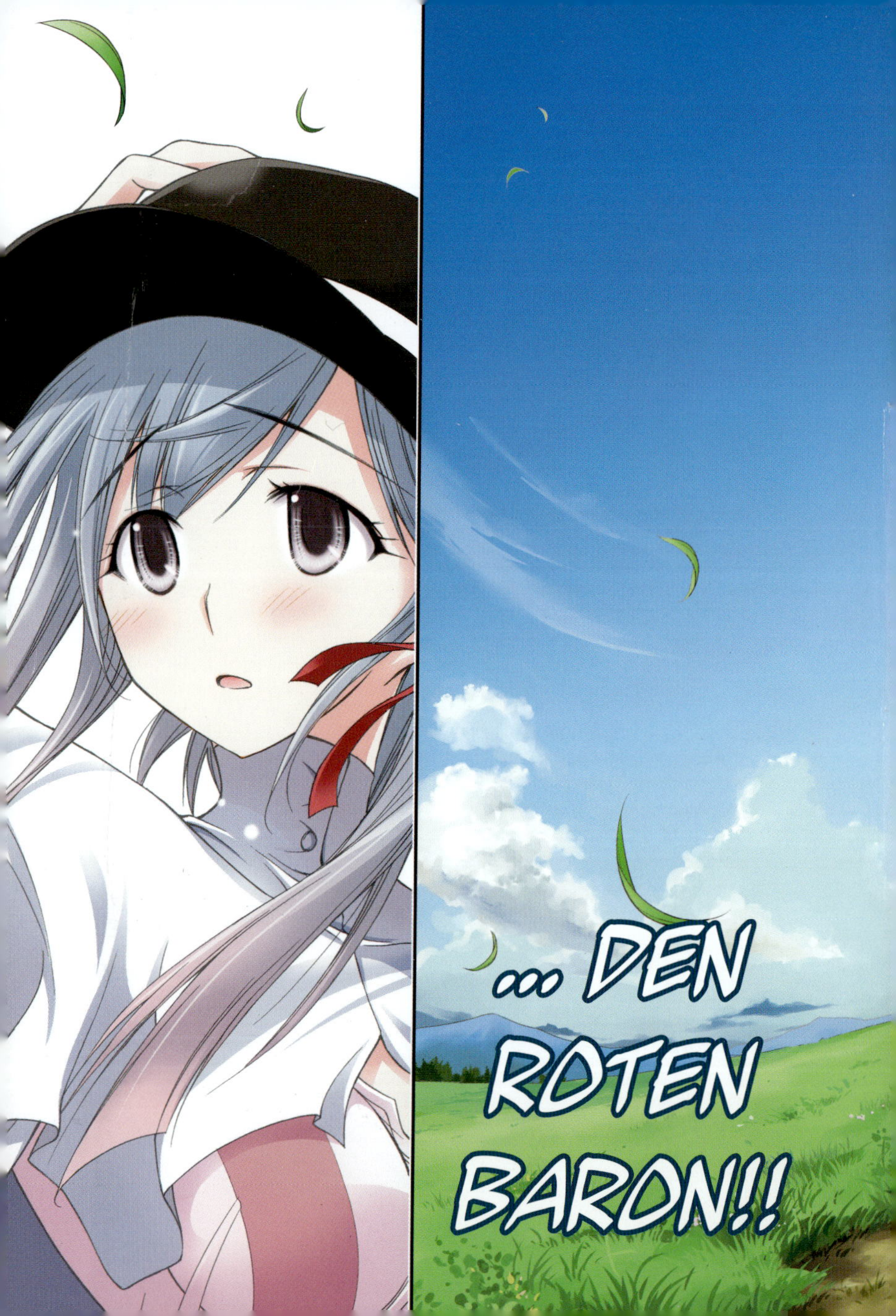
... DEN ROTEN BARON!!